CORRESPONDANCE

DU

CONSEIL SUPÉRIEUR DE PONDICHÉRY

ET DE LA COMPAGNIE

PUBLIÉE AVEC INTRODUCTION

PAR

ALFRED MARTINEAU

Tome VI

1766 - 1767

PONDICHÉRY
SOCIÉTÉ DE L'HISTOIRE
DE L'INDE FRANÇAISE

PARIS
SOCIÉTÉ DES ÉDITIONS
LEROUX
28, RUE BONAPARTE

Imprimerie Moderne, Pondichéry

Correspondance
du Conseil Supérieur de Pondichéry
et de la Compagnie.
1766 - 1767

CORRESPONDANCE

DU

CONSEIL SUPÉRIEUR DE PONDICHÉRY

ET DE LA COMPAGNIE

PUBLIÉE AVEC INTRODUCTION

PAR

ALFRED MARTINEAU

Tome VI.

1766 - 1767

PONDICHÉRY

SOCIÉTÉ DE L'HISTOIRE

DE L'INDE FRANÇAISE

PARIS

SOCIÉTÉ DES ÉDITIONS

LEROUX

28, RUE BONAPARTE.

Imprimerie Moderne, Pondichéry.

INTRODUCTION

Le volume que nous publions ici est le treizième du catalogue des Archives de Pondichéry et le sixième de la Correspondance du Conseil Supérieur avec la Compagnie; il s'étend du 15 Octobre 1766 au 16 Mars 1767 et suit de sept années le précédent volume qui s'arrètait au 15 Novembre 1759. Outre les lettres égarées ou perdues de la fin du gouvernement de Leyrit jusqu'en Janvier 1761 et celles du commencement du gouvernement de Law de Lauriston, à partir de son arrivée dans l'Inde, en Janvier 1765, on sait que, pendant la période intermédiaire, les Anglais occupèrent Pondichéry, qu'ils ne nous restituèrent que le 28 Février 1765.

On aimerait à retrouver dans les pages que nous publions des renseignements détaillés sur la reprise de possession de nos établissements et les difficultés qu'éprouva Law à les recouvrer, mais ces informations avaient déjà été envoyées en France lors qu'après avoir passé dix-huit mois au Bengale, Law revint s'installer d'une façon définitive à Pondichéry, en Janvier 1767, et, pour des motifs que nous ignorons, ces informations ne se retrouvent point dans les Archives de cette ville.

Le présent volume, comme ceux qui l'ont précédé, est consacré aux évènements d'ordre divers qui se sont passés dans notre colonie et notamment aux opérations commerciales qui presque seules désormais constituaient notre raison de rester dans l'Inde, mais, pour des motifs particuliers, la majeure partie, soit 430 à 435 pages sur 573, se rapporte à un incident, moitié sérieux, moitié burlesque, qui troubla Pondichéry du mois d'Août 1766 au mois de Janvier 1767, sans d'ailleurs occasionner autre chose qu'un déluge d'encre et un débordement de mauvaise humeur; nous voulons parler du conflit soulevé par Boyelleau, délégué à la présidence du Conseil de Pondichéry pendant l'absence de Law au Bengale. Boyelleau, soutenu par le Conseil, prétendit gouverner en maître, sans plus se soucier de Law que d'un être de raison perdu dans les brumes du Gange et n'ayant aucune autorité pour s'occuper des autres affaires de l'Inde française.

LE CONFLIT LAW-BOYELLEAU

On connaît l'origine de ce conflit. Lorsqu'en 1764, Law fut nommé Gouverneur de nos établissements et Commissaire du Roi pour les recouvrer des Anglais, et qu'en Janvier 1765 il arriva dans l'Inde, il ne débarqua pas à Pondichéry dont certaines parties du territoire étaient sujettes à contestations, mais à Saint Thomé, près Madras, pour être mieux en situation de discuter soit avec le Gouverneur anglais soit avec le Nabab d'Arcate, Mahamet Ali. S'étant mis d'accord avec l'un et avec l'autre, il s'en alla ensuite à Karikal, où il se fit assister de plusieurs membres du Conseil Supérieur pour couvrir ses tractations d'un formalisme réglementaire, puis il vint à Pondichéry, dont il reprit officiellement possession et où il ne fit que passer. Des intérêts plus importants l'appelaient au Bengale; c'était là que nous devions faire nos principales opérations de commerce; c'était là aussi qu'avec la multiplicité de nos petits comptoirs ou simples loges, l'opposition anglaise s'annonçait comme devant être la plus difficile à vaincre. On le savait à Paris et, en partant, Law avait reçu la mission spéciale de se rendre à Chandernagor et d'y rester autant de temps qu'il jugerait nécessaire.

La question de son intérim à Pondichéry se régla d'abord de la façon la plus simple. Law le confia au plus ancien conseiller, au nommé Nicolas, en attendant le retour dans la colonie de Boyelleau, qui devait vers le même temps quitter la France. Le Gouverneur n'ayant pas le pouvoir de régler seul les affaires sans la participation du Conseil, Law emmena avec lui trois membres du Conseil Supérieur de Pondichéry : Surville, Sainfray et Rouland et compléta le Conseil laissé au chef-lieu par la désignation de trois sous-marchands qui lui furent adjoints, puis il s'embarqua, le 1er Juin, pour le Bengale, sans pouvoir prévoir l'orage qui devait éclater. Là, il compléta son Conseil par d'autres conseillers se trouvant déjà à Chandernagor, mais qui n'y constituaient pas un Conseil particulier de Chandernagor. C'était toujours, dans sa pensée, le Conseil Supérieur de Pondichéry siégeant en une autre ville.

Par ces désignations, le Conseil resté à Pondichéry se trouva composé de Nicolas, Tremisot, du Petitval, Dulaurens, conseillers titulaires, d'Hervilliers, Abeille et Ysact, membres adjoints, tandis que celui qui siégea provisoirement à Chandernagor fut composé du Gouverneur et de Surville, Sainfray, Rouland, Lenoir, Duplaut de Laval, de la Selle et Chevalier. Disons tout de suite que la composition du Conseil de Pondichéry ne tarda pas à être modifiée par le départ de Nicolas pour le Bengale et l'arrivée de France de Boyelleau et de Lagrenée, tandis qu'au Bengale, Surville, officier de marine, désigné par sa commission pour succéder à Law en cas de besoin, ne tardait pas à quitter l'Inde et à reprendre la mer.

Tout alla bien jusqu'au retour de Boyelleau. Nicolas ne cessa de se considérer comme le subordonné de Law et ne prit aucune mesure importante sans lui en rendre compte et, s'il était possible, sans lui demander d'abord son [sentiment. Ni lui ni son Conseil ne songèrent un instant que ce fut là un acte d'indigne subordination. Tout changea avec l'arrivée de Boyelleau.

C'était un homme d'un caractère dur, âpre, vindicatif et qui ne supportait pas la moindre contradiction. Ayant déjà séjourné dans le pays au temps de Dupleix, sa réputation d'homme autoritaire et difficile à vivre était fort bien établie. Personne au surplus ne contestait son honnèteté ni sa volonté d'appliquer les règlements avec justice et même une certaine rigueur.

Il n'éleva d'abord aucune protestation contre les pouvoirs de Law, mais peu de temps après son arrivée, le d'*Argenson*, venant de France, apporta, en Janvier 1766, la nouvelle que la direction de la Compagnie avait été complètement modifiée et que de nouveaux directeurs et syndics avaient remplacé les anciens : nul de ceux-ci n'avait été conservé. Boyelleau en conclut un peu précipitamment que les pouvoirs de Law n'avaient plus la même valeur si même ils subsistaient encore et, s'appuyant sur l'édit constitutif de la Compagnie de Février 1701, qui fixait à Pondichéry la résidence du Conseil Supérieur, il en conclut que le Conseil transporté à Chandernagor n'avait aucune qualité pour lui donner des ordres et que le véritable Conseil Supérieur était celui dont il était le président. Cette idée inspira désormais tous ses actes et toute son administration. Il traita en maître de toutes les questions et se plut à corriger les abus ; il supprima les secours d'assistance qu'il jugea trop dispendieux, plaça dans un cadre spécial les fonctionnaires qui par leur naissance ou par mésalliance ne devaient pas frayer avec les blancs, révoqua et renvoya en France un conseiller, du Petitval, et plusieurs officiers qui, d'après lui, donnaient le mauvais exemple et rendit souverainement des arrêts de justice en se servant des sceaux que Law avait laissés à Pondichéry. Toutes ces mesures furent prises sans entente préalable avec Law et avec son Conseil. Obligé cependant de s'entendre avec eux pour les opérations de commerce, il leur écrivit non pas sur le ton d'un inférieur ni même d'un égal, mais sur celui d'un maître qui avait le droit de donner des avis, des instructions et des ordres. Les conseillers qui l'assistaient signaient docilement cette correspondance, soit qu'ils fussent terrorisés par son despotisme, soit qu'ils crussent sincèrement à la supériorité du Conseil dont ils faisaient partie.

Cette attitude ne pouvait convenir à Law ni au Conseil résidant à Chandernagor; ils trouvèrent certaines mesures prises par Boyelleau justes peut-être en leurs principes mais intempestives et exagérées; d'autres au contraire leur parurent tout à fait inadmissibles, notamment le renvoi des officiers et un jugement rendu, en Juin, dans l'affaire du *Filzalam*, un vaisseau saisi par nous à Surate et qui faisait l'objet de contestations avec des négociants de cette ville: toutes nos relations commerciales dans l'Océan Indien et le Golfe Persique pouvaient en être troublées. Law, assisté de son Conseil, ordonna à Boyelleau de surseoir au renvoi des officiers et du conseiller et de biffer des registres du Conseil l'arrêt rendu dans l'affaire du *Filzalam*. Ce n'est pas tout; prévoyant que Boyelleau pouvait ne pas se soumettre à ses injonctions, Law prononça sa déchéance conditionnelle et investit du pouvoir le conseiller Lagrenée, nouvellement arrivé de France; il alla même jusqu'à prévoir la prison pour Boyelleau, s'il refusait de se soumettre.

Cette double mise en demeure comme cette désignation posaient nettement la question de supériorité d'un Conseil sur l'autre. Lequel l'emporterait? Ce fut d'abord

Boyelleau, lorsque les ordres de Law lui arrivèrent, les officiers et le conseiller du Petitval étaient déjà embarqués pour France ; quant à Lagrenée, il se rangea résolument du côté de Boyelleau, il refusa le pouvoir qui lui était pour ainsi dire imposé. Les autres conseillers suivirent son exemple et il n'y eut qu'un bloc contre les prétentions du soi-disant Conseil Supérieur siégeant à Chandernagor.

Ce fut, on le pense bien, l'occasion d'une polémique des plus vives entre les deux Conseils ; les expressions les plus désobligeantes et les plus déplacées furent employées de part et d'autre ; sur ce terrain, cependant, l'avantage resta manifestement au Conseil de Pondichéry ; avec les expressions en apparence correctes, il fut difficile de pousser plus loin l'impertinence. Chacun se retranchait derrière l'édit de Février 1701. « C'est par des sens forcés et par des interprétentions fausses de tous les ordres de la Compagnie que vous êtes tombés dans les paradoxes étranges qui sont l'âme de toutes vos lettres », écrivait-on de Chandernagor. — « Abandonnés aux caprices, aux animosités ou aux faveurs d'un commandant général (Law), les *nominations de conseillers qu'il a faites* deviendront la source d'une obéissance stricte et aveugle, le fondement d'un despotisme arbitraire, le germe enfin de tous les désordres et des excès les plus incroyables », écrivait-on de Pondichéry. Ailleurs, Law était purement et simplement assimilé à Cromwell.

Tout porte à croire que Boyelleau était de bonne foi dans la lutte qu'il soutenait pour la supériorité de son Conseil, mais il était impossible qu'il ne se rendit pas compte qu'un jour viendrait où le roi, saisi de l'incident, ne lui donnerait peut-être pas raison. Est-ce pour parer à ce risque que, dans une lettre adressée à la Compagnie le 31 Décembre 1766 et qui exposait toute l'affaire, il glissa cette adroite flatterie à l'autorité royale : « Comment qualifier ceux qui s'abusent au point d'intervertir en des excès incroyables la nature aimable de l'heureux gouvernement sous lequel nous avons l'honneur de vivre? Car tel est le caractère de celui de la France, qu'il ne laisse jamais apercevoir le maître, nul où l'autorité soit si grande, nulle où elle se fasse moins sentir, parce que tout s'y fait selon les lois ou en vertu de quelque loi ».

Quoiqu'il en soit, et sans entrer dans le détail des arguments qui furent invoqués de part et d'autre, ceux de Boyelleau sont d'une invariable simplicité : le Conseil Supérieur, expose-t-il, a été établi et fixé à Pondichéry par l'édit de Février 1701 ; lui seul a le droit d'assister le Gouverneur, donc celui-ci ne peut prendre d'actes définitifs en dehors de la résidence du Conseil ; tous ceux du Conseil de Chandernagor n'ont par conséquent aucune valeur. Boyelleau ne conteste d'ailleurs pas les pouvoirs de Law, en tant que Gouverneur et Commissaire du roi, et cependant, à partir de l'arrivée du d'*Argenson*, il n'est plus bien sûr que ces pouvoirs aient la même valeur et même qu'ils existent encore. Le ton, d'abord déférent vis-à-vis de Law, devient insensiblement plus libre et plus dégagé.

Les arguments de Law et de son Conseil sont plus compliqués et se développent avec infiniment de longueur et des nuances d'expression très variées. Plus calmes que Boyelleau, ils finissent cependant, avec la prolongation de l'incident, à se ressentir d'une certaine nervosité et à verser, eux aussi, dans une polémique inutile et stérile. Nous n'en reproduisons ici que la partie essentielle, en la dégageant moins d'une lettre particulière que de l'ensemble des documents qui sont publiés en ce volume et qui peuvent se résumer ainsi :

Ordres d'interdiction de Law, du 1er Août 1766 et attribution à Lagrenée des pouvoirs de Gouverneur intérimaire,

Observations à ce sujet du Conseil de Pondichéry et

Réponse de Lagrenée à Law pour expliquer son refus d'obéissance ;

Réponses de Law et de son Conseil aux dites observations,

Enfin lettres à la Compagnie tant de Boyelleau que de Law, la mettant au courant de l'incident.

Les arguments de Law sont les suivants :

Oui, il est parfaitement exact que l'édit de Février 1701 a fixé à Pondichéry la résidence du Conseil Supérieur, mais il n'a jamais été spécifié par aucun acte que dans un cas d'absolue nécessité le Conseil ne pourrait pas se déplacer. Or, la mission confiée à Law par la Compagnie et par le roi comportait obligatoirement son déplacement personnel au Bengale et le laissait maître de ses mouvements. Comme, d'après les règlements, il ne pouvait donner de validité à ses actes qu'avec la participation du Conseil Supérieur, il a emmené avec lui à Chandernagor plusieurs membres de ce Conseil pour donner à ses tractations avec les Anglais et avec les Maures la sanction administrative, encore qu'elle fut de pure forme, qui était absolument indispensable. — Pour avoir méconnu ces dispositions tout à la fois réglementaires et de bon sens, Boyelleau s'est conduit en véritable révolté ; il s'est tenu constamment au texte des écrits et n'en a pas compris ou n'a pas voulu en comprendre la lettre. Ce fut sa grande erreur s'il fut de bonne foi, mais peut-être aussi a-t-il péché par orgueil ou par vanité.

La conclusion de l'incident ne pouvait être douteuse. Pressé d'étouffer le foyer d'anarchie qui régnait à Pondichéry, Law régla au plus vite les dernières questions qui le retenaient encore à Chandernagor et revint prendre possession de son gouvernement, au lieu même où était son siège, à la fin de Janvier 1767. Son premier acte fut naturellement de révoquer Boyelleau et tous les conseillers qui avaient épousé sa querelle et de les renvoyer en France; seuls furent exclus du bannissement d'Hervilliers et Dulaurens qui, au dernier moment, confessèrent leur erreur. Pour ne pas partir, Boyelleau produisit un certificat de médecin; Law, habitué à ce genre de subterfuges, n'en tint aucun compte.

LE COMMERCE

L'exposé et la discussion du conflit Law-Boyelleau comprennent sensiblement les deux tiers de ce volume; ils en sont la partie la plus curieuse sinon la plus utile. Il ne faut pas oublier que nous sommes en 1766 et que depuis dix ans environ la Compagnie ne faisait plus de commerce dans l'Inde; la guerre, puis l'occupation anglaise avaient tout arrêté. Or le principal motif de la reprise de possession de nos établissements avait été un but moins politique que commercial; il s'agissait, comme par le passé, d'aller chercher dans l'Inde elle-même ses riches produits, afin de nous dispenser de les acheter en Angleterre ou en Hollande. Le principal souci de la Compagnie, en envoyant Law comme gouverneur, fut donc de lui recommander, les reprises de territoires effectuée, d'apporter tous ses soins à restaurer le commerce sur les anciennes bases. Elle même mit tout en œuvre pour que les premiers chargements tout au moins fussent nombreux et bien assortis.

En 1765, date de la reprise de possession, Pondichéry ne fit aucun envoi; les métiers n'avaient pas encore pu être remis en train et presque tous les fonds destinés au commerce furent envoyés au Bengale.

Le premier navire qui fit un voyage de quelque importance fut le *d'Argenson*, qui était parti de Lorient le 14 Avril 1765, arriva à Pondichéry en Janvier 1766 et en repartit le 15 Octobre avec une cargaison de 126.729 pagodes, soit environ 1.125.000 livres. En envoyant ces marchandises, le Conseil faisait observer qu'elles

2

n'avaient pas augmenté de prix depuis 1742. Les opérations s'étaient faites sans trop de difficultés à la côte Coromandel, où nous jouissions encore d'un certain prestige et où les souverains locaux n'avaient pas perdu toute leur autorité, mais déjà des difficultés survenaient au Bengale où, sous la pression occulte des Anglais, véritables maitres du pays, le nabab de Mourchidabad cherchait déjà à entraver nos achats, sous prétexte d'empêcher des fraudes qui faisaient tort à son budget.

Désireuse d'obtenir par cette première expédition le plus de marchandises possible. la Compagnie avait recommandé à ses Conseils de considérer la quantité plutôt que la qualité et d'accepter même les rebuts, en les payant toutefois un peu moins cher que les autres articles, environ un cinquième en moins.

Dans le temps même où se faisaient ces opérations, la Compagnie envoyait dans l'Inde:

Le *Penthièvre*, qui parti de France au début de Septembre 1765, arriva le 31 Mars suivont devant Pondichéry avec 10.000 marcs ou 600.000 liv. en numéraires destinés aux achats à faire à Mahé — Le *Penthièvre* continua ensuite sur la Chine.

L'*Ajax*, parti le 15 Décembre 1765 et arrivé le 21 Juin 1766. L'*Ajax* partit le 12 Juillet pour le Bengale avec 600.000 Rs. effectives et 312.000 livres de marchandises.

Le *Marquis de Castries*, qui arriva le 4 Septembre avec valeur de 716.000 Rs. en numéraire et 126 000 Rs. de marchandises. Il fut, lui aussi, envoyé au Bengale.

Le *Condé*, également destiné au Bengale, partit de France le 26 Janvier 1766 et arriva à Pondichéry le 9 Septembre. Il fut presque aussitôt réexpédié à Mahé avec 250.000 Rs. effectives et 90.000 Rs. en marchandises; enfin le *Massiac*, qui arriva le 25 Septembre, fut envoyé à Achem.

Un sixième navire, le *Comte d'Artois* avait été également ment expédié, mais il échoüa en arrivant à l'Ile de

France et, s'il put être renfloué, la majeure partie des marchandises fut perdue ou trés avariée.

On avait calculé que ces navires devaient apporter dans l'Inde 5.900.000 liv. en argent, dont:

        3.000.000 liv. pour le Bengale,

        2.000.000 ,, pour la côte Coromandel,

        300.000 ,, pour Mahé,

        600.000 ,, pour les dépenses de l'Inde et

1.500.000 liv. en marchandises.

En réalité, ils apportèrent:

Le *Penthièvre*	500.000 liv. pour Pondichéry,
L'*Ajax*	1.700.000 liv. dont 500.000 pour Pondichéry et 1.200.000 pour le Bengale,
Le *Condé*	1.000.000 liv. pour Pondichéry,
Le *Marquis de Castries*	1.800.000 liv. pour le Bengale,
Le *Massiac*	1.000.000 liv. pour Pondichéry,

au total 6 millions

La Compagnie comptait en outre, envoyer le *Duc de Choiseul*, acheté à St. Malo et qui devait prendre un chargement de nègres à la côte de Guinée à destination de l'Ile de France. A son arrivée à Pondichéry, le *Duc de Choiseul* devait être vendu ; la Compagnie espérait en tirer 50.000 liv.

Après entente avec la Compagnie, deux négociants particuliers, Néré et Merrin, étaient autorisés, au début de 1766, à faire un armement pour l'Inde.

Le Bengale, comme on le voit, était spécialement favorisé dans ces envois ; aussi pensait-on qu'au début de 1767 il pourrait fournir la matière de deux cargaisons complètes. Une partie des effets nécessaires à ses opérations lui fut portée par le *Fitzalam* ou *Concorde*, dont nous avons déjà porté.

Les documents que nous publions ne nous permettent pas d'établir dans quelles conditions ces navires firent leur retour. On peut penser que le Bengale ne put pas faire le chargement complet de deux navires et qu'on dut bonder le second avec des marchandises de la côte Coromandel. Nous savons par contre que le *Massiac* repartit pour France le 16 Mars 1767 avec 1203 balles de marchandises, d'une valeur totale de 506.908 roupies. Le *Condé* chargeait dans le même temps à Mahé le poivre acheté à la côte Malabar et 500 balles apportées de Chandernagor.

Les marchandises venues de France étaient vendues au prix de facture d'Europe, majoré des frais de transport. En réalité, le prix était établi d'après la valeur des produits au moment de leur consommation à Pondichéry. On calculait que leur vente dans la péninsule pouvait donner 40 % de bénéfice, mais il fallait tenir compte des déchets, des objets avariés ou non vendus, et enfin des présents à des personnes dont le concours était utile.

Pour l'exercice suivant, la Compagnie se proposait d'envoyer trois navires de 900 tonnes avec

    2.400.000 liv. pour achats à Coromandel,
      700.000   ,,   ,,   de poivres,
      300.000   ,,   ,,   de café,
    3.000.000   ,,   à envoyer au Bengale,
      600.000   ,,   pour dépenses d'administration,
et 1.500.000   ,,   de marchandises.

En envoyant trois navires au lieu de cinq ou six, la Compagnie comptait compenser leur faiblesse numérique par l'augmentation du tonnage.

Tel fut le commerce d'Europe, autant que les documents publiés en ce volume permettent de l'établir.

Rien de particulier pour le commerce d'Inde en Inde. Nulle part on était outillé pour le reprendre sur les anciennes bases. La quèche la *Réforme* faisait le service de la côte pour le transport des graines et autres objets. Les bots de Balassor, destinés à piloter les navires dans le Gange, étaient hors de service; on en faisait construire deux à Yanaon pour les remplacer.— On attendait le retour de trois ou quatre bâtiments particuliers envoyés en Chine, Manille ou à Batavia. Le navire armé pour les Maldives, *le Bon Succès*, contrarié par les vents, n'avait pu entrés dans le Gange et avait dù revenir mouiller à Pondichéry le 29 Novembre 1766; c'était toujours le Termilier qui était chargé de l'armement pour ces îles.

Le commerce de Moka donna seul lieu à un incident entre les deux Conseils. Celui établi à Chandernagor voulut d'abord qu'il fut fait par la *Concorde* et ce fut celui de Pondichéry qui s'y opposa, en disant que ce navire, naviguant dans la mer d'Oman, risquait d'être saisi par les armateurs de Surate, ses anciens propriétaires; puis ce fut celui de Pondichéry qui proposa d'utiliser la *Concorde* et celui de Chandernagor qui éleva les objections. Finalement Law passa un marché avec des négociants anglais de Calcutta pour acheter 500 milliers de café au compte de la Compagnie de France, moyennant une commission de 40 % sur le prix d'acquisition. Malgré ce marché qu'il désapprouva comme trop peu français, le Conseil de Pondichéry comptait envoyer à Moka le *Duc de Choiseul* aussitôt qu'il serait arrivé. On n'en avait encore aucune nouvelle lorsque Law revint à Pondichéry.

A Bassora, le Consul Perdriau avait été remplacé par Pirolt, sans que sa subordination soit au Conseil de Pondichéry soit à celui de l'Ile de France ait été expressément déterminée. Le Consul devait toucher un droit cónsulaire de 2 %, dont moitié pour le compte de la Compagnie.

LE RÈGLEMENT DES DETTES.

Une longue lettre du Conseil à la Compagnie du 28 Février 1767 traite du règlement des dettes contractées à la fin du gouvernement de Duval de Leyrit pour les besoins de la colonie. C'étaient des soldes non payées, ou des emprunts forcés non remboursés, ou des avances faites par des fonctionnaires ou des particuliers : on les évaluait à deux millions. Cette lettre ne donne pas un compte total de la liquidation, qui continua de se poursuivre ; elle fait ressortir ce que la Compagnie avait déjà payé et ce qu'elle aura encore à payer dans l'Inde chaque année tout en argent qu'en marchandises avec les intérêts compris à 4 % des différentes créances. Cet état partiel de liquidation, dont aucun total ne se dégage, ne soulève pas d'observations essentielles.

LES COMPTOIRS.

Une seule lettre, du 16 Mars 1767, nous donne quelques renseignements sur la situation particulière de Pondichéry et des divers comptoirs.

A Pondichéry, détruite par les Anglais en 1761, on était occupé partout à la relever de ses ruines. Les moutons avaient été partout détruites et des morceaux de briques en combrement la ville de tous les côtés ; seules, les fondations subsistaient. Les Indiens, ne sachant comment la liquidation de dettes serait effectuée, hésitaient encore à rentrer en ville et la reconstruction se faisait avec lenteur ; les plus audacieux ou les plus confiants accaparaient en vue de l'avenir les briques qui jonchaient le sol, et les décombres des

pillage. Law, dès son retour à Pondichéry, fit cesser ces abus et arrêta du même coup la reédification des maisons qui se seraient trouvées trop près des fortifications qu'il se proposait de rétablir. Il fit rentrer dans le domaine de la Compagnie le jardin de l'hopital à Oulgaret, qui avait été concédé à Dulaurens, releva l'ancien gouvernement et chargea, dès le mois de Février, l'ingénieur Bourcet de dresser un plan des fortifications et de commencer les travaux. L'enceinte de la ville fut complètement déblayée.— Law eut désiré faire un recensement des Français restés, revenus ou établis dans l'Inde ; il lui fut impossible d'arriver à des certitudes et même à des probabilités.

Au Bengale, il avait laissé le pays tranquille, mais il ne fallait guère se fier aux apparences. Le Nabab, cherchant à entraver notre commerce, donnait déjà des signes de mauvaise volonté. Clive venait de partir pour l'Angleterre et avait été remplacé par Werclst, un civil, que Law estimait un homme prudent et conciliant.

Les troubles de la cote Malabar, provoquée en partie par les expéditions d'Haïder Ali, rendaient nos opérations commerciales fort difficiles à Mahé. Picot de la Motte était pour lors administrateur de ce comptoir.

Mazulipatam était tranquille sous l'administration de Mongrè, comme Yanaon sous celle de Panon. Seulement, à Mazulipatam, les marchandises fournies étaient moins bonnes, moins loyales qu'avant la guerre ; il avait fallu en rebuter une partie.

Anquetil de Briancourt administrait Surate. L'insécurité la plus absolue règnait en cet établissement depuis que nous avions pris sur mer, à titre de représailles, le *Fitzalam* appartenant aux Chelibis, négociants de la ville. Le Conseil de l'Ile de France avait reconnu la saisie légitime ; dans un esprit de conciliation, le Conseil de Pondichéry venait de modifier ce jugement.

D'un commun accord avec Law, l'arrêt était encore tenu secret, comme pour faire dépendre la restitution du navire d'un acte gracieux plutôt que d'un acte juridique. Le négociant Boucard, qui avait longtemps jeté le trouble dans notre établissement, venait de mourir.

LES EMPLOYÉS.

Passonts à la question du personnel. Le Conseil de Pondichéry. au temps de Boyelleau, avait pris l'initiative de dresser un tableau spécial des écrivains blancs et métis, en mettant à part ceux qui par mésalliance ou de basse extraction trop connue ou encore par reproches sur leur conduite, s'étaient mis en état de ne pouvoir parvenir à des emplois élevés. " N'est-il pas honteux, écrivait-il, que ces sortes de gens se trouvent confondus sur les états avec le personnel du Conseil". Boyelleau leur avast même interdit le port d'armes et les avait retranchés de l'Etat-Major et de l'admission chez le gouverneur et les chefs. " N'était-il pas fâcheux pour eux, pour leurs épouses, ainsi que pour nous-mêmes et les nôtres, disait Boyelleau, de se croire dans quelque obligation par rapport à ce titre d'employés de la Compagnie. de recevoir des visites, d'admettre à leur table. cercles et compagnies, des gens, hommes et femmes de toutes ces espèces ".

La mesure prise par Boyelleau était conforme aux règlements établis, mais pour des motifs qu'il est inutile de développer, elle n'était plus appliquée. Law, sans en contester le principe, jugea à son tour qu'il n'était pas opportun de la rétablir.

AFFAIRES EXTÉRIEURES.

En dehors de la reprise de possession des territoires rétrocédés qui nécessitat des rapports de tous les instants avec les Anglais et les princes de Coromandel et du

Bengale, Law se maintint avec eux, suivant les ordres de la Compagnie, dans la plus stricte neutralité. Si nous pouvions encore avoir une diplomatie, nous n'avions plus d'armée pour la soutenir. Mais neutralité ne voulait pas dire indifférence. Le soubab du Décan, Nizam Ali et son voisin du Carnatic, Mohamet Ali, commençaient à souffrir de l'ingérance des Anglais dans leurs affaires et le premier tout au moins, qui avait vécu dans l'entourage de Bussy et savait ce que vaut une politique bien conduite, pouvait se demander si quelque retour de fortune ne favoriserait pas un jour nos intérêts et les siens. Law entretenait auprès de lui un agent fort avisé, le capitaine Beylié, dont le rôle ne laissait pas que d'être très délicat. Toute suggestion précise lui était interdite : cependant il ne devait pas laisser ignorer qu'un jour peut-être le glorieux passé de Bussy pouvait avoir un lendemain. Le conflit Boyelleau donna un instant lieu de penser que la mission Beylié se passerait en pure perte ; de quelle autorité le gouverneur pouvait-il jouir auprès des étrangers, si chez nous elle était battue en brèche par les propres agents de la Compagnie ?

Pourtant le principal obstacle à une entente formelle avec Nizam Ali provenait moins de la crainte de s'engager dans des négociations trop précises que des inquiétudes qu'éveillait dans toute l'Inde du Sud la naissance et l'apparition d'une puissance nouvelle, dont nul encore ne pouvait calculer le développement. C'était celle d'Haïder Ali, cet ancien capitaine de Nandi Raja, général en chef des armées du Maïssour au temps de Dupleix, devenu le maître de cet empire à la suite de coups de main heureux qui renversèrent l'ancienne administration pour ne laisser à la tête du royaume qu'un souverain nominal et sans pouvoirs d'aucune sorte. Haïder Ali avait pris la régence et gouvernait en fait le pays pour son compte personnel.

L'extraordinaire fortune de ce soldat d'aventure donna aussitôt de la crainte à tous ses voisins : Marates, le Décan le Carnatic, et aux Européens eux-mêmes. Haïder Ali, cherchant un débouché vers la mer, ne pouvait s'agrandir qu'aux dépens de Mohamet Ali et des petits souverains du Canara, à la côte Malabar. Les Anglais n'envisageaient pas cette perspective sans une vive appréhension et déjà ils commençaient à intriguer auprès de Nizam-Ali pour qu'il déclarât la guerre à l'usurpateur du Maïssour. Il semblait que, par des sentiments contraires, Law dut avoir quelque sympathie pour Haïder Ali, cependant ce fut le contraire qui arriva : il ne considérait point une entente avec ce prince comme bonne ni désirable. Seul Boyelleau, plus avisé ou moins prudent, aurait volontiers consenti à lui faire passer secrètement des armes et des munitions.

Nulle guerre n'était encore engagée lorsque Law revint à Pondichéry ; il n'y avait de trouble nulle part mais seulement une inquiétude générale provenant autant de la crainte que l'on commençait à éprouver de la puisance naissante d'Haïder Ali que de la jalousie unanime que l'on ressentait de la puissance également naissante des Anglais.

Le volume se termine sur cette incertitude du lendemain.

Alfred MARTINEAU.

A Pondichéry, 15 Octobre 1766.

Messieurs les Syndics et Directeurs de la Compagnie
des Indes, Députés aux ventes.

Par le vaisseau le d'*Argenson*.

Messieurs,

Nous renouvelons avec plaisir aujourd'hui le sujet
d'une correspondance oubliée depuis près de dix ans,
malheureusement et pour la Compagnie et pour la
Nation, puisque cette époque est celle de la dernière
guerre, qui est la cause de la ruine de tous nos établissements dans l'Inde, et de tant de maux qui s'en sont
suivis. Tâchons donc, en traitant une matière qui sera
désormais l'objet de nos soins et de nos attentions, de
réparer, s'il se peut, les pertes que la cessation du
commerce a occasionnées, et tâchons enfin de ne nous
occuper que des moyens utiles et avantageux de la
faire prospérer.

Vous avez ci-joint, Messieurs, la facture de la cargaison du d'*Argenson* montant à la somme de Pdg. C^{tes}.
126.729 pagodes 8 fanons. Nous l'avons assortie, autant
qu'il a été possible, de toutes les espèces de marchandises que nous avions coutûme d'envoyer en France
autrefois. Mais, sans chercher à nous flatter, ni à
nous attirer des éloges, nous pouvons, en vous exposant
le vrai, vous assurer que le succès de ce chargement
est dû à notre zèle et aux peines que nous nous sommes
données pour le former, soit en donnant à propos des
avances aux marchands, soit en les veillant et les pressant sans cesse dans leurs fournitures, et soit en pre-

nant toutes sortes de mesures pour aplanir lés difficultés qui naissaient chaque jour dans les terres et qui
semblaient être insurmontables. Nous sommes venus à
bout de vaincre tout, et en un mot, Messieurs, de mettre
le commerce de la Compagnie en train. Le voilà monté, et il est fâcheux que nous nous trouvions déjà sans
fonds à pouvoir faire continuer les tisserands de travailler, et pour en remettre dans les comptoirs snbalternes.

Nous avons fait passer à la Compagnie par nos dépêches du 3 mars dernier, la copie de notre contrat
avec les marchands, et elle aura vu par les prix des
diverses marchandises, que nous avons été assez heureux de ce renouvellement de commerce de ne les pas
payer plus cher qu'en 1741 et 42, ce qui dans les
circonstances présentes n'est pas un petit avantage.
Nous n'avons pas moins été exacts à la visite que nous
en avons faite, et nous pouvons dire qu'elles sont en
général de très bonne qualité, et dans leurs espèces, à
l'exception de quelques balles dans les sortes hollan-
daises qui, au reste, sont presque toujours défectueuses.
Ainsi cette partie essentielle de notre administration,
qui est celle qui aura dû peut-être mériter le plus votre
indulgence dans les conjonctures où nous nous trouvons,
n'a pas moins été conduite avec la sévérité et les réformes nécessaires, afin de faire le bien de la Compagnie, dès les premiers moments pour ainsi dire de
notre rétablissement. Aussi savons-nous, Messieurs,
que les Anglais en ont quelque jalousie, et qu'ils ont
donné les ordres les plus précis tant dans leurs établissements que dans les grandes aldées des terres qu'ils
ont en *juguirs*, de ne laisser sortir aucunes marchandises pour nous ; quant à celles que nous tirions anciennement du Maïssour, appelées guinées de Ceilom
nous continuons toujours à en recevoir, et nous espérons
par la suite qu'elles seront plus abondantes au moyen
des divers *Dastocs* que nous avons obtenus d'Aydera-

likan, maitre de ce Royaume, à qui nous les avons demandés.

Les moins qui se sont trouvés dans les balles à l'Orient
et dont on s'est plaint souvent, nous ont engagés à chercher des moyens d'y remédier. Nous n'en avons pas
trouvé de plus convenable que de faire peser les balles
ici avant de les embarquer à bord des vaisseaux, et d'en
marquer le poids dessus, ce que nous venons de prati-
quer pour la cargaison du vaisseau le D'Argenson. Il
conviendrait donc, lors du déchargement de ce vaisseau,
et désormais des autres, que le garde Magasin Général
de la Compagnie à l'Orient, en vérifiât les poids, ce qui
mettra à même de connaitre d'où proviennent les moins.

Jaloux de procurer à la Compagnie le plus de marchandises blanches qu'il serait possible, que nous savons
être favorables à ses ventes, et utiles aux Manufactures
de toiles peintes du Royaume, nous avons délibéré dès
le 7 mai dernier, d'accorder à tous ceux qui nous en
présenteraient dans les qualités et sortes que nous
sommes dans l'usage de prendre à nos visites, 3 % en
sus du prix du contrat arrêté avec nos marchands.
Mais ceci n'a eu aucun succès, et nous n'avons pu nous
fournir par ces offres que 3 balles de bétilles et stin-
kerques d'un appelé Chinnayachetty. Nous sommes
aussi convenus que pour ne rien innover dans les
marques que nous avons coutùme de faire écrire sur
les balles de la Compagnie, on n'y mettrait aucune contre marque, tant sur ses marchandises que sur celles
que nous acheterions, mais nous les avons seulement
fait spécifier sur les billets des susdites balles, ce que
vous serez à même, Messieurs, de faire vérifier, ainsi
que sur celles que nous avons achetées au sieur Joannis
Sinain, marchand arménien, consistant en guinées de
Yanaon et mouchoirs fins. Il nous a proposé plusieurs
espèces de marchandises que nous ne sommes pas dans
l'usage d'envoyer à la Compagnie, tels que des mou-,

choirs blancs à petites raies rouges 3/6; d'autre pareils à raies bleues, à 4 pagodes d'or la pièce, et enfin des mouchoirs fond rouge, à petites raies blanches, même ouvrage, à 5 pagodes d'or la pièce. Mais comme ils peuvent être d'un débit avantageux, et que nous nous faisons un devoir de ne rien négliger de ce qui peut lui être utile, novs vous en faisons passer, Messieurs, des montres avec les prix auxquels ce négociant s'engage à en fournir une quantité suffisante, pour en faire un objet intéressant. Nous vous prions de vouloir bien nous faire part de vos observations à ce sujet, ainsi que sur tout ce qui aura rapport à nos envois et généralement au commerce.

D'après ce que la Compagnie nous a fait l'honneur de nous écrire par sa lettre en date du 23 Décembre 1765, de nous attacher moins dans ces commencements au choix des toiles et de préférer de lui en envoyer beaucoup, nous avons acheté de nos marchands toutes celles que nous avions rebutées, mais à une différence de prix si considérable, que nous nous flattons que les bénéfices qu'elle y fera, seront aussi forts et proportionnés que sur les marchandises assorties dans leur espèce. Par exemple, les rebuts des guinées de 18 coujons, qui valent 48 pagodes d'or la courge, n'ont été reçus qu'à 40 pagodes, toutes blanchies, dont les frais sont au moins 1 1/2 pagode par courge; et il en sera de même des autres rebuts qui pourront nous convenir. Mais afin que ces balles ne soient pas connues, et qu'on ne se prévienne point contre leur qualité, nous les avons toutes fait contre marquer d'un B aulieu d'un R, en spécifiant cependant sur les billets ce qu'elles sont véritablement.

Nous vous assurons avec vérité, Messieurs, qu'il nous reste à ce jour 101 balles, entre les mains des blanchisseurs. Le Comptoir de Yanaon par sa lettre du 26 du passé, nous en annonce 260 qu'il va nous envoyer et

que nous attendons à chaque instant, de sorte qu'au
moyen des soins que nous nous donnerons, nous avons
espérance de pouvoir donner au *Massiac*, en janvier,
8 à 900 balles et si Messieurs de Chandernagor se
prêtent à nous procurer une demi-cargaison de marchandises de Bengale que nous leur avons demandées,
pour envoyer au *Condé* à Mahé, en ajoutant les cargaisons de Chine et de Bengale, nous espérons que la
Compagnie aura une belle vente en 1767.

Nous sommes, etc. Signé : A. BOYELLEAU, LAGRE-
NÉE, DULAURENS L'AINÉ, TRÉMISOT, ABEILLE, D'HERVIL-
LIERS ET YZACT.

A Pondichéry, ce 15 Octobre 1766.

M. LAVIGNE BUISSON
Commandant au port de l'Orient.

1re Par le D'Argenson.

Nous avons reçu, Messieurs, vos lettres des 19 Septembre 1766 par le vaisseau le *Penthièvre*, 3 décembre
par le vaisseau l'*Ajax*, 5 janvier 1766, par le vaisseau le
Condé ; du 22 janvier, par le *Marquis de Castries* ; et
du 23 février par le *Massiac*. Tous ces vaisseaux nous
ont remis les effets, marchandises, vivres et paquets
dont ils étaient chargés suivant les factures et connaissements, de même que les matières d'argent qu'ils ont
chargées à Cadix, suivant les factures envoyées du dit lieu.

Tous les passagers embarqués sur ces différents vaisseaux sont aussi bien arrivés, excepté le sieur Laumont,

officier de cavalerie, resté aux îles. Nous avons eu soin de faire acquitter les différentes soumissions que vous nous avez envoyées, et de prescrire la même chose à Messieurs de Bengale pour celles qui les concernent.

Vous recevrez ci-joint, Monsieur, l'état de subsistance due aux gens de mer restés à Pondichéry, depuis le 1er Mars 1760 jusqu'au 16 Janvier 1761, la copie des décomptes des gens en remplacement sur le *Penthièvre*, en 1766, ainsi que les décomptes et notes démandés par des lettres particulières. Nous ferons en sorte de vous faire passer par l'expédition de janvier les autres renseignements que vous nous demandez dans vos diverses lettres. Quant au cahier des décomptes des gens de mer morts dans l'Inde, il a été envoyé par duplicata, le premier sur le *Chameau*, et le deuxième sur la *Réforme*. Nous souhaitons pouvoir remplir le vide immense qu'il y a eu dans cette partie, occasionné par le trouble qu'y a mis la guerre.

Ci-joint le connaissement et la facture du vaisseau le *Comte D'Argenson* et toutes les autres pièces que nous avons coutume d'envoyer au B^{eau} de l'Orient.

Nous payerons ici le décompte au sieur Hecquet, pilotin, provenant du *Condé*, que nous avons retenu, afin qu'il n'ait rien à répéter par la suite.

Le sieur Vigoureux Duplessis, passager sur le *D'Argenson*, a payé pour lui et son domestique les frais de table pour 6 mois, conformément au réglement de la Compagnie.

Ci-joint l'état des avances que nous avons payées au sieur Prévost, pour la table de ses passagers aux frais de la Compagnie, montant à 1726 Rs.

Nous sommes, etc. Signé : A. BOYELLEAU, LAGRENÉE, DULAURENS L'AÎNÉ, TRÉMISOT, ABEILLE, D'HERVILLIERS et YZACT.

Inventaire de l'expédition du Conseil supérieur de Pondichéry à M. Lavigne Buisson, Directeur des armements à l'Orient.

Nᵒˢ 1. Lettre du Conseil de ce jour.

2.. Duplicata des expéditions du 3 Mars 1766.

3. Connaissement de la cargaison du vaisseau D'Argenson.

4. Etat des effets délivrés au dit vaisseau des magasins depuis le 31 Décembre 1765, jour de son arrivée en cette rade, jusqu'au 23 Février 1766 qu'il est parti pour Mahé.

5. Etat des effets délivrés du magasin de marine au dit vaisseau pandant son séjour à Pondichéry.

6. Etat des effets de marine fournis par supplément au dit vaisseau, pour le voyage de Moka.

7. Etat des effets du Magasin Général délivrés au vaisseau le *Penthièvre*, pendant son séjour en cette rade.

8. Etat des effets délivrés du magasin de marine, au dit vaisseau pendant le dit temps.

9. Etat des effets délivrés au *Massiac* du magasin de marine, depuis le 26 Septembre, jour de son arrivée jusqu'au 13 Octobre, jour de son départ pour Achem.

10. Cahier de la subsistance dûe aux gens de marine, suivant les états de revues passées, depuis le 1ᵉʳ Mars 1760, jusqu'aux 15 Janvier 1761.

11. Décomptes et notes demandés par des lettres particulières.

12. Procès-verbal de barriques de vin rouge provenant du *D'Argenson* et tournant à vinaigre.

13.   do.   du jaggre provenant du *D'Argenson*, d'envoi de Karikal.

14.   do.   du poivre provenant du dit vaisseau, envoi de Mahé.

15.   do.   du dit poivre, dans les magasins à Pondichéry.

16.   do.   de l'ouillage des vins du *Penthièvre*.

17.   do.   des caisses de vin du dit vaisseau.

18.   do.   des marchandiees du *Castries*.

19.   do.   des caisses de vin provenant du dit vaisseau.

20.   do.   d'une barrique d'ossaïlles de bœuf salé, gâté et pourri.

21.   do.   des vins de Madère et vin rouge du dit vaisseau.

22.   do.   des effets de salle d'armes provenant du *Condé*.

23.   do.   du plomb et de la racine d'orcande provenant du dit vaisseau.

24.   do.   des biscuits avariés dans les magasins.

25.   do.   des caisses de vin rouge venues par le *Massiac*.

26.   do.   de l'ouillage des eaux de vie venus par l'*Ajax*.

27.   do.   de l'ouillage des Arracks et eaux de vie provenant de l'*Adonis* et de la *Gracieuse* dans les magasins.

28.   Etat des effets de marine délivrés au *D'Argenson*, tant pour son radoub que pour réparation des ustensiles de ce vaisseau.

29.   Idem du magasin général délivrés au vaisseau le *Massiac* depuis le 25 Septembre 1766, jusqu'au 13 octobre suivant qu'il est parti pour Achem.

30. Idem du magasin général au vaisseau le *D'Argenson* depuis le 24 mai dernier jusqu'à ce jour qu'il part pour France.
31. Extraits des décomptes et notes des gens de mer mis en remplacement sur le vaisseau le *Penthièvre* le 20 Juin 1755 et demandés par M. Delavigne.
32. Etat des avances faites par le Trésor au sieur Prévost de la Croix, capitaine du *D'Argenson*, montant à 1725 Rs.
33. Un paquet de lettres particulières.
34. Ordres et instructions du Conseil supérieur au sieur Prévost de la Croix, capitaine du *D'Argenson*.
35. Etat des passagers du *D'Argenson*.
36. Le présent inventaire.
37. Reçu du sieur Prévost des expéditions.

A Pondichéry, le 15 Octobre 1766.

Signé : Dulaurens.

A Pondichéry, le 23 Octobre 1766.

Messieurs les Syndics et Directeurs de la Compagnie des Indes.

Première par voie de Ceylan.

Messieurs,

Ayant appris qu'il devait y avoir de l'île de Ceylan une expédition extraordinaire le mois prochain d'un vaisseau en droiture pour l'Europe, nous allons y risquer la présente pour vous faire part des principaux évènements et opérations de cette côte que nous croyons les plus intéressants pour la Compagnie.

Le vaisseau *Penthièvre*, arrivé en cette rade le 31 mars, n'a point pu gagner Mahé suivant sa destination, il a remis ici les 10.000 marcs de matières destinées pour l'achat des marchandises de la côte malabare, a contracté 500 balles de coton, et a mis à la voile pour Chine, le 9 juin dernier.

Le vaisseau l'*Ajax* a mouillé ici le 21 juin, en est reparti pour Bengale le 12 juillet, où nous avons appris son heureuse arrivée, avec 600.000 Rs. effectives et 127.914 Rs. 4 as 20 gand de marchandises, provisions et effets qui étaient chargés dessus.

Le vaisseau le *Marquis de Castries*, arrivé ici le 4 septembre, a été expédié pour Bengale le 23, avec 716.000 Rs. et 125.958 Rs. 2 as 26 gand en marchandises et provisions. Nous n'avons aucune nouvelle de son arrivée.

Le *Condé*, destiné pour ce comptoir, n'est arrivé que le 9 septembre, avec tous ses fonds et marchandises. Nous l'avons expédié pour Mahé le 19 du courant avec 250.000 Rs. effectives et 90.382 Rs. d'effets et marchandises, pour y prendre du poivre et les 500 balles que nous avons demandées au comptoir de Chandernagor, comme étant plus à lieu et en état de les fournir que nous d'ici.

Le *Massiac*, arrivé le 25 septembre, a remis tous les fonds et effets que la Compagnie nous destinait, et nous l'avons envoyé le 13 octobre hiverner à Achem, d'où il reviendra dans les premiers jours de janvier prochain prendre la cargaison que nous lui préparons, et que nous espérons être de 8 à 900 balles, en ayant déja plus de 400, tant de Yanaon que d'ici, entre les mains de nos blanchisseurs.

Nous avons en outre expédié, le 3 juillet dernier, le vaisseau la *Concorde*, ci-devant le *Fetsalam* ou *Meny*, pour Chandernagor, avec 400.000 Rs. effectives, et 153.636 Rs. 13 as 18 gand de marchandises et provisions. Ce vaisseau est heureusement arrivé.

A défaut de la frégate le *Duc de Choiseul*, nous avons destiné pour le voyage de Moka le vaisseau la *Concorde* que nous avons ordonné au Conseil de Chandernagor de nous renvoyer à la fin d'octobre, ou au plus tard au commencement de janvier avec 5 ou 600 balles et plus, s'ils peuvent, de marchandises de Bengale que nous ferons passer à Mahé sur le même vaisseau, pour être versées à bord du *Condé*. Cette opération qui est très avantageuse à la Compagnie, lui sera en même temps peu dispendieuse, puisque le même vaisseau avec les même frais et sans se détourner, nous apportera les provisions et effets dont nous avons besoin ; prendra ici les subrécargues et marchandises pour Moka, portera les 500 et plus balles de Bengale, pour être mises à bord du *Condé*, et continuera son voyage de Moka, ce qui fait trois opérations également nécessaires et avantageuses. Nous souhaitons que Messieurs de Chandernagor coopèrent au succès de cette opération dont le manque serait préjudiciable aux intérêts de la Compagnie.

Nous avons expédié le 16 du courant pour l'Europe le vaisseau le *Comte d'Argenson* avec un chargement très assorti de presque toutes les marchandises de la côte, montant à 126.729 pagodes courantes 8 fanons, dont nous nous flattons que la Compagnie sera satisfaite. Il doit relâcher aux îles pour s'y caréner le plus promptement possible ; et même, pour accélérer sa caréne, nous lui avons fourni des effets nécessaires.

La Compagnie, par nos expéditions sur ce vaisseau, sera promptement instruite de nos altercations avec le Conseil de Chandernagor, touchant la supériorité qu'il prétend sur nous, nous souhaitons qu'elle ne nuise en rien à l'opération du vaisseau la *Concorde*. Quant à nous, la Compagnie verra qu'elle n'a altéré en rien notre esprit de conciliation. Nous espérons qu'elle prononcera affirmativement sur cette contestation.

La révolution projetée par Ayderalikan est toujours plus instante de jour en jour, il parait résolu à soutenir son entreprise, et nous frémissons d'horreur, en envisageant la guerre destructive dont est menacée la côte, surtout étant comme nous sommes, ouverts de tous cotés, sans la moindre barrière à opposer aux premiers coureurs et brigands qui se présenteront.

Nous sommes, etc. Signé : A. BOYELLEAU, LAGRENÉE, TRÉMISOT, DULAURENS L'AINÉ, ABEILLE, D'HERVILLIERS ET YZACT.

A Pondichéry, le 22 Novembre 1766.

MESSIEURS LES SYNDICS ET DIRECTEURS GÉNÉRAUX
DE LA COMPAGNIE DES INDES A PARIS

1ere Par la Caravane par voie de Surate.
2em Par   do.   par Mahé.

Messieurs,

Le vaisseau le *Penthièvre* est arrivé ici le 31 Mars sans avoir pu gagner la côte malabare, et a mis à la voile pour Chine le 9 Juin avec 500 balles de coton de Surate seulement, ne nous ayant pas été possible de lui donner du poivre, n'en ayant reçu que 800 candis de Mahé, dont nous en avons envoyé 400 à Bengale, et réservé les 400 autres pour les vaisseaux que nous avions à vous expédier en droiture.

Le vaisseau *l'Ajax* a mouillé ici le 21 Juin, et en est reparti pour Bengale le 12 Juillet, où nous avons appris son heureuse arrivée, avec 500.000 Rs. effectives, et 127.914 Rs. de marchandises, provisions et effets qui, étaient chargés dessus.

Le vaisseau le *Marquis de Castries* est arrivé ici le 4 Septembre, et a été expédié pour Bengale le 23 avec 714.000 Rs. effectives et 125.958 Rs. en marchandises et provisions. Nous n'avons encore aucune nouvelle de son arrivée.

Le *Condé* n'est arrivé ici que le 9 septembre après 50 jours de relâche entre les îles de France et de Bourbon. Nous l'avons expédié pour Mahé le 19 octobre avec 250.000 Rs. effectives et 90.382 Rs. en effets et marchandises. Nous avons écrit au comptoir de Chandernagor comme étant beaucoup plus en état que nous ici de faire passer 500 balles à la côte malabare, pour être chargées sur ce vaisseau le *Condé*; après quoi on y achevera de le bonder de poivre, et il sera expédié en droiture pour l'Europe, en passant par les îles; à moins que le retard de l'arrivée des 500 balles de Bengale, ne nous force à changer cette première destination. Cette opération n'a rien de nouveau, et a toujours réussi, lorsqu'on l'a tentée, et qu'on a été obligé d'y avoir recours, comme nous nous trouvons dans le cas aujourd'hui.

Le vaisseau le *Massiac* est arrivé ici le 25 septembre après 25 jours de relâche (quoique dans l'arrière à l'Ile de France). Nous avons été obligés de lui laisser à bord les effets de poids, et il est parti le 13 octobre pour aller hiverner à Achem; il reviendra au plus tard dans les premiers jours de janvier que nous espérons avoir de 8 à 900 balles, au moins, à lui donner, en ayant déja plus de 500 tant de Yanaon que d'ici entre les mains de nos blanchisseurs, ou dans les magasins des marchands. Le Comptoir de Yanaon nous a fait espérer de 250 à 300 pour les derniers jours du mois prochain ou les premiers jours de janvier, sans compter les fournitures entières du comptoir de Mazulipatam, de celui de Karikal et des marchands de mouchoirs de Paliacatte.

Outre ces vaisseaux nous avons expédié le 3 juillet le vaisseau la *Concorde* pour Chandernagor avec 400.000 Rs. et 153.536 Rs. en poivre, et autres marchandises, provisions et effets. Nous avons eu nouvelle qu'il y est heureusement arrivé le 19 juillet, de façon que suivant un compte que nous vous avons envoyé, vous verrez que ce comptoir, indépendamment des ressources que l'on publie (car il ne nous en a jamais rien marqué) qu'il a trouvées à la grosse, a toujours dû, et doit être dans une situation beaucoup plus aisée que nous ; nous nous en sommes fait un plaisir (et un devoir) et avons pu aisément nous procurer les deux cargaisons des vaisseaux le *Praslin* et l'*Adour*, et avec bien plus de facilités celles des vaisseaux l'*Ajax* et du *Marquis de Castries*, et même les 500 balles que nous lui avons demandées pour le vaisseau le *Condé* de la côte malabare.

Nous avons marqué au Conseil de Chandernagor de prendre ces 500 balles de toutes les premières qu'il recevra, et sûrement il doit lui être facile de les avoir avant la fin de décembre, de les charger sur le vaisseau la *Concorde*, et de nous l'expédier pour être ici dans les premiers jours de janvier, nous apportant les effets, provisions que ce comptoir est dans l'usage de nous fournir, pour y prendre les subrécargues, fonds et marchandises pour Moka, et ensuite continuer sa route pour la côte malabare, y jeter les 500 balles au *Condé*, y prendre quelques denrées de cette côte propres pour Moka, et enfin s'y rendre, et nous en apporter en août de l'année prochaine la quantité de café que vous nous demandez annuellement.

Dans les dispositions fâcheuses où se trouve actuellement le Conseil de Chandernagor par rapport à nous, nous ne pouvons guère prévoir comment il se prêtera à l'opération ci-dessus, mais nous la regardons toujours comme d'une très facile exécution ; quant à la partie qui dépend du Conseil de Chandernagor, elle est d'un succès assuré, s'il en fait la première expédition de bonne heure, à temps, comme nous le lui avons marqué, à moins d'évènements qu'on ne peut prévoir ; car quant aux contrariétés de la mer et de la navigation, nous ne croyons pas avoir rien à craindre. Cette opération, si elle réussit, nous parait une des plus avantageuses qui puisse se faire pour la Compagnie, puis qn'elle en fait trois en mème temps, celle de nous apporter nos provisions de Bengale, de porter 500 balles au *Condé* à la côte malabare, et enfin pour troisième le voyage de Moka que la Compagnie parait avoir tant à cœur, et que nous sentons être indispensablement nécessaire à son commerce, et ces trois opérations sûres et avec les mèmes frais qu'est-ce qu'il y a de plus avantageux dans le commerce de mer. Et c'est peutêtre le défaut de ces combinaisons où de pouvoir les rapprocher, qui a été cause que nos entreprises dans ces pays-ci ont toujours eu si peu de succès.

Nous vous avons expédié le 16 Octobre le vaisseau le *d'Argenson* avec un chargement qui nous a paru assez bien assorti, quant à la qualité des marchandises, presque de toutes celles que nous étions dans l'usage d'envoyer, montant à 126.729 pagodes 8 fanons. Nous nous flattons que la Compagnie en sera satisfaite, et les marchands acheteurs contents de la qualité.

Ce bâtiment ayant absolument besoin d'une carène, pour n'en pas retarder l'opération à l'Ile de France, et son retour en Europe, nous lui avons fourni tous les effets que nous avons prévu qui pourraient lui être nécessaires, et que le capitaine nous a demandés.

La Compagnie verra par nos expéditions par ce bâtiment la situation où s'est trouvé depuis presque son rétablissement, le comptoir de Mahé et où il est encore par les conquêtes rapides d'Ayderalikan de presque toute cette côte. Celle-ci a été jusqu'à présent assez tranquille à cet égard ; mais le projet de ce prince de s'en rendre aussi maitre, et par là de réunir les deux côtes sous sa domination, parait plus près que jamais de son exécution ; les Anglais, et Mamet Alykan paraissent en avoir de l'inquiétude, et font tous les préparatifs et négociations pour prévenir cette révolution. Ils ont depuis quelqus temps M. Caillot commandant de toutes leurs troupes à cette côte, auprès de Nizamaly, pour tâcher de le détacher de l'alliance de Aydéralikan, mais sans beaucoup de succès jusqu'à présent. Quant à nous, vous savez aussi bien que nous, Messieurs, que notre situation nous force à la plus exacte et la plus scrupuleuse neutralité, ce que nous ne pouvons cependant persuader ni d'un coté ni de l'autre, mais nous vous avouerons que nous frémissons d'horreur en envisageant la guerre destructive que cette révolution ne peut qu'occasionner, étant comme nous le sommes ouverts de tous cotés, sans la moindre barrière à opposer aux premiers courreurs et brigands qui sont toujours à la suite des armées de ces pays-ci.

Nous avons aussi informé la Compagnie par le même vaisseau de nos altercations avec Messieurs du Conseil de Chandernagor par rapport à la supériorité qu'ils prétendent. Nous pouvons bien vous assurer qu'elles n'ont altéré et n'altéreront en rien notre esprit de conciliation si nécessaire au succès des affaires. Nous souhaitons plus que nous l'espérons, qu'il en soit de. même de la part du Conseil de Chandernagor, surtout par rapport à l'opération du vaisseau la *Concorde* qui est instante, dont nous sentons tout l'avantage pour la Compagnie, et tout le préjudice au contraire qui en résultera si elle n'a pas lieu. Mais Messieurs de Chandernagor depuis le départ du *D'Argenson*, ont poussé les choses à un point si extrème, qu'ils nous donnent bien lieu de tout craindre de leur part, tant pour nos propres personnes que pour les affaires.

M. Lagrenée vient de nous remettre un paquet qui a été adressé par le Conseil de Chandernagor à notre adresse, et un autre à celle de M. Denis, en son absence à lui (sieur Lagrenée), parce qu'il n'a pas jugé à propos ni cru convenable de l'ouvrir seul.

Ayant fait ouverture du premier paquet à notre adresse, nous n'y avons trouvé que des duplicata consistant:

1º une lettre du 22 août du Conseil de Chandernagor adressée à Messieurs du Conseil établi par M. Law à Pondichéry, pour y gérer les affaires en son absence, comme il était seul chargé de cette gestion et administration, et que nous ne fussions que ses procureurs ou ses commis. Du reste cette lettre est dans le même esprit et goût que celle du premier du même mois, que nous vous avons envoyée par le *L'Argenson*, pour soutenir leurs prétendus droits de supériorité.

2º des réponses en apostilles datées du 21 août, même adresse, à nos lettres des 15 juin et 12 juillet, ces apostilles pleines de termes injurieux et déshonorants, et nous ne craignons pas de le dire, d'expressions grossières. Vous pourrez juger, Messieurs, par les copies que nous vous avons remises par le *D'Argenson* de nos susdites lettres des 15 juin et 12 juillet, si elles le méritaient.

3º un paquet cacheté et timbré *Conseil de Justice*, dans lequel nous avons trouvé deux lettres datées des 20 et 21 août adressées au Conseil établi à Pondichéry pour gérer les affaires en l'absence de M. Law, et au dessous timbrées : Conseil de Justice ; et un arrêt sur parchemin du Conseil de Chandernagor.

Dans l'exposé verbal de M. Fournier, Procureur Général, rapporté dans le dispositif de l'arrêt, il conclut que Maitre Boyelleau et Maitre Yzact soient interdits et sommés à se rendre à la barre pour y rendre compte de leur conduite; et qu'un arrêt que nous avons rendu ici le 14 juin soit lacéré et brûlé par l'exécuteur de la justice : ce que le Conseil de Chandernagor a mitigé en nous ordonnant simplement de le biffer de nos registres, d'en lacérer nous-mêmes une expédition ; d'en garder les morceaux, pour les représenter en temps et lieu, nous enjoignant de garder les sceaux, sans en abuser, et de nous en servir que suivant les ordres qu'il nous donnerait, et finit par donner ce mandement aux gens tenant le siège à Pondichéry qu'ils aient à sceller le (même et présent) arrêt du grand sceau des armes du dit Seigneur Roi, dont le dépôt leur est confié, etc. Outre le comique et l'absurde de cet arrêt, nous croyons être mieux fondés à la dire qu'il n'est pas moins plein, ainsi que les deux lettres qui l'annoncent, d'apostrophes injurieuses et déshonorantes à M.M. Boyelleau et Yzact, que ne la sont les apostilles dont nous avons parlé, pour tout le conseil en corps.

Ayant ouvert le paquet à l'adresse de M. Denis et en son absence à M. Lagrenée, nous y avons trouvé une lettre du Conseil de Chandernagor en date du 18 août, à l'adresse de ces deux messieurs en l'absence l'un de l'autre, et une lettre de même date adressée à Messieurs du Conseil établi à Pondichéry par M. Law pour gérer les affaires en son absence ; et encore un nouveau paquet à l'adresse de M. Denis et M. Lagrenée en l'absence l'un de l'autre.

La première lettre de ces Messieurs commence par dire que si M. M. Boyelleau et Yzact soutenus par quelques membres du Conseil, ne veulent pas se rendre à la raison (ne reconnaissant pas sans doute leur supériorité), ils n'ouvriront le dernier paquet ci-dessus que chez eux et sans témoins, mais de ne pas l'ouvrir, si M. Boyelleau déclare qu'il se soumet à leurs ordres ; qu'après la réception de cette lettre du 18 août, ils auront la bonté de faire assembler le Conseil où ils ouvriront le premier paquet à notre adresse dont nous vous avons parlé, et où sont les apostilles, etc ; d'en lire toutes les pièces, et de demander ensuite qu'on passe une délibération motivée, et chaque avis séparément par écrit, pour reconnaître M. Law comme commissaire du Roi, et pour Conseil supérieur celui qui est actuellement à Bengale, que voyant par les avis ceux qui ne voudront pas se soumettre, et que M. Boyelleau soit du nombre, alors les sieurs Denis et Lagrenée se retireront chez eux pour ouvrir le paquet mystérieux ci-dessus.

Nous n'avons jamais nié à M. Law ni refusé de le reconnaitre en sa qualité de commissaire du Roi pour la reprise de possession des établissements qui doivent être rendus à la nation par la Grande Bretagne, quoique cependant cette même commission n'enjoigne à personne, à aucun français de le reconnaitre en la dite qualité, ce qui est effectivement inutile puisqu'elle n'est que pour agir vis-à-vis des Anglais (nous prions la Compagnie de s'en faire représenter la minute), mais nous avons osé penser et dire que cette qualité ne lui donne pas même aucune part aux affaires de la Compagnie, bien loin de lui donner la prépondérance dans l'administration ni la présidence, encore moins la supériorité pour sa seule personne et présence dans le Conseil de justice, que ces trois qualités, charges ou titres sont indépendants l'un de l'autre, et que si dans les circonstances on a réuni à ces deux derniers qui étaient d'usage dans la même personne, si on y a, disons-nous, réuni en la personne de M. Law celle de commissaire du Roi pour la reprise de possession, nous voyons que ce n'a été que par rapport à l'éloignement, et pour ne pas trop multiplier les êtres, autorités, etc. et que cet acte de reprise de possession vis à vis les Anglais seulement une fois fait, la commission est finie, tout son pouvoir cesse et ne s'étend pas jusqu'à la décision des contrariétés et protestations qui auraient pu avoir lieu de part et d'autre—il appartient aux ministres seuls respectifs— qu'elle ne s'étend pas non plus aux prétentions et restitutions que la Compagnie peut avoir à former et demander au Nabab et autres princes du pays, puisque la commission du Roi ne stipule que pour les restitutions à faire par la Grande Bretagne, parceque c'eut été

contre les droits et privilèges de la Compagnie qui lui
sont donnés par l'édit de création de traiter elle-même
ou par ses représentants au nom et pour la nation avec
les princes du pays de ses concessions et établissements,
ainsi c'est la cause, les intérêts de la Compagnie même
que nous soutenons par ce sentiment.

Quant à la supériorité du Conseil actuellement à
Chandernagor par la présence de M. Law, ces prétentions, ce sentiment nous paraissent trop erronnés pour
les discuter ; toutes les ordonnances du royaume, l'édit
même de création du Conseil, les usages, enfin tout y
est si contraire que nous n'avons pas même la moindre
incertitude à ce sujet ; puisque l'édit de création du
Conseil ne pouvait sûrement pas s'expliquer plus clairement, ni mieux prévenir l'absence du président, tel que
se trouve aujourd'hui M. Law, et que nous croyons qu'il
est sans exemple qu'un premier président de tel parlement que ce soit, lorsque par évènement, affaires ou
autrement, il s'est trouvé dans un présidial, ait prétendu
que sa présence seule ait fait et rendu ce présidial la
cour souveraine et supérieure. Nous ne nous croirions
pas dignes des places que nous avons l'honneur d'occuper à cet égard, si nous en abandonnions ainsi les droits
à l'arbitraire et adhérions si lâchement à ce sentiment
des potilique.

La lettre du Conseil de Chandernagor à M.M. Denis
et Lagrenée continue "Comme il pourrait arriver que
" M. Boyelleau ne donne son avis que le dernier, et
" qu'assuré que la pluralité des voix, non compris la
" sienne, sera contre nos ordres, il juge à propos de
" donner un avis ambigu et même décidé pour se
" soumettre à nos ordres, ce qui serait une vraie
" trahison à son parti". (M. Boyelleau se flatte, Messieurs, que vous ne le reconnaitrez pas à ces épithètes
et à ce portrait de dissimulation et de fourberie), "alors
M. Denis " ou M. Lagrenée ouvrirait une lettre qu'ils

trouveront " dans la lettre adressée au conseil." (Nous
vous déclarons, Messieurs, que cette lettre n'était point
fermée) par laquelle ils (le Conseil de Chandernagor)
suspendent du service tous les conseillers qui ne voudront pas reconnaitre la supériorité du Conseil qui est
aujourd'hui à Chandernagor. "Si ces conseillers que
" nous (Conseil de Chandernagor) supposons avoir
" opiné contre la soumission à nos ordres, reviennent
" à votre sentiment (sieurs Denis ou Lagrenée), il n'y
" aura plus qu'à passer la délibération que M. Boyelleau
" et tous les conseillers doivent signer."

La lettre du Conseil de Chandernagor continue toujours : " si les Conseillers s'obstinent, et supposé que
" M. Boyelleau ne voulut pas, sans doute par attache-
" ment encore à son prétendu parti, se soumettre à
" l'ordre que nous donnons *de les chasser du Conseil*,
" vous sieurs Denis ou Lagrenée, vous vous retirerez
" pour lors chez vous, et ouvrirez le paquet qui vous
" est adressé, Nº 3, au contenu duquel vous aurez soin
" de vous conformer."

La lettre du Conseil de Chandernagor au Conseil d'ici
mentionnée au paragraphe antécédent, et que nous
avons déclaré s'être trouvée ouverte et sans enveloppe,
est du 18 août, et ne contient que l'ordre que si quelques conseillers soit en pied, soit simplement adjoints,
(nous ne comprenons pas bien cette distinction, et nous
pensons que Messieurs de Chandernagor se trompent
encore dans ce qu'ils font), refusent de se soumettre et
de reconnaitre leur supériorité, (de Chandernagor) ils
les déclarent *suspendus de tout service et incapables
d'assister au Conseil*, et ils ordonnent en conséquence
de les obliger à se retirer (au lieu du terme de les
chasser dont ils se sont servis dans leur lettre à
M.M. Denis ou Lagrenée), de les mettre aux arrêts et
même en prison, selon l'effet qu'il y aurait à craindre
des discours qu'ils pourraient tenir.

Nous ne vous ferons pas grands commentaires sur ces deux lettres, nous nous contenterons d'en appeler à vous-mêmes, Messieurs, et si, pour être en contradiction de sentiment, on mérite, on encourt l'affront d'être chassé d'un Conseil ou même d'être mis en prison, ce sentiment et ce système seraient bien préjudiciables aux intérèts et aux affaires de la Compagnie, et nous paraissent contraires, et même entièrement détruits par vos ordres par le *d'Argenson*, et par l'esprit de votre administration actuelle.

Enfin, ayant ouvert le paquet le plus mystérieux de tous à l'adresse de M. Denis et en son absence à M. Lagrenée, mentionné dans le troisième paragraphe ci-dessus, et qu'ils devaient ouvrir sans témoin, nous y avons trouvé une lettre à l'adresse de M. Denis, en son absence à celle de M. Lagrenée, datée du 19 Août, une de même date adressée à Messieurs du Conseil établi à Pondichéry par M. Law pour gérer les affaires en son absence, qui accompagne un ordre, disent Messieurs de Chandernagor, daté du 16 Août, mais qui est une vraie commission, comme nous allons le faire voir, et deux ordres au capitaine faisant fonction de major et de commandant des troupes à Pondichéry daté du 16 Août, l'un du Conseil et l'autre de M. Law.

La lettre de Messieurs de Chandernagor à M. Denis, porte en substance qu'ils sont pénétrés de la nécessité où il a été (lui sieur Denis) d'ouvrir cette lettre, mais que chargés (Conseil de Chandernagor) de maintenir les sujets du Roi, pour rémédier aux désordres qui règnent dans Pondichéry (nous pouvons assurer la Compagnie qu'il n'y en a aucun, au contraire) et qui ne sont dus qu'à l'imagination échauffée du sieur Boyelleau et ses adhérents (nous dirons avec plus de vérité dans l'imagination de Messieurs de Chandernagor), "en conséquence nous avons cru qu'il était nécessaire de le suspendre du service, puisqu'il ne veut pas se conformer à nos ordres, et de vous (sieurs Denis ou Lagrenée) nommons en sa place " ensuite l'annonce de la lettre au Conseil qui accompagne l'ordre prétendu, mais qui est une vraie commission, l'annonce des deux ordres au major, les précautions à prendre en les lui remettant, l'ordre et la marche pour se faire reconnaitre à la tête des troupes et le Conseil assemblé, un de ces deux Messieurs, Denis ou Lagrenée, Gouverneur par intérim, ensuite ordre de faire mettre en prison ceux qui voudront faire les mutins, d'ordonner au sieur Boyelleau de ne point sortir des limites de Pondichéry jusqu'au retour de M. Law, et s'il y a lieu de craindre quelques mauvais effets de ses discours, lui donner les arrêts chez lui avec défense à tout serviteur de la Compagnie de lui parler, *de lui donner même la prison*, si le cas l'exige.

Ensuite Messieurs de Chandernagor disent qu'ils ne croient pas que l'esprit d'indépendance qui règne à Pondichéry depuis l'arrivée du *D'Argenson* (pour dire de M. Boyelleau, mais nous pouvons bien vous assurer, Messieurs, qu'il est subordonné ainsi que nous à vos ordres, et ne les demandons clairs et bien expliqués que pour les exécuter strictement, la vérité est qu'il croit ainsi que nous, dans les places que nous remplissons, n'en devoir recevoir que de vous, Messieurs, ainsi que vous nous le prescrivez par votre lettre du 4 octobre 1764), que l'esprit d'indépendance etc. ait fait assez de progrès pour qu'ils (M.M. Denis ou Lagrenée) trouvent beaucoup de difficultés dans l'exécution de leurs ordres: ensuite une exhortation de prudence et de fermeté, et une menace que cette affaire peut devenir pour eux (sieurs Denis ou Lagrenée) de la plus grande importance, que toute la France en sera instruite, un pouvoir de s'adjoindre à défaut de Conseiller en pied, tous autres qu'ils (sieurs Denis ou Lagrenée) jugeront à propos et croiront les plus capables de les aider à conduire les affaires jusqu'au retour de M. Law.

Cette lettre finit par recommander la plus grande économie dans les dépenses, et de donner fréquemment avis de toutes les opérations.

La lettre du Conseil de Chandernagor à celui d'ici ci-dessus mentionnée, est relative à la dernière aussi ci-dessus à M.M. Denis ou Lagrenée, et n'est que pour accompagner l'ordre prétendu, que nous appelons et espérons prouver une véritable commission, et ils disent que c'est toute l'inconduite de M. Boyelleau qu'ils dépeignent, son opiniàtreté à ne pas reconnaître leur supériorité, qui les forcent, pour remédier autant qu'il est en leur pouvoir au mal déjà survenu, et prévenir les suites d'une révolte aussi décidée contre les ordres du Roi et de la Compagnie, à le suspendre du service, ainsi que tous les Conseillers qui ne voudront pas reconnaître leur supériorité (Conseil de Chandernagor), et qu'ils nomment en son lieu et place M. Denis, s'il est arrivé, sinon M. Lagrenée, et cette lettre finit par un ordre au Conseil d'ici de se trouver à la tète des troupes pour y être présent à la réception de M. M. Denis ou Lagrenée, en qualité de gouverneur par intérim.

Le papier que Messieurs de Chandernagor disent un ordre, et que nous croyons devoir appeler plus proprement une véritable commission, et intitulé : de par le Roi et la Compagnie (sans en désigner aucune ni ses titres à cette Compagnie), ensuite sont tous les titres et qualités de M. Law et des Conseillers au Conseil supérieur (actuellement à Chaadernagor), et dit qu'attendu le refus fait par le sieur Boyelleau de reconnaître l'autorité du Conseil supérieur (sans doute à Chandernagor) son opiniàtreté à persister dans la prétention absurde de la supériorité du Conseil actuellement à Pondichéry, sa désobéissance aux ordres formels de M. le commissaire du Roi et du Conseil supérieur (toujours sous entendu à Chandernagor), et intimés par leur lettre du 1er août, et à l'arrêt du Conseil supérieur (toujours à Chandernagor) du 7 de ce mois, malgré toutes les précautions prises pour le faire rentrer dans son devoir sans aucun éclat, ils ont suspendu et interdit, suspendent et interdisent le sieur Boyelleau de toutes fonctions, lui défendent l'entrée au Conseil jusqu'à nouvel ordre. suspendent pareillement tous ceux qui refuseront d'entrer dans leurs devoirs et d'obéir à leurs ordres, se réservant au surplus de connaitre et faire informer, si besoin est, des motifs, causes et suites de leur désobéissance lors du retour du commandant général à Pondichéry (qui ne sera frappé de cette réserve d'informations après avoir vu et lu la peine prononcée). Cet ordre ou commission continue en disant : " en attendant, nous avons nommé et " commis, nommons et commettons Gouverneur par " intérim à Pondichéry et président du Conseil y établi " par M. Law, pour gérer les affaires en son absence, " le sieur Denis conseiller au Conseil supérieur, et en " cas d'absence du sieur Denis, le sieur Lagrenée, " conseiller au dit Conseil (il fallait donc dire où était " ce Conseil supérieur, puisque ni l'un ni l'autre ne " sont à Chandernagor) pour par les dits sieurs, à défaut " l'un de l'autre, commander dans la ville de Pondichéry, conformément aux ordres et instructions laissés par M. Law à son départ de Pondichéry, au sieur Nicolas qui en a déposé copie au secrétariat. Ainsi voilà un Gouverneur qui n'agira que conformément aux ordres et instructions, autant vouloir dire volontés de M. Law, et encore non sur des originaux, mais sur de simples copies. L'ordre ou commission continue, et finit par " ci donnons en mandement à tout conseiller et autres " habitants de la ville de Pondichéry, de reconnaitre les " dits sieurs Denis ou Lagrenée en la qualité de Gou· " verneur par intérim, et de lui obéir en tout conformé- " ment aux ordonnances. Fait et donné en la chambre

" du Conseil supérieur à Chandernagor l'an mil sept
" cent soixante six, le seizième jour d'août."

Avons-nous en tort d'appeler cette pièce une vraie
commission au lieu d'un ordre, comme disent Messieurs
du Conseil de Chandernagor, et a-t-il été en droit de
donner une pareille commission et de Gouverneur que
vous ne donnez pas vous-mêmes, Messieurs ? nous ne
craignons pas de vous offenser de vous le dire.

Les ordres du Conseil de Chandernagor et de M. Law
au major des troupes, sont tous deux pareils en tout, et
sont pour lui donner ordre de faire reconnaitre à la tête
des troupes les sieurs Denis ou Lagrenée, à défaut l'un
de l'autre, Gonuverneur par intérim, d'enjoindre à tous
de leur obéir en la dite qualité, et défense d'obéir au
sieur Boyelleau, le Conseil ajoute de plus, que nous
" l'avons suspendu du service." Nous y remarquons que
l'un et l'autre donnent à cet officier qu'ils supposent
bien n'être qu'un capitaine faisant fonctions de major,
ils lui donnent cependant le titre et la qualité de commandant des troupes, sachant bien que ça été une des
principales pierres d'achoppement dans la mutinerie
que nous avons essuyée de la part des officiers.

Pour ne pas trop grossir cette expédition qui doit
aller par la caravane, nous nous contenterons pour tout
commentaire actuel sur tout ce que desus, de vous
prier, Messieurs, de jeter les yeux sur votre nomination
en faveur de M. Law, vous y verrez ces paroles remarquables qui décident la question :

" Présider aux Conseils tant supérieur qne provin-
" ciaux à rétablir aux Indes, et rendre la justice tant
" civile que criminelle, conformément à l'édit de créa-
" tion du Conseil supérieur de Pondichéry du mois de
" Février 1701."

Edit que M. Law a fait serment d'exécuter, édit que
nous avons réclamé plus haut, et puisqu'il dit : présider
aux Conéils provinciaux, celui de Pondichéry existera

donc toujours Conseil supérieur, malgré que M. Law préside ailleurs, car si sa personne, sa présence faisait, emportait la supériorité, il n'y aurait plus de Conseil provincial où il se trouverait, et il eut été inutile qu'il y présidât.

Et nous demanderons à Messieurs du Conseil de Chandernagor et à M. Law ce qu'ils entendent par la menace qu'ils font à M.M. Denis et Lagrenée, en disant que cette affaire peut devenir de la plus grande conséquence pour eux, dont toute la France sera instruite. Est-ce qu'ils comptent au retour, à l'arrivée de M. Law, nous armer les uns contre les autres, et enfin répandre notre sang, ou s'adresser au chancelier et répandre par toute la France des mémoires sur cette affaire? Dans ce dernier cas, nous ne craignons point de dire quelle deviendra votre propre affaire, puisque ce serait vous manquer de respect, Messieurs de Chandernagor ainsi que nous, et qu'il aurait toujours dû être de tout serviteur de la Compagnie, ne devant avoir et reconnaitre que vous pour seuls juges dans ces sortes d'occasions.

Où ont-ils pris cette indépendance, cet esprit de révolte même décidée, ce désordre qu'ils nous supposent, nous reprochent, et sur lesquels ils appuient les excès où ils se portent contre nous? Nous pouvons bien vous assurer d'avance, Messieurs, que M. Law trouvera tout le contraire à son arrivée, qu'il trouvera tout dans l'ordre et bien établi, que nous lui avons arraché toutes les ronces et les épines, et qu'il n'aura qu'à suivre et à maintenir cet ordre que nous avons eu tant de peine à établir. Si le Conseil de Chandernagor et M. Law s'appuient sur un fatras de papiers, de plaintes et rapports, etc. qu'ils ont reçus, et que peuvent avoir écrit les officiers et autres qui nous ont forcés de les punir, ces Messieurs n'eussent-ils pas été plus sages de mépriser ces rapports? Et quant aux plaintes, si M. Law se croit le droit d'en juger seul et avant vous, Messieurs, malgré la connaissance et la décision qu'il peut bien supposer que nous vous en avons renvoyées, que ne venait-il? Ne devait-il pas au moins attendre d'être sur les lieux et de voir par lui-même?

Quand au droit de supériorité que M. Law a d'abord prétendu en sa seule et propre personne, et que le Conseil de Chandernagor semble lui avoir déféré de même, et que ce Conseil s'est ensuite rendu propre et personnel, par rapport à la présence de M. Law, les uns et les autres n'eussent-ils pas été plus sages, ne doivent-ils pas vous en renvoyer la décision, et M. Law ne devait-il pas profiter du Conseil que nous lui donnions par notre lettre du 3 avril 1766 au sujet de l'affaire des officiers dont nous lui conseillions de renvoyer toutes les plaintes à votre décision, lettre dont il s'arme aujourd'hui pour prouver que nous y avouions notre dépendance de lui, mais il n'a pas fait attention à l'esprit de toute cette lettre, et que nous lui disions formellement que ce n'est que pour éviter de l'embarras et des tracasseries à lui-même que nous la lui écrivons, et lui en faisons la politesse.

Quant à notre lettre du 25 mars au Conseil de Chandernagor, M. Law n'aurait-il pas mieux fait, ne devait-il pas ne la pas prendre pour lui, puisqu'elle ne lui était pas adressée particulièrement, qu'elle était de Conseil à Conseil, et qu'elle n'est sûrement que dans le style ordinaire, et tel qu'il convient à un Conseil supérieur à un inférieur? M. Law aurait dû faire aussi attention que cette lettre ne contient et n'est pour ainsi dire qu'une répétition des ordres généraux de la Compagnie pour l'administration de ses affaires dans tous ses comptoirs, et qu'il n'y a rien de particulier concernant les opérations du Bengale, dont d'ailleurs nous ne pouvons rien dire ni leur rien répondre, puisque nous n'en savions rien par eux-mêmes, s'ils l'eussent fait comme ils le devaient, que c'était l'ancien usage, et qu'il parait

plus particulièrement encore que ce sont vos intentions,
alors M. Law eut eu sûrement des preuves de nos
égards, de notre déférence à ses avis, à moins que nous
n'y eussions entrevu un préjudice notoire pour les
intérêts de la Compagnie.

Si tous ces papiers et ordres de Messieurs du Conseil
de Chandernagor et de M. Law fussent tombés dans les
mains d'un homme moins sage et plus ambitieux que
M. Lagrenée, et portaient contre un homme tel qu'il
leur plait de prendre M. Boyelleau, nous sommes intimement persuadés que vous conviendrez avec nous,
Messieurs, qu'il en pouvait résulter le plus grand désordre, et de plus grand malheur encore, des scènes cruel-
les qui eussent pu être sanglantes. Nous nous flattons
aussi que vous voudrez bien suppléer à la brièveté des
réflexions dans lesquelles nous sommes obligés de nous
renfermer, et donner de votre temps et attention pour
examiner et apprécier la valeur des prétentions et de la
conduite violente de Messieurs du Conseil de Chandernagor et de M. Law à notre égard, qu'il ne vous échappera pas que leurs procédés ressemblent parfaitement,
et nous remettons sous les yeux les horreurs que nous
avons essuyées d'un gouvernement précaire qu'un temps
de guerre a semblé autoriser et dont un furieux sans
conduite a crû devoir profiter. Les cicatrices de nos
plaies ne sont pas encore fermées pour que la moindre
étincelle ne les fasse saigner. Reverrions-nous donc,
au lieu d'une tranquillité nécesaire aux affaires, à vos
intérêts et dûe à des nationaux, renaitre le despotisme?
Et serions-nous forcés et condamnés à plier et gémir
encore sous ce joug tyrannique et insupportable? Les
ordres les plus sévères de votre part, Messieurs, doivent
en arrêter les progrès et l'extirper à jamais, il faut une
décision affirmative et décidante. Il n'est pas douteux
qu'il est des coupables, de quelque coté qu'ils soient,
pour empêcher et prévenir qu'ils ne soient imités ; il

faut des exemples si vous voulez que vos affaires pren-
nent cette forme que vous établissez si sagement par
vos lettres et ordres par le *D'Argenson*, et dont l'effet
n'aura jamais lieu si vous ne remédiez à l'instant au vice
qui circule encore dans la partie de votre état dans
l'Inde ; le dégoût, le découragement, nous pouvons dire
le désespoir, suspendront nécessairement tout zèle pour
le bien de vos intérêts et des affaires.   Nous avons toute
la force nécessaire pour supporter jusqu'à vos ordres
l'affreux de la scène présente, mais que pouvons-nous
nous promettre de nous, si vous ne corrigez pas le mal
qui semble s'accroître et se perpétuer, en punissant les
auteurs?   Nous vous promettons, Messieurs, tout notre
attachement à vos intérêts, de la fermeté pour faire
exécuter vos ordres, toutes les ressources de notre
amour pour la Compagnie, de notre jugement et de
notre esprit pour les moyens les plus efficaces pour
l'agrandissement de son commerce, et tous nos soins
pour l'économie dans les dépenses. Mais que pourrons-
nous, Messieurs, contre la violence et la force ?

Avant de finir, nous ne pouvons nous dispenser de
vous dire un mot sur une affaire qui regarde particulièrement M. Boyelleau, comme commandant immédiat
après M. Law, et chef actuel de l'administration, dont
Messieurs du Conseil de Chandernagor par leurs apostilles citées dans le cours de cettre lettre semblent le
menacer des suites très fâcheuses. Nous ne dirons rien
de ce que le public dit qui se passe à Bengale à ce
sujet, nous nous contenterons de vous rapporter le fait
dont nous avons été les témoins.

La fille et une nièce du sieur Verlet embarquées sur
le vaisseau *D'Argenson*, à l'aide de leurs sollicitations
et des partisans de la jeunesse, avaient fait déserter et
fait passer furtivement à Bengale par un bâtiment danois,
un frère de la nièce et cousin de la fille, qui était mousse sur le vaisseau *D'Argenson*, sans avoir demandé la

permission à M. Boyelleau, dans la crainte sans doute qu'il ne la refusat, vu sa rigidité à l'exécution de vos ordres à ce sujet. Le jour que ces filles du sieur Verlet devaient partir pour Bengale, M. Boyelleau fit demander le mousse, leur frère et cousin, il apprit alors sa désertion, et que c'étaient elles qui l'avaient fait déserter. Sur le champ M. Boyelleau envoya ordre au major d'aller arrêter lui-même la nièce du sieur Verlet, sœur du mousse déserté, de la conduire et de la mettre aux arrêts chez le chirurgien à l'hôpital, et de lui dire qu'elle y resterait jusqu'à ce qu'elle représentât son frère. En écrivant cet ordre sur la table du Conseil même et en notre présence, il convint et nous dit que c'était pour faire plus de peur que de mal, mais pour l'exemple, en imposer et apprendre aux femmes qui se croient indépendantes de toute loi dans ce pays, à se soumettre et respecter les ordres de la Compagnie, de la police de la ville etc. Il reçut même fort mal, toujours en notre présence, dans le même esprit la fille ainée du sieur Verlet qui vint pour solliciter pour sa cousine, il la lui refusa, et en nous quittant il nous assura bien qu'elle s'embarquerait sûrement, et effectivement. A peine rendu chez lui, il envoya ordre à l'hôpital de laisser sortir cette fille et de l'envoyer chez lui; elle le trouva à table avec M. Nicolas ; dans la réprimande M. Boyelleau lui dit qu'il ne la laissait aller qu'à la sollicitation et recommandation de M. Nicolas, qu'il la remettait (elle) entre ses mains, et sur la promesse qu'il avait faite de faire renvoyer le frère et la renvoya.

Voilà le fait dans la plus exacte vérité. Si pour un pareil acte qui ne peut être regardé que comme fait de police pour tenir la main à l'éxécution de vos ordres, le chef de l'administration dans quelqu'un de vos principaux comptoirs est exposé à s'en voir faire un procès criminel par la mauvaise volonté du Président du Conseil supérieur, comme le public en menace aujourd'hui

M. Boyelleau, croyez-vous, Messieurs, qu'il soit possible de se charger et de trouver quelqu'un qui se chargera de faire exécuter vos ordres? Nous pensons que la Compagnie doit prévenir l'effet de cette affaire, et pour maintenir l'autorité, donner ordre de renvoyer le mousse qui l'a occasionnée, malgré toutes les espérances prétendues que donnent du sujet de 10 à 12 messieurs de Chandernagor et de ce qu'ils disent être dû au mérite et services du sieur Verlet, c'est un bon pilote du Gange qui a bien servi dans cet état, mais pour de pareils services, lui et les siens doivent-ils être exempts et indépendants de vos ordres? Tout doit y être soumis, s'il est des exceptions, chacun les prétendra pour soi à plus juste titre que le sieur Verlet, et l'on trouve toujours des raisons plausibles et spécieuses de les éluder et de s'en soustraire. Quelle anarchie?

Nous ne pouvons nous refuser aux deux réflexions suivantes :

Pendant que M. Law sera en mer pour revenir ici, et suivant le temps où il partira, il pourrait fort bien être plus d'un mois, où sera pendant cet intervalle le Conseil supérieur ?

Et enfin, une fois M. Law arrivé ici, tout notre prétendu crime cesse, car qui que ce soit de nous ne pense à lui disputer le titre et la qualité de commandant général, de Gouverneur de Pondichéry, et la présidence du Conseil ; cependant, suivant ses prétentions, ses ordres et son Conseil, plusieurs de nous seront interdits, suspendus, chassés du Conseil, et même en prison.

Nous sommes etc. Signé : Boyelleau, Lagrenée, Abeille, Trémisot, Dulaurens l'aîné, d'Hervilliers et Yzact.

P. S.— Nous ne croyons pas devoir négliger de vous marquer que le gros du contenu de la présente était publié ici avant même que nous eussions reçu la lettre

du Conseil de Chandernagor ; nous méprisons de vous
rapporter les commentaires qui s'en font et tout ce
qu'on y ajoute de mortifiant et de déshonorant pour
plusieurs d'entre nous, ainsi que de M. de Cecatz et
autres officiers ; il n'est rien moins question que d'être,
au retour et à l'arrivée de M. Law, renvoyés pour la
plupart les fers aux pieds, mais le fâcheux c'est que
d'aujourd'hui ces bruits sont répandus dans les troupes,
et les menaces jusqu'aux sergents qui nous ont obéi,
on en cite des lettres de Conseillers de Chandernagor.
Vous conviendrez, Messieurs, avec nous qu'on a vu les
plus grandes incendies commencer par de moindres
étincelles.

Lettre du Conseil de

Pondichéry au Conseil de Chandernagor,

en date du 15 Juin 1766.

———

Nous allons par la présente répondre aux articles que nous jugerons le demander, des lettres que vous nous avez fait l'honneur de nous écrire le 27 Novembre, les 3 et 6 Décembre, 29 Janvier, 3 Février, 15 et 26 Mars et 19 Avril derniers. Nous répondrons même aux antécédentes et depuis le rétablissement, pour satisfaire aux articles qui pourraient avoir été omis.

, La lettre du 27 Novembre nous est parvenue le 3 Janvier, celles des 3 et 5 Décembre le 8 Janvier, celles du 3 Janvier le 8 Février, celle du 29 Janvier le 13 Mai, par voie de Ceylan. Le sieur Laglaine qui en était porteur ayant manqué la côte, est allé en droiture à Galle d'où il nous l'a fait passer par Négapatam, celle du 3 Février le 19 Mars, celle du 15 Mars le 1er Mai, celle du 24 Mars le 18 Mai, et celle du 19 Avril le 24 Mai.

Réponse du Conseil de Chandernagor au Conseil de Pondichéry, a la lettre ci-contre, en date du 21 Août 1766.

Observations du Conseil de Pondichéry sur les réponses ci-contre. à Pondichéry, le 22 Novembre 1766.

Nº 1.

Nous nous contenterons par la présente, Messieurs, de répondre aux articles de votre lettre du 15 Juin dernier, qui méritent une attention toute particulière par la singularité et l'indécence du ton que vous y prenez. Jamais le Conseil supérieur, lorsqu'il a été présidé par M. Dupleix, n'a écrit au Conseil de Chandernagor avec la violence qui règne dans toutes vos lettres.

Nº 1.

On ne peut faire d'application plus heureuse de cette apostrophe qu'aux propres actes de Messieurs de Chandernagor, c'est en quatre lignes analyser leurs écrits. Nous verrons si le tableau avec toutes ses couleurs, en démentira l'esquisse.

Nº 2.

Quand vous auriez été fondés dans vos prétentions, il nous semble que l'amour du bon ordre et de l'harmonie eut dû vous inspirer plus de modération. Nous ne pouvons concevoir qu'aucun de vous n'ait eu le moindre doute sur des entreprises qui auraient dû paraitre, sinon à tous, du moins à quelques-uns, bien hasardées.

Nº 2.

Est-ce au Conseil de Pondichéry que ce reproche doit s'appliquer, ou à celui de Chandernagor? La Compagnie décidera s'il ne serait pas mieux placé. Nous croyons que la meilleure réponse à y faire, serait de la copier mot pour mot. Mais en supposant même pour un moment le Conseil de Chandernagor élevé à la supériorité qu'il s'arroge par la présence du

L'arrivée du *Comte d'Argenson*, non plus celle du *Penthièvre*, ne nous mettant pas en état de vous procurer des canons de petit calibre et pierriers que vous nous demandez pour salves pour mettre sur vos boths, bazaras, etc. si nous en recevons par les vaisseaux que nous attendons de France ou des îles, nous vous procurerons avec plaisir cette légère satisfaction, en vous observant que des affûts de campagne nous paraissent tout-à-fait inutiles dans la position des affaires et la situation où nous nous trouvons, qui demandent l'une et l'autre la plus grande économie sur tous les objets. C'est pourquoi nous supprimerons cette dépense qui nous parait superflue et fort inutile, ces canons devant toujours rester en place, à moins que vous nous en fassiez voir en réponse l'utilité et une absolue nécessité. Nous avons remis de nouveau au garde magasin général la note par laquelle vous nous demandez ces canons et autres ustensiles, et il lui a été recommandé de vous partager la moitié de ce que nous en avons dans tous les genres et espèces. Nous vous observerons au sujet de cette note que, ni la tranquillité dont tout nous annonce que vous jouïssez, vous auriez dû, et surement c'eut été mieux vu, nous en remettre en janvier même par la *Concorde*, un état plus circonstancié et portant la quantité de chaque espèce dont vous avez besoin, pour nous éviter de nous en priver, en vous en surchargeant peut-être inutilement.

On avait totalement oublié les cachets que vous nous demandez, nous venons d'en ordonner douze que nous

commandant général, indépendemmant de l'amour du bon ordre et de l'harmonie, la seule politesse entre *pairs* et honnètes gens aurait dû les empêcher d'écrire dans un pareil style, à plus forte raison à un corps commissionné pour rendre la justice.

No 3.

Il se peut bien que la demande que nous vous avons faite d'affûts de campagne, vous ait paru tout-à-fait inutile, pour peu que vous n'eussiez point été aussi déterminés à désapprouver tout ce sur quoi nous vous avons écrit; comme n'ayant aucun compte à vous rendre, vous auriez dù vous imaginer que nous connaissions mieux ce qui nous convenait que vous, et que cela était nécessaire puisque nous le demandions. Quand vous seriez Conseil supérieur, ce qui n'est point, vous auriez le plus grand tort du monde de vous exprimer à ce sujet avec toute l'indécence qui règne dans tout cet article de votre lettre, et vous devez supposer autant de zèle en nous pour menager les intéréts de la Compagnie, que vous en admettez en vous-mémes. Vous n'avez

No 3.

Ce serait rabattre sans cesse les mèmes raisonnements que de relever les fausses prétentions de Messieurs de Chandernagor, nous nous contenterons de prier la Compagnie d'ètre en garde contre le venin subtil répandu dans cette apostille contre une conduite de notre part occasionnée par des abus trop connus, et qui est fondée sur les principes d'économie qui nous sont recommandés si nécessaires, que nous avons embrassés, et que nous voudrions étendre dans tous les autres comptoirs, conduite néanmoins qu'on prétend ètre dictée par l'humeur et par l'unique envie de contredire, conduite enfin qu'on ose traiter non seulement d'indécente, mais encore de préjudiciable et de contraire aux intérêts et à la sureté des effets de la Com-

vous enverrons sitôt qu'ils seront faits, par la première occasion que nous en aurons.

Nous vous avons envoyé en octobre tout ce que nous avons recouvré jusqu'à présent de livres de votre comptoir et de votre dépendance.

C'est par surprise, et faute par ceux qui composaient alors ce Conseil de savoir les anciens usages et même les intentions de la Compagnie, qu'il a alloué des émoluments au secrétaire sur les adjudications des fermes et la vente des effets de la Compagnie, qui, quoique sans paraitre et sans parvenir à sa connaissance, sont toujours pour son compte et à sa charge, ce que nous devons empêcher par devoir, et pour répondre à la confiance qu'elle a en nous, c'est pourquoi vous supprimez dorénavant ces droits, et sous quelques dénominations que ce soit nous ne vous les passerons pas ni ne les allouerons pas dans les comptes qui doivent nous parvenir et parviendront à notre connaissance et examen·

pas pensé, quand bien même vous eussiez été en droit d'apporter des modifications à nos demandes, combien vous risquiez en n'acquiesçant point à celle que nous vous faisions, qui était fondée uniquement sur la nécessité de ne rien négliger dans une colonie telle que la nôtre, pour parvenir à la sureté 1º des effets de la Compagnie, 2º à celle de nos colons. Vous

pagnie et à celle de ses colons, tous prétextes vains et faux, qui admis, jamais les ordres de la Compagnie ne seront exécutés, et ruineraient les affaires, bien loin de les rétablir. Car dans le vrai ces affûts de campagne ne seraient suivant l'ancien usage, que pour transporter ces canons pour des fêtes au grand jardin.

vous mettez dans le cas de répondre en vos propres et privés noms à la Compagnie d'un refus. qui ne pourra manquer de lui paraitre dicté par l'humeur et par l'unique envie de contredire. Toutes réflexions faites, puisque vous ne voulez pas nous en envoyer, nous prenons le parti d'en faire faire, ne pouvant nous en passer.

Nº 4.

Ce n'est point par surprise ni faute par ceux qui composaient alors le Conseil de savoir les anciens usages et même les intentions de la Compagnie, qu'il a été alloué au secrétaire des émoluments que le Conseil à Pondichéry ne juge pas à propos d'approuver. Ceux de vous qui étaient alors au Conseil, et qui y sont actuellement, auraient

Nº. 4

Il ne serait peut-être pas flatteur pour certaines personnes d'ajouter ici les motifs particuliers qui ont occasionné. les changements faits au sujet de ces droits en faveur du secrétaire du Conseil d'alors, dans lesquels on est allé jusqu'à dépouiller le greffier en chef de ses bénéfices, pour en gratifier le secrétaire, pendant que par une contradic-

Il ne revient de droits au secrétaire que sur les passeports qu'il délivre pour les bâtiments de mer appartenant aux particuliers, quels qu'ils soient, grands ou petits, et ils n'ont jamais été ici que de 5 pagodes d'or par passeport, mais jamais il n'en a eu, ni pris aucun pour les commissions aux capitaines des vaisseaux de la Compagnie ni autres qui sont à son service. L'intention de la Compagnie et ses ordres même, sont que la justice et tout ce qui y a rapport, se rende et se fasse gratis dans tous ses établissements de l'Inde. Il a cependant toujours été d'usage et alloué au greffier 2 1/2 % sur les ventes des effets mobiliers des successions, par ce qu'il répond des fonds et de la solvabilité des adjudicataires, mais rien sur la vente des immeubles et l'argent comptant qui se trouve dans les successions. Il est alloué aussi au secrétaire 1 % sur le produit des ventes libres de marchandises et effets que des particuliers voulant faire vendre à l'encan, pour ses droits de présence qui autorise la publicité de cet acte, et rend valable son procès verbal en cas de litige ou de contestation. Il ne répond pas des fonds ni de la solvabilité des adjudicataires ni n'est pas à la rigueur chargé du recouvrement, et pourrait, sitôt que son procès verbal est clos, le remettre au propriétaire des effets et marchandises vendues, pour qu'il en fasse lui-même le recouvrement. Vous vous renfermerez s'il vous plait à cet égard dans les anciens usages et réglements.

La Compagnie nous défendant et ne permettant toute transportation de ses employés d'un département dans un autre, telle que nous parait celle de M. Brayer, qu'avec privation et suspension de leurs appointements, pendant toute leur absence à compter du jour de leur départ, et jusqu'à ce qu'ils arrivent dans leur département, nous ne pouvons allouer ceux de M. Brayer, et nous avons ordonné au comptoir de Yanaon d'en suspendre le paiement.

dû vous dire de quelle façon cela y a été adjugé, et les raisons qui ont déterminé à ne se pas conformer aux anciens usages. Toutes vos chimères de supériorité étant renversées par les arguments sans réplique qui constatent la nôtre, tant tion manifeste ils attribuaient au greffier au présidéal de Chandernagor 6% du droit sur les ventes, et qu'ils lui ont permis de partager les ventes libres entre lui et le secrétaire du Conseil.

que M. Law présidera à notre Conseil, nous pensons que vous serez confus des excès auxquels vous vous êtes portés, en vous arrogeant le pouvoir d'annuler des décisions que vous deviez respecter, et en vous exprimant aussi témérairement que vous le faites, sans nul égard à la politesse qui devrait toujours régner entre des personnes d'un même corps.

M. Law, à son retour à Pondichéry, réglera avec le Conseil qui sera pour lors supérieur, en ce qui concerne le sieur Brayer.

Nous avons informé la Compagnie de votre décision et de la proposition que vous nous faites par votre lettre du 5 Décembre, de vous faire passer le *D'Argenson* sitôt son arrivée, avec la moitié de ses fonds, etc. et de son inexécution. Nous nous flattons d'en avoir des réponses par les expéditions de l'année prochaine.

Il est fâcheux que la première résolution que vous aviez prise de faire toucher ici le vaisseau le *Praslin*, n'ait pu avoir lieu. Nous pensons cependant, que, abstraction faite des événements qu'il a essuyés en descendant, et qui ont retardé sa sortie, qu'au moment où vous avez changé de résolution à cet égard, et en admettant même qu'il n'ait quitté le pilote que le 20 Janvier, vous pouviez encore lui donner ordre de passer ici, sans craindre un retardement préjudiciable à son retour en Europe cette année. Outre la conséquence qu'il était pour la Compagnie de recevoir des nouvelles directes de cette côte, nous nous flattons que la présence seule de quelques jours de M. Surville eut fait réussir le voyage de Moka que nous avions projeté de faire faire au *D'Argenson*, dont nous n'attribuons le non-succès qu'à la mauvaise volonté appuyée des difficultés maritimes du capitaine.

No 5.

Nous ne croyons pas que la Compagnie approuve l'ironie déplacée de cet article.

No 5.

Messieurs de Chandernagor n'y ont surement pas pensé de traiter d'ironie un raisonnement aussi simple et aussi naturel, nous laissons à nos supérieurs d'apprécier la justesse de leur définition.

No 6.

Le Conseil supérieur à Chandernagor dont M. Surville était membre, se croyait plus en état et plus autorisé que vous à décider sur la nécessité de faire toucher le *Praslin* à Pondichéry ou de ne l'y point faire toucher, il n'a pas crû que *la conséquence qu'il était pour la Compagnie de recevoir de vos nouvelles directes* dut l'emporter sur des considérations qui lui ont paru d'une bien plus grande importance.

No 6.

Nous croyons sentir aussi bien que Messieurs de Chandernagor les raisons qui ont dû hâter le retour du *Praslin* en Europe, mais nous n'en insistons pas moins à assurer comme une vérité constante, que son passage à la côte était nécessaire pour les raisons que nous avons déjà citées, et qu'il ne retardait en rien son retour. Nous ajoutons que la vue de ce même vaisseau chargé aurait fait à la côte un effet heureux pour les affaires de la Compagnie, qu'elle aurait surement été satisfaite de recevoir des nouvelles de la côte et en même temps des éclaircissemants. Et puisque cette double opération pouvait être remplie par le même vaisseau sur les mêmes frais et en même temps, il était tout naturel de la mettre à exécution.

Nous vous avouerons que c'est pour la troisième fois,
et sur ce que vous nous en marquez, que nous avons
conçu l'idée et l'espérance qu'un vaisseau qui remon-
terait en Janvier ou Février, en rencontrerait un autre
qui sortirait du Gange pour aller en droiture aux îles.
D'ailleurs nous n'avions pas de bâtiment pour exécuter
le projet que vous nous proposez à ce sujet par votre
lettre du 3 Janvier.

Quant à nos expéditions pour la Compagnie, nous les
avons fait passer par la *Réforme*; malgré toute la
diligence que nous avons pu faire, étant parti un peu
tard, pénétrés de l'importance de nos lettres à la Compagnie, et combien il était de conséquence pour ses
intérêts qu'elle les reçut cette année, nous n'avons
pas été pendant un assez long temps sans inquiétude
qu'elles ne parvinssent trop tard aux îles et après le
départ de tous les vaisseaux cette année.

Mais nous sommes entièrement rassurés à cet égard,
la Compagnie nous marquant qu'heureusement pour la
circonstance de nos lettres, le vaisseau le *Comte
d'Artois* a suivi le *Penthièvre* pour aller aux îles, d'où
il repartira en Juillet pour arriver en Octobre ou
Novembre en France. Ainsi nous nous flattons que
nos lettres lui parviendront au moins par cette voie, et
toujours assez à temps pour qu'elle puisse y répondre
par les vaisseaux de l'année prochaine.

No 7.

Le peu d'idée qu'il nous parait que vous avez de ce pays là devrait vous engager à soumettre vos lumières aux nôtres dans des cas où il est plus probable que vous êtes dans l'erreur que nous. C'est ce que prouve le faux raisonnement, *pour ne pas dire plus*, que vous faites ici.

No 8.

Si vous eussiez été plus pénétrés de l'importance qu'il y aurait eu de ne rien négliger pour procurer de bons et profitables retours à la Compagnie et de lui sauver plus de 12.000 Rs. d'intérêts qu'elle est obligée de payer, que de celle de lui faire parvenir vos expéditions, vous eussiez préféré exécuter nos ordres en réservant la quèche la *Réforme*, pour nous faire parvenir de bonne heure les fonds et effets du *d'Argenson*, à la faible satisfaction d'envoyer à la Compagnie des papiers qui ne l'informeront que du trouble et du désordre qui règnent dans votre colonie.

No 7.

Il ne faut que jeter les yeux sur le pilote anglais pour juger de la possibilité sur laquelle persistent encore Messieurs de Chandernagor, peut-être moins par persuasion que par le plaisir malin de jeter un vernis d'ignorance sur nous.

No 8.

Si Messieurs de Chandernagor avaient eu soin de nous donner avis, comme ils le devaient, des 12.000 Rs. d'intérêts qu'ils ont si fort à cœur, nous aurions peut être pu trouver un moyen de calmer leurs inquiétudes à ce sujet, mais nous n'avons malheureusement pas le don de deviner, encore moins pouvons-nous supposer quelques dettes, depuis les ordres du *d'Argenson*, car en ce cas ils seraient inexcusables.

D'ailleurs comment peuvent-ils nous reprocher de n'avoir pas envoyé la quèche avec les fonds et effets du *d'Argenson*, après

Nota en marge.

(Nous bensions bien que vous auriez en quelque idée d'envoyer la *Réforme* aux îles, mais assurément ce n'était qu'autant que vous auriez pu nous faire passer les fonds, soit par le *d'Argenson*, soit en lettres de change).

Il est singulièrement heureux pour vous que la Compagnie ait pu prévoir les circonstances de vos lettres pour faire parvenir le comte *d'Artois* aux îles, assez à propos pour porter ces lettres en France, aussi promptement que vous pouviez le souhaiter, l'arrivée du *d'Argenson* a été annoncée à la Compagnie dans notre lettre partie par le vaissau *l'Adour*. D'ailleurs vous pouviez vous contenter de la voie étrangère, car très certainement les nouvelles que vous avez pu donner par la *Réforme* ne valaient pas la perte de 12.000 Rs.

nous avoir écrit le 25 Avril que nous avions très bien fait de ne point risquer 50.000 Rs. sur un bot où le sieur Laselle s'exposait lui, plusieurs de ses parents, et une partie de sa fortune, et nous avoir écrit le 24 Mars 1766, qu'ils pensaient qu'il se pourrait bien que nous eussions destiné ce bâtiment la *Réforme* à porter aux îles nos paquets pour la Compagnie, quand nous aurons su que nous ne devions plus compter sur le *Praslin* pour les envoyer par ce vaisseau? Ne serait-il pas naturel de conclure de cet acharnement de Messieurs de Chandernagor à détourner l'envoi de nos paquets par la quèche et le *Praslin*, qu'ils auraient eu à cœur que nos expéditions ne parvinsent point en Europe de bonne heure? Il est vrai que les expéditions par la *Réforme* instruiront la Compagnie des désordres et des abus qui régnaient dans la colonie, mais en même temps elles apprendront les remèdes qu'on y a appliqués depuis l'arrivée du *d'Argenson* seulement, et quelque satisfaction que ces derniers lui causeront, elle sera toujours étonnée que ces abus reconnus et avoués par deux

L'arrivée du vaisseau. *d'Argenson* nous a empêché d'éprouver si la convention que vous nous proposiez en tirant sur vous, aurait pu avoir lieu, mais nous en

chefs consécutifs, n'aient pas été réprimés. Mais aura-t-elle moins de surprise de voir qu'on ose taxer de peu d'importance des objets aussi sérieux que l'insubordination de tout un corps qui a osé méconnaître son autorité immédiate, et en appeler de ses ordres au ministre, après que le Roi l'a rendue à elle-même et qu'il l'a remise dans toutes ses prérogatives si nécessaires au bien de son commerce? Si Messieurs de Chandernagor regardent comme une faible satisfaction un devoir si essentiel, nous nous ferons gloire de ne point être de leur sentiment.

La restriction après coup de Messieurs de Chandernagor sur le conseil qu'ils reconnaissent nous avoir donné précédemment sur l'envoi de la quèche la *Réforme* aux îles, n'est sûrement pas de mise, après les expressions textuelles de leur lettre.

Il est singulièrement heureux pour Messieurs de Chandernagor que l'omission peut être d'une parenthèse par le copiste leur ait procuré matière à une saillie aussi ingénieusement imaginée que la prévision qu'ils nous font prêter à la Compagnie.

Cette perte de 12.000 Rs. à la Compagnie revient trop souvent pour ne pas mériter attention. Est-ce qu'ils auraient fait des emprunts à intérêts avant l'arrivée du *d'Argenson*? Mais il fallait nous en donner avis, sinon comme supérieurs, au moins pour nous faire connaitre leurs besoins, afin que nous y eussions porté remède. Auraient-ils emprunté après les ordres venus par le *d'Argenson*, et à eux notifiés, de ne point emprunter? Nous sommes fâchés de ne pouvoir les avouer contre les défenses de nos supérieurs.

<table>
<tr><td>Nº 9.</td><td>Nº 9</td></tr>
<tr><td>Tout cet article est conçu en termes assez obscurs, nous ne pouvons que soup-</td><td>Nous sommes fâchés que Messieurs de Chanderna-gor trouvent de l'obscurité</td></tr>
</table>

doutons. On peut bien mettre quelques restrictions dans ce commerce de lettres de change dans le royaume, mais dans un éloignement tel que celui d'ici chez vous, nous ne croyons pas qu'il en soit susceptible, ni même convenable d'en proposer de cette nature.

Le sieur Laglaisse ne s'étant pas trouvé en état en arrivant ici d'acquitter sa lettre de change, nous lui en avons fait crédit sur des effets et marchandises qu'il nous a laissés ici à vendre entre les mains de son procureur.

Nous avons acquitté celle que vous avez tirée sur nous le 16 Mars de 33.828 Rs. 11 as. 5 Pésos en faveur et à l'ordre de M. Dowsone Drake, mais il nous en a coûté 868 Rs. de plus, parcequ'elle portait roupies Arcates ; nous ne vous en faisons point de reproches, parceque les nôtres n'ont point d'autre titre sur l'empreinte ; et quoique bien connues pour sortir d'ici, elles n'ont point d'autré nom dans l'empire du Mogol, que ce n'est qu'à ce titre et qu'elles en porteraient l'empreinte que nous en avons obtenu, et qu'on nous en a accordé le Paravana. C'est une difficulté que les Anglais nous ont fait susciter par le Nabab, et qui leur a accordé que nos roupies n'auraient de cours, et ne seraient reçues dans son gouvernement qu'à plus de 3% de banta sur celles et les vraies roupies d'Arcate, mais il n'a lieu que dans Arcate et Madras. Elles ont cours et sont reçues partout ailleurs sans aucune distinction, et

çonner ce que vous avez voulu nous dire par cette phrase : *"nous ne croyons pas qu'il en soit susceptible ni même convenable d'en proposer de cette nature"*. Nous n'adoptons pas même le sens qui peut lui être donné par l'explication la plus favorable que l'on en puisse faire.

dans cette réflexion, parce qu'ils ne veulent pas l'adopter. Nous laissons à la Compagnie de décider si à une si grande distance que celle d'ici à Bengale, on peut raisonnablement proposer à des négociants de donner de l'argent sur des lettres de change conditionnelles.

Nº 10.

Puisque la lettre de change en question était énoncée en roupies Arcates, vous n'étiez tenus de donner en paiement que des dites roupies que vous eussiez pu vous procurer avec les nôtres, ou convertir nos roupies en pagodes pour vous procurer avec les dites pagodes des roupies Arcates, et par cette opération vous eussiez donné du bénéfice à la Compagnie, au lieu de la perte dont vous vous plaignez, et dont vous auriez tort de nous faire reproches. Nous avons agi dans cette occasion en marchands, et nous en avons usé de même avec vous en qui nous supposons assez d'expérience pour n'être pas obligés de vous faire une leçon sur pareil paiement.

Nº 10.

Quelque injurieux et déplacé que soit vis-à-vis d'un Conseil le terme de leçon, nous adopterions encore par zèle pour la Compagnie celle de Messieurs de Bengale, si elle ne renfermait une erreur grossière. Ils ont sacrifié au plaisir de nous mortifier une réflexion toute naturelle qui est que la recherche de 10.000 pagodes dont on a besoin pour un paiement les fait rehausser de 3, 4 et 6 %. Il en est de même du change d'une sorte de roupie contre une autre, cette partie du commerce est une corde extrèmement tendue dont le moindre ébranlement se fait sentir en un clin d'œil dans toutes les parties.

même de préférence à toutes les autres roupies. M. Dowson Drake, quoique nous ayons pu lui en écrire et lui faire dire, s'est prévalu de la circonstance et de notre humiliation.

M. Boyelleau, quoique mieux, est toujours malade, il est plus que sensible à la part que vous voulez bien prendre, Messieurs, à son rétablissement.

Nous n'avons pas été peu surpris de voir qu'après nous avoir proposé par votre lettre du 6 décembre de nous envoyer le *d'Argenson*, à son arrivée en janvier, avec la moitié de ses fonds, etc, en présupposant que nous ne pourrions pas lui donner une cargaison pour France, comme cela était facile à prévoir et même évident, de voir, disons-nous, en mars, que vous aviez et nous donniez des espérances de pouvoir le renvoyer en France. Nous vous sommes d'ailleurs obligés des conseils que vous nous donnez sur cette expédition, la Compagnie décidera de son inéxécution. M. Nicolas avait vraisemblement oublié les ordres et l'esprit de toutes les expéditions de la Compagnie par le *d'Argenson*, lorsqu'il en a promis et annoncé des copies à M. Law ; nous avons suivi ses ordres et son esprit dans la façon dont nous en avons correspondu avec vous.

Nᵒ 11

L'expression de cet article de votre lettre est telle qu'on serait tenté de croire que vous n'avez pas saisi ce que nous vous marquions au sujet du *d'Argenson*, *de voir qu'en mars vous aviez et nous donniez des espérances de pouvoir le renvoyer en France.* Entendez-vous par ce que nous vous avions marqué, que nous pouvions charger ce vaisseau et le renvoyer en mars? nos lettres ne disent point cela. Entendez vous au contraire que nous nous flattions que vous pourriez l'expédier en mars avec un chargement? cela est vrai, et nous ne voyons aucune contradiction avec ce que nous vous avons écrit précédemment. Vous aurez pu être surpris il est vrai, mais c'était de vous trouver en défaut, et com-

Nᵒ 11

Il ne faut pas grand effort pour concevoir que si Messieurs de Chandernagor trouvaient de la difficulté au 5 décembre 1765 supposant le *d'Argenson* arrivé à cette époque, de lui donner une cargaison pour février et même mars, cette difficulté augmentait sans proportion, le même vaisseau n'arrivant que le 31 décembre, et voilà la cause de notre étonnement. Qu'est-il besoin de vaguer en suppositions que nous n'avons point faites, de donner des interprétations inconséquentes à un raisonnement tout naturel? Nous avons tout autant d'envie de procurer des retours prompts à la Compagnie que Messieurs de Chandernagor, quoi qu'ils en disent, mais sur les raisons que nous avons données à la

La Compagnie a presque prévu à tout par ses ordres,
et dans les cas non prévus, elle s'en remet à la décision
du Conseil supérieur, c'est en conséquence que nous
agissons et opérons.

Nous vous félicitons et nous-mêmes avec plaisir des
deux belles cargaisons que vous vous êtes procurées
pour le *Praslin* et *l'Adour*; nous en avions besoin
pour lustrer un peu notre rétablissement dans ces pays-
ci, qui n'eut pu que dégoûter d'ailleurs la nation, sans
cet heureux évènement.

me vous le dites fort bien, quoique vous l'eussiez pu dire encore mieux, la Compagnie décidera de l'inexécution du conseil que nous vous donnions à ce sujet, dans lequel elle ne verra sùrement de notre part qu'un zèle bien ardent, Compagnie de l'inexécution de leur proposition, elle verra qu'il y avait impossibilité, et non mauvaise volonté ou tout autre motif, ainsi que veulent l'insinuer Messieurs de Chandernagor.

une grande envie de la faire prospérer. Nous souhaitons, Messieurs, qu'elle ne pusse apercevoir autre chose dans toute votre conduite. M. Nicolas avait saisi mieux que vous les ordres de la Compagnie par le *d'Argenson* - il eut été bien à souhaiter que vous eussiez eu la même façon de penser, et que vous eussiez correspondu avec nous tout autrement que vous n'avez fait à ce sujet.

Nous abandonnons cet article à vos réflexions, pensant comme vous que la Compagnie s'en remet à la décision du Conseil Supérieur.

No. 12.

No. 12.

Nous sommes charmés de vous avoir procuré, Messieurs, une occasion de vous faciliter, il ne tiendra pas à nous que nous ne vous en fournissions de nouvelles, vous exhortant à nous rendre le change, et en vous priant d'être persuadés de la joie sensible que cela nous causera, d'autant moins intéressés que nous consentirons vo- Tout serviteur de la Compagnie doit se féliciter du succès même qui est dù aux travaux de ses confrères. Cela ne diminue point l'honneur qui en doit rejaillir sur les auteurs, et ce n'est ni vouloir le partager, ni en être jaloux, que de s'en féliciter.

L'exhortation de Messieurs de Chandernagor ne s'accorde pas avec les de-

Sentant comme vous, Messieurs, l'avantage de vous faire passer le plutôt possible les fonds du d'*Argenson* à défaut d'occasions par mer, nous avons frappé à toutes les portes de Madras, même des particuliers, pour avoir des lettres de change sans avoir pu y réussir ni en trouver. Nous avons lieu de ne pas douter qu'il ne soit parti d'ici des lettres qui nous reprochent de nous y être pris trop tard. Mais outre qu'on ne peut faire qu'en faisant, convenait-il de frapper à toutes les portes en même temps? Si le Conseil et le Gouverneur de Madras eussent accepté toute la somme, comment nous en fussions-nous tiré avec les autres à qui nous aurions fait de pareilles propositions? Nous pensons qu'un Conseil supérieur doit agir et sa conduire avec plus de circonspection.   Au surplus il n'est pas nouveau dans votre comptoir que les fonds y parviennement beaucoup plus tard qu'ils ne vous parviendront cette année, et votre zèle et vos connaissances nous sont un remède assuré et pour la Compagnie à tous ces maux et inconvénients.

lontiers à vous en laisser tout l'honneur.

mandes qu'ils ont faites de tous les fonds et marchandises de tous les vaisseaux venus dans l'Inde depuis le rétablissement, ne laissant pas à peine et comme par grâce pour Pondichéry et les autres comptoirs de quoi suffire à leurs dépenses. Grâce à l'arrivée du *d'Argenson*, trop tardive pour les intérêts de la Compagnie, nous avons utilement employé ces fonds à lui assurer deux cargaisons qui ne contribueront pas moins à lustrer sa vente que celles de Bengale.

No. 13.

Nous doutons que Messieurs de l'administration conviennent de ce que vous nous dites au sujet de ce qui aurait pu se faire pour nous procurer des lettres de change. Tous les jours, en fait d'affaires on frappe à plusieurs portes en même temps : et c'est celui qui est le plutôt prêt ou qui offre les meilleures conditions qui a la préférence. Un Conseil fût-il supérieur, ce qui importe peu à ceux avec qui il fait de ces sortes de négociations, ne se compromet nullement en ce cas. Quant à ce que vous nous dites qu'il n'est pas nouveau dans notre comptoir que les fonds y parviennent beaucoup plus

No. 13.

Nous savons bien que tous les jours on frappe à plusieurs portes en même temps, lorsqu'on est sur les lieux, et que dans le moment on peut proposer et recevoir réponse par oui ou par non, mais que par une correspondance de 3 à 4 jours de distance au moins, on fasse des propositions à droite et à gauche, surtout vis-à-vis des étrangers, pour ensuite refuser l'acceptation des uns et rétracter les propositions faites aux autres, c'est ce que nous croyons tout à fait impraticable. L'exemple a justifié nos craintes; ainsi, dernièrement lorsque s'étant agi de diviser les risques des

tard qu'ils ne nous parviendront cette année; vous auriez dû vous rappeler que le Conseil de Chandernagor a toujours fait les représentations les plus fortes et les plus vives à ce sujet, et quand il est possible de faire parvenir les fonds de bonne heure, c'est se consoler bien facilement d'avoir fait perdre à la Compagnie l'avantage réel qui en résulterait pour elle, que de se fonder sur un raisonnement aussi frivole. C'est sans doute le même raisonnement qui vous aura empêchés de nous envoyer la quèche la *Réforme* dans la plus belle saison de l'année pour l'entrée du Gange. Nous vous sommes bien obligés du compliment par lequel vous terminez cet article, s'il est sincère. Tous nos talents et notre zèle ne peuvent sauver à la Compagnie les 12.000 Rs que vous lui avez fait perdre en changeant la destination de la *Réforme,* et les dépenses que nous allons être obligés de faire par la privation de ce bâtiment.

fonds du *Marquis de Castries,* nous nous sommes adressés à M. Palck, Gouverneur de Madras, huit jours se sont écoulés entre la demande, la réponse et et les répliques, pour lever quelques difficultés qui ont empêché le succès de cette opération. Nous prions la Compagnie de se faire représenter le compte courant du comptoir de Chandernagor avec nous, et elle verra s'il y avait tant de probité dans le raisonnement que Messieurs du dit Conseil veulent dénigrer.

Il n'y a pas eu de changement dans la situation de la quèche, elle a toujours été destinée à suppléer au défaut du *Praslin* que le Conseil de Chandernagor devait dans le principe faire toucher à Pondichéry, et qui en y mouillant un jour seulement, évitait l'expédition de la quèche pour les îles, portant à la Compagnie nos paquets qui l'instruisaient de la côte Coromandel, de celles d'Orixa et Malabare, des livres qu'elle attend depuis 8 ans, et pour lesquels elle avait,

Immédiatement après la lecture de votre lettre par la *Concorde*, et sans déplacer, avant même que le capitaine fut descendu, nous avons envoyé un ordre par écrit aux employés de la douane de vider et visiter tous les coffres et malles etc. de fond en comble, et d'arrêter tout ce

en 1766, expédié expressément une frégate. Toutes ces opérations qui se faisaient sur les mêmes frais, et en même temps par leur réunion sur le même vaisseau, mettaient la Compagnie en état de prendre une résolution absolue sur toutes les branches de son administration. Quel ne devra pas être son mécontentement de n'avoir aucun détail ou de très superficiels du chef-lieu, des établissements de Mahé, Surate, Yanaon, Mazulipatam et Karikal, de la situation de ses rivaux, des espérances qu'elle peut concevoir pour son commerce, de l'exécution de ses ordres, et des dispositions de l'emploi de ses fonds, de leur distribution ou application aux différentes branches propres aux cargaisons, des contrats faits, de ceux projetés, en un mot de tant d'objets si essentiels au progrès et à la prospérité de la Compagnie, et que Messieurs de Chandernagor osent dire ne pas en entrer en comparaison d'un retard de 5 à 6 jours tout au plus à la mer pour le *Praslin*, et d'un jour ou deux de séjour à Pondichéry.

Quand il aura plû à Messieurs de Chandernagor de s'expliquer clairement, nous connaitrons ces dépenses qu'ils vont être obligés de faire par la privation de la quèche, au 21 Août. Celle qui nous parait leur tenir plus à cœur, ce sont les 12.000 Rs. d'intérêts qu'ils craignent d'être obligés de payer, si la Compagnie tient la main à l'exécution de ses ordres (et elle fera bien) remboursement que Messieurs de Chandernagor voudraient faire retomber sur nous, que nous ne croyons pas avoir encouru.

N° 14.

Nous ne comptions pas donner lieu à une visite aussi sévère que celle que vous avez fait faire de tous les coffres, malles etc. des

N° 14.

Messieurs de Chandernagor ont oublié sans doute qu'ils nous ont demandé par leur lettre du 19 avril dernier, reçue par terre

qui serait sacs, balles, caisses etc. de marchandises, et de ne permettre l'enlèvement des caisses et malles que sur l'ordre ou permission de M. Boyelleau, sur le certificat de fouille et de visite de leur contenu. L'arrêt des sacs et balles ne nous a produit que l'état que vous trouverez ci-joint, dont nous avons accordé main levée, n'étant que les ports permis des officiers, et quelques bagatelles pour M. Law et autres, qui surement n'ont pas nui à son chargement. Lorsqu'il a été entièrement déchargé et prêt à prendre un nouveau chargement, nous avons envoyé faire deux visites à bord pour constater ce qui y restait, et par le procès verbal il ne s'y est trouvé que ce qui devait lui rester des vivres qu'il avait embarquées ; le peu de cargaison qu'il parait avoir pris, provient à ce que prétendent les officiers de ce vaisseau, en partie du bois de chàle qui, outre la nature de tout bois qui encombre sans beaucoup de valeur, a plus encombré encore par rapport à son inégalité et ses courbures, et par rapport à la tonture, à la construction et la disposition du batiment qui a beaucoup d'entreponts et peu de cales en proportion, ce qui nous a été confirmé par le sieur de Solminiac, capitaine de port, qui est allé à bord les deux fois que nous y avons envoyé faire la visite, et que nous avions chargé d'en faire l'examen, et qui nous a rapporté en outre que ce batiment était tout en courbures, cales à eau, soutes, etc. ce qui n'avait pu que beaucoup nuire et l'empêcher de prendre une plus forte cargaison.

Lorsque le sieur Termilier passera ici, nous aurons égard à la récommandation que vous nous faites en sa faveur, qui d'ailleurs n'a rien que de conforme et de relatif aux anciens usages et aux intérêts de la Compagnie. Quand aux cauris, quand au sel, il jouira de toute la liberté que nous accordons, et dont nous laissons jouir tous ceux qui veulent nous faire le plaisir d'aborder à notre rade, ainsi que de tous les secours d'autorité et autres dont ils pourront avoir besoin.

officiers de la *Concorde*, où nous pensions bien qu'il n'y aurait rien eu qui fît tort au chargement de ce vaisseau. Il n'a jamais été interdit aux officiers de mettre ce qu'ils jugeraient à propos dans leurs coffres, malles etc. Cette rigueur affectée et déplacée serait presque capable de faire soupçonner que vous auriez négligé le principal.

avant l'arrivée de la *Concorde*, d'ordonner à Karikal, en cas que ce vaisseau y mouillât, de mettre un détachemont à bord; nous avons prévenu tout naturellement les soupçons que Messieurs de Chandernagor pourraient concevoir, quoique nous ne nous en fussions pas douté, en ordonnant deux visites, comme il en avait été faite une à la douane des coffres et malles, etc. La Compagnie voudra bien apprécier de pareilles conséquences qu'on peut dire avec vérité faire tort à leurs auteurs, et démontrer combien la passion les aveugle.

Nous n'attendons que des nouvelles des îles pour
savoir ce qui nous conviendra pour nous décider et
prendre un parti au sujet des bots dont vous avez
besoin, et vous en ferons part dans la suite pour ne pas
travailler des deux cotés pour le même objet, ce qui ne
pourrait qu'ètre préjudiciable à la Compagnie, nous
aurons égard à la construction de ces divers batiments,
à vos diverses observations, persuadés que ce n'est
qu'en connaissance de cause et sur l'expérience du
local, nous pensons bien d'ailleurs comme vous, qu'il
vaut beoucoup mieux en ce genre avoir tout d'un coup
du bon que de s'arrèter à des économies peu profitables,
et qui deviennent au contraire dispendieuses pour y
suppléer.

Vous verrez dans une feuille séparée le jugement
définitif du vaisseau le *Fetzalam*, aujourd'hui la *Concorde*. Outre cette circonstance nous avons des avis
sourds que les Anglais de Bombay, sous le nom du
gouverneur de Surate, sont déterminés à faire arrêter
tous les vaisseaux français qui paraitront dans cette partie,
(le golfe Persique) la mer Rouge, etc. en représailles,
et jusqu'à la restitution de ce batiment. Nous pensons
que dans toutes ces circonstances, il ne conviendrait
point d'exécuter le projet que vous nous proposez d'expédier ce batiment avec une cargaison pour l'Europe,
ce que d'ailleurs peut-être sa construction et sa situation

Nº 15.

Vous ne connaissez nullement le local de ce pays
quand vous craignez qu'en
travaillant des deux cotés
pour procurer des bots à
la Compagnie, cela ne lui
devienne préjudiciable, il
lui serait très préjudiciable
en effet d'en recevoir des
îles, et même de France
pour le peu de durée dont
ils seraient, au lieu que
ceux qui auraient été construits à la côte malabare
ou au Pégou, seraient d'un
bien autre service, bien autrement sûrs et sujets à des
frais beaucoup moindres, de sorte que dans le cas où
il nous en serait venu de deux côtés, nous eussions
gardé les meilleurs, et nous eussions aisément trouvé
la défaite de ceux qui ne nous auraient point convenu.

Nº 15.

Messieurs de Chandernagor n'ont pas fait réflexion au désavantage inévitable à la revente des bâtiments de mer, en trouvant
tant de facilités à se défaire
de ceux qu'ils pourront
avoir de trop.

Nous croyons avoir mieux réfléchi qu'eux en faisant construire deux bots
en bois de teck nécessaires
pour le Gange, dans la rivière de Yanaon.

Nº 16.

Vous avez oublié de nous
envoyer la feuille dont vous
nous parlez ; au surplus ce
jugement ne peut être censé définitif, expédié et publié, qu'au retour de la
supériorité à Pondichéry ;
vous aurez soin de le tenir
secret, ainsi que nous vous
l'avons marqué le 29 Août
de l'année dernière. Il faut
qu'il soit revu par le Con-

Nº 16.

M. Law en laissant au
Conseil supérieur de Pondichéry à son départ, les
lettres patentes du roi qui
attribuaient la révision du
jugement du *Merry*, en
avait nommé le rapporteur
et recommandé la prompte
exécution par sa lettre du
15 Mars 1766. Il avait envoyé au même Conseil,
étant] à Pondichéry, copie

actuelle ne lui permettraient pas sans des dépenses excessives pour le mettre en état de l'entreprendre avec sureté. La Compagnie, en outre, nous annonce un vaisseau nommé le *Choiseul* pour rester à son service aux Indes suivant nos besoins et que nous le jugerons à propos, qui pourra à merveille remplir ce projet, si effectivement vous trouvez les occasions et les moyens de vous procurer une cargaison complète pour la *Concorde*. Et nous serons peut-être, soit par défaut des fonds, soit par ces évènements que toute la prudence humaine ne peut prévoir, et qui nous seront suscités par les jaloux et nos rivaux, dans le cas, malgré tous nos soins et malgré les fonds considérables que nous avons répandus de tous cotés depuis plus de 6 mois, d'avoir recours à vous pour compléter la cargaison du vaisseau que nous aurons à expédier en janvier.

C'est pourquoi nous nous concilierons successivement et à mesure avec vous, persuadés de tout votre zèle, et qu'indépendamment de toute autre considération, vous ne nous refuserez pas de coopérer avec vous à une opération si convenable et si avantageuse pour la Compagnie. Vous aussi de votre coté, Messieurs, donnez nous des avis fréquents et successifs par terre des espérances que vous pourrez avoir à cet égard, et de l'excédent des marchandises que vous espérerez pouvoir vous procurer à la grosse, suivant les intentions de la Compagnie, en sus des fonds qui vous sont destinés, et que nous vous ferons passer ainsi que pour le complet des cargaisons des deux vaisseaux que vous aurez à expédier, afin que nous puissions faire et prendre des arrangements et dispositions, et marcher de concert avec vous en conséquence.

seil supérieur qui seul a droit d'en faire l'expédition, et d'y apposer les sceaux, d'ailleurs l'accommodement à faire avec les chélibis auquel vous devez travailler, est encore une raison très forte de ne point parler de ce jugement. Le sieur Anquetil dont nous avons reçu des nouvelles il y a peu de temps, ne nous fait nullement pressentir de ce que vous nous marquez du risque qu'il y aurait pour les vaisseaux français à paraitre dans le golfe Persique, la mer Rouge, etc.

No. 17.

Vous avez raison, Messieurs, de croire que rien ne sera capable de nous empêcher de correspondre avec vous pour le bien et l'avantage de la Compagnie. Mais pour ce que vous nous proposez de vous aider à compléter la cargaison que vous expédierez en janvier, il n'est pas nécessaire que nous vous donnions les avis successifs et fréquents que vous nous demandez. Il suffira que vous nous marquiez ce que

d'une lettre de M. Bertin au sujet de l'intérêt du sieur de Lally dans l'affaire du *Merry*. Il avait donc reconnu pour lors la supériorité du Conseil qui restait à Pondichéry, puisqu'il n'aurait certainement pas osé transmettre cette commission à d'autre juges que ceux choisis par le Roi. Nous sentons bien qu'il est difficile de concilier ces aveux fondés sur des principes avec les prétentions imaginaires d'aujourd'hui, cette variation au surplus n'est qu'une preuve surabondante de notre bon droit.

No. 17.

Ce sont les démarches inconsidérées, les excès violents de Messieurs de Chandernagor qui peuvent nous faire du tort, rendus publics chez les étrangers. Avant qu'ils soient parvenus à notre connaissance, nous sommes instruits du contenu de leurs dépêches, les carrefours, les places publiques, les cercles retentissent de leurs délibérations et arrêtés plusieurs jours avant que nous les ayons reçus, le soldat lui-même

vous souhaiterez que nous fassions, parcequ'alors nous vous marquerons en réponse si vous pouvez y compter. Il se pourrait bien que nous fussions dans le cas de procurer une cargaison de plus à la Compagnie quand nous saurons certains de la lui pouvoir procurer, mais il ne nous convient point de contracter des engagements, surtout de prendre à la grosse, sans être sûrs que vous en eussiez besoin. Ceux qui donnent à la grosse ne donnent point indistinctement sur toutes sortes de vaisseaux, ils sont bien aises de savoir sur quel vaisseau ils courent des risques.

Note en marge.

(D'ailleurs il n'y a aucune apparence jusqu'à présent que nous puissions trouver de l'argent à la grosse).

Nous souhaitons très fort que vous n'ayez pas besoin de notre aide, et nous le souhaitons d'autant plus que nous voyons avec chagrin que tout ce qui s'est passé à Pondichéry depuis l'arrivée du *d'Argenson*, nous fait plus de tort que en est informé, et quels malheurs n'en peut-il pas résulter? quel tort au contraire peut occasionner ce qui s'est passé à Pondichéry depuis l'arrivée du *D'Argenson*? L'insubordination réprimée, les abus réformés, les dépenses diminuées, l'ordre rétabli, l'activité remise dans les affaires, ne sont-ils pas l'époque heureuse de l'arrivée du *D'Argenson*? La prétention de supériorité d'un Conseil sur l'autre n'influe point sur le bien des affaires, lorsqu'on la traite avec autant de politesse et de réflexion que nous le faisons; mais en se livrant à des écarts tels que ceux du Conseil de Chandernagor, et en affectant même de les rendre publics, c'est le moyen d'exciter le trouble et le désordre, et voilà le plus grand tort qui en peut résulter.

Nous nous félicitons de nous rencontrer enfin d'accord pour cette opération de la *Concorde* avec Messieurs de Chandernagor, nous souhaitons que l'exécution réponde à nos désirs par rapport au vrai bien de

Le sieur Duliron, ce que sans doute vous ignorez
Messieurs, avait été remercié longtemps avant la perte
de Pondichéry, pour refus de marcher ; il nous est
d'ailleurs trop connu ici pour son manque de respect,
et même ses insultes envers ses supérieurs, Gouverneur
et autres, en plusieurs occasions, pour avoir égard à la
recommandation que vous avez encore la bonté de nous
faire en sa faveur, et que sûrement vous lui eussiez
refusée s'il vous était plus connu. Quant à son passage,
il lui sera donné sur le premier vaisseau suivant les

de bien vis-à-vis les étran-   la Compagnie.   .
gers, tant européens que
gens du pays. Nous comptons faire deux cargaisons
montant ensemble à 14 ou 15 lacks, si le vaisseau le
Marquis de Castries arrive assez à temps, et si, par des
copies exactes des lettres de la Compagnie, nous
avions pu juger de ses véritables intentions, nous
croyons que nous aurions pu nous flatter en sus le
d'*Argenson* ou un autre vaisseau, puisque la Compagnie par ses précédentes nous avait autorisés à nous
procurer de quoi faire des cargaisons autrement qu'à
la grosse ; aujourd'hui nous ne savons positivement à
quoi nous en tenir. Vos extraits, vos contradictions
même, nous pouvons le dire, nous mettent dans des
incertitudes qui arrêtent des opérations qui, selon nous,
seraient très avantageuses à la Compagnie. Tout ce
que nous pouvons vous dire, c'est qu'après des délibérations prises nous ferons ce que nous croirons le mieux.
Si nous pouvons avoir quelques balles en sus des cargaisons que nous destinons aux deux vaisseaux, nous
vous les enverrons par la *Concorde* en janvier, mais
peut-être n'y aura-t-il rien. Marquez-nous toujours la
quantité de balles qu'il vous faudrait pour compléter la
cargaison de votre dernier vaisseau, et envoyez-nous des
copies exactes des lettres de la Compagnie.

ordres et l'esprit de la Compagnie, pour nous débarras-
ser et nos établissements de semblables sujets. Pour
ce qui regarde la subsistance, il n'a eu d'autres titres à
nous présenter contre la Compagnie pour la demander,
que ses prétendus services, jugez-en actuellement vous-
mêmes ; d'ailleurs la Compagnie ne les a admis en
faveur d'aucun de ceux qui sont passés en Franee, et
les lui ont présentés, et il n'est pas que dans le grand
nombre qui ont été dans ce cas, vous ne pensiez bien
qu'il y en a au moins quelques uns qui aient aussi
utillement servi que le sieur Duliron.

Nous vous enverrons nos états de demandes avant la
fin de la mousson, mais nous croyons devoir laisser
passer un certain laps de temps pour juger à quoi peut
se monter notre consommation annuelle, pour ne vous
demander que ce qui nous sera absolument nécessaire,
étant inutile dans le temps présent, au contraire dispendieux et nuisible, et d'ailleurs embarrassant, faute de
place, d'avoir un argent mort en effets et marchandises
d'une année sur l'autre.

Les lettres de change que M. Law a remises à M.
Nicolas, ont été acquittées dans le temps à leur échéance. Nous sommes fâchés de l'incommodité et de l'embarras où ce faible secours vous a jetés, nos besoins ne
pouvaient être plus pressants, et rien de plus fâcheux
au commencement d'un rétablissement, tel que celui
que nous avons fait ici et tous les comptoirs en dépendant. L'arrivée du *D'argenson*, quoique pouvant et
devant y compter, est de ces évènements incertains qui
peuvent tarder, et notre situation ne nous permettait
d'en essuyer aucun, ni le moindre quant au secours
d'argent.

Nous avons acquitté dans le temps et à son échéance
votre traite en faveur du sieur Biancourt.

No 18.

Nous attendrons vos états
de demandes autant qu'il
vous plaira, et nous ne pouvons qu'approuver l'économie dont vous usez, pour-
vu que poussée trop loin,
elle n'aille·au détriment de
la Compagnie qui ne se
trouvera pas bien de ce
que vous avez épargné des
sacs pour nous envoyer le
poivre que vous avez fait
charger sur la *Concorde*.

No 18.

Messieurs de Chander-
nagor pouvaient se dispenser d'altérer la douceur de
leurs éloges par la remarque qui termine cet article.
Nous ne nous serions jamais
imaginés qu'il y eut du risque à charger le poivre en
grenier sur un vaisseau
qui, devant aller dans une
rivière, s'y déchargera mème de son lest, et par conséquent où l'on pourra recueillir jusqu'au dernier

grain de poivre. C'est affecter que de jeter un vilain
vernis sur les meilleures opérations pour en dépriser le
mérite, nous n'avons rien fait d'ailleurs que suivant
l'usage en chargeant ce poivre en grenier, quand on
en a une pareille quantité.

La caisse n° 2 contenant des serges de soie, portée sur la facture de France de *l'Adour*, ne nous ayant point été remise, et la croyant embarrassée parmi les autres effets de sa cargaison destinés pour votre comptoir, pour éviter du boulversement et de retarder son départ, nous l'avons laissée courir le même sort et porter sur la facture. Depuis, cette caisse s'est trouvée avoir été oubliée à Lorient même, et nous a été envoyée par le *D'Argenson* avec une note sur cet oubli. Le souffre à canon et le papier à cartouches ont été débarqués ici, et c'est à tort et par erreur qu'ils ont été portés sur la facture.

La caisse d'outils divers contenant 5 masses de fer, 25 masses de forge et 60 marteaux de forge à main, vous a été envoyée par la *Concorde* et non par *l'Adour*, c'est par erreur si elle a été portée sur la facture de ce dernier.

Nous avons pris note de toutes ces observations pour en donner avis en France, pour qu'on y ait égard à la reddition des comptes de *l'Adour*.

Les mitrailles, les pinces de fer, les anspecks ont été versés de bord à bord du *Chameau* sur la *Concorde*, c'est au capitaine de ce dernier à vous en rendre compte.

Sans rien dire du ton dont vous nous demandez le sieur Gravier et un autre employé dans le même genre, nous nous contenterons de vous dire que nous ne pouvons vous satisfaire à ce sujet, le sieur du Petit Val, par sa mauvaise conduite nous ayant mis dans le cas forcé de l'interdire et de le renvoyer en France. Vous allez vous trouver présentement beaucoup plus forts que nous à cet égard par le retour de M. Nicolas et par l'admission que vous avez faite au service de M. Fromaget, qui passe pour supérieur dans cette partie.

No 19.

Le ton dont nous vous demandions le sieur Gra-vier et un autre employé du même genre, n'était, si vous aviez voulu y prendre garde, que pour prévenir les objections et instances que nous comptions devoir vous être faites. Trouvez-vous au reste que nous

No 19.

Nous n'avons jamais man-qué à la politesse dûe non seulement à M. Law, mais même à qui que ce soit. Quant à la déférence, nous ne croyons la lui devoir que lorsque la force de ses raisons et des preuves l'em-portera sur la nôtre. La Compagnie est maitresse

Nous avons bien reçu les lettres que M. Law nous a fait l'honneur de nous écrire les 4 décembre, 31 janvier et 8 mars, auxquelles nous ne répondrons point en particulier suivant les ordres et l'esprit de la Compagnie, d'ailleurs les articles qui pourraient le demander sont déja répondus dans le cours de la présente. Suivant les mèmes ordres et esprit de la Compagnie, M.M. Boyel-Jeau et Nicolas nous ont remis les lettres de M. Law des 30 janvier, 8 et 16 mars, qui ne demandent pas plus de réponse que les précédentes.

n'ayons pas été en droit de l'employer ? Dans le temps que nous vous écrivions ainsi, le sieur Fromaget venait de tomber dans une maladie très sérieuse et qui paraissait devoir être longue, nous nous trouvions par là dans un dénuement total, et dans le cas de désespérer de pouvoir envoyer nos livres cette année.

Il ne pourra manquer de paraitre absurde à la Compagnie que pour vous conformer à ses ordres et à son esprit, vous ne croyez pas devoir de réponse particulière aux lettres de M. Law, à qui du reste cela serait indifférent, si vous lui témoignez la politesse et la déférence que vous lui devez dans les réponses que vous lui faites dans nos lettres; la Compagnie lui écrit particulièrement quoiqu'elle écrive à ses Conseils. Ses Conseils ne doivent pas errer en se conformant à ce qu'elle fait, le seul bon sens le dicte, vous mêmes l'avez fait dans l'affaire des officiers. C'est par des sens forcés et des interprétations fausses de tous les ordres de la Compagnie que vous

d'écrire particulièrement a ses gouverneurs, mais une fois qu'elle défend toute correspondance particulière à ses Conseils, ils ne peuvent mettre de modifications à ses ordres.

L'exemple tiré de la lettre au sujet des officiers, est le plus inconséquent qu'il soit possible de rapporter, il semble qu'on ait prévu des lors l'abus qu'on pourrait faire un jour de cette démarche qui n'était que dans un esprit de conciliation, et pour avertir M. Law de se tenir en garde contre les sollicitations. Nous pouvons ajouter que cette lettre (que nous prions la Compagnie de se faire représenter) fait au contraire tort à la conduite subséquente de Messieurs du Conseil de Chandernagor qui n'ont pas craint, malgré cet avertissement, d'accorder une protection ouverte et déclarée à ces mêmes officiers que nous avions condamnés pour insubordination, et pour ainsi dire révolte.

Le sieur Champigny, Capitaine de la *Concorde*, ne
nous a offert que de vraies pourritures de tout son
vieux grément, inutiles à mettre dans nos magasins et
de nous embarrasser ; d'ailleurs, n'ayant, dit-il, aucun
inventaire ni ancien, ni nouveau, comment le faire
compléter ? ce qui nous a forcés à le renvoyer à vous
en rendre compte. Nous avons fait dresser un inventaire
de l'état actuel, dont nous vous remettons copie, pour
vous faciliter l'examen et la décision de l'ancien.

Le blé marqué B P et B M P que vous nous avez envoyé par ce batiment, est si mauvais que nous vous le
renvoyons pour le rendre à qui il appartiendra. Nous
sommes même étonnés que vous l'ayez accepté et nous
l'ayez envoyé, puisque vous convenez vous-mêmes de
sa mauvaise qualité.

êtes tombés dans les paradoxes étranges qui font l'âme de toutes vos lettres, au reste M. Law écrit à M. Boyelleau et le prie instamment de vous remettre ses lettres.

Nous avons reçu l'inventaire mentionné au présent article.

N° 20.

Toute la partie du blé qui vous a été envoyée, a été achetée par ordre du Conseil à Cassimbazard par le chef qui y réside, et cela peut-être de vingt différents marchands. On l'a ensuite nettoyé et traié ici suivant la coutume, et celui qui se trouvait inférieur ou piqué, a été mis sous la marque B P et B M P; ainsi, ce que vous nous renvoyez, appartenant à la Compagnie, nous ne pouvons le rendre qu'à elle. Il est vrai qu'une partie de ce blé, à ce que nous avons appris, a été un peu mouillé dans le bot

N° 20.

L'étendue et les précautions avec lesquelles le Conseil de Chandernagor traite cet article, les présomptions qu'il nous suppose, les accidents qu'il nous cite comme la cause du mauvais état de cette marchandise, le besoin urgent où il dépeint notre établissement être de cette denrée, le tort qu'il imagine que ce renvoi a pu faire au chargement de la *Concorde*, donneraient volontiers lieu de soupçonner qu'ils ne sont pas exempts de vues particulières dans leurs réflexions. Nous répondrons en un mot que la Colonie

qui l'a porté an bas du Gange; voudriez-vous nous faire répondre de pareils accidents? La Compagnie a-t-elle dit que ses effets ne pourraient être sujets à la moindre avarie? mais dans quelle admiration ne sera-t-elle pas de la profondeur de votre jugement qui vous a portés à renvoyer ici cette marchandise pour lui faire subir une double perte, pendant que vous auriez pù du moins trouver sa première valeur à la côte, si ce n'était à Pondichéry, c'eût été ailleurs, outre que cela occupait une place qui eut pù être beaucoup mieux employée. Vous vouliez punir, dites-vous, le fournisseur, supposant sans doute que c'était quelque employé de la Compagnie. Mais admettons le cas, quelque faux qu'il soit, ne pouviez-vous pas faire vendre cette marchandise pour son compte à la côte, et lui faire subir seulement la perte qu'il y aurait eue dans cet endroit? N y a-t-il pas de la méchanceté dans votre procédé? Ce blé a été acheté dès le mois de septembre, parce que avait au départ de M. Law du blé pour trois ans dans ses greniers, ce qui même nous faisait craindre d'être forcés d'en perdre; que tout blé avarié ou piqué n'est plus marchand, parceque rien ne se communique plus promptement et ne fait plus de progrès en moins de temps que cette sorte d'avarie; que nous ne leur en avions pas demandé parceque nous avions prévu à la subsistance de la colonie.

Nous laisserons à nos supérieurs le sens du reste de cet article, et de juger s'il y a de la méchanceté à renvoyer du blé avarié pour le compte de qui il appartiendra, et si c'est faire supporter des pertes, des dépenses, des faux frais à un comptoir, et le priver de ses bénéfices. Nous savons malheureusement que la Compagnie ne gagnera rien à cette exactitude de notre part et à cet exemple que nous voulions faire et donner au comptoir de Chandernagor, mais ç'aurait été la tromper véritablement d'une manière très dangereuse que de tolérer

quand même vous ne l'eus-
siez pas demandé, cette
denrée a toujours été ce
qu'on pouvait envoyer de
mieux à la côte, et surtout
à une colonie naissante
pour la subsistance de
laquelle on ne peut prendre
trop de précautions, vous
en étiez d'ailleurs instruits.
Ne mériteriez-vous pas que
la compagnie vous fit supporter toute la perte qu'il
y aura. En attendant vous
pouvez toujours compter
que nous en débiterons
votre comptoir. A cette
occasion il est bon de vous
dire que nous nous aper-
cevons de toute l'étendue
de vos finesses pour faire
d'un coté supporter à ce
comptoir-ci des pertes, des
dépenses, des faux frais
qui ne la regardent point,
et de l'autre le priver des
bénéfices qu'il peut faire
pour la Compagnie sur les
marchandises qu'elle lui
envoie. Que cela serait gracieuse pour vous, si la
chose pouvait passer ainsi,
diminuer par là vos dépenses, et doubler les béné-
fices sur les envois qu'on
vous fait d'Europe! c'est
ce qui s'appelle connaitre

de pareils abus, trop communs dans les derniers
temps, et qu'il semble qu'on
cherche à faire reprendre,
et qui reprendraient en effet
bientôt de plus fortes raci-
nes si on ne les prescrit
dans les commencements
de la réforme.

Après ce que viennent
nous reprocher si injustement Messieurs de Chan-
dernagor, pensent-ils exiger raisonnablement que
les effets sortant de nos
magasins pour leur comp-
toir, soient portés au prix
de facture d'Europe? Ce
serait alors véritablement
priver Pondichéry de ses
bénéfices pour ne lui laisser que des dépenses et des
faux frais. Les prix fixés
à Pondichéry sont consé-
quents aux débouchés qu'on
se promet des effets, et
souvent assurés sur une
consommation d'une néces-
sité absolue, de sorte que
si Bengale demande ces
mêmes effets, il doit avoir
ces mêmes certitudes ou
assurances, ou bien il serait
inutile de faire essuyer cette perte à la Compagnie.
A quel titre donc Chandernagor profiterait-il de ces

La bougie est aussi extrèmement mauvaise, peu blanche, et à plusieurs expériences et épreuves elle dure
presque 1/3 moins que l'ancicnne, même de Bengale, et
que celle qui vient ici de Madras. Nous avons trouvé
105 livres 3/4 de moins sur les 56 mans, nous pensons
que cette perte pourrait provenir de ce qu'elle a été
pesée et encaissée peut-être en sortant de l'eau, les
bouts de mèches sont presque tous absolument pourris,
la cire en est endommagée, et les caisses même s'en sont
ressenties. Ne nous en envoyez plus que nous ne vous en
demandions. Il en vient de Madras ici qui est fort blanche,
belle, bien faite, et dure, comme nous vous l'avons dit,
et qu'on achète ici même à 20 % meilleur marché que
vous ne nous passez celle que vous nous avez envoyée.

la fin du commerce, mais malheureusement, Messieurs, la Compagnie ne gagne rien, et c'est véritablement la tromper d'une manière très dangereuse pour ses opérations suivantes, c'est la laisser dans l'ignorance des bénéfices que tel ou tel comptoir peut lui produire, et des dépenses qu'il occasionne. La Compagnie n'a certainement pas ordonné de changer à Pondichéry le prix des factures des effets d'Europe destinés pour Bengale pour y substituer ceux auxquels on vendra divers effets à Pondichery, c'est faire paraitre un bénéfice sur vos livres qui n'appartient point à votre comptoir, et exposer celui-ci à ne faire souvent paraitre que de la perte, y ayant des effets qui se vendent quelque fois mieux à Pondichery qu'ici, lorsqu'il n'y en a qu'une petite quantité.

bénéfices au détriment de Pondichéry? Ne pourrait-on pas à plus juste titre reprocher à Messieurs de Chandernagor d'avoir voulu établir l'importance de leur comptoir sur les débris de Pondichéry pour se frayer un chemin à la supériorité ambitionnée il y a 25 ans, rejetée par la Compagnie, et dont le siège vient encore d'être décidé par elle à Pondichéry, en le fixant pour chef-lieu.

Vous pouvez être sûrs qu'il ne vous sera point envoyé de bougies ni aucuus autres effets que vous ne nous en demandiez, puisqu'elle est si belle et à si bon marché à Madras, ce sera dorénavant un article à soustraire de vos états de demandes.

Pour remédier aux abus et au mélange affreux, honteux et déshonorant, qui se sont glissés dans le tableau des employés, nous avons pris une délibération le 28 mai, dont ci-joint copie, pour en retirer de dessus et en faire une classe à part sous le titre d'écrivains blancs et métis, ceux qui par une mésalliance dans ces pays-ci, ou par une basse extraction trop connue, ou des reproches sur leur conduite, se sont mis dans le cas de ne pouvoir parvenir ; nous les avons ôtés de dessus le tableau et même des états de la paye des appointements. N'est il pas honteux que ces sortes de gens se trouvent confondus sur des états avec les personnes du Conseil ? Nous leur avons interdit le port d'armes pour marques distinctives, et enfin les avons retranchés de ce qu'on appelle l'état-major, et de l'admission chez nos gouverneurs et chefs. N'était-il pas fâcheux pour eux, pour leur épouser, ainsi que pour nous-mêmes et les nôtres, de se croire dans quelque obligation par rapport à ce titre d'employés de la Compagnie, de recevoir des visites, d'admettre à leur table, cercles et compagnie, des gens, hommes et femmes de toutes ces expèces ? Les cercles et les compagnies en seront moins grands, moins nombreux, mais du moins mieux composés, et souvent moins d'embarras pour que nous puissions dresser le tableau général que nous devons envoyer tous les ans à la Compagnie. Notez-nous tous ceux qui se trouvent dans votre dépendance.

Il a été embarqué sur *l'Adour* 30 paires de pistolets demi arçons garnis de cuivre, partie neufs, partie bénéficiés, 16 paires (ditte) d'arçons de grenadiers du roi garnis de fer, qu'on a omis de porter sur la facture de ce vaisseau, marquez-nous en réponse s'ils vous ont été remis.

N° 21.

Des changements aussi notables que celui dont il est question, ne doivent point se faire par une autorité subalterne, et ils doivent être regardés comme non avenus jusqu'à ce que le tout soit examiné et discuté par M. Law et le Conseil supérieur. Il faut être très circonspect dans la défense de porter l'épée, et ne point se compromettre mal à propos vis-à-vis des gens qui en ont le droit, cela fait un très mauvais effet et ne sert qu'à donner un ridicule à ceux qui ont fait cette défense inconsidérément. Comme nous n'imaginons point que vous persistiez dans vos prétentions de supériorité, vous ne vous attendez point sans doute que nous vous mettions en état de dresser un tableau général suivant vos idées, et vous nous mettrez en état de le faire en vous conformant à ce qui a été réglé, lorsque M. Law était à Pondichery. Lorsqu'il y sera de retour, il aura certainement égard à toutes les représentations

N° 21.

C'est en qualité de Conseil supérieur que nous avons fait les changements que Messieurs de Chandernagor veulent bien traiter de ridicules, nous ne craignons pas comme eux qu'ils produisent aucun mauvais effet, ni de nous compromettre vis-à-vis des gens qui aient droit. Cette défense n'est point nouvelle, son exécution était tombée en désuétude, ainsi que beaucoup d'autres réglements de police qu'un déluge d'abus avait presque effacés, que nous tàcherons de faire revivre, certains d'avoir l'agrément et l'approbation de la Compagnie. Nous regardons la tolérance des abus comme trop préjudiciable au bien des affaires, pour en retarder d'un instant l'extirpartion aussitôt que nous en découvrirons la source, sans nous croire obligés de déférer à la présence de M. Law, qui quelque fàcheuse qu'elle soit pour nous, n'est cependant pas capable de rien ajouter à notre zèle. Il est bien surprenant que

Nous disposant à vous faire repasser la *Concorde*,
nous l'avons désarmée et réarmée de nouveau suivant les
ordres de la Compagnie, ci-joint en est le rôle. Nous
y avons laissé 14 cafres appartenant à la Compagnie,
pour suppléer à la mauvaise qualité, à ce que prétend
le sieur Champigny, de ses lascars dont il se plaint
beaucoup; il faudra les en tirer pour les envoyer aux
îles par un des vaisseaux que vous y expédierez, où ils
seront plus avantageux et moins coûteux à la Compagnie qu'ici. En les remplaçant, et en général, lors de
la levée et la composition de ces équipages, vous ne
pouvez recommander trop d'attention à ceux que vous
chargerez de cette inspection.

que vous pourrez lui faire, et se portera volontiers aux réformes que le Conseil supérieur jugera nécessaires.

le sieur Sainfray qui tient la plume pour le Conseil de Chandernagore aujourd'hui comme secrétaire, désavoue pour ainsi dire la propre restriction qu'il a mise au bas du tableau dressé par M. Law, en nous renvoyant à ce tableau pour dresser celui que nous nous proposons de former, ce qui nous sera impossible de faire à cause du refus du Conseil de Chandernagor de nous envoyer les notes que nous lui demandons.

N° 22.

Nous vous aurions été obligés de vous en tenir à ce que nous vous marquions au sujet de l'armement de la *Concorde*. Nous avons un très grand besoin de marins que nous vous avions dit être dans le cas d'être employés, et il est très fâcheux que vous n'ayez pas facilité les moyens à ceux qui auraient voulu venir ici, d'y passer. L'intention de la Compagnie est que ses colonies prospèrent, or ce n'est pas le moyen d'y parvenir que d'en renvoyer tous ceux qui peuvent coopérer au rétablissement du commerce particulier.

N° 22.

Les ordres de la Compagnie ne sont pas d'accord avec les idées de Messieurs de Chandernagor, mais outre que les premiers feront toujours la règle de notre conduite, nous pensons qu'il est de l'humanité d'employer une quantité de français marins de l'Inde, qui ont essuyé toutes les misères qui nous ont accablés, plutôt que de leur substituer des marins d'Europe, et même de l'Ile de France, qui n'ayant essuyé aucun de ces mêmes malheurs, sont venus comme par essaim enlever aux premiers les moyens de se relever de leurs pertes. D'ailleurs il aurait été contraire à vos ordres et à l'économie de laisser à ce vaisseau un armement tel que la Compagnie le fournirait à un vaisseau d'Europe.

Il est inouï, les plaintes et les difficultés du sieur Champigny sur la prétendue mauvaise qualité de ses lascars; à tout évènement, à qui est-ce la faute?

Nous sentons bien d'ailleurs qu'il n'ose pas dire tout-à-fait le nombre, car sans être marins, nous en savons assez pour juger qu'il est bien armé avec les 90 hommes que nous lui avons laissés, et nous sommes presque assurés qu'entre les mains des Anglais ce batiment naviguerait partout et en tous temps, avec 60 où 70 hommes au plus.

Nº 23.

Le sieur Champigny a pu vous faire des plaintes et des difficultés sur la mauvaise qualité de son équipage, sans que ce fut de sa faute, ni de celle de qui que ce soit. On prend ce qu'on trouve et non ce qu'on veut, dans un pays où l'on n'est point maitre, nation opulente, active, qui emploie beaucoup de lascars dont elle attire chez elle ce qu'il y a de meilleur pour un commerce brillant, non interrompu, et en ne ménageant rien au besoin.

Nº 23.

En recommandant au Conseil de Chandernagor plus de soin dans la levée des équipages, c'est reconnaitre de notre part les difficultés qui s'y rencontrent, et que nous sentons comme eux.

et où l'on a en tète une

Nous avons été obligés d'envoyer 30 lascars de renfort à la *Concorde*, lorsqu'il est entré en rivière, M. Nicolas ayant marqué à M. Law que cela était absolument nécessaire, l'équipage de ce vaisseau étant trop faible de beaucoup pour suffire au travail ordinaire aux vaisseaux qui viennent en cette saison. Il est certain que les Anglais manœuvrent en mer avec moins de monde que nous, cela vient de ce qu'ils sont gréés beaucoup plus légèrement et que leurs manœuvres sont plus coulantes. Tant que le gréement

La bonté ordinaire de M. Nicolas lui a fait adopter les difficultés du sieur Champigny, après les avoir reconnues mauvaises et sans fondement au Conseil, et dans la lettre qui en fait mention. C'est cette même complaisance qui lui a fait écrire confidemment à M. Lagrenée que la *Concorde* avait essuyé un grain la nuit, qui l'aurait fait périr, si l'écoute du grand hunsier n'avait cassé, et que les passagers avaient été obligés de donner la main pour se sauver du danger. Il aurait dû taire une circonstance qui fait aussi peu d'honneur

Les armements et désarmements des vaisseaux de
l'Inde de la Compagnie devant se faire ici, envoyez-nous

de nos vaisseaux sera maintenu sur l'ancien pied, il faudra que nos équipages soient plus forts. Mais certainement il faudra aux Anglais plus de 60 à 70 hommes lascars sur un pareil vaisseau. Vous avez refusé, à ce que dit le sieur Champigny, de lui donner un canonnier, un vaisseau riche comme la *Concorde* de plus de 5 lacks sans un homme de confiance pour avoir soin de la Ste Barbe et des poudres, sans avoir plus d'européens que son état-major, abandonné par conséquent à la merci des cafres et lascars, gens quelquefois très entreprenants. Ne vous en vantez pas Messieurs, cela seul pouvait occasionner par la suite quelque mauvaise rencontre; vous avez été plus heureux que sages, puisqu'il n'est point arrivé de malheur.

à l'officier de quart qui est inexcusable de s'y laisser surprendre la nuit par un grain, ses hunsiers dehors. Au reste des vaisseaux d'Europe bien armés ont eu besoin de leurs passagers, sans que l'on ait jamais rejetté ces sortes d'évènements sur la faiblesse ou la qualité de l'équipage.

La peinture imaginaire que Messieurs de Chandernagor font avec tant d'énergies des prétendus risques qu'a courus la *Concorde*, serait capable d'en imposer à la distance où nous sommes des juges de notre conduite, si quelques-uns d'entre eux n'étaient instruits par expérience de l'usage général des armements dans ce pays-ci. Ils ont beau nous peindre les lascars et les cafres très entreprenants, c'est donc un risque général que courent tous les commerçants et même les Compagnies, et auquel nous n'avons sûrement pas donné naissance. Aussi ne nous sommes-nous ni vantés ni félicités du succès, parceque l'opération était ordinaire et l'évènement naturel.

La marche usitée de tout temps à cet égard sera exactement observée dans ce comptoir, et nous n'avons

exactement, Messieurs, par chaque vaisseau leurs états
de dépenses et fournitures telles qu'elles soient, pour
que nous puissions juger des consommations, les allouer
ou ne les pas allouer etc.

Nous vous envoyons par la *Concorde*, tout ce que
nous avons de bois rouge en magasin, les marchands
avec qui nous en avons contracté, et donné des avances
depuis plusieurs mois nous font espérer qu'il nous en
parviendra tous les jours; quand nous en aurons, nous
vous en enverrons successivement, et à mesure que
nous en aurons des occasions; qnant au bois de sapan,
nous ne prévoyons pas jusqu'à présent pouvoir en avoir
que très peu pour nous-mèmes.

Comme nous vous l'avons déja dit, nous avions recommandé de vous partager par la *Concorde* la moitié
généralement quelconque de tous les effets que nous
avons en magasin; M. M. Dulaurens et d'Hervilliers,
garde magasin général de la marine, nous assurent
l'avoir fait, mème au délà à certains égards. Nous
vous envoyons mème la seule pipe de vin de Xerès qui
nous restait sur la demande qui nous a été faite au
nom et pour M. Law.

Nous avons passé sur la facture aux prix de vente les
effets de vente et consommation ici.

pas manqué de vous informer de tout ce qui a été
fourni aux batiments que nous avons expédiés d'ici.

Vous savez combien il est nécessaire que nous
ayons une quantité suffisante de bois rouge pour former
le grenier des vaisseaux d'Europe, nous nous reposons
sur l'assurance que vous nous donnez de profiter des
occasions que vous aurez de nous en envoyer. Il faudra
bien que nous nous passions de bois de sapan, si vous
n'en avez pas assez pour vous-mèmes.

N° 24.

Ce ne sont point les in-
tentions de la Compagnie
que les effets que vous nous
envoyez soient passés sur
vos factures à un prix différent des siennes ; ce qui
peut-étre à un prix chez
vous, n'est pas souvent au
même prix ici. En outre
cela donne un bénéfice sur
vos livres qui n'y doit point

N° 24.

Le Conseil de Chander-
nagor avoue qu'il y a longtemps que cet usage est
introduit, et qu'il a réclamé contre. Si donc la Compagnie n'a point prononcé,
c'est qu'elle a sans doute
approuvé. Jusqu'à défense
de sa part, nous suivrons
cet ancien usage.

Nous vous envoyons aussi par ce même vaisseau la moitié de tout ce que nous avons reçu de poivre par le retour du *D'Argenson*, mais nous vous prévenons de n'en pas vendre un grain, et de réserver tout pour envoyer à la Compagnie. Quant à nous procurer cette denrée dans les ports étrangers, il n'y a pas eu moyen, les petites quantités qu'il y en a, font qu'on la tient toujours à un prix excessif.

Le *Duc de Penthièvre* est parti pour Chine sans en avoir pù avoir un grain.

S'il résulte quelque inconvenient aux vins embarqués sur la *Concorde* pour avoir été mis dans la cale avec le poivre, le sieur Champigny doit en être responsable, car nous n'avons cessé de lui recommander chaque fois et journellement par les employés de la douane d'y avoir attention, et même de mettre ces vins dans ses cambuses, cales à eau, etc. qu'on dit immenses. Il a toujours répondu qu'il avait pris et prenait toutes précautions à cet égard, qu'il n'y avait rien à craindre.

Le sieur Champigny et tous ses officiers se plaignent beaucoup de la mauvaise conduite et des manœuvres du pilote qui les a fait descendre et sortir le Gange, qu'ils attribuent autant à la mauvaise volonté qu'à

être, et en prive les nôtre où il devrait paraître plus naturellement. C'est M. Dupleix qui le premier a introduit cet usage contre lequel nous avons toujours réclamé. Cela génera beaucoup pour la vente parcequ'on ne se résoudra pas volontiers de donner au dessous du prix de facture, et les effets courront risque de rester dans les magasins bien des années au bout desquelles on se trouvera souvent obligé de les vendre à perte.

Nº 25.

Le poivre que vous nous avez envoyé sur notre demande a toujours été destiné pour le chargement de nos vaisseaux d'Europe, et nous n'en avons jamais vendu ici que nous n'en eussions plus qu'il nous en fallait pour cet objet. Vous eussiez pû vous épargner l'injonction que vous nous faites à ce sujet.

Nº 25.

Nous n'avons fait cette injonction que parceque Messieurs de Chandernagor nous en demandaient avec trop d'instance, et en nous marquant le prix qu'ils ne devaient pas passer, ce qui était inutile s'ils n'avaient eu en vue que les poivres venant de Mahé, et uniquement pour les cargaisons d'Europe. D'ailleurs il était de l'esprit de conciliation,

tout droit de supériorité à part, de prévenir le Conseil de Chandernagor de la nécessité de ne point vendre un grain de poivre par l'impossibilité où nous étions de nous en procurer davantage cette année, de sorte que la moindre portioncule de ce poivre distraite des cargaisons d'Europe, privait la Compagnie du bénéfice qui en pouvait résulter, plus grand en proportion de la petite quantité.

Nous avons été prévenus des plaintes du sieur Champigny et des officiers de ce vaisseau, et nous y mettrons ordre.

13

l'incapacité. Les accidents, à ce qu'on nons a rapporté être arrivés au *Praslin* et *l'Adour*, doivent vous engager à veiller de près à leurs conduite et dispositions.

. Suivant les ordres de la Compagnie, et pour lui épargner le dépense des subsistances, étant forçés de renvoyer tant aux îles qu'en France, tous les marins, chacun dans leur département ainsi que tous les autres qui se trouvent ici sans service et à sa charge pour la subsistance, et prévoyant n'avoir que le *d'Argenson* à expédier en droiture en octobre, pour les îles, craignant de nous trouver surchargés par le grand nombre des passagers à renvoyer dans le cas ci-dessus, nous vous prions de nous marquer en réponse par terre et en toute diligence, si n'étant pas dans le cas d'en avoir trop, nous ne pourrions pas vous en faire passer quelques-uns pour mettre sur vos vaisseaux de retour. Nous pourrions avoir vos réponses à temps pour vous les envoyer en septembre, peut-être en aurons-nous quelques occasions.

Sur ces entrefaites est arrivé le 21 de ce mois le vaisseau *l'Ajax*, commandé par le sieur Le Brun, il n'a pas apporté plus de lettres de la Compagnie pour vous, Messieurs, et pour M. Law, que le *Penthièvre* et le *d'Argenson*. Au surplus les lettres de la Compagnie ne sont que de quelques jours de date après le départ du *Penthièvre*. Elle n'a rien changé à ses dispositions par ce dernier bâtiment, et dont nous vous avons fait part par nos lettres des 3 et 7 avril.

Nous avons vu avec plaisir la belle cargaison en effets et marchandises que vous destine la Compagnie par ce bâtiment, nous n'en prendrons pas un fil, et ne changeons rien à nos dispositiona pour la *Concorde*, quoique nous n'ayons reçu par *l'Ajax* que 200 quartants d'eau de vie et 48 balles de drap.

Nous avons déja répondu à cet article quand nous avons traité du désarmement de la *Concorde*, nous aurions eu actuellement un très grand besoin de marins qui nous parviendront trop tard en septembre.

M. Law a reçu des lettres de la Compagnie tant par le *Penthièvre* que par l'*Ajax*, et ces mèmes lettres disent que ces lettres que vous avez ouvertes étaient pour nous. Vous n'avez pas cependant seulement jugé à propos de nous en envoyer des copies, c'est tout ce que nous demandions pour épargner les risques.

Nous vous sommes obligés de la fidélité avec laquelle vous nous avez envoyé ce qui nous était destiné par la Compagnie, ce sont au reste ses intentions.

Des fonds que la Compagnie nous a envoyés par ce vaisseau, elle en destine pour faire passer par lui-même dans votre comptoir 1.200.000 Rs. que nous vous enverrons, et nous l'expédierons aussitôt qu'ils seront convertis en roupies, opération plus longue que par le passé, par rapport au peu de facilités et de commodités que notre situation nous en a permis et nous permet jusqu'à présent de donner aux ouvriers de cette fabrique. Nous espérons cependant que *l'Ajax* ne tardera pas à suivre la *Concorde,* nous avons même donné ordre au sieur Champigny de prévenir les pilotes du Gange de son arrivée très prochaine, pour qu'ils se trouvent tous prêts.

La *Concorde* a un peu tardé sur les représentations du sieur Champigny, par rapport aux eaux vives qu'il dit être plus violentes et plus dangereuses dans cette saison qu'en toute autre ; nous y avons adhéré en partie par rapport au capital de sa cargaison, et lui ôter tout prétexte, etc., de la faiblesse de son équipage.

Outre les effets et marchandises montant ensemble à . . . . suivant les factures ci-jointes, il vous porte 400.000 Rs. dont ci-joint pareillement les factures et connaissements.

Vous étant refusés, Messieurs, à nous remettre vos états de dépenses, etc, nous pourrions bien nous tromper dans ce que nous vous destinerons dans la suite pour cet objet. En tout cas vous ne pourrez en attribuer la faute qu'à vous-mêmes, car nous vous prévenons, comme nous l'avons déjà fait, que dans tout ce que la Compagnie nous adresse en fonds et autres marchandises, elle nous dirige tant de fonds pour son commerce d'Europe de chaque département, à peine d'en répondre chacun dans nos parties en propres et privés noms, et

N° 26.

Nous ne vous avons rien demandé jusqu'à présent que ce qui nous a été destiné par la Compagnie, ainsi vous ne pouvez faire faute en nous le faisant passer. Il est inutile de vous répéter ici que nous avons détruit suffisamment toutes les prétentions qui

No. 26.

Fidèles aux ordres de la Compagnie, nous nous ferons un devoir de ne rien changer dans l'exécution, et en conséquence nous ne ferons rien pour tout ce qui touche le comptoir de Chandernagor, tant qu'il leur plaira de se soustraire aux éclaircissements, aux

le surplus pour toutes dépenses en général de ses établissements, qu'elle nous enjoint de fixer pour tous, et de nous renfermer pour le surplus de ses remises conformément et suivant ce que nous jugerons convenable et nécéssaire.

Nous n'avons pas été peu surpris de voir vos lettres signées des sieurs Fromaget et Ferrière ; malgré la présence de M. Law, ne devez-vous pas nous prévenir à quels titres? Des sujets qui ne peuvent rien sans notre approbation, ont-ils pu signer des lettres telles que votre dernière du 29 Avril ?

M. M. Nicolas et Calnois ont reçu leurs appointements jusqu'au dernier de ce mois.

vous portaient à exiger de nous des éclaircissements que nous ne vous devions pas. Vous pouvez être bien certains que le Conseil qui sera établi ici au départ de M. Law, sera exact à suivre les ordres qu'il recevra du Conseil supérieur.

détails et aux comptes qu'ils nous doivent.

N⁰ 27.

Le Conseil Supérieur a jugé à propos de nommer M. M. Fromaget et Ferrière Conseillers, le premier pour l'Administration civile seulement, c'est en cette qualité qu'ils ont signé. M. Law d'ailleurs a reçu les pouvoirs de la Compagnie de nommer au grade de Conseiller sous son bon plaisir les sujets qu'il croira les plus capables, mais vous, Messieurs, de quel droit vous êtes vous arrogé les pouvoirs de faire recevoir les sieurs d'Hervilliers, Abeille et Yzact en qualité de conseillers en pied? du moins cela nous a été rapporté. Vous vous croyez direz-vous, le Conseil Supérieur; votre chimère est renversée, il fallait un peu connaitre, Messieurs, votre véritable état avant que de hasarder une pareille entreprise, ainsi que bien d'au-

No. 27.

M. Law a reçu les pouvoirs de la Compagnie pour nommer des Conseillers afin de composer le Conseil Supérieur qu'il avait ordre de rassembler et de réunir à Pondichéry, mais ces conseillers une fois choisis, ce Conseil Supérieur une fois assemblé et réuni, nous soutenons qu'il n'a pas pu de ce moment créer de son autorité seule d'autres sujets, ni défaire ceux qu'il avait chosis, encore moins les emprisonner, expulser, chasser du Conseil. L'admission de ces nouveaux sujets est du ressort du Conseil assemblé par une délibération, leur interdiction dépend de la pluralité des voix du Conseil Supérieur assemblé, avec connaissance de cause, sur une délibération succincte avec la réserve des détails dans les lettres

Ci-joint, Messieurs, un paquet à l'adresse de Messieurs du présidial de Chandernagor, dont vous nous accuserez réception.

tres que la Compagnie n'approuvera sûrement pas.

particulières à la Compagnie. Voilà une marche régulière de ces deux opérations, et qu'elle nous prescrit elle-même; abandonnées aux caprices, aux animosités ou aux faveurs d'un commandant général, elles deviendront la source d'une obéissance stricte et aveugle, le fondement d'un despotisme arbitraire, le germe enfin de tous les désordres et des excès les plus incroyables que nous n'avous que trop éprouvés. M.M. Abeille, Yzact et d'Hervilliers ont été reçus au Conseil par une délibération du Conseil Supérieur du 29 Mai 1766, dès lors ils ont eu les mêmes autorités, honneurs et prérogatives que les autres Conseillers, et auraient dû être reconnus pour tels à la tête des troupes, suivant l'usage et les ordres de la Compagnie même. Si l'on en a oublié la formalité dans ce moment, était-ce une raison pour n'y pas revenir? D'ailleurs cette affaire ayant été renvoyée à la décision de la Compagnie, n'y a-t-il pas de la témérité de Messieurs de Chandernagor de prononcer avant elle?

N° 28.

Nous ne connaissons pas ici de présidial, et en conséquence votre lettre à cette adresse courait risque de rester longtemps sans être ouverte, la nouveauté du cas a excité cependant notre curiosité. Comment vous peindre la surprise où nous avons été en remarquant la hardiesse avec laquelle vous vous êtes servis de pièces qui n'étaient qu'en dépôt à Pondichéry

N° 28.

Messieurs de Chandernagor donnent peut être le premier exemple d'une cour souveraine qui se soit dessaisie des sceaux et de son édit de création quelque droit qu'ils prétendent tirer de présence du Commandant général pour appuyer leur supériorité. On aura peine à accorder avec ce système le dépôt prétendu volontaire, mais véritablement ordonné par le

14

jusq'au retour de la supériorité du Conseil en cet endroit. Il y a de quoi vous mener bien loin, Messieurs, pour cette affaire où il semble que vous vous jouez de tout ce qu'il y a de plus respectable. Puisse cette action ne passer que pour folie, en attendant la décision que nos supérieurs en porteront. Comme il est de notre devoir de réprimer l'audace d'un Conseil subalterne qui veut s'ériger en souverain pendant qu'il n'a été nommé par M. Law que pour gérer les affaires en son absence, et selon ses instructions, nous vous ordonnons de par le roi de lacérer vous-mêmes cet arrêt que vous avez rendu aussi imprudemment, vous défendant de vous servir, à moins que nous ne vous en donnions ordre, des sceaux qui avaient été mis en dépôt au Conseiller Commandant à Pondichéry, jusqu'au retour du Conseil Supérieur. S'il y avait eu quelques irrégularités dans nos procédures faites, soit par le Procureur général, soit par le greffier, comme en effet l'expression dont prince, de sceaux qui devaient nécessairement suivre cette supériorité ambulante, et par le défaut desquels leurs jugements devenaient informes et leur exécution caduque, ainsi qu'ils en fournissent un exemple dans l'affaire même dont il est question. Nous pourrions à plus juste titre leur dire qu'il y a de quoi les mener bien loin par le manque d'une formalité aussi préjudiciable au cours de la justice et aux intérêts des familles, qu'ils se jouent de ce qu'il y a de plus respectable en envoyant un arrêt à sceller par ceux-mêmes qu'ils condamnent. Les sceaux sacrés du prince peuvent-ils être employés sans profanation par des personnes encore *in reater?* quelle folie et quelle inconséquence de prétendre faire changer de nature aux êtres par des qualifications imaginaires, de vouloir détruire leur essence par des définitions capricieuses qu'on accommode à des intérêts particuliers, aux circonstances et aux moments! nous ajouterons,

Vous aurez pour agréable de nous faire passer à la côte par la première occasion le nommé Jacque Maurice passé à Chandernagor depuis 12 à 13 ans, dont la femme et les enfants sont ici qui le redemandent.

Il vous sera remis par la famille de Joannis Moscoffe, arménien, une lettre du 3 juillet que nous vous écrivons

on s'est servi par inadvertance de *Conseil supérieur de Chandernagor* au lieu de dire *Conseil supérieur de Pondichéry à Chandernagor*, qui peuvent passer pour une irrégularité capable de causer de la confusion, vous auriez dû simplement nous les représenter, et deviez être assurés que nous aurions reçu l'avis avec la plus grande complaisance, ne cherchant en tout que ce qui peut contribuer au bien général de l'administration. Mais non, vous vous êtes flattés qu'un manque de formalités de notre part vous érigerait en Conseil souverain; détrompez-vous, Messieurs, ce ne sera certainement pas en cette occasion que la forme l'emportera sur le fond.

quelle audace de changer les propres faits et créations du prince, pour y substituer des êtres de raison, des créations arbitraires, dont l'existence momentanée ne peut qu'occasionner les désordres les plus graves et les troubles les plus fâcheux.

Il est ridicule en matière aussi grave d'insérer des plaisanteries telles qu'il plait au Conseil de Chandernagor d'en faire sur des mots. Notre droit est fondé sur les édits du prince, les lettres et les ordres de la Compagnie, et sur les conséquences évidentes qui en naissent. C'est un enchainement de prevues qui se succedent et se prêtent une force mutuelle. Que nous aurait servi de plus un manque de formalité que nous attribuons volontiers au peu d'habitude à cause de la nouveauté de la chose.

Nous nous informerons du sieur Jacques Maurice, et nous lui donnerons passage s'il lui convient d'aller retrouver sa femme et ses enfants.

Nous aurons égard à ce que vous nous marquez au sujet de Joannis Moscolfe.

pour lui faire compter 100 Rs. et lui faciliter son retour à la côte par le premier vaisseau que vous nous expédierez.

Nous avons l'honneur d'être très parfaitement, etc. signé : A Boyelleau, F. Nicolas, Lagrenée, Trémisot, Dulaurens, d'Hervilliers, Abeille et Yzact.

P. S. du 3 Juillet 1766.

Nous nous apercevons après la signature de cette lettre que par erreur on a passé sur le rôle de la *Concorde*, les appointements du capitaine à 96 Rs. par mois, et autres officiers en proportion, vous les réduirez tous dorénavant comme suit, savoir :

au capitaine . . . . 90 Rs.
au second . . . . 60 „
au troisième . . . . 45 „
au quatrième . . . . 30 „

ce qui reviendra à 3 Rs. la pagode suivant le dernier usage. Vous observerez que le 4me doit toujours faire le service d'écrivain.

Nous apprenons aussi à l'instant qu'il a été embarqué furtivement et à notre insu sur un brigantin danois un mousse du *D'Argenson*, neveu du sieur Verlet, vous le ferez arrêter pour nous le renvoyer par la première occasion. M. Boyelleau a fait arrêter ici sa sœur auprès de laquelle il le laissait à terre par complaisance, jusqu'à ce qu'elle le représente.

Signé : A Boyelleau, F. Nicolas, Lagrenée, Trémisot, Dulaurens, d'Hervilliers, Abeille et Yzact.

Sans doute suivant vos principes que vous reconnaitrez, vous changerez dorénavant le compliment final de vos lettres.

N° 29.

Nous ne nous serions jamais attendus à l'arrêt que M. Boyelleau avait mis sur la sœur du mousse, neveu du sieur Verlet, et nous ne doutons nullement que la Compagnie ne désapprouve une pareille démarche accompagnée de circonstances qui nous paraissent en faire une affaire très sérieuse pour M. Boyelleau.

Signé : Law, Renault de la Brétèche, Sainfray, Roland, Fromaget, Ferrière.

N° 29.

Nous avons rendu compte à la Compagnie des vraies circonstances d'une affaire que Messieurs de Chandernagor paraissent avoir pris trop à cœur. Nous ne craignons pas les suites fâcheuses qu'ils semblent appréhender pour M. Boyelleau, persuadés que la Compagnie examinera cette affaire et en pésera les circonstances avec d'autres sentiments que le Conseil de Chandernagor.

Lettre du Conseil de Pondichéry a celui de Chandernagor du 12 Juillet 1766.

Messieurs,

Nous vous avons expédié le 3 de ce mois la *Concorde* avec une cargaison de 400.000 Rs. en argent 171.359 liv. en draps et effets d'Europe, 7568 pag. c^tes 18 f 24 c de vins, verreries, dorures, 49.850 Rs. de poivre, marchandises et effets de marine. Ci-joint le duplicata de nos expéditions par ce vaisseau.

Nous vous expédions aujourd-hui par l'*Ajax*, commandé par le sieur Le Brun avec un chargement de 600.000 Rs. en argent et de 311.631 : liv. en marchandises et effets qui sont les mêmes que la Compagnie vous destinait par ce bâtiment. Ces fonds et ceux que la *Concorde* a emportés, s'ils arrivent à bien comme nous le désirons, doivent vous mettre à votre aise pour les 2 cargaisons que la Compagnie vous demande ; et si vous y joignez le crédit dont tout retentit ici que vous jouissez, quoique votre dernière lettre semble malheureusement nous annoncer le contraire, nous comptons que vous serez à lieu de coopérer avec nous au chargement du vaisseau de janvier, par rapport auquel nous vous marquions dans notre lettre du 15 juin dernier nos inquiétudes sur la rentrée des marchandises que nous avons contractées, et les sujets de méfiance que nous avions de la jalousie de nos rivaux.

RÉPONSE DU CONSEIL DE CHANDERNAGOR A LA LETTRE CI-CONTRE DU CONSEIL DE PONDICHÉRY EN DATE DU 31 AOUT 1766.

OBSERVATIONS DU CONSEIL DE PONDICHÉRY SUR LA RÉPONSE CI-CONTRE DE MESSIEURS DE CHANDERNAGOR.

Nous vous observerons, Messieurs, que vos factures sont faites avec très peu de soin, y ayant trois sommes oubliées dans celle de la *Concorde*, qui devait se monter à 234.343 Rs. 2: 6, outre diverses autres erreurs dont nous nous sommes déja aperçus, et dont nous vous ferons part quand la vérification des effets chargés sur la *Concorde* et *l'Ajax* sera finie.

N° 30.

L'Ajax est entré dans le Gange le..............., Il s'en faut que les fonds qu'il nous apporte ainsi que ceux de la *Concorde*, suffisant pour les deux cargaisons que la Compagnie nous demande. Il a fallu commencer par payer les soldes de compte de l'année dernière ; d'ailleurs nous avons des créanciers importants qu'il faut satisfaire. Pour ce qui est du crédit dont tout retentit de vos cotés que nous jouissons, quelque considérable qu'il peut être, il ne nous serait pas d'un grand secours si nous devions nous en tenir à ce que vous nous avez marqué des in-

N° 30.

Nous prions la Compagnie de jeter les yeux sur le compte-courant de Chandernagor avec nous pour décider si la détresse prétendue de ce Conseil peut être telle qu'ils veulent la faire entendre. Si Messieurs du Conseil de Channagor avaient fait attention aux termes de notre lettre où nous leur parlons de la défense de la Compagnie d'emprunter, ils auraient remarqué que les emprunts à la grosse de 16 et 20 % sont les seuls permis, et que tous autres emprunts, sous quelque forme que ce soit, sont défendus expressément. Pourquoi donc

15

Nous vous ferons part le mois prochain de nos réflexions sur la combinaison de nos chargements et la destination à donner à la *Concorde*, et en nous instruisant
de votre côté, Messieurs, des efforts que vous pourrez
faire, nous serons à bien alors de prendre des mesures
plus conséquentes par la certitude de l'arrivée de tous
nos fonds, et par la quantité de marchandises que nous
aurons ramassées.

tentions de la Compagnie dans les extraits que vous nous avez envoyés de ses lettres. La teneur des vôtres nous ferait croire qu'il y a des restrictions à apporter à ces ordres, puisque malgré la connaissance que vous en avez, vous comptez que nous vous aiderons de notre crédit pour vos expéditions, donc nous pouvons emprunter, et comme on ne fait pas une loi quand on est dans la nécessité, nous sommes dans le cas de la recevoir

tirer une conséquence aussi générale après des restrictions aussi formelles? Le crédit ne s'étend pas seulement à des emprunts à intérèts, il s'entend aussi de l'emprunt à la grosse, et c'est de celui-là dont la renommée nous a instruits que Messieurs de Chandernagor avaient trouvé d'heureuses occasions l'année passée, et que nous souhaitons bien sincèrement qu'ils trouvent encore celle-ci.

de ceux dont nous recherchons l'argent.

No 31.

La détresse dans laquelle nous vous avons marqué que nous nous trouvions après avoir expédié les deux vaisseaux de l'année derniére, ne doit point vous faire douter de la possibilité de nous procurer du crédit, mais ce crédit n'a lieu que dans la saison de l'expédition des vaisseaux, et nous avons employé tout celui que nous avons pu nous procurer l'année dernière en retours profitables à la

No 31.

Messieurs du Conseil de Chandernagor auraient de la peine à persuader que les secours qu'ils nous ont envoyés aient contribué à consommer leur crédit, et quand on mettra une somme de roupies in blauck en balance contre in blauck que nous leur avons envoyé de nos magasins et de notre trésor, ne peut-on pas dire que des traits lancés aussi inconséquemment sont l'effet d'une intention maligne?

Nous comptons que vous vous concilierez avec nous à ce sujet avec tout le zèle qu'exige le bien de notre Compagnie.

Compagnie, et à vous envoyer les secours dont nous savions que vous aviez besoin.

N° 32.

Nous vous avons déjà dit que vous pouviez compter sur notre bonne volonté à coopérer, autant qu'il nous serait possible, au chargement du vaisseau que vous devez expédier en janvier, nous nous arrangerons pour cela sur les avis que vous nous promettez, quoique nous eussions crû que vous n'eussiez pas dû éprouver autant de difficultés que vous en faites entrevoir à vous procurer deux cargaisons n'en ayant pas fait l'année dernière. Nous sommes dans un pays où les rivaux dont vous craignez la jalousie, sont tout à fait les maitres, mais en se prêtant aux temps et aux circonstances, on surmonte bien des obstacles.

N° 32.

C'est justement parceque nous n'avons pas fait de cargaison l'année dernière, que nous avons dû essuyer plus de difficultés celle-ci pour en procurer deux à la Compagnie, parcequ'il est certain que ce sont les premières fabriques qui coûtent le plus de peine et d'embarras, il faut créer pour ainsi dire, et ce n'est qu'après quelques fournitures que les métiers sont courants et les tisserands en train. Il n'est plus question que de nourrir la main d'œuvre par des avances successives distribuées à propos. Messieurs de Chandernagor ont donc eu l'avantange sur nous, et nous les en félicitons comme bons serviteurs de la Compagnie, d'avoir été en fonds dès le principe, et d'avoir pu entamer les opérations de commerce dès les premiers moments. Nous, au contraire, grâce à la précaution qu'ils ont prise d'emporter tous les fonds du *Pralin*, et l'attention scrupuleuse qu'on a eue de leur envoyer tous ceux de *l'Adour*, et les effets venus par ce vaisseau, au risque même de se trouver sans fonds pour les dépenses indis

Le *Ruby*, vaisseau particulier venant des îles, a mouillé à Karikal le 2 de ce mois, nous avons reçu par cette occasion des lettres de Messieurs les Commissaires de la Compagnie aux deux îles.

La *Quêche*, la *Réforme* sont arrivées aux îles le 2 mai.

Les quatre vaisseaux de Chine en retour et le *Praslin* en sont partis pour France, savoir, le *Choiseul* et la *Paix* le 7 mars, le *Beaumont*, le *Villevautl* et le *Praslin*, les 1er et 3 avril derniers. Ces cinq vaisseaux portent de riches cargaisons ; on ne s'était pas aperçu jusqu'alors que le *Praslin* eut souffert aucun dommage d'avoir

pensables, comme cela est malheureusement arrivé, nous avons eu la disette et le manque total de fonds à essuyer, tandis que Chandernagor nageait dans l'abondance et le crédit. Le *D'Argenson* en nous mettant à notre aise, n'a servi qu'à ranimer la jalousie de nos rivaux. Aussi maitres dans le Carnate qu'à Bengale, ils ont fait naître tous les obstacles possibles, et c'est de la Compagnie et non du Conseil de Chandernagor, que nous attendons la justice qui est dûe à notre zèle et à notre patience pour les surmonter. Et quelle différence entre faire fabriquer des marchandises comme les seules que nous pouvons avoir ici, ou de les acheter, et encore les trouver à la grosse, ainsi qu'en ont eu le bonheur Messieurs de Chandernagor.

<table>
<tr><td>N° 33.</td><td>N° 33.</td></tr>
</table>

Nous ferons usage des idées que vous nous donnez au sujet de la *Concorde* de la destination duquel cependant nous comptons nous réserver la faculté de décider.

Nous souhaitons ardemment que le Conseil de Chandernagor ne sacrifie point en cette occasion les intérêts de la Compagnie à la vaine gloire de soutenir la réserve qu'ils s'arrogent de la faculté de décider.

Nous vous sommes obligés, Messieurs, du détail que vous nous faites dans les cinq articles suivants, et nous apprenons avec plaisir que le *Comte d'Artois* n'est pas entièrement perdu, ainsi que nous en avons reçu la nouvelle par voie étrangère, et qu'on se flattait de le remettre en état de retourner en France avec une cargaison de café.

touché dans le Gange, il a même talonné au port de l'Ile
de France jusqu'à démonter son gouvernail, mais comme
ç'a été sur de la vase, il n'en a souffert aucun préjudice.

Le *Comte d'Artois* annoncé depuis longtemps à l'Ile
de France, y est enfin arrivé le 28 mars dernier, mais
ils n'y ont pas joui longtemps de la joie que leur a donnée son apparition. Un coup de vent l'a surpris à l'entrée du port et l'a fait échouer ; une voie d'eau considérable l'a rempli jusque sur ses ponts, de sorte que tout
ce qu'il contenait a été submergé pendant plusieurs
jours, sans qu'on ait pu en rien tirer par la suite qui ne
soit considérablement avarié ou hors de service, à l'exception des effets de poids. A force de bras on est parvenu, lorsque ce vaissseau a été allégé, à le tirer de l'endroit où il était échoué pour le mettre sur les vases du
port. On se flattait au moyen d'un bon radoub' de pouvoir
le mettre en état de prendre une cargaison de café à
Bourbon, et de le renvoyer en Europe.

Ces Messieurs nous font une peinture touchante de
l'indigence où ils sont de tous les objets nécessaires
au service, tant de cette côte que de Bengale, et qui est
telle qu'ils n'ont pas une pièce de toile pour les panse-
ments de leur hôpital, ni une bouteille d'huile pour les
différents luminaires de la place, ni pour le service du
port, qu'il ne leur reste pas un grain de riz en magasin,
et de très faibles espérances d'en tirer de crû de l'île,
par la suite, quelques petites parties, et pas une pièce
de toile pour en envoyer traiter à Madagascar.

Nous désirerions bien pouvoir procurer aux îles les
secours qu'on nous demande, mais les ordres de la
Compagnie sont si absolus touchant l'emploi de ses
fonds pour ses cagaisons d'Europe et la réserve de ceux
absolument nécessaires pour nos dépenses indispensables, qu'il nous est impossible de prendre sur nous d'en
distraire la moindre partie pour tout autre objet quel-

Nº 34.

La situation dans laquelle
se trouvent les îles en
tout, à fait digne de
compassion, et il serait fort
à souhaiter que tant que
la Compagnie n'y pourra
pourvoir, il se présentât
des particuliers qui s'offris-
sent d'y porter les objets
nécéssaires pour la con-
sommation. Les ordres qui
nous sont parvenus l'année
dernière nous ont empê-
chés de donner la main à
un armement qu'on se pré-
parait à faire pour ces îles.
Sans doute vous vous abs-

Nº 34.

Aucune considération ne
nous fera nous abstenir de
notre devoir, et comme il
est de ce même devoir de
tenir la main à ce que les
comptoirs subalternes suivent exactement les ordres
de la Compagnie, qu'il n appartient tout au plus qu'à ce
Conseil supérieur résidant
essentiellement à Pondi-
chéry, jusqu'à ce qu'il
plaise au prince de le transférer ailleurs, d'apporter
des modifications à ces
mêmes ordres, sous le bon
plaisir de la Compagnie

qu'il soit. D'ailleurs la Compagnie doit être instruite depuis longtemps de la situation des iles.

Pourquoi n'y a t'elle pas pourvu, ou au moins donné des ordres dans l'Inde pour y pourvoir? Les raisons qui arrêtent la Compagnie doivent également nous rendre réservés à ne point nous engager dans des avances qu'elle peut désavouer, et dont elle peut nous rendre responsables, en quoi, Messieurs, vous vous conformerez exactement à notre conduite.

Messieurs de l'Ile de Frauce nous marquent que vous les avez instruits par le *Praslin* du payement des 3000 Rs, que vous avez fait pour le compte des armateurs de la *Sophie*, montant de la lettre de change que le sieur Anquetil a tirée sur vous. Ils ajoutent que cette somme sera vraisemblablement perdue pour la Compagnie, les armateurs de ce batiment étant sans aucune ressource et écrasés de dettes, à moins qu'elle n'obtienne de Sa Majesté le remboursement de cette somme à titre de secours donné à ses sujets ou qu'elle ne soit débitrice envers quelques uns des armateurs

tiendrez dorénavant de nous enjoindre de nous conformer exactement à votre conduite, quoique nous puissions vous répondre que nous nous ferons un vrai plaisir de nous rencontrer avec vous dans l'exécution des ordres de la Compagnie qu'elle ne croit pas elle-même devoir être tous observés avec rigueur, puisqu'elle nous laisse la liberté d'y apporter les modifications que nous croirons nécessaires après mure et solide délibération.

conditionnellement, et au risque d'en courir les dommages en nos propres et privés noms, en cas de désaveu par elle des opérations qui en seraient susceptibles, et que la Compagnie nous rend (le Conseil supérieur) reponsable du manque à l'éxécution de ses ordres par nos subalternes, occasionné par défaut de vigilance de notre part. C'est pour ces différentes raisons que nous avons intimé au Conseil de Chandernagor les défenses qui nous ont été notifiées par la Compagnie, que nous l'avertissons de se tenir en garde contre les sentiments de compassion qui pourraient le déterminer à faire courir des risques à la Compagnie contre ses propres défenses.

Nº 35.

La Compagnie représentant le roi dans ce pays est naturellement obligée de secourir tous les sujets de sa Majesté, qui sont dans le cas de ceux de la *Sophie*, et nous croyons fermement qu'elle n'aura aucune difficulté à se faire rembourser de pareilles avances que nous ne pouvons nous dispenser de faire,

Nº 35.

Nous souhaitons plus que nous ne l'espérons, que la Compagnie n'ait aucune difficulté à se faire rembourser par l'Etat. Nous n'en devons pas moins être très difficiles et retenus à faires de ces sortes d'avances.

de ce batiment, ce qui, comme vous voyez, Messieurs, doit vous rendre très circonspects à ne faire aucune avance de cette sorte, sous quelque raison que ce soit.

Nous avons aussi appris par des lettres particulières que la Compagnie avait très sévèrement blâmé et désapprouvé l'inexécution littérale de ses ordres par ses commissaires aux îles, quoique les chargements qu'ils avaient faits, n'étaient que pour un plus grand bien. Ces mêmes lettres ajoutent que deux de ces commissaires sont repassés en France.

à moins qu'il n'y ait des ordres formels et très précis qui nous le défendent.

Nº 36.

Nous doutons de la vérité de ce qui a été écrit des îles au sujet de l'inéxécution littérale des ordres de la Compagnie par les commissaires aux îles, parceque nous ne pouvons concevoir comment la Compagnie a pu être assez tôt informée pour donner aussi promptement des nouvelles de son mécontentement. Nous présumons que l'on a pensé que la Compagnie serait mécontente, il reste à savoir si cela sera. Au reste, nous ne voyons pas quelle induction vous prétendez en tirer, sans doute vous sentez la nécessité d'attendre de savoir ce que la Compagnie pensera à ce sujet.

Nº 36.

Il n'est pas difficile de concevoir que la Compagnie ait pu être informée de l'inéxécution littérale de ses ordres par ses commissaires aux îles, si elle est vraie, lorsqu'on fera réflexion au passage continuel des vaisseaus anglais en ce port qui est devenu leur relâche ordinaire. Il n'est pas plus difficile de voir l'induction à tirer des mécontentements, s'il est véritable, en relisant ses lettres par le *D'Argenson* où elle prescrit veut et entend que ses ordres soient exécutés ponctuellement, et où elle rend responsables en leurs propres et privés noms, ceux qui auront osé y contrevenir. Faut-il nommément en faire l'application à ceux

qui ont à chaque pas des restrictions à opposer, des contradictions à alléguer, des circonstances à distinguer, des suppositions à supposer appuyées d'autres suppositions, comme nous en trouvons dans tous les écrits du Conseil de Chandernagor. Il faut quelquefois se rendre justice pour prévenir les applications mortifiantes.

Outre l'argent et les marchandises d'Europe que vous porte *l'Ajax*, vous recevrez aussi pour 1582 piastres de cauris que le sieur le Brun a achetés à Anjouan, et qu'il a passés en compte sur les fonds qu'il portait. Ces cauris étant peu propres pour le commerce d'Europe, nous espérons que vous en trouverez une défaite avantageuse de vos cotés.

La Compagnie a renvoyé des cauris par ce vaisseau sans nous marquer pourquoi, nous présumons qu'ils ne se sont point trouvés marchands en France et qu'elle espère en tirer parti dans le Gange.

Nous avons accordé au sieur Canonges, ci devant écrivain de la *Concorde*, son passage sur *l'Ajax* aux conditions portées au bas de sa requête, dont ci-joint copie ; nous n'avons pas voulu le lui donner sur la *Concorde* pour accoutumer le sieur Champigny et les autres capitaines à se passer d'écrivan, le quatrième officier devant en faire les fonctions. Nous présumons que l'arrêté de ses comptes qu'il allègue pour motif de son retour à Bengale, n'est qu'un vain prétexte, ne pouvant nous persuader, Messieurs, que vous ayez pu le laisser partir sans avoir arrêté ses comptes, ce qui serait contre l'ordre et les principes d'une bonne administration.

Il est certain que la Compagnie renvoyant d'Europe des cauris, il ne peut y en avoir une défaite plus avantageuse qu'ici où vous avez très bien fait de les renvoyer; c'était sûrement l'intention de la Compagnie.

No 37.

Puisque vous ne vouliez point laisser passer le sieur Canonges sur la *Concorde* pour accoutumer le sieur Champigny et les autres capitaines à se passer d'écrivain, il n'aurait pas fallu lui faire prendre le compte du poivre qu'il aurait dû par conséquent nous rendre ici, et dont vous l'avez exempté très habilement en le faisant passer sur *l'Ajax*. Vous saisissez avidement l'occasion d'épiloguer nos actions, et vous n'apportez pas assez d'attention à vous mettre vous-mêmes à l'abri d'une juste critique.

No 37.

Le sieur Canonges peut avoir pris le compte du poivre au lieu et place du quatrième officier, et pour l'aider d'autant plus qu'il était prévenu qu'il n'était plus écrivain du dit vaisseau, et qu'il ne passerait même pas dessus, et les connaissements n'étant pas signés de lui, nous ne lui connaissons, et Messieurs de Chandernagor n'auraient dû lui reconnaitre aucun caractère de comptable; ainsi ce qu'en dit le Conseil de Chandernagor, ainsi que tout le reste de cet article, tombe de lui-même et prouve tout au plus un acharnemet décidé

à jeter du blâme, sans égard à la vérité ou non

Tous les états de fournitures faites aux vaisseaux doivent être envoyés en original, signés par le capitaine, et non pas en copies pour ampliation ; vous vous conformerez à cet ordre dorénavant.

Vous aurez pour agréable de vous faire rendre par le sieur Champigny et les autres capitaines à l'avenir les orins et bouées des caisses d'argent, ils peuvent servir dans vos magasins, et par là ménager du neuf.

M. Boyelleau s'est rendu aux sollicitations de M. Nicolas pour lui remettre et laisser embarquer la demoiselle Verlet et sa cousine qu'il avait fait arrêter jusqu'à ce qu'elle eût représenté ou que vous eussiez renvoyé leur frère et cousin, mousse du *d'Argenson*, ainsi que nous vous le marquions dans l'apostille de notre lettre du 15 juin. M. Nicolas ayant d'ailleurs promis de renvoyer ce mousse, il est de vôtre intérêt comme du nôtre, de faire respecter en tout point l'autorité, outre que ce sont les ordres formels de la Compagnie qui que ce soit ne s'embarque et ne passe d'un comptoir à l'autre sans permission du Conseil. Nous sommes chargés spécialement de veiller sur tous les nationaux et de les suivre autant qu'il est possible dans leurs transgressions, pour être en état d'en rendre compte, et encore plus de la marine.

Il n'y a point d'inconvé-
nient à envoyer les états de
fournitures par ampliation, l'original doit rester dans
le compte des fournitures ; on n'envoie que des copies
signées du capitaine. Cela se fera dorénavant, non
pas parceque vous nous en donnez l'ordre (ce que
vous ne deviez pas faire), mais parceque cela doit être.

Les bouées et orins des caisses ont toujours été remis
avec les dites caisses, puisqu'ils sont faits pour nous
faire parvenir l'argent avec sûreté. Nous vous sommes
obligés de l'économie que vous nous recommandez, il
en faudrait bien de ce genre pour dédommager la Compagnie de la perte que lui occssionnent des opérations
peu réfléchies, telles que l'envoi de la *Quêche*, la *Réforme*
aux îles, le payement de notre lettre de change en
faveur du sieur Dowson Drake, et le chargement du
poivre sur la *Concorde*.

N° 38.   N° 38.

Nous ne pouvons conce-
voir comment M. Boyelleau
avait imaginé de voir retenir à Pondichéry la demoiselle Verlet et sa cousine,
jusqu'à ce qu'elles eussent
représenté ou que nous
eussions renvoyé leur frère
et cousin, mousse du *d'Argenson*. Nous sommes per-
suadés que ce sont les
ordres formels de la Com-
pagnie que qui que ce soit
ne s'embarque et ne passe
d'un comptoir à l'autre sans
la permission du Conseil.
Donc ce Conseil peut don-
ner cette permission quand

Messieurs de Chander-
nagor sacrifient ici bien
légèrement l'hommage dû
à la vérité, au plaisir sen-
suel et délicat pour eux de
faire une sortie contre
M. Boyelleau et le Conseil
de Pondichéry. Pourquoi
supprimer quatre circons-
tances, qui aggravent la
faute du jeune mousse et
de sa sœur et de sa cousine, pour substituer des
lieux communs dont on
élude encore la conséquence et des suppositions en
admettant l'intention équi-
pollente au fait.

17

elle lui est demandée. Par qui pouvait-elle être demandée plus raisonnablement que par un enfant qui devait naturellement être censé ne s'être embarqué que pour suivre sa sœur et sa cousine, et aller trouver un oncle en état de le recevoir et de le tirer de la misère dans laquelle il se trouverait encore pour longtemps, en l'obligeant de retourner en France sur le même vaisseau qui l'a amené dans l'Inde. Ce sont de ces cas où la Compagnie s'en rapporte à la prudence de ses Conseils, pour permettre à ceux qui le demandent, de rester dans l'Inde. D'ailleurs cet enfant nous sera nécessaire ici où nous avons le plus grand besoin de sujets pour le pilotage du Gange; appartenant à l'homme qui sans contredit est le plus habile qu'il y ait, soit parmi nous, soit parmi les étrangers, nous nous flattons qu'il s'instruira et marchera sur ses traces. M. Boyelleau eut obligé essentiellement toute une famille dont le chef, par ses services et sa capacité,

(1º) Le jeune Romieu, agé de 10 à 12 ans était mousse, attaché au vaisseau de la Compagnie, et suivant ses ordres il ne peut débarquer de son vaisseau sans la permission du Conseil, et par l'ordonnance de la marine il est réputé déserteur s'il quitte son vaisseau sans congé; (2º) il s'est embarqué sur un vaisseau danois, si la Compagnie défend le passage d'un comptoir à l'autre à qui que ce soit sur les vaisseaux nationaux combien à plus forte raison, un embarquement furtif sur un vaisseau étranger est-il dangereux et contraire à la conservation des étrangers; (3º) ce mousse n'a jamais demandé ni au Conseil ni à M. Boyelleau la permission de passer à Bengale, ainsi il ne peut alléguer, ou ses défenseurs pour lui, aucun refus; (4º) enfin sa jeunesse a fait prendre à M. Boyelleau la précaution de le confier aux soins de sa sœur, et pour ainsi dire à sa caution, pour laisser à terre, en attendant les occasions de passer à Bengale. Voi-

Nous vous envoyons, Messieurs, un ballot de coton
du crû des îles, pesant 377 livres net que les marchands
d'ici estiment valoir 32 pag. c^{tes} 12 fanons la bar, ou
1 fanon la livre ; nous en avons remis pareil poids à
nos marchands pour faire fabriquer des toiles convenables à sa qualité. Faites-en, s'il vous plait, fabriquer
aussi de votre coté, et marquez-nous le prix auquel

méritait cette faveur, et il ne se fut pas mis dans le cas de déshonorer de gaieté de cœur une fille qui. quoique pauvre, aurait dû être à l'abri de l'affront qu'il lui a fait. Il aurait dû être son protecteur, et il s'est comporté en ennemi. Nous craignons que cette affaire n'ait des suites fâcheuses.

là les vraies circonstances sur lesquelles la Compagnie doit juger, et non sur un lieu commun vague et inconséquent à la chose.

Il n'est pas possible de rien ajouter au panégérique qu'il plait au Conseil de Chandernagor de faire du sieur Verlet. Nous sacrifions volontiers en cette occasion la sensibilité que nous devons ressentir en voyant que Messieurs de Chandernagor sont bien éloignés d'avoir de pareils sentiments pour nous. Il n'y en a pas un de nous qui ne fut assurément flatté d'une petite partie de ces éloges, mais tel est le sort de la fidélité au devoir, et de la fermeté à observer les ordonnances et les ordres des supérieurs, qu'elles entrainent toujours opinion publique. Un Conseil cependant devrait être exempt de ces préjugés vulgaires, surtout envers un autre Conseil, et s'il est permis à des âmes communes d'en être les esclaves, elles sont inexcusables dans des personnes destinées par état à maintenir le bon ordre.

Fait et arrêté en la Chambre du Conseil supérieur de Pondichéry le 31 Dècembre 1766. Signé : A Boyelleau, Lagrenée, Abeille, Dulaurens l'ainé, Trémisot, d'Hervilliers et Yzact.

Nous ferons usage du ballot de coton que vous annoncez, et nous nous entendrons avec M. Law pour ce qu'il conviendra de faire des pièces d'essai qui en proviendront.

elles vous reviendront, vous nous enverrez directement ces pièces d'essai.

Lorsque vous nous ferez passer, Messieurs, sur les vaisseaux de l'Inde, des officiers, officiers mariniers, matelots, etc. qui seront restés des vaisseaux d'Europe à votre comptoir, ou qui pourront vous parvenir d'ailleurs, vous ne les porterez point sur les rôles à la solde de l'Inde, ils y seront dénommés seulement par les vaisseaux d'où ils proviennent, leur qualité et la solde qu'ils gagnaient, que vous porterez en dedans pour mémoire seulement. S'il y a lieu de leur faire un décompte, vous en ferez un cahier s'ils sont plusieurs, où seront portés à leur débit les avances que vous pourriez leur faire, afin de leur faire ici leur décompte complet

Vous aurez soin, Messieurs, de nous envoyer exactement par toutes les occasions les noms et les qualités des marins qui resteront chez vous dans l'espérance de les remplacer sur les vaisseaux d'Europe, ainsi que les décomptes et extraits mortuaires de ceux qui décèderont dans votre comptoir, afin que le bureau de la marine ici en donne connaissance à celui de Lorient. Ce défaut ci-devant a jeté des familles en France et le bureau de Lorient dans les plus grands embarras.

Vous chargerez, Messieurs, un employé en qualité de commis aux classes, de former tous les rôles d'équipage, tant de l'Inde que supplément pour ceux d'Europe ; ils seront arrêtés par lui, visés et arrêtés au Conseil sur l'extrait des dits rôles. Quant à ceux des vaisseaux de l'Inde, il fera une ordonnance pour les avances à faire aux dits équipages, qu'il signera et fera ordonnancer par le directeur. Il en donnera l'acquit à la caisse, et payera ensuite lui-même homme par homme, suivant la revue qu'il en aura faite ; la méthode dont on a toujours usé ci-devant ayant été sujette à bien des abus.

Vous ne payerez, Messieurs, aucun décompte à Chandernagor aux officiers et marins, soit d'Europe ni

Nous nous conformerons à l'égard de tous ces articles aux ordres et intentions de la Compagnie.

Nous avons l'honneur d'être très parfaitement, Messieurs, etc. Signé: Law, Renault, F. Nicolas, de la Bretiche, Sainfray, Roland, Fromaget, Ferrière.

des îles. Cela peut tirer à de grandes conséquences pour les écritures de la marine, n'y ayant de bureau de marine qu'à Pondichéry.

Nous nous attendons que vous nous enverrez un cahier des décomptes ou avances faites aux marins dans votre comptoir.

Le bureau que vous allez établir pour la marine, correspondra exactement avec celui de Pondichéry.

Nous avons l'honneur d'être très parfaitement, Messieurs, etc. Signé : A Boyelleau, Lagrenée, Dulaurens, Trémisot, Abeille, Yzact.

Lettre du Conseil Supérieur de Pondichéry au Présidial de Chandernacor, en date du 12 Juillet 1766.

La présente ne traitera, Messieurs, que d'affaires concernant les successions, la tenue de vos registres de paroisse, celle de vos états de succession, etc. Ces objets entrent dans le plan général de l'administration, et forment un article que la Compagnie a très à cœur.

RÉPONSE DU PRÉSIDIAL DE CHANDERNACOR A LA LETTRE CI-CONTRE, EN DATE DU 20 AOUT 1766.

La présente est pour répondre, Messieurs, à votre lettre du 12 juillet dernier, quoique adressée à un présidial qui n'existe pas, concernant les successions, la tenue des registres et les états de successions etc. C'était à nous à vous envoyer des ordres à ce sujet, mais nous allons vous donner tous les éclaircissements dont vous avez besoin.

OBSERVATIONS DU CONSEIL SUPÉRIEUR SUR LA RÉPONSE DU PRÉSIDIAL DE CHANDERNAGOR CI-CONTRE.

Quelle témérité dans Messieurs du Conseil de Chandernagor de partager à qui que ce soit un attribut aussi précieux de la Majesté Royale. Nous supposons que M. Law ait ce droit. Par quelle délibération ou par quel autre acte a-t'il établi de Conseil pour gérer les affaires en son absence? Nous n'en connaissons aucun, c'est qu'il ne croyait sans doute pas en avoir le droit, car

il n'aurait certainement pas négligé un si beau privilège.

Les héritiers de François Ferdinand Duval, se disant
officier de marine, mort à Bengale le 29 Août dernier
sont ici et désirent avoir les comptes de sa succession.
Vous nous ferez passer le plus tôt possible copie de
l'inventaire et de la vente de ses effets, le compte
courant de cette succession, et toutes les observations
que vous croirez nécessaires pour instruire exactement
les héritiers. Il convient de spécifier dans le compte
courant la nature des paiements faits, le titre auquel
ils ont été faits, spécifier si c'est en vertu d'une sentence
de votre présidial, ou sur de simples ordonnances du
procureur du roi, vous prévenant sur ces dernières
qu'elles ne doivent avoir lieu dans toutes les successions
que pour les frais funéraires, les termes des loyers que
la coutume a privilégiés suivant les différents baux, les
gages des serviteurs, fournitures de bouche, salaires
d'ouvriers, également privilégiés par la coutume de
Paris ou par l'usage des lieux. Pour toutes autres dettes

L'édit de création du Conseil Supérieur de Pondichéry de 1701 nous dit cependant expressément que le comptoir d'Ougly (Chandernagor) sera subordonné au Conseil Supérieur de Pondichéry, et que les jugements que rendra ce comptoir seront exécutés nonobstant et sans préjudice de l'appel, et en donnant caution. C'est cependant la qualification que ce Conseil de Chandernagor a endurée patiemment dans une multitude d'arrêts rendus sur des causes d'appel. C'est enfin celle que le Conseil Supérieur a consacrée à ce comptoir par sa réponse du 9 Mars 1748 à un mémoire présenté par M. de St. Paul, alors président du siège de Chandernagor, touchant la jurisprudence du même siège, dont le premier article est aussi laconique qu'il est expressif :

Demande ; Art 1er. Notre juridiction est-elle bailliage ou présidiale ?

Réponse : Art 1er. Elle est présidiale.

Si les héritiers de François Ferdinand Duval se disant officier de marine, par votre humeur injustement critique étend ses ironies jusque sur les morts, si ces héritiers, disons-nous, sont à Pondichéry, ils doivent envoyer ici des procurations en bonne et due forme et légalisées, pour retirer les pièces de cette succession. Cette demande n'est pas comme la vôtre une suite de la morgue que vous inspire l'idée de supériorité mal fondée. Quand il y aura un Conseil

Nous n'avons garde, ainsi que le Conseil de Chandernagor, d'admettre indifféremment dans la classe des officiers de marine nombre de gens de toute espèce et de toute extraction. Il y a longtemps qu'il a été proposé de former un tableau de cette partie, mais ce projet n'a jamais été mis à exécution. Il est vrai que les gouverneurs se sont réservés cette branche pour être maîtres de favoriser quelques sujets qu'ils protègent. Nous croyons qu'il est convenable et plus avan-

et sur toutes les autres demandes, il n'en doit être alloué aucune sans une sentence du présidial, après communication faite au procureur du roi qui, représentant les héritiers absents, doit être le contradicteur, et non l'arbitre des demandes.

supérieur à Pondichéry, ce qui ne doit pas tarder, il ne fera pas certainement à celui de Chandernagor la demande indiscrète que vous lui faites. Les successions se liquident dans l'endroit où elles sont ouvertes, vis-à-vis des héritiers présents, avec eux-mêmes, et vis-à-vis des héritiers absents, avec leurs procureurs, ou par l'entremise de la caisse de la Compagnie, à laquelle on remet les deniers, et du notaire de la même Compagnie auquel se doivent envoyer toutes les pièces concernant les dites successions.

Nos officiers vous sont obligés des instructions que vous leur donnez sur les comptes courants des successions, ils croyaient quand à présent, qu'ils étaient dans le cas de n'en recevoir à ce sujet que de la Compagnie plutôt que par vous-mêmes.

tageux de former un tableau de ces officiers de marine de côte, de la Compagnie, et de mettre sous une classe à part ceux qui par leur extraction, mésalliance, etc. ne devront pas être portés sur ce tableau.

Jamais on ne retire les pièces d'une succession de l'étude d'un notaire, ou d'un greffe, elles y restent pour la justification des comptables et la sûreté des familles, au lieu que, non seulement il est d'usage, mais c'est même une marche nécessaire d'envoyer aux héritiers copie de l'inventaire, de la vente, du compte courant etc. des successions liquidées ou non liquidées. C'est celle que prescrit la Compagnie pour les successions qui se liquident aux Indes, et elle n'a jamais dit aux héritiers d'envoyer des procurations pour retirer du greffe les pièces des successions de leurs parents morts aux Indes. Elle veut même et prescrit que ces copies soient envoyées directement à elle, et les fonds remis à sa caisse pour en compter en Europe aux vrais héritiers qui ne peuvent mieux justifier leurs qualités que sur les lieux même où ils sont. Nous ne connaissons point de notaire de la Compagnie à qui on adresse les pièces de

Vous nous enverrez aussi copie de l'inventaire de la
vente des effets de la succession du nommé Vogle, mort
en 1758 ou 1759, et généralement de toutes les pièces
de cette succession, qui sont nécessaires à ses héritiers
qui sont ici.

ces successions, nous connaissons un employé chargé du bureau des affaires contentieuses, mais auquel on ne s'adresse pas plus particuliérement qu'aux autres chefs de bureau pour les leurs. Ces petites ignorances sont impardonnables à ceux qui ont souscrit cette lettre.

Les héritiers du nommé Vogle se conformeront à ce qui est marqué ci-dessus, les uns et les autres joindront des pièces authentiques pour établir leurs droits d'hérédité, le tout dûment légalisé. Toute prétention de supériorité à part, des pièces qui font un trajet de 500 lieues, doivent être légalisées, d'autant plus que dans les comptoirs de la Compagnie où il y a un Conseil, on a été souvent dans le cas de changer d'un jour à l'autre, soit de procureur du roi, soit de greffier. Le sieur de Villiers n'est pas plus obligé de connaitre le seing du greffier de Pondichéry, que ce dernier de connaitre le sien. On ne devrait jamais épiloguer sur pareilles misères,

Les procureurs du roi et les greffiers, les juges même qui légalisent, sont dans le cas partout d'ètre changés d'un jour à l'autre ; ainsi, ce ne sont point tant les signatures que le scel de la juridiction qu'on appose à leurs actes, qui fait qu'on y ajoute foi en jugement. Or le scel des actes de Chandernagor est celui même des armes de la Compagnie qu'on sait être entre les mains de tout le monde ; celui au contraire des actes de Pondichéry porte une légende avec les armes de la Compagnie, et n'est qu'entre les mains du seul notaire de Pondichéry, qui doit lui-même sceller ses actes et le tenir en lieu de sureté.

les affaires des particuliers ne souffrent de semblables débats.

Pour obvier à ces inconvénients, tout doit être égal ; et si par malheur il y

Il n'appartient qu'au Conseil de Chandernagor à qui son idée de supériorité

La dame Leverot de Lorient, sœur de feue Madame
Mouchette, épouse en secondes noces du sieur Bock,
écossais, demande un extrait mortuaire de sa sœur que
vous nous enverrez par triplicata.

Le sieur Monneron, ayant remis au greffe de cette
cour 600 pagodes qu'il devait à la succession du sieur
Belesme, le sieur Lagrenée a fait arrêt sur cette somme
à compte de plus grandes que lui doit cette même succession, et pour laquelle il a dû être fait des poursuites
à Bengale. Vous aurez attention de ne faire payer à
ses procureurs que le solde.

a un oubli, loin de rebuter un particulier chargé d'une pièce qui n'a que ce défaut, on doit lui faciliter les moyens de terminer son opération, sauf si la législation de l'acte par lui présenté parait indispensable, à en demander au greffe d'où il sort une expédition double avec cette formalité. aplanit toutes difficultés, de terminer des opérations litigieuses sur des pièces où l'on aurait oublié les formalités, sauf à demander ensuite une expédition double avec ces mêmes formalités. Il n'y a rien au reste d'étonnant dans une pareille logique, après que ce Conseil a prononcé des peines avec réserve d'informations. Au moins aurait-il donné l'exemple pratique en ne refu ant point une pièce, faute de cette formalité.

Nous n'avons pu encore nous procurer l'extrait mortuaire de Madame Mouchette qui n'est pas morte en cette colonie. mais à Calcutta. Si nous pouvons recouvrer cette pièce, nous la ferons parvenir à ceux qui la demandent, ou un acte de notorité à défaut.

Nous vous sommes obligés de l'avis de la remise faite par le sieur Monneron de 600 pagodes qu'il devait à la succession Belesme, et de l'arrêt que le sieur Lagrenée a fait sur cette somme. Cela servira toujours à notre Procureur général et à notre Greffier pour le compte de la succession vis-à-vis du sieur Lagrenée. Mais comme cette succession est ouverte ici, vous auriez dû joindre à cet avis une expédition de l'acte de remise au greffe des 600 pagodes avec une copie collationnée du compte du sieur Monneron, et une expédition de l'arrêt fait par le sieur Lagrenée. Vous aurez pour agréable de nous les envoyer par la première occasion, Nous sommes obligés à Messieurs du présidial de leur économie sur l'ouvrage, de pareilles observations sont bien minutieuses, et prouvent le défaut de bonnes.

Vous aurez soin, Messieurs, de nous faire passer tous les ans copies exactes, collationnées et bien légalisées du registre des baptèmes, mariages, sépultures et autres de l'église paroissiale de Chandernagor. Par l'article 1er et 17 de l'ordonnance de 1736, les curés sont obligés de tenir ces registres en double, l'un qui demeure entre leurs mains, et l'autre qu'ils remettent au greffe le plus prochain. Vous nous informerez en réponse si cela s'exécute ponctuellement, si non, vous tiendrez la main à l'exécution littérale des formes que cette ordonnance exige et prescrit pour ces actes, même de celles qui n'emportent point de nullité. C'est de l'original déposé au greffe dont vous nous enverrez copie, parcequ'il est d'usage ici que le registre original qui vient au greffe, ne renferme que les actes qui concernent les blancs, et non les topas et les gens à toque.

le tout peut être sur une même feuille de papier, et une
législation suffit à ce moyen pour les trois pièces.
Quand on peut épargner de l'ouvrage inutile, on fait très
bien de le faire.

Pour nous, si vous étiez réellement aussi en droit de donner des ordres que vous l'avez crû ci-devant, car sans doute vous en êtes désabusés actuellement, il parait que vous donneriez gratuitement de la besogne aux différents bureaux. Vous demandez une copie du registre des baptèmes, mariages et sépultures, sur quoi vous fondez-vous? sur l'article 17 de l'ordonnance de 1736. Relisez l'article et vous y verrez que quand le Conseil supérieur sera à Pondichéry, il n'aura pas droit de faire une pareille demande aux Conseils dûment ressortissant à lui.

Que le présidial de Chandernagor relise lui-même notre lettre, il verra que ce n'est pas en vertu de l'art. 17 de l'ordonnance de 1736, que nous leur demandons copie des registres des baptèmes, mais qu'après leur avoir ordonné de tenir la main à son exécution vis-à-vis de qui il appartiendra, pour le bien des affaires, et de notre propre mouvement, nous leur prescrivons de nous envoyer une copie de ces régistres, tirée d'après celui qui devra être déposé au greffe, parceque c'était l'usage ancien, et parcequ'il est nécessaire d'avoir cette copie afin de répondre aux

demandes que l'on fait tous
les jours au Conseil supérieur au sujet des différents
particuliers. Nous souhaitons que la Compagnie appuie
ce règlement, puisqu'elle veut que tout ressorte à son
Conseil supérieur ; le dépôt général des archives doit
donc se faire auprès du Conseil supérieur, les comptoirs
subalternes doivent envoyer tous leurs livres, correspondances etc. touchant l'administration. Pourquoi ne
seraient-ils pas astreints pour les affaires de justice et
de police? La copie que nous demandons pour ce

Vous nous ferez passer tous les ans vos états de successions qu'il convient de ne liquider qu'au bout de l'année au moins, afin de laisser le temps à ceux qui ont quelque intérêt à liquider, de prendre leurs arrangements et les précautions nécessaires; vous y joindrez à ces états toutes les observations qui seront nécessaires pour leur intelligence.

Vous vous conformerez, Messieurs, à l'article 19 du titre 6 de l'ordonnance criminelle de 1670, en nous envoyant annuellement l'extrait de votre registre criminel.

Vous nous accuserez réception de la présente à laquelle vous répondrez par une lettre particulière timbrée Présidial de Chandernagor. Vous enregistrerez toutes les lettres traitant d'affaires de justice dans un régistre

comptoir, n'empêche point l'envoi de deux expéditions à la Compagnie, et non pas à Lorient, nouvelle erreur.

Les états de successions qui ne peuvent se liquider dans l'Inde, doivent, comme nous vous l'avons marqué ci-dessus, s'envoyer au notaire de la Compagnie.

Messieurs du Conseil dé Chandernagor ont voulu dire apparemment que toutes les successions ne doivent pas se solder dans l'Inde, car certainement toutes celles qui y sont arrêtées doivent s'y liquider ; quant à celles dont les ayants-cause sont en Europe, on en envoie le solde par l'entremise de la caisse de la Compagnie. Mais la Compagnie ordonne expressément qu'on les envoie liquidées, et entend même qu'on n'en envoie aucune qu'elle ne le soit absolument. C'est la première fois qu'on ait jamais parlé de notaire de la Compagnie auquel on envoyât toutes celles qui ne peuvent se liquiter. Nous pardonnerions ce défaut du sieur Villiers encore novice dans le service, si nous pouvions imaginer seulement qu'il eut donné le ton dans cette lettre. Messieurs de Chandernagor nous pardonneront cette représaille plus justement méritée que l'apostrophe personnelle qu'ils font dans l'article suivant contre nos officiers de justice.

Nous n'avons rien à vous répondre sur les régistres des matières criminelles, et si nous sommes entrés dans un détail si exact au sujet des autres articles de votre lettre, c'est pour que vos officiers de justice s'accoutument à s'occuper de l'essentiel de leur méti-

Messieurs du présidial de Chandernagor ont raison d'avouer qu'ils n'ont rien à répondre sur la demande que nous leur faisons des régistres criminels, etc. Ils auraient dû ajouter seulement qu'ils obéiront, et ne pas faire une sortie aussi déplacée

qui sera tenu au greffe sous les yeux du procureur du roi, et qui ne servira uniquement qu'à cette correspondance.

Nous sommes, etc. Signé : A Boyelleau, Lagrenée, Trémisot, Dulaurens, Abeille, d'Hervilliers et Yzact.

er, et ne s'amusent pas à épiloguer sur des ordonnances et usages dont ils ne paraissent pas assez au fait ; au surplus, les nôtres savent fort bien que les lettres concernant la justice doivent être transcrites sur un régistre tenu au greffe, et que toutes les opérations de cette nature sont du ressort de l'inspection des gens du roi.

Nous sommes, etc. Signé: Law, Renault, F. Nicolas, de la Bretêche, Sainfray, Roland, Chevalier et Ferrière.

sur les officiers de justice du Conseil Supérieur auxquels nous rendons un tout autre témoignage. Quant à la tenue des régistres particuliers concernant les affaires de justice, nous sommes bien aises d'assurer la Compagnie que c'est un nouveau règlement que nous avons établi, parceque jusqu'à présent toutes ces affaires étaient confondues dans les lettres d'administration, et nous croyons que la Compagnie ne peut qu'approuver ce réglement dans le nouveau code qu'elle se propose de former.

Fait et arrrêté en la Chambre du Conseil supérieur à Pondichéry, Signé: Boyelleau, Lagrenée, Dulaurens, Trémisot, Abeille, d'Hervilliers, Yzact.

Copie de la lettre de Messieurs du présidial de Chandernagor, du 21 Août 1766, et de l'arrêt du dit présidial y mentionné.

Messieurs du Conseil établi à Pondichéry pour gérer les affaires en l'absence de M. Law.

A Chandernagor, ce 21 Août 1766. Conseil de Justice.

Nous laissons à la Compagnie de décider de quel coté se trouvent les sophismes et les faux arguments, l'usurpation de la supériorité, la témérité et l'imprudence.

La présente, Messieurs, est pour répondre à votre lettre du 3 juillet adressée à un présidial qui n'exisie point, et accompagnée d'un arrêt du Conseil supérieur de Pondichéry que vous devez vous-même regarder à présent comme un ètre de raison dans l'endroit où vous l'avez imaginé, et de l'édit de création du Conseil de Pondichéry qui ne milite qu'en faveur de ceux qui représentent ce Conseil créé en février 1701 ; or ce n'était pas vous. Vous auriez été plus heureux de ne connaitre cet édit que par ouï-dire, vous n'en eussiez pas tiré les arguments sophistiqués et faux qui paraissent les motifs de votre arrèt.

Nous nous donnerons bien de garde de profaner les sceaux du prince en les appliquant à un écrit aussi peu digne de sa sagesse et

Vous recevez ci-joint l'arrêt du Conseil supérieur du 7 du présent mois, que l'abus des sceaux et une usurpation de supériorité

contraire au bien des affaires et aux vrais intérêts de la Compagnie, encore moins de biffer un écrit qui sera la preuve ineffaçable à jamais de notre fidélité aux ordonnances. Pour confondre la conduite violente et les expressions indécentes de cette lettre, nous prierons la Compagnie de faire attention à la nôtre ci-jointe du 31 décembre, où nous lui demandons de décider et son agrément pour poursuivre la peine contre la témérité du Conseil de Chandernagor; c'est par de pareils actes de modération que la cause juste se soutient.

Que dirons-nous du seing de M. Nicolas qui signe sa propre condamnation? C'est une satisfaction bien rigoureuse exigée de la timidité de sa conscience.

de votre part nous ont contraints de lancer contre l'arrêt attentatoir que vous avez eu la témérité de rendre et l'imprudence de nous envoyer. Nous vous enjoingnons de par le roi de lacérer vous-mêmes cette audience, production d'un aveuglement que nous souhaitons et espérons avoir entièrement dissipé, et de la biffer de vos régistres, conformément à notre arrêt que vous ferez sceller du sceau des armes du roi que vous avez en dépôt, et dont vous ne devez point vous servir sans nos ordres. Nous nous félicitins de n'avoir depuis 13 mois inscrit aucun arrêt sur le registre criminel, jugez combien nous sommes mortifiés que le premier jugement en cette matière ouvre ce registre par la preuve indélébile de la prévarication de tout un Consil.

Que votre procureur du roi ne manque point par la première occasion de nous certifier l'entière exécution de notre arrêt.

Nous sommes, etc. Signé : Law, Renault, F. Nicolas, de la Brétèche, Sainfray, Roland, Chevalier, Ferrière.

20

Arrêt du Conseil supérieur a Chandernagor
du jeudi 7 Août 1766.

Louis par la grâce de Dieu, Roi de France et de Navarre,
A tous qui ces présentes verront. Salut. Savoir faisons que ce jour le Conseil assemblé M. Mathieu Pierre Fournier, procureur général du roi, est entré et a dit: sans nous arrêter, Messieurs, à une foule de réflexions qui ne se présentent que trop naturellement sur les motifs de la conduite du Conseil que

A) M. Mathieu Fournier n'a pas osé dire établi, nous rendrions justice à sa réserve, si la suite de son réquisitoire ne la démentait d'une manière qui fait aussi peu d'honneur à son auteur qu'à ceux qui l'ont adopté. Dans quel endroit, dans quels régistres ou livres a-t'il vu qu'il ait été question d'un Conseil laissé ou créé par M. Law?

B) C'est précisément un des moyens les plus favorables à la cause du Conseil de Pondichéry, c'est d'où nous avons conclu la nécessité de la supériorité attachée au Conseil établi dans le chef-lieu, et par conséquent à Pondichéry, depuis que la Compagnie a continué de faire de cette ville le chef-lieu de ses établissements pour des raisons également décidant sa situation vis-à-vis

A) M. Law a laissé à Pondichéry, nous nous contenterons d'examiner les raisons que ce Conseil lui-même en donne, et pour procéder le plus méthodiquement qu'il nous sera possible, nous allons commencer par vous faire lecture des pouvoirs de M. Law détaillés dans les provisions que le roi lui a données. Le premier est d'avril 1764, sur la nomination de la Compagnie de la veille : à ces causes nous avons « Commis, ordonné et éta- « bli, commettons, ordon- « nons et établissons le « sieur Jean Law de Lauris- « ton Gouverneur **B**) *du* « *chef-lieu à établir sur la* « *côte Coromandel*, et com- « mandant général tant des « comptoirs . situés sur la « presqu'île de l'Inde que « dans le Bengale, *président* « *de tous les Conseils qui* « *pourront y être établis,*

des ennemis, sa situation maritime, sa célébrité en Europe. Qui de nous d'ailleurs a refusé de reconnaitre toutes les dignités et les pouvoirs de M. Law? Mais nous ne pouvons, ni ne devons par honneur et conscience reconnaitre sa prééminence sur les Conseils, moins encore sur le Conseil supérieur. Nous ne pouvons attacher la supériorité du Conseil à la présence du Commandant Général, c'est l'édit du roi, ce sont les ordres de la Compagnie qui nous le défendent.

C) Ce ne sera sùrement pas en les recevant appelant de l'autorité des Conseils, des ordres de la Compagnie, en les soustrayant à la peine due à leur insubordination et à leurs actions et discours séditieux.

« pour en cette qualité, commander tant aux habitants, commis et employés, qu'à tous français et étrangers qui s'y établiront, de quelque qualité et condition qu'ils puissent ètre, ensemble aux officiers, soldats et gens de guerre formant les garnisons des établissements, leur faire prèter le serment de fidélité qu'ils lui doivent, faire vivre les habitants en union et concorde les uns avec les autres.

« C) Contenir les gens de guerre en bon ordre et police suivant nos règlements, rétablir le commerce et le traffic dans les comptoirs de la Compagnie aux Indes Orientales; et *en notre nom, rendre en la dite qualité de président du Conseil supérieur, la justice tant civile que criminelle, conformément à l'édit d'établissement du Conseil de Pondichéry du mois de février 1701*, et généralement « faire ce qu'il jugera à propos pour le rétablissement des « comptoirs, du commerce, et pour la gloire de notre « nom; mandons à tous nos sujets, de quelque qualité et « condition qu'ils soient, commandants, officiers, soldats, « habitants, commis de la dite Compagnie et autres « employés, de reconnaitre le dit sieur Law de Lauriston

« en qualité de gouverneur du chef-lieu à rétablir, et
« de Commandant Général tant des comptoirs situés sur
« la presqu'île de l'Inde que dans le Bengale, président
« de tous les Conseils qui pourront y être établis, et y
« obéir sans y contrevenir en quelque sorte et manière
« que ce soit, à peine de désobéissance ».

Nous ne nous étendrons point sur la preuve de la
supériorité du Conseil avec lequel se trouva M. Law,
elle est trop claire par cette nomination que le roi fait
de lui. Cette commission royale de président de tous
les Conseils établis tant dans la presqu'île de l'Inde que
dans le Bengale, qui dit président de tous les Conseils,
ne laisse pas imaginer que le Conseil où présidera
M. Law, tant que sa commission aura lieu, puisse
reconnaitre dans l'Inde un tribunal supérieur. Quand
il serait possible que cette vérité ne parut pas démontrée d'abord par cet énoncé des provisions, le détail des
pouvoirs ne laisse aucun nuage, *et en notre nom rendre
en la dite qualité de président du Conseil supérieur la
justice tant civile que criminelle, conformément à l'édit
d'établissement du Conseil de Pondichéry du mois de
février 1701,* voilà qui est de la dernière évidence.
M. Law est président de tous les Conseils dans la presqu'île de l'Inde et dans le Bengale, il rend la justice
tant civile que criminelle comme président du Conseil
supérieur, il n'est pas dit de Pondichéry, tant il semble
que l'on ait pris dans cet acte émané de sa Majesté, de
précautions pour prémunir les esprits faibles contre les
faux arguments ; et cette justice que M. Law rend au
nom du souverain, et avec son autorité, qui n'est pas
assujettie à un lieu, mais qui l'accompagne partout où
il juge à propos, étant le maitre de ses opérations, il
doit la rendre conformément à l'édit de création du
Conseil de Pondichéry, c'est-à-dire qu'il doit suivre et
faire observer la forme de procéder, prescrite par cet
édit.

D) M. Mathieu Fournier
malgré l'étendue de lumières qu'il se prète, et les
interprétations favorables
qu'il s'imagine avoir saisies,
aurait dù admettre au procureur général au moins
de la bonne foi, et assez
de bon sens pour avoir lu
une pièce qu'il a sous la
main, et de laquelle mème
il a tiré les conséquences
qui paraissent si étrangers
au nouvel oracle du par-
quet de Chandernagor.
M. Yzact n'a agi que par
respect pour l'autorité du
roi, en soutenant les droits
et privilèges de la cour
supérieure établie à Pondichéry contre les prétentions
d'une autre cour soi-disant
supérieure et ambulatoire
à la suite du commandant
général, dont il n'a vu aucun édit, aucun titre d'établissement, pas mème un
simple arrèté sur aucun
régistre qui parlàt de son
émigration.

E) M. Yzact n'a eu recours ni à des interprétations absurdes, ni à des
leurres pour bercer le Conseil, et M. Mathieu Fournier, avant que de donner

D) Si M. Yzact se fut fait
représenter ces provisions
enregistrées au secrétariat,
pour peu qu'il respecte l'autorité du souverain dont il
a l'honneur d'ètre un des
défenseurs, il se fut épargné la honte d'adopter le
réquisitoire sur lequel a été
rendu le jugement attentatoire à cette autorité, contre lequel nous élevons aujourd'hui la voix. En effet,
s'il a eu connaissance de
la nomination de M. Law
par le roi, où a-t'il vu que
les pouvoirs de M. Law
fussent bornés par les temps
et les lieux?

E) Nous savons, Messieurs,
qu'une des causes princi-
pales des idées chimériques
dont on a bercé le Conseil
de Pondichéry, est une interprétation absurde d'une
lettre de la nouvelle administration du 4 Octobre
1764, en conséquence de
laquelle le Conseil d'administration à Pondichéry é-
crit à celui à Chandernagor,
« la Compagnie prouve clai-
« rement qu'il fallait à M.
« Law de nouveaux ordres
« et pouvoirs de sa part,
« puisqu'elle nous dit for-

des préceptes qu'il n'entend et ne connaît pas lui-même, aurait dû avant tout étudier la façon dont il convient de parler au nom du prince. Les termes indécents, déshonorants font plus de honte à leurs auteurs et à la plume qui les emploie, qu'ils ne portent coup sur la réputation de ceux qu'ils attaquent. On passe au parquet de Chandernagor de n'avoir pas avec la supériorité instantanée acquis, ce transcendant de lumières qui caractérise ordinairement les gens du roi, mais la politesse est de tous les lieux et de tous les états, et c'est ce que le soi-disant procureur général du roi du Conseil de Chandernagor a entièrement oublié dans tout son réquisitoire dont il serait ennuyeux de relever les indécences et les faux arguments.

F) M. Mathieu Fournier en faisant une supposition entre dans le gout de son siège ; mais il fallait éviter une absurdité grossière qui est de supposer quelqu'un assez insinuant, assez im-

« mellement dans sa pre-« mière lettre de n'exécuter « aucuns ordres de qui que « ce soit, qui ne seront « point d'elle ». Or, cette première lettre dont ces Messieurs parlent, a été apportée par *la Gracieuse* pendant le séjour de M. Law à Karikal, elle était adressée à M. Law directement, il y est dit seulement qu'elle lui sera commune avec le Conseil.

F) Que conclure, sinon la mauvaise foi de celui qui a présenté cette lettre au Conseil à Pondichéry ? S'il en avait montré la date de réception ou sa souscription, peut-on penser sérieusement que ces Messieurs en eussent tiré l'induction qui n'a pu leur paraitre juste que dans la persuasion où on les a criminellement laissés que cette lettre était adressée au Conseil de Pondichéry seul, et après le départ de M. Law ? Et dans ce cas même, la conséquence qu'on en a tirée ne blesserait-elle pas les règles de la saine logique ? Toutes les autres léttres de la Compagnie, dont M. Law vous

posant, assez persuasif, pour faire lire à tout un Conseil une lettre, sans lui permettre d'en lire la date et la souscription, et tout un Conseil assez aveugle et assez ignorant pour se prêter à un stratagème aussi grossier ; mais M. Mathieu Fournier n'a pas senti sans doute qu'en citant les lettres par la *Gracieuse* à M. Law, c'était en citer la date, l'arrivée et la souscription.

G) Tout cet article est distinctement attentatoire à l'autorité de la Compagnie, et nous ne doutons pas qu'elle n'y fasse la plus sérieuse attention. M. Yzact ne s'est élevé contre la conduite du Conseil de de Chandernagor que pour ne point prévariquer à son devoir ; il a vu les officiers de justice de ce présidial s'arroger des qualifications qui supposaient leur siège supérieur ; de ce moment il a dû pour l'intérêt public prévenir le désordre qu'une pareille innovation allait naturellement jeter dans les affaires des particuliers. Pour l'intérêt du roi il a

a remis. Messieurs, sous les yeux les originaux, ainsi qu'à nous, ne sont que des approbations de ses opérations et des confirmations surabondantes de ses pouvoir. **G**) Mais supposez que l'assemblée d'administration eut été fondée à tirer quelques inductions en faveur de la prétendue supériorité actuelle de Pondichéry, ce qui paraîtra toujours ridicule à quiconque aura connaissance de toutes les pièces qui nous ont été communiquées, M. Yzact pouvait-il, sans prévariquer, appuyer cette opinion ? de qui surtout a-t'il l'honneur de plaider la cause ? du roi. Sa Majesté donne des provisions à M. Law et un homme du roi se laisse persuader que ces provisions qui ne sont point limitées, cessent à la volonté d'un Conseil qui n'a d'autre fondement de ses prétentions que l'envie de les faire réussir. Est-il donc possible qu'il ignore que des pouvoirs donnés par un acte émané de sa Majesté, ne peuvent être révoqués ou annulés que par

dû s'opposer à un être de raison substitué à la vraie Cour établie par le prince, requérir contre un attentat aussi nouveau que d'établir des Conseils et contre l'insubordination d'un Conseil qui, sans édit, sans sceaux, sans ses officiers, sans même un arrêté provisoire, à leur démarche, a fondé sa supériorité sur la présence accidentelle du Commandant Général contre la teneur du propre édit qui le subordonne au Conseil supérieur siégeant à Pondichéry. Pour l'intérêt de la Compagnie il a dû demander que l'on exécutât les ordres de la Compagnie qui étaient adressés à son Conseil Supérieur à Pondichéry, avec injonction de les notifier aux comptoirs subordonnés qu'elle distingue même nommément. M. Yzact convaincu plus que son substitut que les ordres de sa Majesté ne peuvent être révoqués que par un acte d'elle-même, n'a pu tranquillement, et sans prévariquer, voir un être de raison s'élever contre l'édit de création de un acte de même nature? S'il avait trouvé dans les lettres de la Compagnie quelque chose qui lui eut semblé altérer ces pouvoirs loin d'en exciper pour conclure contre son souverain de qui provient immédiatement l'autorité de M. Law, il eut dû déférer ces lettres au Conseil de justice, il eut dû, si le tribunal de Pondichéry n'eut pas fait droit sur son réquisitoire, vous adresser sa réclamation par la voie de l'appel, et si quelque considération avait pu vous empêcher d'y avoir tout l'égard qu'il aurait crû qu'elle méritait, eut dû en informer le Chancelier de France, et faire par l'organe respectable de ce chef de la justice, parvenir aux pieds du trône les témoignages de fermeté et de l'activité de son zèle pour le maintien d'une autorité à la conservation de laquelle il a l'honneur d'être spécialement commis. M. Yzact a fait le contraire, la première pièce de quelque importance que produise son ministère, est un attentat contre notre maître,

1701, et loin de conclure contre son souverain, il en a défendu la cause offensée et outragée par un siège qui a méconnu cet édit.

La Compagnie admirera sans doute cette facilité de M. Mathieu Fournier à appeler des lettres de la Compagnie au Conseil de justice. Nous avons peine à croire qu'elle autorisât une pareille conduite dans un procureur du roi, un de ses employés, mais comme nous l'avons déjà dit et répété, il n'est pas d'écart où ne précipite l'abandon des vrais principes.

H) M. Mathieu Fournir élude la question véritable pour y substituer un lieu commun. M. Sainfray de Villiers n'a point été mandé pour avoir écrit ou rédigé une pièce ou un jugement rendu par son siège ; on lui prouverait encore par l'exemple des juges de Nantes que le greffier, tout machine qu'il est, peut être puni pour ne pas se refuser même à être un instrument, mais pour avoir pris des qualités qui lui sont étrangères, et qu'il ne pou-

contre le roi. Il est donc personnellement répréhensible, étant personnellement coupable. Il n'en est pas de même de M. Mollet de Maisonpré, le greffier en chef du Conseil à Pondichéry, c'est en cette qualité un officier absolument dépendant, il doit écrire les arrêts du Conseil, rien ne peut l'en dispenser, les procureurs généraux et autres gens du roi sont responsables de leurs conclusions, les juges au moins aussi responsables de leurs arrêts. **H)** Le greffier est une machine qu'ils font jouer par un mouvement nécessaire, la faute des juges ne peut lui être imputée ; il faut pour qu'il soit blâmable qu'il ait commis le crime de faux, et inséré dans un arrêt ce que les juges n'ont point prononcé, et c'est du reste une puérilité impardonnable à un grave magistrat de prendre à parti un officier subalterne, parcequ'il se sera qualifié greffier en chef du Conseil supérieur. Or, Messieurs, c'est sur cette admirable chicane qu'est fon-

vait s'arroger sans prévariquer, et induire en erreur
dans les affaires, en renversant l'ordre judiciaire et
en confondant les divers
degrés de jurisdiction. M.
Mathieu Fournier en par-
lant si longtemps en faveur
du greffier de son siège, a
bientôt oublié le plus important de son ministère;
il n'aurait pas dû au moins
perdre le fruit d'un si beau
zèle par des expressions
aussi injurieuses et aussi
ridicules, et des raisonnements aussi puérils que
ceux qui remplissent son
essai dans le barreau.

dé ce fameux jugement,
car M. Yzact ignorait encore que dans les actes du
pur notariat, tels que sont
ceux dont il est question
dans son réquisitoire, la
qualité de greffier ne fait
rien, c'est celle du notaire
qui dit tout. C'est en cette
dernière qualité que l'on
reçoit les actes volontaires,
comme les procurations, et
quand M. de Villiers eut
fait une faute en se qualifiant greffier du Conseil
supérieur de Chanderna-
gor, c'est à nous, Messieurs,
qu'on devait en demander
compte, et par les raisons
ci-devant déduites, on ne

pouvait le prendre à parti. C'est par ignorance de ces
simples et premiers principes qu'on a laissé asseoir les
fondements d'un arrêt de la dernière importance sur le
procès fait mal à propos à notre greffier, de s'être qualifié greffier en chef du Conseil supérieur dans les actes
où cette qualité est absolument de surérogation. Nous
sommes personnellement cités pour une raison aussi
puérile et qui ne mériterait pas plus d'attention, quand
vous ne seriez pas par les circonstances Conseil supérieur et indépendants, il est inutile de la discuter puisque la supériorité ne peut nous être constatée. Les
preuves que nous en avons données nous dispensent
encore de répondre à l'argument de M. Yzact sur le
sceau des armes de sa Majesté, qui n'est actuellement
qu'en dépôt entre les mains de Messieurs du Conseil de
Pondichéry. Nous supprimons aussi pour abréger, tou-

tes les observations que nous pourrions faire sur l'ajournement d'un de vos membres, pour rendre raison de votre conduite ; tout cela part de la même source.

I) M. Mathieu Fournier aurait bien de la peine à prouver qu'il y ait eu le moindre doute dans les sentiments du Conseil supérieur sur les droits de M. Law. Que veut-il donc dire par cette diversité de sentiments qu'il suppose gratuitement et si faussement sur des droits établis par écrit, dont les bornes sont prescrites par leur établissement même et les objets sur lesquels ils frappent? Des apostrophes personnelles sont criminelles dans la bouche du ministère public qui doit être plus réservé et plus circonspect que personne.

I) Nous n'avons garde de penser que tous les Conseillers de Pondichéry indistinctement aient été capables de méconnaitre au même degré les droits de M. Law, et ceux que nous donne l'avantage de l'avoir pour président. Nous voudrions faire tomber en entier l'odieux de la conduite criminelle du Conseil de Pondichéry sur ceux qui en peuvent être les seuls instigateurs, mais notre ministère qui n'agit qu'en conséquence des preuves existantes, nous oblige d'envelopper tous les membres de ce Conseil qui ont signé la pièce monstrueuse au sujet de laquelle vous êtes

assemblés, dans l'invocation que nous faisons aujourd'hui de la vindicte publique contre ce séditieux arrêt et les juges qui ont eu l'audace ou le malheur de le prononcer.

L) Ne paraitra-t-il pas admirable, après une harangue aussi pathétique, après une énumération d'attentats, de rebellions, de désobéissances, de manque de respect au roi, à la Compagnie, que le procureur

L) C'est à votre prudence, Messieurs, à donner à la rigueur de nos conclusions tel tempérament que vous jugerez à propos. Dans ces circonstances, nous réquérons au nom du roi la cassation de l'arrêt

du roi, le défenseur des droits de sa Majesté, finisse par inviter Messieurs du siège de Chandernagor à donner du tempérament à ses conclusions ? Les droits de Sa Majesté et ses intérêts seraient bien mal assurés, s'ils n'avaient d'autres défenseurs et d'autres avocats que la plume et l'éloquence de M. Mathieu Fournier.

Fait et arrêté en la Chambre du Conseil supérieur, le 31 Décembre 1766. Signé : A. Boyelleau, Lagrenée, Dulaurens l'ainé, Trémisot, Abeille, Yzact et d'Hervilliers.

du Conseil soi-disant supérieur de Pondichéry du 14 juin dernier comme tortionnaire et attentatoire à l'autorité du roi dont M. Law est revêtu par ses provisions illimitées. Que M. Boyelleau, président du dit Conseil, et M. Yzact, procureur du roi, soient interdits et sommés de venir rendre compte à la barre de la cour de leur conduite, que M. Lagrenée soit nommé président du dit Conseil, et qu'il lui soit enjoint, ainsi qu'aux autres membres du Conseil, et au procureur du roi qu'ils choisiront, et à qui ils feront prêter serment en la manière accoutumée, de faire lacérer et brûler le dit arrêt par l'exécuteur de la justice, et d'être plus circonspects à l'avenir, et que copie du présent arrêt soit envoyée au dit Conseil à Pondichéry pour y être lue, publiée et enregistrée sans délai.

Le dit procureur général du roi retiré, et la matière mise en délibération, vu l'édit de création du Conseil de Pondichéry du mois de février 1701, les provisions du Roi pour M. Law de Lauriston du 1er Avril 1764, et l'arrêt du Conseil soi-disant supérieur de Pondichéry du 14 juin dernier, toutes les dites pièces étant sur le bureau, tout vu et considéré, la Cour a cassé et annulé, casse et annule l'arrêt rendu par le dit Conseil soi-disant supérieur de Pondichéry du 14 juin dernier, comme tortionnaire et attentatoire à l'autorité de notre Seigneur Roi, dont M. Law est revêtu par ses provisions illimitées, et à la supériorité du Conseil à Chandernagor à qui elle est dévolue de plein droit, étant présidé par le président de tous les Conseils de l'Inde : Veut et entend que le dit arrêt soit et demeure nul comme non avenu : Ordonne au président du Conseil à Pondichéry, et aux Conseillers du dit Conseil, de biffer le dit arrêt de leurs régistres, d'en lacérer eux-mêmes une expédition dont ils garderont les morceaux pour les représenter en temps et lieu, et d'en dresser acte en bonne et due forme, leur enjoint de garder le sceau des armes de notre Seigneur Roi, qui leur est confié, sans en abuser pour sceller leurs jugements qui ne doivent pas l'être ainsi, de ne s'en servir qui suivant les ordres du Conseil supérieur, et d'être plus circonspects à l'avenir, le tout à peine de désobéissance, et que sera le présent arrêt lu l'audience tenant, et enregistré sur le régistre des sentences criminelles du Conseil à Pondichéry, à la réquète du procureur du roi au dit Conseil qui en certifiera la Cour le plus promptement possible, si donnons en mandément aux gens tenant le siège à Pondichéry qu'ils aient à sceller le présent arrêt du grand sceau des armes du dit Seigneur Roi, dont le dépôt leur est confié, et à procéder incessamment et sans délai à l'enregistrement d'y celui et à son entière exécution.

Fait et donné en la Chambre du Conseil supérieur à Chandernagor les dits jour et an, et plus bas est écrit, collationné, signé : Sainfray de Villiers, et vu signé : Law de Lauriston.

Observations du Conseil Supérieur de Pondichéry sur les lettres et pièces ci-contre.

Nous avons envoyé toutes ces pièces à la Compagnie avec nos réflexions, et démontré combien nous aurions été coupables d'y obéir.

Copie des lettres et écrits de Messieurs du Conseil de Chandernagor au Conseil Supérieur a Pondichéry, et a M. M. Denis et Lagrenée.

Nota : que l'on ne suive pas l'ordre des dates, mais celui des faits.

A Chandernagor, le 22 Août 1766.

Messieurs du Conseil établi par M. Law à Pondichéry pour y gérer les affaires en son absence.

La présente, Messieurs, est pour accompagner toutes nos expéditions que nous vous envoyons par la présente occasion, savoir : le duplicata de notre lettre du 1er du courant, celui de l'écrit par lequel M. Nicolas reconnait l'erreur dans laquelle il a été lorsqu'il a signé toutes les lettres et autres papiers que vous avez envoyés par la *Concorde* et l'*Ajax*, le duplicata de l'ordre de par le Roi et la Compagnie, de ne faire embarquer quoi que ce soit par la force pour l'Europe d'ici à ce que M. Law soit de retour à Pondichéry, et nos réponses en apostille à vos lettres des 15 juin et 12 juillet dernier.

Lorsque le Conseil de Chandernagor répond au sujet des défenses de la Compagnie d'emprunter, qu'il ne croit pas qu'elle trouve mauvais qu'on ait passé outre à ses ordres lorsqu'on lui démontrera son intérêt par une délibération motivée, n'est-ce pas

Nous ne concevons nullement la façon dont vous saisissez le sens de tous les écrits dont vous prétendez faire usage pour établir les paradoxes étranges que vous avancez. Personne ne peut interpréter mieux que nous nos propres écrits, et vous avez

là une exception ? Lorsque la Compagnie veut et ordonne que le Commandant général soit subordonné au Conseil pour toutes les affaires de l'administration, et que le Conseil de Chandernagor souscrit une lettre où il se regarde comme subordonné au commandant général, n'est-ce pas une désobeissance ? et tant d'autres que la Compagnie apercevra à la lecture de ces pièces. Nous n'avons surement pas besoin d'aucune interprétation sur des textes et des faits aussi clairs, moins encore nous, en rapporterons-nous à elle du Conseil de Chandernagor.

découvert dans notre lettre du 29 avril dernier, que nous avons trouvé des exceptions à la subordination que nous avons nous-mêmes, et à laquelle nulle exception ne peut nous soustraire. Il faut avouer qu'avec une pareille logique, il n'est aucune proposition, quelque déraisonnable qu'elle soit, qui ne puisse se soutenir.

Il est singulier que l'erreur prétendue que nous reprochent Messieurs de Chandernagor nous soit commune avec tant de personnes qui ont reconnu cette supériorité à Pondichéry, contre laquelle M. Nicolas ne réclame qu'après l'avoir exercée pendant plus d'un an, et que le Conseil de Chandernagor n'a même pensé à s'attribuer que plus d'un an après qu'il l'avait reconnue à Pondichéry, en laissant le greffier en chef, le secrétaire, les sceaux, les régistres du

Vous serez sans doute revenus de votre erreur, etc, si vous avez pris la peine de faire la moindre attention à tout ce qui est contenu dans notre lettre du premier de ce mois. Vous avez beau chercher des faux-fuyants, il faut enfin se rendre à la raison. La vérité se présente quelquefois, il est vrai sous un aspect désagréable, malgré cela on est forcé de la reconnaitre. C'est le cas où vous vous trouvez malheuresement pour vous être livrés à des idées que

Conseil Supérieur à Pondichéry]

La vérité n'a rien de désagéable pour les amateurs du vrai, comme nous nous flattons de l'être. Il y a cette différence remarquable entre elle et l'erreur, que la première ne varie ni dans ses principes, ni dans ses conséquences, l'erreur, au contraire, également inconstante dans ses principes ou plutôt dans ses sophismes et dans les conséquences, varie suivant les circonstances, les temps, les lieux, les intérêts particuliers. Qu'on mette en paralléle notre conduite avec les vicissitudes et changements continuels de qualification que le Conseil de Chandernagor donne au vrai Conseil Supérieur de Pondichéry, sans qu'il en paraisse même une délibération pour tâcher d'en dénaturer l'essence, et d'en faire un être de raison convenable à leur système, il sera facile de juger de quel coté est l'erreur.

Et rapprochant l'article entier de la lettre de Chandernagor, et notre réponse en apostille à cet article de Messieurs du Conseil de Chandernagor, on tirera des conséquences tout-à-fait différentes que celles que ce Conseil nous prête. Il s'agit de la part de Messieurs de Chandernagor d'établir la supériorité dans la personne du Commandant général par les lettres de la Compagnie qui enjoi-

la moindre réflexion devait vous faire abandonner. En effet, plus nous méditons sur les raisons que vous pouvez avoir, moins nous comprenons comment vous ayez pu tomber dans l'erreur grossière de vous croire le Conseil Supérieur.

Car enfin laissant à part toutes les preuves contre vous que nous avons tirées tant des instructions que des lettres de la Compagnie, votre seule lettre en apostille du premier juillet suffit pour vous condamner. Relisez cet article où vous dites : *il fallait à M Law, de nouveaux ordres et pouvoirs de la part de la nouvelle administration, et nous sommes assurés qu'il n'en a point, ses premières*

gnent à M. Law de regarder ces lettres communes avec le Conseil supérieur, s'il est rassemblé. Ces mêmes lettres, disons-nous, interdisent à M. Law et au Conseil supérieur de suivre d'autres ordres que ceux qui viendront d'elle (Compagnie); ses ordres que le *D'Argenson* a apportés, sont donc les seuls qu'il faut suivre. Or, ils donnent au Conseil supérieur seul siégeant à Pondichéry, la manutension immédiate, l'administration directe sur les autres comptoirs; donc, à moins de nouveaux ordres de cette nouvelle administration, la présence du commandant général ou son absence n'influent en rien sur l'exécution de ces ordres. Voilà la conséquence que nous avons tirée.

Ces lettres traitent bien du cours de mission à faire par M. Law, mais en même temps elles supposent toutes qu'il a dû prendre avec le Conseil supérieur siégeant à Pondichéry les précautions et arrangements nécessaires pour cette reprise de possession

lettres qu'elle parait lui avoir adressées directement en portant chacune les motifs à la fin: mais s'il y a un Conseil établi, elle lui sera commune avec vous.

Vous entendez sans doute que ces lettres qui sont celles du 4 Octobre et du 17 Décembre 1764, ne sont point adressées véritablement à M. Law, mais au Conseil supérieur. Vous ne pourriez pas dire autrement que M. Law n'a point de pouvoirs de la nouvelle administration; mais, Messieurs, vous n'y avez point pensé, jamais nous n'aurions pu produire une preuve de notre supériorité plus forte que celle que vous nous donnez là. De quoi est-il question dans ces lettres? il s'agit entr'autres choses de remplir tout, un cours de mission, de passer à Bengale, etc. C'est donc le Conseil supérieur, selon vous-même, qui devait remplir le cours de mission, se transporter à Bengale, nous voilà d'accord. Mais la chose n'était pas possible répondrez-vous: les limites de Pondi-

avant son départ pour Bengale, supposition bien différente de celle que font à chaque ligne Messieurs de Chandernagor qui ne se sont appuyés que sur d'autres suppositions. Celle-ci est avouée par la Compagnie par sa lettre du 23 Décembre 1766 qui regarde ces arrangements. Ce n'est donc point, comme ils le concluent eux-mêmes, au Conseil supérieur, à faire ce cours de mission, encore moins à concentrer dans les limites de Pondichéry la supériorité du Conseil siégeant à Pondichéry, c'est au contraire l'étendre sur toutes les parties des établissements français aux Indes, et sur la personne même du Commandant Général, ainsi que son édit de création le dit clairement.

C'est la lecture même de la commission de M. Law qui nous dit qu'il est soumis à l'édit de création de 1701 ; cet édit ne laisse point à l'arbitraire du Gouverneur Général à déterminer l'endroit où sera le Conseil supérieur, suivant la nécessité où ce Gouverneur Général sera de se transporter de coté et d'autre, en cette qualité de gouverneur seulement ; au contraire, il le fixe à Pondichéry, même en l'absence du Gouverneur Général, en chéry ont cela de particulier qu'elles ne permettent point à la supériorité de passer outre, voilà à quoi vous en êtes réduits, c'est-à-dire que les ordres de la Compagnie n'auront pu l'emporter sur la vertu particulière que vous attribuez aux limites de Pondichéry.

Consultez la commission de M. Law, où il est dit qu'en qualité de président du Conseil supérieur, il rendra la justice tant civile que criminelle, conformément à l'édit d'établissement du Conseil de Pondichéry etc. Ce sera donc inutilement, selon vous, que sa Majesté, prévoyant la nécessité où le Gouverneur Général serait de se transporter de coté et d'autre, n'a pas crû devoir déterminer l'endroit où serait le Conseil supérieur, désignant celui qui y doit présider pendant cette absence. Aussi en 1741, lorsque M. Dumas partit pour France le 15 Octobre, les arrêts furent rendus au nom du Conseil supérieur à Pondichéry, les délibérations passées au nom du Conseil supérieur, malgré l'absence de M. Dupleix nommé par la Compagnie pour succéder à M. Dumas, et qui ne revint à Pondichéry qu'au mois de janvier suivant. Nous pouvons citer une infinité d'exemples semblables, tous appuyés sur l'édit de création. Nous abandonnons nous-mèmes toutes ces conséquences aux réflexions de Messieurs de Chandernagor.

et a jugé à propos de le laisser le maitre de faire ce qu'il croirait convenable pour le bien du service. Nous abandonnons toutes ces conséquences à vos réflexions.

La Compagnie voudra bien apprécier l'excès de modération dont se félicitent Messieurs de Chandernagor.

Nous espérons aussi qu'il n'échappera pas à la Compagnie de remarquer la différence du compliment qui termine les lettres que le Conseil de Chandernagor nous écrit, d'avec celui

Il vous sera aisé de vous apercevoir que nous ne nous sommes pas abandonnés au plaisir malin de relever toutes les indécences qui sont dans votre réponse en apostille à notre lettre du 29 Avril dernier ; il nous a suffi de faire réponse à ce qui nous a paru des plus importants, et de vous faire sentir combien vous vous êtes écartés des bornes dans lesquelles vous eussiez dû vous contenir.

Nous sommes très parfaitement, etc. Signé : Law de Lauriston, Renault, F. Nicolas, de la Bretêche,

qui termine leurs lettres à M. M. Denis et Lagrenée, l'affectation avec laquelle ils se disent très parfaitement les serviteurs d'un Conseil, tandis qu'ils ont l'honneur d'être parfaitement les serviteurs de M. M. Lagrenée et Denis, expression indécente vis-à-vis d'un corps, même dans le cas de supériorité, que nous sommes bien éloignés d'employer, et dont nous ne leur avons sûrement pas donné le ton.

Sainfray Fromaget, Chevalier, Ferriere.

Nous ne sentons pas bien cette distinction de Messieurs de Chandernagor. Il n'y a ici de Conseillers que ceux nommés par la Compagnie qui sont les plus anciens. Les plus nouveaux ont été nommés par le Conseil supérieur par délibération du 29 Mai 1765, où présidait M. Law qui a reçu leur serment, et ensuite ont été reçus à la tête des troupes, formalité qui aurait dû être observée dans le temps même de la délibération.

A Chandernagor, le 18 Aout 1766. M. Lagrenée, Conseiller a Pondichéry, ou a M. Denis.

Nous comptons, Monsieur, que vous êtes entièrement revenu de l'idée où vous étiez de la supériorité du Conseil qui est actuellement à Pondichéry.

Comme il se peut faire que par entêtement M. Boyelleau ne veuille pas se rendre à la raison, et qu'il soit même soutenu par quelques membres du Conseil, nous vous envoyons le paquet ci-joint N° 3 à votre adresse, que vous n'ouvriez que dans ce seul cas et chez vous sans témoin, vous y trouverez des ordres auxquels vous aurez la bonté de vous conformer.

Si M. Boyelleau déclare qu'il se soumet à nos ordres, vous conserverez soigneusement le dit paquet cacheté que vous remettrez à M. Law à son retour. Au cas que M. Denis soit arrivé à Pondichéry, vous lui remettrez la présente, ainsi que le paquet qui l'accompagne, le tout ne vous étant adressé que comme au plus ancien Conseiller après M. Boyelleau. Nous vous prévenons aussi que nous ne regardons comme Conseillers en pied que ceux que nous avons nommés nous-mêmes, ou que la Compagnie aura nommés.

Nous n'avons jamais refusé de reconnaitre M. Law pour commissaire du roi. Quelle malignité de nous supposer cette négative? Nous ne pouvons, contre l'édit de création de 1701, les lettres de la Compagnie, la reconnaissance même de Messieurs de Chandernagor que nous avons démontrée par tant de preuves, celle de M. Law que nous avons prouvée par ses propres écrits, reconnaitre ailleurs le Conseil supérieur qu'à Pondichéry.

Pour l'exécution des ordres du Conseil de Chandernagor, nous avons démontré que ce serait manquer à notre serment que d'y obtempérer, quand même nous serions dans le cas de leur être subordonnés.

Aussitòt la présente reçue, vous aurez donc la bonté de faire assembler le Conseil où vous ouvrirez le paquet qui lui est adressé N° 3, et dont vous lirez toutes les pièces conformément à l'inventaire, après quoi vous demanderez qu'on passe une délibération motivée où chacun donnera son avis séparément sur ce que nous exigeons par nos lettres, savoir : de reconnaitre M. Law comme commissaire du roi, et pour Conseil supérieur celui qui est à Bengale actuellement, auquel préside M. Law, et en conséquence l'exécution des ordres que nous faisons passer. Vous verrez par les avis quels sont les Conseillers qui ne voudront pas se soumettre; si M. Boyelleau est du nombre, vous vous retirerez chez vous

pour ouvrir le paquet dont nous avons parlé ci-dessus.

Que de méchanceté dans ce peu de mots, et que le fiel qui assaisonne cette calomnie est amer! M. Boyelleau, chef de parti, et tout un Conseil, caballeur. Nous croyions n'avoir plus à é-prouver de pareilles imputations sur nos régistres où elles étaient inconnues a-vant le gouvernement de M. de Lally. Elle verra par nos écrits et nos actions si nous les méritons aujour-d'hui plus que nos prédé-cesseurs, sous ce règne destructeur, et nous lui laissons de tirer elle-même les conséquences.

Comme il peut arriver que M. Boyelleau ne veuil-le donner son avis que le dernier, et qu'assuré que la pluralité des voix, non compris la sienne, sera contre nos ordres, il juge à propos de donner un avis ambigu et même décidé pour se soumettre à nos ordres, ce qui serait une vraie trahison à son parti, vous ouvrirez pour lors la lettre ci-jointe adressée au Conseil, N° 2, par la-quelle nous suspendons du service tous les Conseillers qui ne voudront pas recon-naître la supériorité du Conseil qui est aujourd'hui à Chandernagor ; si ces Conseillers que nous supposons avoir opiné contre la soumission à nos ordres, revien-nent à notre sentiment, il n'y aura plus qu'à passer la délibération que M. Boyelleau et tous les Conseillers doivent signer.

Cromwell, las d'un parle-ment qui semblait partager avec lui l'autorité, se ren-dit avec les officiers qu'il mit dans ses intérêts dans l'endroit où était le parle-ment, ordonna aux mem-bres de se séparer, ferma lui-même la porte et em-porta la clef.

César fit exiler les séna-

Si les Conseillers s'obs-tinent, et supposez que M. Boyelleau ne voulut pas se soumettre à l'ordre que nous donnons de les chas-ser du Conseil, vous vous retirerez pour lors chez vous et ouvrirez le paquet qui vous est adressé, N° 3, au contenu duquel vous au-rez soin de vous conformer,

teurs qui s'opposèrent à la dictature perpétuelle au pouvoir absolu. Voilà des exemples de tyrannie, mais dans notre heureuse France, les rois eux-mêmes en appellent au pied de leur

Nous sommes, etc...
Signé : Law, de Lauriston, Renault, F. Nicolas, de la Bretêche, Sainfray, Rauland, Chevalier, Fromaget et Ferrière.

trône, les Magistrats refusant par devoir et conscience d'obéir à des ordres, qui sont évidemment surpris d'apprendre de leur propre bouche la vérité qui rarement parvient autrement auprès de leurs augustes personnes.

Nous espérons que lorsque M. Law sera rendu à lui-même, et ne sera plus obsédé par des esprits turbulents, qu'il aura vu et lu nos régistres, nos réglements, notre gestion, la tranquillité générale qui règne dans cette colonie, l'ordre remis dans toutes les branches de l'administration, l'économie dans les dépenses, les abus réprimés, les travaux économisés, il rétractera des écrits que nous voudrions pouvoir effacer de nos régistres, qu'il approuvera la conduite de ceux qui en ont suspendu l'éxécution, et qu'après avoir rendu justice à notre fermeté et à notre attachement aux ordres du Roi et de la Compagnie, il se fera un plaisir de partager avec nous le fruit de nos travaux, et au lieu des épines qu'il nous a fallu arracher, de n'avoir que des roses à cueillir.

A Chandernagor, le 18 Aout 1766.

Messieurs du Conseil établi a Pondichéry par M. Law, pour gérer les affaires en son absence.

Nous sommes persuadés, Messieurs, que M. Boyelleau convaincu par les preuves que nous avons données de la supériorité du Conseil aujourd'hui à Chandernagor, se soumettra à l'entière exécution de nos ordres. Comme il se pourrait faire que quelques Conseillers, soit en pied, soit simplement adjoints, se refusasssent à l'évidence des dites preuves, nous les déclarons suspendus de tout service et incapables d'assister au Conseil, nous vous ordonnons en conséquence de les obliger de se retirer, aussitôt la présente lue, de les mettre aux arrêts et même en prison, selon l'effet que vous auriez à craindre des discours qu'ils pourraient tenir.

Nous avons l'honneur, d'être par très parfaitement, Messieurs, vos etc. Signé : Law de Lauriston, F. Nicolas, Renault, de la Brétèche, Sainfray, Roland, Chevalier, Fromaget et Ferrière.

A CHANDERNAGOR, LE 19 AOUT 1766.

M. DENIS, OU EN SON ABSENCE M. LAGRENÉE, CONSEILLER A PONDICHÉRY.

Comment Messieurs de Chandernagor prouveront-ils ces prétendus désordres contre l'évidence des régistres de nos délibérations, de nos lettres aux divers comptoirs qui nous sont subordonnés, contre la jouissance de la tranquillité qui règne dans cette colonie? ne pourrions-nous pas dire avec plus de raison que l'imagination du Conseil de Chandernagor échauffée par des volumes d'écrits particuliers, que nous ne doutons point qui

Par la lettre que vous venez de lire, vous devez voir, Monsieur, que nous sommes très fâchés de la nécessité où vous êtes d'ouvrir ce paquet. Chargés particulièrement de contenir les sujets du Roi dans le devoir, nous croirions manquer au Roi, à la Compagnie et à nous-mêmes, si nous ne prenions tous les moyens possibes pour remédier aux désordres qui règnent dans Pondichéry, et qui ne sont dûs qu'à l'imagination

soient partis d'ici, les a aveuglés sur l'évidence même. M. Boyelleau et ses prétendus adhérents, c'est-à-dire les amateurs du bon ordre, de l'économie, les vrais serviteurs de la Compagnie, n'opposeront à ces imputations calomnieuses que leur travail et leurs écrits, en priant la Compagnie de les juger sur des pièces authentiques.

Peut-on faire rien de plus injurieux que cette recommandation de s'assurer de la troupe? Nous savons reconnaitre sans violence et par devoir l'autorité légitime, nous avons même prouvé par une trop fatale expérience jusqu'où peut aller notre soumission aux violences et aux tyrannies, plutôt que d'armer français contre français, et une partie des membres du Conseil de Chandernagor devrait se souvenir qu'il a partagé avec nous ces violences avec autant de fermeté que nous-mêmes, et qu'il s'est contenté d'en porter ses plaintes à la Compagnie. Comment des sujets aussi soumis, des

échauffée du sieur Boyelleau et de ses adhérents. En conséquence, nous avons crû qu'il était nécessaire de le suspendre de son service, puisqu'il ne veut pas se conformer à nos ordres, et de vous nommer à sa place.

Ci-joint notre lettre au Conseil accompagnée d'un ordre de par le Roi et la Compagnie, de vous reconnaitre comme Gouverneur par intérim à Pondichéry, jusqu'au retour de M. Law, et comme président du Conseil tel qu'il a été établi par M. Law, selon les ordres de la Compagnie, pour gérer les affaires en son absence.

Vous avez encore deux ordres au major ou capitaine faisant fonctions de major et commandant de la troupe, par lesquels il lui est enjoint de vous reconnaitre et vous faire reconnaitre comme Gouverneur par intérim à la tête de la troupe, et de n'obéir en rien au sieur Boyelleau. L'un de ces ordres est émané du Conseil, et l'autre de M. Law, comme com-

sujets qui ont mieux aimé éprouver les fers, les empri-sonnements, les horreurs d'une famine affreuse voir arriver à pas la mort ou tout au moins une ruine assurée, sans cesse mena-cés de pillages, de vols, de meurtres, que de tour-ner leurs armes contre un pouvoir arbitraire qui abu-serait de l'autorité de son maitre, pourraient-ils pen-ser à exciter des séditions. Non, Messieurs de Chan-dernagor n'ont pas réfléchi; en donnant de pareils or-dres, ils nous ont assimilés sans réflexion à ces mêmes officiers que nous avons permis, qui n'ont pas craint d'exciter la fermentation dans les troupes, de favo-riser la désertion, en n'em-pêchant point celle de 28 soldats à la fois, contre 4 ou 5 officiers qui étaient au quartier. Nous atten-dons de la Compagnie la justice dùe à notre fidélité contre de pareilles offenses, nous opposerons toute no-tre fermeté il est vrai, mais ce sera pour défendre ses intérêts. Si nos efforts ne réussissent pas, nous au-

missaire du roi et Gouver-neur Général. Il convient de commencer par vous as-surer de la troupe ; comme le sieur Boyelleau est si sujet à faire des change-ments, nous ignorons qui sera le major commandant de la troupe à l'arrivée des présents paquets ; quel-qu'il soit, vous irez le trou-ver et lui direz de quoi il s'agit, en lui remettant en présence des témoins sûrs les deux ordres que vous avez pour lui, tant du Conseil que de M. Law. Nous ne pouvons nous ima-giner qu'il refuse d'obéir.

Cela fait, de concert avec le major et les Conseillers que vous aurez ramenés a leur devoir, vous prendrez les mesures nécessaires pour vous faire reconnaitre gouverneur par intérim, et vous les mettrez aussitôt à exécution. Toutes les troupes étant sous les ar-mes, vous assemblerez le Conseil pour y lire notre lettre N° 2, avec l'ordre de par le Roi et la Compagnie, qui s'y trouve joint, après quoi vous vous ferez tout de suite reconnaitre. Dans

rons au moins rempli notre devoir.

Messieurs de Chanderpagor se trompent en supposant qu'il règne un esprit d'indépendance à Pondichéry depuis l'arrivée du *d'Argenson*, c'est au contraire l'époque de son extirpation, et c'est même un des crimes du Conseil supérieur aujourd'hui.

Nous doutons fort que la France entière porte son attention à cette affaire. Pour nous, nous nous ferons un devoir de la concentrer dans le sein de la Compagnie, à la décision de laquelle nous nous soumettons. Nous souhaitons que le Conseil de Chandernagor imite notre réserve, et rende au moins à la Compagnie le tribut de soumission qu'il lui doit.

M. Boyelleau n'aura point de peine à remettre les papiers appartenant à la Compagnie qui sont entre ses mains, car il n'en a aucun, inébranlable dans ses sentiments, il rapporte tout au Conseil ; c'est au secrétariat du Conseil qu'il dépose toutes les pièces une opération telle que celle-ci, il faut de la fermeté, vous ne manquerez pas de faire mettre en prison tous ceux qui voudront faire les mutins, vous ordonnerez au sieur Boyelleau de ne point sortir des limites de Pondichéry jusqu'au retour de M. Law, et si vous avez lieu de craindre quelque mauvais effet des discours qu'il pourrait tenir, vous lui donnerez les arrêts chez lui, avec défense à tous les serviteurs de la Compagnie de lui parler, vous lui donnerez même la prison si le cas l'exige.

Nous ne croyons pas, Monsieur, que l'esprit d'indépendance qui règne à Pondichéry depuis l'arrivée du *d'Argenson*, ait fait assez de progrès pour que vous trouviez beaucoup de difficultés à faire exécuter nos ordres. Nous vous recommanderons cependant toute la fermeté et la prudence que demanderont les circonstances où vous serez, vous prévenant au surplus que cette affaire dont nous vous chargeons, et

qui touchent son administration. Nous assurons même qu'il ne traite d'aucune affaire que dans la Chambre du Conseil, et qu'il en a fait le vrai Cabinet du Gouverneur, ainsi qu'il aurait dû toujours être.

Nous souhaitons que la recommandation du Conseil de Chandernagor sur l'économie, soit aussi bien observée par eux qu'elle l'a été chez nous, avant même qu'ils eussent pensé à nous en parler.

dont toute la France sera instruite, peut devenir pour vous de la plus grande conséquence. Lorsque vous aurez été reçu gouverneur vous vous ferez remettre tous les papiers qui peuvent être entre les mains du sieur Boyelleau, appartenant à la Compagnie. Nous vous autorisons à prendre pour secrétaire du Conseil tel employé que vous jugerez à propos, à adjoindre au Conseil, et, à défaut de Conseillers en pied, les personnes que vous croirez le plus en état de vous aider à conduire les affaires jusqu'au retour de M. Law à Pondichéry, qui sera très certainement en janvier prochain.

Nous vous recommandons la plus grande économie dans les dépenses, et l'exactitude à nous donner fréquemment des avis de vos opérations de commerce, ce dont vous pouvez être sûrs pour le chargement du dernier vaisseau, afin que nous puissions prendre ici des arrangements pour suppléer à ce qui vous manquerait.

Nous avons l'honneur, etc. Signé : Law de Lauriston, Renault, F. Nicolas, de la Bretèche, Sainfray, Chevalier, Fromaget, Ferrière.

A. Chandernagor, le
19 Aout 1766.

Messiéurs du Conseil
établi a Pondichéry par
M. Law pour gérer les
affaires en son absence.

La présente, Messieurs,
est pour accompagner un ordre de par le Roi et la Compagnie, par lequel nous suspendons du service M. Boyelleau, aujourd'hui commandant par intérim à Pondichéry, et président du Conseil que M. Law a établi, selon les instructions de la Compagnie, pour gérer les affaires en son absence, et par lequel nous nommons en son lieu et place M. Denis s'il est arrivé, sinon M. Lagrenée. L'opiniâtreté du dit sieur Boyelleau à ne point reconnaitre notre supériorité malgré les ordres que nous avons produits, tant du Roi que de la Compagnie, la témérité avec laquelle il a osé entreprendre sans autorité, et même sans nous prévenir, plusieurs choses de la plus grande conséquence, dont en qualité de Conseil supérieur nous sommes obligés de rendre compte, nous forcent de nous servir en cette occasion de toute l'autorité que le Roi et la Compagnie nons ont confiée, pour remédier autant qu'il est en notre pouvoir au mal qui est déjà survenu, et prévenir les suites d'une révolte aussi décidée contre les ordres du Roi et de la Compagnie. Nous suspendons du service également tous ceux qui ne voudront pas reconnaitre notre supériorité et refuseront de nous obéir.

Aussitôt la présente lue, vous signifierez nos ordres au sieur Boyelleau et à ses adhérents, et vous vous trouverez présents à la réception de M. Denis ou de M. Lagrenée en qualité de gouverneur par intérim, laquelle doit se faire en conséquence des ordres que M. Law et le Conseil supérieur font passer au major général, ou s'il n'y en a point, au capitaine faisant fonctions de major des troupes à Pondichéry.

Nous avons, etc. Signé : Law de Lauriston, Renault, F. Nicolas, de la Bretèche, Sainfray, Roland, Chevalier, Fromaget, Ferrière.

Si le Conseil supérieur réside actuellement à Chandernagor, où est donc celui de Chandernagor auquel la Compagnie a écrit par le *Condé* et le *Massiac*, en adressant ses lettres à cachet valant au Conseil supérieur à Pondichéry, et lui recommandant d'en prendre lecture et d'y ajouter toutes les réflexions et observations que nous croirions nécessaires. Or ce Conseil n'est pas même à Pondichéry, puisque le Conseil de Chandernagor par sa lettre du 25 avril dernier, dit qu'il n'y a qu' un Conseil dans l'Inde attaché à la personne de M. Law, qu'il n'existe point à proprement parler de Conseil de Chandernagor ni de Pondichéry, que l'œuvre du rétablissement est une voûte que nous étions chargés d'élever d'un coté, pen-

DE PAR LE ROI ET LA COMPAGNIE.

Nous, Jean Law de Lauriston, Ecuyer, Chevalier de l'ordre Royal et militaire de S^t. Louis, colonel d'infanterie, Commissaire du roi, gouverneur et commandant général des établissements français dans l'Inde, président de tous les Conseils y établis et conseillers au Conseil supérieur, actuellement résident à Chandernogor.

Attendu le refus fait par le sieur Boyelleau, commandant par intérim à Pondichéry et président du Conseil établi, pour y gérer les affaires en l'absence de M. Law, de reconnaître l'autorité du Conseil supérieur, son opiniâtreté à persister dans la prétention absurde de la supériorité du Conseil actuellement à Pondichéry, sa désobéissance formelle aux ordres à lui intimés par M. le

dant que M. Law l'élevait de l'autre avec le Conseil qui était avec, et dont la clef ne pouvait être mise que par M. Law à son retour à Pondichéry. La Compagnie ne se doutait pas d'une hypothése aussi ingénieuse, encore moins qu'elle eût créé un être de raison, et que le Conseil par elle établi fut celui de M. Law. ·

M. Boyelleau n'est pas commandant par intérim, mais commandant *immediat*, ces termes sont bien différents ; le commande- ment par intérim échoit de droit au plus ancien Conseiller suivant la date de sa commission, tandis qu'en qualité de Comman- dant immédiat après M. Law, il commande de droit même ceux de ses con- frères qui seraient plus an- ciens que lui. C'est à ce titre qu'il est président du Conseil supérieur pendant l'absence de M. Law, et non pas président de Con- seil établi par M. Law pour gérer les affaires, car il n'était pas dans l'Inde quand M. Law est parti

Commissaire du Roi et le Conseil supérieur, en date du premier de ce mois, et à l'arrêt du Conseil supé- rieur, en date du premier de ce mois, et à l'arrêt du Conseil supérieur du sept du présent mois,

Malgré toutes les pré- cautions prises par nous pour le faire rentrer dans son devoir sans aucun éclat.

Avons suspendu et in- terdit, suspendons et inter- disons le dit sieur Boyel- leau de toutes fonctions, lui défendant l'entrée au Conseil jnsqu'à nouvel or- dre de notre part, lui en- joignant de ne s'immiscer en rien dans les opérations du Conseil.

Suspendons parcilement du service tous ceux qui refuseront d'entrer dans leur devoir, et d'obéir à nos ordres.

Nous réservant au sur- plus de connaitre et faire informer, si besoin.est, des motifs, des causes et des suites de leur désobéissan- ce, lors du retour du Com- mandant général à Pondi- chéry.

pour Bengale : il ne l'a même nulle part nommé comme tel depuis l'arrivée du d'*Argenson*.

Jamais homme n'a été plus attaché au Conseil que M. Boyelleau, et c'est cette façon de penser qui a fait et fait encore son crime aujourd'hui auprès des Gouverneurs, maïs il n'a pu désobéir aux ordres du Roi et de la Compagnie qui lui enjoignent de reconnaitre le siège du Conseil supérieur à Pondichéry, nòn pas avec l'absurde restriction que lui prêtent Messieurs de Chandernagor de ne pouvoir passer les limites de cette ville, mais au contraire avee la préséance et l'autorité entière que l'édit de création de 1701 lui donne sur tous les autres comptoirs qui sont établis dans le Gange, à la côte Malabare, d'Orixa, de Coramandel, en un mot, dans toute l'Inde.

Quoi ! toute la ville, tous les cercles, les étrangers même sont instruits plusieurs jours avant nous des violences de Messieurs de Chandernagor, et c'est

Et en attendant, nous avons, en vertu des pouvoirs supérieurs dont nous sommes revêtu, nommé et commis, nommons et commettons Gouverneur par intérim à Pondichéry, et président du Conseil établi par M. Law, pour gérer les affaires en son absence, le sieur Denis, Conseiller au Conseil supérieur, et en cas d'absence du sieur Denis, le sieur Lagrenée, Conseiller au dit Conseil, pour par le dit sieur Denis, ou Lagrenée à son défaut, commander dans la ville de Pondichéry,

Conformément aux ordres et instructions laissés par M. Law à son départ de Pondichéry au sieur Nicolas qui en a déposé copie au secrétariat.

Si donnons en mandement à tous Conseillers, officiers, commis et employés, et autres habitants de la dite ville de Pondichéry, de reconnaitre le dit sieur Denis, ou en son absence le dit sieur Lagrenée, en la dite qualité de Gouverneur par intérim et

là ce qu'ils appellent agir sans éclat?

Les ordres de la Compa-. gnie sont les seuls que nous devons suivre, elle nous l'enjoint elle-même, c'est donc à elle à juger de la témérité de Messieurs de Chandernagor, d'interdire la connaissance de vos affaires à l'homme qu'elle nous préconise dans ses lettres comme revêtu de sa confiance, à un homme dont nous pouvons assurer que toutes les démarches, toutes les précautions toutes les idées, tous les écrits, les propositions, et les avis n'ont pour but que le bien de vos affaires, le rétablissement de l'ordre, le maintien des réglements. Avant que de nommer M. Boyelleau, nous sommes

de président du Conseil y établi, et de lui obéir en tout conformément aux ordonnances.

Fait et donné en la Chambre du Conseil supérieur à Chandernagor, signé de nous, Commissaires du roi et Conseillers au Conseil supérieur et contre signé par notre secrétaire par lequel nous avons fait apposer à ces présentes le cachet des armes de la Compagnie, l'an mil-sept-cent soixante et six, le seizième jour d'août, Signé: Law de Lauriston, Renault, F. Nicolas, Ferrière, etc. et à coté est écrit par le Conseil, signé, Sainfray: au dessous du cachet des armes de la compagnie.

assurés que la Compagnie l'a déja reconnu à ces traits.

Nous ne finirions pas s'il nous fallait rapporter toutes les réflexions qui naissent de cette réserve d'informations. Au reste nous prions la Compagnie d'observer que les causes et les motifs de notre désobéissance, en supposant que nous ayons été dans le cas de désobéir, sont: la nécessité de réprimer l'insubordination d'officiers qui ne reconnaissaient pas votre autorité et se refusaient à vos ordres que nous leur communiquions, de rétablir le bon ordre dans les troupes, réformer les abus tant anciens que nouveaux, d'économiser dans les travaux. Les suites ont été la tranquillité publique, la diminution des dépenses, l'acquittement des dettes, la subordination rétablie. Mais en même temps quelle multitude de plaintes? que de volumes de faux rapports, d'écrits séditieux ont été envoyés! C'est sur ces écrits, ces plaintes sans doute, que l'on a prononcé et condamné tout un Conseil, avant que d'avoir même informé.

Nous ne connaissons point de pouvoirs supérieurs qui donnent au Conseil de Chandernagor, ni à M. Law, le droit de faire des gouverneurs. Nous envoyons ci-joint copie de la commission de commissaire du roi qui a été donnée à M. Law pour la reprise de possession des restitutions, où n'en voyons aucune trace. Nous voyons même que la Compagnie n'a fait que présenter M. Law pour être revêtu par sa Majesté des provisions de gouverneur du chef lieu (c'est-à-dire Pondichéry) en vertu, est-il dit, des articles 31, 32, 33, 34, 35 de la déclaration du 1er Septembre 1664, portant établissement de cette Compagnie, et c'est une maxime constante qu'au roi seul appartient de nommer les goùverneurs de ses places et chateaux, quelle témérité donc à Messieurs de Chandernagor d'usurper ainsi les droits de la souveraineté! au reste, après avoir employé le style des lettres d'évocation, celui des lettres de jussion, après avoir changé l'usage des cours, avoir soumis leur supériorité à la présence de leur premier président, ils peuvent bien encore porter la témérité à son comble en faisant des gouverneurs.

Nous avons envoyé copie de cette instruction à la Compagnie, nous nous en rapportons à elle-même pour juger de leur stérilité, et de la conséquence fâcheuse qui résulterait. de cette dépendance dans vos Conseils aux ordres et instructions de M. Law. D'ailleurs M. Law n'a laissé à M. Nicolas que des instructions, et non des ordres, parcequ'il était sans doute persuadé alors qu'il n'était pas en droit de donner des ordres, au lieu qu'il est naturel à tout chef en partant, de laisser des instructions au commandent qu'il laisse en sa place, pour lui donner la clef des opérations commencées, sans qu'on en puisse tirer aucune conséquence pour la dépendance.

Messieurs de Chandernagor auraient dû nous expliquer quelle est cette Compagnie au nom de laquelle ils vont nous parler, car nous ne connaissons point dans ces écris ni la Compagnie des Indes de France, ni la sagesse auguste du prince dont ils profanent le nom.

Que dira la Companie de cette affectation du Conseil de Chandernagor à donner à ce capitaine faisant fonctions de major, la qualité de commandant des troupes, qui est précisément la pierre d'achoppement, la cause d'insubordination que nous avons réprimée, qui n'existe que dans l'imagination de ceux qui se l'arrogent, puisque le sieur Maissin lui-même ne parait point avoir ce titre, suivant la lettre de la Compagnie du 4 Mai 1700, et que le sieur de la Roque, substitué au lieu et place du sieur

De par le Roi et la Compagnie.

Nous Commissaire du Roi, Commandant général des établissements français aux Indes, Président du Conseil supérieur résidant actuellement à Chandernagor, et Conseillers, au dit Conseil.

Donnons ordre au major général s'il y en a un, ou au capitaine faisant fonctions de major et de commandant des troupes à Pondichéry, de reconnaitre et faire reconnaitre à la tête des dites troupes en qualité de Gouverneur par intérim à Pondichéry, et de président du Conseil y établi par M. Law pour gérer les affaires en son absence, le sieur Denis, Conseiller au Conseil supérieur s'il est présent, sinon le sieur Lagrenée, Conseiller au dit Conseil, et d'enjoindre à tous d'obéir à celui des deux

Maissin, a avoué lui-même qu'il n'était pas plus bullé que celui qu'il représentait. Le Conseil de Chandernagor aura peine à combattre auprès de la Compagnie les raisons victorieuses que nous avons rapportées pour prouver le danger et les conséquences qui résultent de ce titre de commandant des troupes que nous avons vu voltiger le même jour sur trois ou quatre têtes différentes.

On ne voit guère l'utilité de cet ordre particulier adressé au major pour reconnaitre et faire reconnaitre les sieurs Denis et Lagrenée en qualité du Gouverneur par interim, après la commission de gouverneur donnée le même jour à M.M. Denis et Lagrenée, en l'absence l'un de l'autre. Cette dernière était-elle insuffisante par elle-même pour enjoindre au major de faire reconnaitre ces Messieurs? Il faut convenir que le sort du Gouverneur de la façon

qui sera reçu Gouverneur, en tout ce qu'il commandera pour le service du Roi de la Compagnie.

Défendons au dit major ou capitaine faisant fonctions de major, d'obéir au sieur Boyelleau que nous avons suspendu du service.

En foi de quoi nous avons signé ces présentes que nous avons fait contresigner par notre secrétaire ordinaire, par lequel nous y avons fait apposer le cachet des armes de la Compagnie.

Fait et donné à Chandernagor en la Chambre du Conseil l'an mil sept cent soixante et six, le seizième jour d'août. Signé: Law de Lauriston, Renault, F. Nicolas, de la Bretèche, Sainfray, Roland, Chevalier, Ferrière. Plus bas est écrit par le Conseil, signé: Sainfray, et au dessous des armes de la Compagnie est écrit: Scellé les dit jour et an avec paraphe.

du Conseil de Chandernagor, serait à plaindre, s'il lui fallait autant d'ordres *ad hoc*, d'espèces de lettres de petit cachet émanées de ses créateurs, qu'il aurait de mouvements à faire faire au major? Il parait que le Conseil de

Chandernagor n'avait pas encore adopté le 16 août, l'économie dans les écritures, qu'il nous recommande le 21.

M. Boyelleau n'ayant rien ordonné, ainsi que le Conseil de Pondichéry, que pour le service du Roi et de la Compagnie, il est à craindre que le nouveau gouverneur créé par le Conseil de Chandernagor, ne tombe bientôt dans le nombre des proscrits, à moins qu'il ne veuille sacrifier l'obéissance dûe aux ordres de la Compagnie aux volontés et au commandement du commandant général, car c'est la seule alternative que nous voyons pour éviter la proscription qui prend son principe, nous le disons affirmativement, de l'époque du Gouvernement despotique de vos gouverneurs, et notammeut de celui de M. Dupleix.

Messieurs de Chandernagor se trompent encore; suivant leur système de supériorité, ils auraient dû mettre *extraordinaire*, leur secrétaire *ordinaire* est à Pondichéry, c'était le sieur Monneron, nommé par délibération du 22 février 1765, auquel le sieur Dulaurens, le cadet, a succédé. Le prétendu Conseil supérieur, en passant dans le Bengale avec M. Law, avait sans doute oublié son secrétaire et son greffier, comme il avait oublié ses sceaux. Est-il étonnant qu'il s'oublie aujourd'hui lui-même?

DE PAR LE ROI ET LA COMPAGNIE.

Cet ordre de M. Law en particulier, ne renfermant rien de plus, et étant conçu dans les mèmes termes que celui signé par le Conseil et de lui, nous n'ennuierons pas la Compagnie par des redites continuelles. Nous y remarquons seulement que M. Law ne

. Nous, Jean Law de Lauriston, Ecuyer, Chevalier de l'Ordre Royal et militaire de St Louis, Colonel d'infanterie, Commissaire du roi, Gouverneur et Commandant Général des établissements français dans l'Inde, Président de tous les Conseil y établis.

prononce point la suspension de tout service contre M. Boyelleau qu'il laisse au Conseil ; du reste cette pièce était fort inutile, après celle du Conseil où M. Law a pris les mêmes qualités.

Donnons ordre au major général, s'il y en a un, ou au capitaine faisant fonctions de major commandant des troupes à Pondichéry, de reconnaitre et faire reconnaitre à la tète des dites troupes, en qualité de gouverneur par intérim à Pondichéry, et de président du Conseil y établi par nous pour gérer les affaires en notre absence, le sieur Denis, Conseiller au Conseil supérieur, s'il est présent, si non le sieur Lagrenée, Conseiller au dit Conseil, et d'enjoindre à tous d'obéir à celui des deux qui sera reçu gouverneur, en tout ce qu'il commandera pour le service de roi et de la Compagnie.

Défendons au major ou au capitaine faisant fonctions de major, d'obéir au sieur Boyelleau.

En foi de quoi, nous avons signé ces présentes que nous avons fait contre signer par notre secrétaire ordinaire, par lequel nous y avons fait apposer le cachet de nos armes.

Fait et donné à Chandernagor, en notre hôtel, l'an mil-sept-cent-soixante-six, le seizième jour d'août. Signé : Law de Lauriston. Plus bas est écrit par mon dit sieur, signé : Hirart au dessous du cachet est écrit : scellé les jours et an avec paraphe.

A CHANDERNAGOR, CE 8 NOVEMBRE 1766.

Nous trouvons dans Messieurs de Chandernagor bien d'indulgence de vouloir excuser leurs pilotes

Messieurs du Conseil établi par M. Law à Pondichéry, pour y gérer les affaires en son absence.

dans cette occasion, d'autant plus qu'ils ont dû être prévenus par le vaisseau la *Ville de Tranquebar* de l'arrivée prochaine du *Marquis de Castries* qui ne pouvait courir que de gros risques dans cette saison à les attendre si longtemps ; nous leur recommandons d'avoir un peu plus de fermeté.

Nous avons bien reçu, Messieurs, les lettres que vous nous avez fait l'honneur de nous écrire le 18 et 23 du mois de septembre dernier, et toutes les autres pièces qui composaient les paquets conformément à leur inventaire. La première nous est parvenue par la *Ville de Tranquebar*, et la seconde par le *Marquis de Castries*, qui, après avoir été plusieurs jours en rade de Balassore, faute de pilotes qui se tiennent en cette saison au pied des brasses, et que l'on ne peut trouver comme dans le reste de l'année au loin, ni vers Balassore, est enfin entré en rivière le 21 du passé.

Nous faisions grâce au Conseil de Chandernagor en ne lui supposant que de l'humeur, parcequ'en effet nous ne nous serions jamais douté qu'il eut poussé la violence si loin, et qu'il se fût porté à des excés aussi contraires au droit des gens, au bien des affaires, au repos et à la tranquillité publique, aux intérêts de la Compagnie. Elle admirera sans doute cette façon de Messieurs de Chandernagor de se comporter avec nous. N'auraient-ils pas plus de raison

Si notre lettre du 1er août dernier vous fut parvenue dans le temps, vous ne vous fussiez point sans doute servi d'expressions aussi déplacées que celles-ci : *nous ne pouvons nous imaginer que vous ayez sacrifié dans cette occasion la conciliation que la Compagnie nous ordonne à la mauvaise humeur qu'aurait pu vous occasionner une conduite de notre part à laquelle vos écarts nous ont forcé.*

Nous sommes bien éloignés d'une conduite aussi

de craindre son courroux et la peine due à un attentat aussi formel à l'autorité du prince et de la Compagnie, que celui qu'ils viennent de commettre.

puérile, ainsi que la Compagnie pourra s'en convaincre par la façon dont nous nous sommes comportés avec vous. Et si vous n'avez pas reçu aussitôt que vous l'eussiez souhaité des nouvelles de l'arrivée de *l'Ajax* et de la *Concorde*, ce n'est point faute que nous ne vous ayons donné avis, vous prévenant alors que rien ne serait capable de nous empêcher de correspondre avec vous pour le bien de la Compagnie.

Nous avons fait notre devoir en ouvrant une lettre de M. Bertin, Commandant à l'Ile Bourbon à l'adresse du Conseil de Chandernagor, parceque c'est un usage que les lettres aux comptoirs subalternes, même celles de la Compagnie, soient envoyées à cachet volant au Conseil supérieur qui en prend lecture, les fait enregistrer, et

Ce serait aussi le lieu de vous témoigner notre étonnement de ce qu'il vous a plû d'ouvrir une lettre à notre adresse de M. Bertin, Gouverneur de l'Ile Bourbon, qui nous écrit au nom des Commissaires de la Compagnie. Vous auriez dû nous dire au moins les raisons qui vous ont engagés à en faire l'ouverture.

les envoie ensuite à leur destination, et donne des ordres en conséquence. Cet usage est fondé sur le principe invariable de la Compagnie, que son administration aux Indes doit ressortir immédiatement du Conseil supérieur.

Plût à Dieu que toutes nos correspondances jusqu'à ce jour n'eussent roulé sur d'autres matières, nous n'aurions qu'à nous

Nous ferons tous nos efforts pour vous procurer en jamais par la *Concorde* 500 balles de marchandises, et plus même s'il est

féliciter de notre zèle réci-
proque.

possible, que vous nous
demandez par le *Condé.*

Cela n'implique point du
tout contradiction, quoique vous en puissiez penser,
avec ce que nous avions projeté pour le commencement
de cette année où nous supposions que vous auriez pû
nous envoyer le *d'Argenson.* Le possible que nous
entrevoyions de donner alors une cargaison à ce vaisseau, ne conclut rien pour le temps présent. Ce ne
sont point les fonds qui nous manqueront, mais actuellement nous voyons beaucoup de difficultés à nous procurer des marchandises, que nous pourrons surmonter,
mais il ne nous est pas possible de répondre que nous
les surmonterons.

Nous croyons qu'avec
des fonds aussi considérables, le Conseil de Chan-
dernagor ne doit pas s'être
trouvé à l'étroit, cependant
nous nous réjouissons du
crédit qu'il nous annonce.

Quand nous vous disons
que ce ne sont pas les
fonds qui nous manque-
ront, ce ne sera point au
moyen des fonds considé-
rables que vous dites nous
avoir fait passer précédemment, ni au moyen de ceux

qui viennent de nous arriver par le *Marquis de Castries,*
ils ne sont rien moins que considérables en égard à nos
opérations. Si nous n'avions pas d'autres ressources
pour faire face aux envois que nous nous flattons de
faire à la Compagnie, et à vos demandes, nous ne pourrions certainement y suffire, mais le crédit que nous
avons le bonheur de procurer en ce pays à la Compagnie, nous en facilite les moyens, il ne s'agit plus que
de trouver des marchandises.

Rien de plus heureux ne
pourra arriver pour assu-
rer un riche retour au
Condé et le voyage de
Moka, quoique en puissent

Vous auriez dû à la
réception de nos précédentes être rassurés sur la
crainte où vous paraissez
être que nous ne préféras-

dire Messieurs de Chandernagor ; il serait à souhaiter cependant que la *Concorde* fut ici à la fin de décembre, ce qui était l'ancien usage, et plus particulièrement pour assurer son voyage de Moka en passant par la côte malabare.

sions nos idées aux vôtres. Non, Messieurs, soyez persuadés une bonne fois pour toutes que nous ne manquerons jamais de nous concilier avec vous dans tout ce qui regardera les intérêts de la Compagnie, et que nous serons charmés de saisir l'occasion de faire réussir ce que vous nous proposerez pour son grand avantage. C'est ce qui doit vous faire penser que nous ne négligerons rien pour que la *Concorde* vous parvienne assez à temps, pour qu'elle puisse faire le voyage de Moka, s'il ne se trouve point d'obstacle, mais ce ne sera point cependant aussi promptement que vous nous le marquez, parceque nous savons que l'ancien usage de faire parvenir les vaisseaux à votre côte était, au plus tôt, dans les premiers jours de janvier.

Nous souhaitons que les cauris que la Compagnie avait à Négapatam se trouvent de la qualité dont il convient qu'ils soient, pour être d'un débit avantageux en Europe. Nous craignons que le long temps qu'ils ont été gardés, n'ait fait tort à leur émail, et n'oblige la Compagnie à nous les renvoyer, comme elle l'a déja fait par *l'Adour*. Nous pensons, Messieurs, que vous ne vous serez point déterminés à lui en faire l'envoi, sans vous être assurés qu'ils étaient de qualité convenable.

Vous voudrez bien que nous vous remarquions que c'eut été à vous à vous informer de la marche que nous aurions tenue, lorsque les Danois nous auraient demandé le remboursement des subsistances qu'ils ont payées aux familles françaises réfugiés sous leur pavillon Nous nous sommes rencontrés avec vous dans la réponse que nous leur avons faite ici.

Nous pensons que Messieurs de Chandernagor auraient bien pû faire quelques démarches à ce sujet pour faire tomber ces roupies dans le discrédit, et augmenter au contraire le crédit des nôtres. Comment font les Anglais partout pour toutes les monnaies qui sortent de Pondichéry?

Nous ne sommes point du tout dans le cas de susciter à cette nation les obstacles que vous eussiez souhaités pour le débit de leurs roupies en ce pays, parce qu'il importe peu au Souba du Bengale de quelle marque soient les roupies qu'on y apporte, surtout le Souba n'étant qu'un prète-nom, et les Anglais étant en possession de toute l'autorité. Une pareille chicane de notre part ne leur eut prêté qu'à rire, et puisqu'ils n'ont pas jugé à propos de faire la moindre difficulté à l'occasion de ces roupies, il ne nous eut nullement convenu de vouloir lever un pareil lièvre.

Nous vous sommes obligés de l'avis que vous nous donnez au sujet de la conduite que nous aurons à tenir pour procurer aux îles les secours dont vous nous representez la nécessité avec tout le pathétique possible, et nous approuvons le parti que vous avez pris pour leur en faire parvenir, en rendant l'envoi profitable à la Compagnie.

Ce Seigneur nous rend justice, car il ne met aucun doute à notre fidélité à tenir les engagements que nous avons avec lui. La Compagnie qui lira nos correspondances politiques, pourra juger de ce qui se passe. D'ailleurs les circonstances ont bien changé dans cette partie depuis le

Plus la situation dans laquelle vous vous trouvez est embarrassante par rapport aux projets que Ayderalikan cherche à effectuer, plus vous devez vous conduire avec prudence, et éviter de donner le moindre sujet de plainte à l'un et à l'autre parti, c'est-à-dire qu'il convient que vous

départ de M. Law, étant dans le cas de n'avoir pas moins de ménagement pour Ayderalikan que vis-à-vis de Mahamet Alikan. Nous croyons cependant nous être comportés de façon que ni l'un ni l'autre ne peuvent absolument parlant se plaindre de nous. Ne pourrions-nous pas croire que le Conseil de Chandernagor donne un sens forcé à la lettre de Mahamet Alikan à M. Law, pour jeter un blâme sur notre conduite ?

vous renfermiez dans les bornes de la plus exacte neutralité, et que vous évitiez les plus légères apparences de pencher pour un parti plutôt que pour l'autre. En un mot, tenez-vous exactement aux instructions que M. Law a laissées en partant de Pondichéry à M. Nicolas pour ce qui regarde la conduite que vous avez a tenir vis-à-vis de Mahamet Alikan. Ce seigneur croit apparemment avoir de justes sujets de plainte contre vous, puisqu'il écrit à M. Law pour le prier de vous donner des ordres à cette fin que nous ne fournissions aucun secours à ses ennemis.

Nous n'avons pas trouvé la même ambiguïté que vous, Messieurs, à la lettre de la Compagnie du 9 Mars 1765, timbrée bureau des livres, dont vous nous avez envoyé copie. Nous eussions souhaité que vous nous eussiez désigné les endroits qui ont occasionné vos doutes, et nous nous serions flattés de les lever, puisque rien ne nous a paru plus clair.

Vous nous mettez perpétuellement dans le cas de redites ennuyeuses au sujet des ordres que vous vous ingérez de nous donner. Vous auriez pu vous épargner le détail dans lequel vous êtes entré au sujet du service que vous nous dites de faire célébrer pour Monseigneur le Dauphin ; nous savons ce que nous devons faire sur un évènement aussi triste qui doit être bien sensible à tous les sujets de Sa Majesté, par conséquent à nous.

La Compagnie a-t-elle   La lettre de change de

— 197 —

pensé adresser la lettre de change du sieur Gordon au Conseil supérieur à Chandernagor ou à Pondichéry ? Nous réclamons son propre sentiment intime, sans égard aux raisons citées de part et d'autre sur la question agitée.

20.833 Rs. tirée par le sieur Gordon sur M. Law de Lauriston à l'ordre du Conseil supérieur de Pondichéry, es conséquemment au nôtre, ce qui aurait pù vous épargner de la passer de nouveau à notre ordre, sera acquittée.

Nous aurons soin aussi de nous faire payer par le sieur Romieu et par les demoiselles Verlet ce qu'ils se sont soumis de payer à la caisse de la Compagnie.

Vos états de demandes seront remplis avec tout le soin possible.

Nous ne pouvons assez faire remarquer le goût décidé de Messieurs du Conseil de Chandernagor pour les suppositions ; c'est le moyen d'établir d'ingénieux systèmes.

Nous supposons que vous n'aviez point encore eu assez de temps pour réfléchir et penser mûrement sur ce que nous vous avions écrit le 1er août dernier, et nous ne nous faisons aucun doute que vous n'ayez changé de façon de penser; conséquemment que si vous nous y faites réponse, vous changerez entièrement de style, et quitterez cette affectation ridicule de supérieurs que nous ne pouvons nous dispenser de relever, quelque fatigués que nous en soyons.

Vous avez très bien fait de ne rien distraire des fonds qui nous étaient destinés, et quelque aisée que vous paraisse notre position en comparaison de la vôtre, elle ne l'est pas encore autant qu'il conviendrait pour les intérêts de la Compagnie. Nous n'ajouterons rien sur l'article qui termine votre lettre du 23 septembre dont vous devez sentir que nous avons démontré tout le faux.

Le Conseil de Chandernagor et nous ne trouvi-

Nous supposons que dans le projet que vous

ons pas l'année passée de difficultés dans l'envoi d'un vaisseau à Moka que, d'après ce que nous en marquait le sieur Anquetil, le manque de fonds. Mieux instruits encore cette année, nous avons mûrement projeté et arrêté cet armement, et Messieurs du Conseil de Chandernagor, par leur lettre du 21 août 1766, nous disent eux-mêmes qu'il n'y avait rien à craindre. Quant au projet dont ils nous parlent, si c'est le même que M. Law a proposé à M. Lagrenée par sa lettre du 29 août dernier, nous avons démontré clairement qu'il ne pourait être qu'onéreux et contraire aux intérêts de la Compagnie.

Fait et arrêté en la Chambre du Conseil supérieur à Pondichéry, ce 31 décembre 1766. Signé : A. Boyelleau, Lagrenée, Dulaurens l'ainé, Trémisot, Abeille, d'Hervilliers, Yzact.

avez fait d'envoyer à Moka la *Concorde*, vous avez été certains qu'il n'y avait aucun risque à faire courir à ce vaisseau, en le faisant paraitre dans des mers et des lieux où les chelibis ont autant de pouvoir. Vous auriez bien dû nous en instruire, et nous rassurer sur des craintes qui ne nous engagent point à chercher le frèt que vous désireriez que nous procurassions à ce vaisseau. Mais comment ébruiter une opération contre laquelle ils pourront prendre toutes les précautions nécessaires, nous ne dirons pas pour la faire manquer, mais pour causer à la Compagnie une perte considérable, et pour la plonger de nouveau dans des discussions litigieuses, dont à coup sûr elle ne se tirerait pas bien. C'est à quoi nous vous prions de réfléchir sérieusement. Il nous a été fait ici une proposition qui n'a pas encore tout-à-fait acquis le point de maturité, mais qui ne

manquera pas de l'acquérir sous peu, par laquelle nous nous flattons de procurer à la Compagnie une cargaison de 5 à 600 tonneaux de café payables en lettres de change en Europe. Cela nous parait beaucoup plus convenable dans les circonstances présentes où il est fort douteux que les vaisseaux puissent paraitre soit à Moka, soit à Surate. Vous pouvez compter que si nous réussissons dans ce dont nous venons de vous parler, vous en serez instruits par la voie la plus prompte. Si cependant, vous avez quelques certitudes de réussite, dont il est fàcheux que vous ne nous ayez pas instruits, nous y donnerons volontiers la main.

Nous profitons de l'occasion qui se présente pour vous faire parvenir le présent duplicata, n'ayant pour le présent rien à vous mander.

Nous avons, etc. Signé : Law, Renault, F. Nicolas, Sainfray, Roland, Fromaget, Ferrière.

A Pondichéry, ce 31 Décembre 1766.

MESSIEURS LES SYNDICS ET DIRECTEURS GÉNÉRAUX
DE LA COMPAGNIE DES INDES.

A Paris

Messieurs,

Le Conseil supérieur de Pondichéry en vous portant des plaintes contre l'insubordination de Messieurs du Conseil de Chandernagor, ne s'attendait pas à être dans le cas forcé et malheureux de vous demander vengance de l'outrage et des excès nouveaux auxquels s'est livré en dernier lieu ce Conseil. Ce ne sont plus aujourd'hui des contendants à une supériorité disputée, qui opposent des raisonnements à des raisonnements, pour en laisser la décision à des supérieurs communs, ce sont des maitres impérieux qui veulent être obéis servilement, des despotes qui, écartant tous principes de liberté et d'équité, décident dans leur propre cause, prononcent des peines, et proscrivent les citoyens sans les entendre, qui emprisonnent, qui chassent du sanctuaire de la justice avec violence et à main armée les membres d'un Conseil préconisé par la Compagnie, établi par le Roi, représentant la Compagnie comme administrateurs, et le prince comme juges. Nos cœurs ont saigné, Messieurs, en lisant les indécentes apostrophes et les progressions des écarts furieux de Messieurs de Chandernagor, nous avons senti se rouvrir les plaies mal cicatrisées d'un gouvernement odieux, que nous voudrions pouvoir effacer de nos annales. Nous nous sommes retracé les horreurs de la fatale journée du 19 Mars 1760, où le président d'un Conseil supérieur, à la tète d'une soldates qui, accoutumée aux désordres et aux révoltes, fit emprisonner les membres de ce même Conseil, mettre aux fers des employés innocents, les livrer à une mort certaine en les exposant à un air pestiféré, chassa enfin le fouet à la main le reste de ces mêmes employés du lieu confié à leur garde, comme le plus important et le plus honorable.

Telles sont les affreuses scènes qu'auraient donc occasionnées l'humeur violente et effrénée de Messieurs de Chandernagor et les ordres injurieux, téméraires et séditieux qu'elle avait enfantés, si leur exécution eut dépendu de mains moins prudentes que celles auxquelles ils l'avaient confié. Heureusement pour cette colonie naissante, pour l'honneur de la nation, pour la circonstance même de l'affreuse révolution dont nous sommes menacés, que ces ordres adressés à M. Lagrenée, l'un de nous, l'ont frappé ainsi que nous de la plus juste indignation. Il y a reconnu l'effet d'écrits séditieux, faux, calomnieux, et amoncelés comme à l'envi, par des ennemis du bon ordre, de la subordination, de la réforme des abus. Il a rendu l'hommage qu'il devait à vos ordres, en n'accédant point à ces correspondances particulières auxquelles on l'invitait par le poison subtil de

la flaterie; il a remis au Conseil des paquets qui portaient
sa souscription, parceque vous voulez qu'ils soient ouverts
en Conseil, il a même communiqué les différentes lettres
qui lui étaient adressées, parceque traitant de vos affaires, Messieurs, vous lui défendez d'en traiter personnellement.

Notre lettre du 22 novembre dernier dont deux expéditions ont été envoyées à Mahé et Surate, pour passer
par la caravane, et la 3ᵐᵉ est ci-jointe, vous rend compte
de l'ouverture successive de ces paquets, et de la pro-
gression tyrannique des ordres qu'ils contenaient. Nous
nous y référons, Messieurs, pour nous livrer entièrement
aux réflexions qu'ils font naitre.

M. Law ne prétendait sûrement pas que la supériorité
fut attachée et dut suivre sa présence, lorsqu'avant son
départ il remit au Conseil qu'il laissait à Pondichéry les
lettres patentes de Sa Majesté qui attribuaient au Conseil
supérieur de Pondichéry la révision du jugement du
Méry ou *Filzalar*, qu'il désigna lui-même comme rapporteur de cette affaire M. Dulaurens, l'un de nous,
nommé ensuite par délibération du 27 Août 1766 ;
lorsqu'il marqua par sa lettre du 15 Mars 1765 qu'il y a
apparence que nous allons nous occuper sérieusement
de cette affaire, qu'il voudrait être présent, mais que
comme il se peut que le bien du service exige un prompt
jugement, nous le prononcerons sans attendre son retour.
Le Conseil de Chandernagor ne le prétendait certainement pas plus, lorsqu'il recommanda par sa lettre du
29 Août 1766 au Conseil supérieur de Pondichéry de
procéder au jugement de cette prise, et de le tenir secret
jusqu'au retour de M. Law à Pondichéry, non pas
qu'il doutât de la validité du jugement par le défaut
de présence du commandant général, (il aurait été en
contradiction avec lui-même) mais *par rapport à l'accommodement indispensable à faire avec les chélibis,
avant que de leur restituer* (ce sont leurs propres

26

termes). Auraient-ils délégué des juges à leur place, s'ils eussent été le Conseil supérieur désigné par les lettres patentes du Roi et substitué une pareille témérité à l'honneur de la confiance de Sa Majesté ?

M. Law a-t-il prétendu que la supériorité fut attachée à sa présence, lorsque, donnant des instructions le 3 Mars 1766 au sieur Plusquelle, qu'il désignait en son lieu et place pour recevoir les restitutions à faire à la côte malabare par la Grande Bretagne à la France, il lui prescrit de *ne prendre aucun arrangement définitif, sans l'en prévenir ou le Conseil supérieur en son absence,* lorsqu'il lui défend d'entreprendre aucun ouvrage *sans l'en prévenir ou le Conseil supérieur,* et sans en recevoir des ordres à ce sujet, lorsque prévoyant son départ en mai pour Bengale, il lui ordonne d'adresser toutes ses lettres à lui sieur Law, ou en son absence, *à Messieurs du Conseil supérieur,* qui sera commissionné par lui pour *traiter avec les Anglais sur ce qui regarde la restitution ?*

Et lorsque M. Law en partant, a laissé entre les mains de M. Nicolas deux commissions de Conseiller, n'était-ce pas un aveu tacite de sa part qu'il ne pouvait en faire usage pendant sa séparation du Conseil supérieur qu'il laissait à Pondichéry et sans sa participation ?

Que répondrait-il enfin au concert unanime des comptoirs de Yanaon, Mazulipatam, Mahé, Surate, Karikal. et de tous les français et étrangers établis dans l'Inde, à reconnaitre cette supériorité du Conseil supérieur de Pondichéry, malgré l'absence du Commandant Général ?

Les membres du Conseil supérieur de Pondichéry qui devaient passer à Bengale pour y faire le Conseil provincial, pensaient-ils emporter avec eux le caractère de la supériorité, parce qu'ils devaient y avoir accidentellement et pour un temps seulement le Commandant Général à leur tête ? Mais la saine logique leur répon-

drait que les accidents n'ont jamais constitué l'essence
des choses, mais leur devoir leur dictait alors le contraire, puisqu'ils ont laissé les sceaux et l'édit de création au Conseil qui restait à Pondichéry, comme étant
le supérieur auquel ces sceaux et cet édit étaient attachés, et au président duquel la garde en est confiée
par le prince. Comment donc le Conseil de Chandernagor, s'il se fut cru alors le Conseil supérieur, aurait-
il mis ses jugements à exécution sans le scel qui en
fait une forme essentielle? Comment aurait-il pù
mettre le nom auguste de Sa Majesté en tête d'écrits
auxquels il ne pouvait appliquer les sceaux qui en
font toute la force et l'authenticité? Nous diront-ils
que c'est précaution contre les dangers de la mer?
Nous avons détruit cette mauvaise excuse. Nous
diront-ils que c'est un oubli de leur part? Mais ils auraient
au moins dù nous défendre de nous en servir plus tôt
qu'ils ne l'ont fait, et ne pas attendre au 1er Août 1766
à nous interdire l'usage de ces sceaux pour la perfection d'un jugement dont ils nous ont recommandé tant
de fois la conclusion. Ils auraient dù également nous
interdire l'usage du régistre courant des arrêts, et
ordonner l'ouverture d'un nouveau pour y inscrire les
sentences du siège inférieur qu'ils laissaient, car comment sympathiseront ensemble les arrêts de la cour
souveraine avec les jugements d'un Conseil établi par
M. Law pour gérer les affaires en son absence?

Comment M. Sainfray qui tient la plume en qualité
de secrétaire du Conseil de Chandernagor depuis le
11 avril dernier, a-t-il pu signer ces ordres, ces conclusions absolues sur cette supériorité prétendue attachée
au Conseil de Chandernagor, à cause de la présence de
M. Law, après avoir écrit à M. Yzact, l'un de nous, le
28 avril dernier, qu'il n'affectait point la supériorité sur
le Conseil de Pondichéry? De pareilles contradictions
ne sont pas le fruit d'un droit constant et certain, elles

prouvent au contraire que, lorsqu'on s'est écarté des
vrais principes, on ne peut que s'égarer dans les conséquences.

M. Nicolas a-t-il manqué de temps pour revenir de
sa prétendue erreur, et rendre hommage à cette supériorité dans le Conseil séant auprès du Commandant
Général, lui qui, depuis le 1er Juin 1765, époque du
départ du Commandant Général de Pondichéry, a signé
plus de 200 délibérations *arrêtées par le Conseil supé-*
rieur, des milliers de pièces intitulées au nom *du Con-*
seil supérieur à Pondichéry, et où il prenait lui-même
la qualité de président de ce Conseil supérieur, dont
M. Law fait aujourd'hui un crime à M. Boyelleau qu'il
qualifie de désobéissance et de rebellion? Et Messieurs
de Chandernagor ont-ils pû voir d'un œil indifférent
passer de ces pièces sous ce timbre, sans manquer à ce
qu'ils devaient à leur devoir et leur serment? Nous leur
rendons la justice de croire qu'ils pensaient d'abord comme
nous, mais ils ont ensuite crû devoir attacher au Commandant Général un droit de prééminence et d'inspection sur
le Conseil supérieur même à Pondichéry, non seulement
pour ce qui touche la commission particulière des restitutions à recevoir, mais dans toutes les affaires indistinctement de l'administration. C'est en conséquence
qu'ils ont laissé au cômmissaire du roi à faire part au
Conseil supérieur de Pondichéry, par sa lettre du
15 Juillet 1765, de la reprise de possession des comptoirs
de Bengale, par celle du 12 juillet des demandes nécessaires pour le soutien de ces établissements, par celle
du 5 décembre des nouvelles dispositions pour la reprise
de possession de Mahé pour se procurer du poivre, par
celle du 8 Mars 1766 de divers partis à prendre pour le
chargement du *d'Argenson,* pour faire passer à Bengale
la partie des fonds destinés pour le Comptoir, de l'exécution des ordres de la Compagnie sous l'intérim de
M. Boyelleau, et surtout de la réforme de quantité

d'abus anciens et nouveaux qu'il avait aperçus, et qui
ne pouvaient qu'avoir augmenté chaque jour, et que le
peu de séjour qu'il a fait à Pondichéry ne lui avait pas
permis d'examiner ni d'y rémédier, par celle du 15 Mars,
de l'affaire du vaisseau le *Merry*, et des ordres à donner à Surate en conséquence, des Cauris à acheter du
sieur le Termellier à son retour des Maldives, des lettres adressées par le sieur Anquetil, Chef de Surate au
Conseil supérieur, que M. Law nous a envoyées en
nous disant expressément : "*ci-joint*" *les duplicatas de
quelques lettres que vous à écrites M. Anquetil, etc.*
Pendant cette époque le Conseil de Chandernagor ne
s'entretient avec nous, tantôt que de quelques combinaisons vagues et fondées sur des suppositions détruites du
jour au lendemain, et souvent contradictoires avec la
possibilité ; tantôt il se référe aux lettres du Commandant Général, et s'il s'écarte dans le style, on voit que
c'est un essai qu'il faisait des sentiments du Conseil de
Pondichéry.

Le 6 janvier 1766, le Conseil supérieur établi à Pondichéry par l'édit de création de 1701. armé par l'arrivée du *d'Argenson* des ordres de la Compagnie, les
notifie au Conseil de Chandernagor. Il y joint les
réflexions et les augmentations et les extensions qui
lui sont permises, et même prescrites par la Compagnie,
et qu'il croit nécessaires, avec une fermeté au dessus
de toutes les difficultés qu'il prévoit bien que l'on susci-
tera contre leur exécution. Messieurs du Conseil de
Chandernagor opposent à cette demande la nécessité
prétendue d'avoir copie entière des lettres de la Compagnie, et commencent à établir des doutes sur la fidélité des extraits et sur l'interprétation des ordres. Enfin,
à la fin d'avril, ils éclatent sur la thèse de la supériorité qu'ils prétendent leur appartenir à cause de la présence du Commandant Général. Le Conseil supérieur
à Pondichéry leur démontre en réponse le faux de

leurs prétentions, et en même temps croit devoir réprimer les abus qui s'élevaient parmi les officiers de justice du présidial de Chandernagor dans les qualités
qu'ils s'arrogeaient, et les refus par eux faits de reconnaitre le scel du Conseil supérieur à Pondichéry et les
ordres du procureur général, abus et refus qui devenaient nuisibles aux intérêts des particuliers, et attentatoires à l'autorité publique. Il mande ces officiers à
la barre du Conseil pour les entendre, et un des juges
et Conseillers du siège pour répondre sur les termes
et apostrophes répandues dans leurs lettres. Voilà la
position où étaient les choses au 31 juillet, et dans
laquelle elles ne pouvaient être décidées en dernier
ressort que par la Compagnie. Car supposons les droits
respectifs susceptibles de litige, et les raisons de part
et d'autre également appuyées, à laquelle des deux
cours prétendues souveraines appartient le droit de
décider? La raison dit assez qu'elles n'ont droit ni
l'une ni l'autre. Comment donc concilier avec cette
même raison la décision anticipée de Messieurs du
Conseil de Chandernagor?

Mais comment qualifier les excès et les violences
qu'ils prétendent employer provisoirement à l'instruction
qu'ils se disposent de faire au retour du Commandant
Général? Ils ordonnent aux membres du Conseil qu'ils
chargent de cette exécution, d'assembler le Conseil pour
notifier leurs ordres, c'est-à-dire la ratification et l'enregistrement de leurs prétentions, *ipso facto*, qu'elles
sont émanées de leur tribunal, c'est-à-dire que le Conseil supérieur à Pondichéry reconnaitra que la présence
du Commandant Général rend tous les Conseils provinciaux supérieurs dès qu'il y préside, d'où il s'ensuit
nécessairement que la supériorité des sièges souverains
dépend de leur premier président, que lui seul y donne
l'influence, ce sera le Commandant Général qui, nouveau
Prométhée, animera les Conseils pour en faire ou des

premiers juges, ou des juges souverains. Il faudra que le Conseil supérieur, oubliant servilement ses droits, sacrifie à la prétention du Conseil de Chandernagor l'interprétation littérale de ces paroles remarquables, qui renferment les présentations de la Compagnie au poste de Commandant Général : *pour en cette qualité présider aux Conseils supérieurs provinciaux* d'ou il s'ensuit qu'il est des Conseils provinciaux où peut présider le Commandant Général, autrement l'alternative serait inutile et fausse.

Le premier d'août présente une toute autre face des affaires, la question est toute décidée. Un ordre de par le roi prétend arrêter les affaires, suspendre l'activité d'un Conseil obligé par devoir et par essence à punir les crimes, réprimer les désordres et maintenir le bon ordre. Des séditieux punis sont rappelés à nouvel examen, des concussionnaires convaincus et condamnés, remis en état, et comme toute forme arbitraire entraine par une nécessité inséparable abus et désorbres sur désordres, on outrage la magistrature en osant la menacer dans ce même ordre de punitions, plus sévères en cas de refus de se soumettre à une autorité violente et despote, et juge dans sa propre cause. La réforme des abus, l'ordre remis dans la police, l'exactitude rétablie dans les devoirs des divers ordres, les dépenses diminuées, les travaux économisés, sont taxés d'innovations, de cabales, de violences. On qualifie de chef de parti le président d'un Conseil qui n'a jamais dit, écrit, au fait, un mot, une lettre, une action, sans la communiquer, la discuter en plein Conseil, sans en prévenir ce même Conseil, ou lui en faire part. On veut, malgré l'évidence de l'unanimité et de l'union de tous les membres du Censeil, les supposer, leur faire croire qu'ils sont divisés, on assimile enfin leurs assemblées à des factions où la moitié signe aveuglément et par crainte ce que l'autre ordonne impérieusement. Car que veulent signifier autre chose Messieurs de Bengale, en exigeant que le Conseil assemblé en registrât la rétractation de décisions que ce même Conseil a prononcées après un mur examen, en avouant par les uns leur faiblesse, par les autres leur ignorance ou défaut d'examen, en exigeant de la partie rétractante de chasser les refusants et désavouer leurs signatures.

Les chasser! Quel affreux tableau présente ce mot! Pourrons nous exprimer en termes assez forts l'horrible scène qu'un pareil ordre entraine! Car supposons les membres du Conseil supérieur de Pondichéry, tels que Messieurs du Conseil de Chandernagor les qualifient, c'est-à-dire des séditieux, des révoltés, des indépendants, cemment se rendront-ils aux sommations de M. M. Denis et Lagrenée de se retirer? Sera-ce par eux-mêmes, ou à l'appui de gens armés? Ah! Messieurs, faut-il renouveler ici le souvenir de ces tristes jours qui affligèrent la France, dans lesquels on vit une partie d'un parlement criminellement proscrite, chassée et même ignominieusement exécutée, pour avoir soutenu les maximes du gouvernement, les droits du prince, et les obligations de leurs serments? Verrions-nous s'élever barricades contre barricades, troupes contre troupes, sujets contre sujets, autels contre autels? Verrions-nous encore le sanctuaire de la justice livré aux aux fureurs d'une milice effrénée, le siège de votre administration aux Indes devenir le theâtre des violences et des fureurs? Des magistrats qui ne respirent que le bien public, des administrateurs armés de vos règlements et de vos ordres, et qui n'ont d'autre crime que de les avoir voulu faire exécuter, trainés dans des prisons, mis aux fers, jetés à bord des vaisseaux? Nous frémissons à la seule idée d'une pareille proscription, mais encore peut-être dans la vue de nos propres maux, encore l'humanité excuserait-elle en nous ce sentiment, que dans la vue des suites funestes qu'entrai-

nerait un pareil excès pour le bien de vos affaires.
Quoi! Messieurs, l'autorité contre l'autorité? et à
laquelle s'adresseront donc les sujets de la Compagnie
pour vos affaires, et la conduite qu'ils auront à tenir?
Nous leur avons intimé des ordres de la part de la
Compagnie, la plupart s'y sont soumis, quelques-uns
ont attendu du temps un relâchement à leur rigueur.
Un corps entier naturellement enclin à l'indépendance,
parce qu'outre la nécessité dont il se croit, il est appuyé
de la force des armes qu'il porte, le militaire seul prétend s'y soustraire, notre fermeté le réduit, et un Conseil fait ainsi que nous pour tenir les sujets dans la
subordination, remettre le bon ordre, faire exécuter les
ordres de la Compagnie, reçoit ces mêmes officiers
appelant des ordres de cette Compagnie, recueille ceux
d'entre eux que nous avons remerciés pour insubordination, et sans avoir seulement vu et entendu les parties et les juges, absout les coupables condamnés, pros-
crit et condamne les juges, les expulse, les chasse, les
emprisonne. De pareils attentats ne se virent que sous
les César tyrans, les Cromwell usurpateurs, mais ils
sont inouis dans notre monarchie où les magistrats sont
sous la protection des lois et des formes essentielles
établies par les rois, soutenues et observées par les
rois, formes précieuses qui font la gloire du législateur
et la félicité des peuples.

Présentés par la Compagnie à Sa Majesté pour exercer les offices dont nous sommes honorés, nous sommes en même temps l'œuvre de la Compagnie et du Roi.
Le commissaire du roi venu dans l'Inde pour y recevoir
les restitutions que la Grande Bretagne devait faire à
la France, était chargé à la vérité de munir de commissions ceux, ou qui lui étaient désignés, ou qui lui
auraient paru les plus capables. Une fois ce choix fait,
c'était le couronnement et la consommation de l'œuvre
ordonnée, commencée et émanée directement du trône

27

et de la Compagnie, il a rétabli et non établi, il a
réuni et non créé le Conseil supérieur établi à Pondichéry en 1701 par un édit de Sa Majesté, et il l'a réuni
et rétabli conformément et aux termes de ce même édit,
c'est-à-dire avec les prérogatives des autres cours souveraines, avec la supériorité sur tous les comptoirs qui
seraitent établis à Ougly (Chandernagor), Cassimbazard,
Balassore, Caveripatnam, Mazulipatam, et tous les autres que la Compagnie pourra établir dans le royaume
de Bengale et le long de la côte Coromandel, pour y
rendre la justice tant civile que criminelle à tous les
sujets de sa Majesté, *même à ceux qui s'y transporte-
raient pour l'exécution de ses ordres, de quelque qualité et condition qu'ils soient*, avec faculté en l'absence
ou légitime empêchement des juges ordinaires, d'appeler d'autres marchands ou négociants français capables
et de probité, de sceller leurs jugements du sceau des
armes du roi, dont la garde et le dépôt sont confiés au
président, et en son absence, au plus ancien du dit
Conseil.

De cette parité de condition du Conseil supérieur de
Pondichéry avec les autres cours souveraines, quelle
foule de conséquences ne résulte t-il pas plus favorables
les unes que les autres aux droits des Conseillers qui
forment le Conseil supérieur à Pondichéry?

Faut-il rappeler à Messieurs de Chandernagor le
serment que Louis XI exigea de Charles VIII, son
successeur, d'entretenir après sa mort aux charges et
offices qu'il trouverait être au royaume les officiers de
judicature, sans autrement les *changer, muer ne désap-
pointer*, sinon faire que fussent trouvés autres que bons
et loyaux?

Faut-il leur rappeler l'ordonnance solennelle de Louis
XI, qui rappelle l'ancienne règle que ceux qui seraient
pourvus d'un office n'en pouvaient être destitués que
par *résignation, mort* ou *forfaiture*? L'édit de septem-

bre 1482 interprétatif de la première ordonnance, qui
déclare que la destitution des officiers pour forfaiture,
n'aura lieu *si la forfaiture n'est jugée.*

Voilà le modèle qu'ils auraient dû avoir devant les
yeux avant de souscrire aveuglément à une destitution
violente, prononcée par une autorité incompétente et
arbitraire. Nous ne parlerons point des ordonnances
de 1336 et 1389, 1402, 1648 qui, proscrivant les cassations arbitraires et autres lettres destinées à empêcher l'exécution des arrêts et des jugements, ordonnent de n'avoir aucun égard aux surprises qui pourraient être faites contre l'intérêt public et contre les
règles de la justice due aux sujets, de continuer l'instruction des affaires sans s'arrêter aux évocations, et de
consommer l'exécution des jugements sans s'arrêter aux
cassations. La raison en est évidente, c'est que les rois
eux-mêmes ne sauraient inspirer aux peuples trop de
respect pour leurs juges ordinaires. Or, ce serait affai-
blir et même renverser l'économie de la police publique,
que de les dépouiller sans cesse par des cassations
arbitraires. Messieurs de Chandernagor auraient dû être
plus attentifs à ne pas préférer des impressions qu'un
intérêt secret et particulier devait leur rendre suspectes,
à la voix unanime d'un corps de magistrats en qui la
connaissance immédiate des abus réprimés, dés cabales
étouffées, des désordres redressés, et un attachement
solide et désintéressé à leur serment et aux intérêts de
la Compagnie, forment une barrière invincible aux intrigues et aux surprises.

Que dirons-nous des emprisonnements prononcés
par le Conseil de Chandernagor contre des membres
d'un Conseil, quelqu'il soit, représentant le prince?
Faut-il leur rappeler ce que les grands du royaume
dirent à la Reine régente, mère de St. Louis? *Que les
emprisonnements étaient contraires aux libertés du
royaume,* parceque personne en France ne doit être

privé d'aucun de ses droits que par les voies judiciaires.
Comment qualifier ceux qui jugèrent une telle conduite,
et qui s'abusent au point d'intervertir en des excès
incroyables la nature aimable de l'heureux gouvernement sous lequel nous avons le bonheur de vivre? Car
tel est le caractère de celui de la France, qu'il ne laisse
jamais apercevoir le maitre, nul où l'autorité soit si
grande, nul où elle se fasse moins sentir, parceque tout
s'y fait selon les lois ou en vertu de quelque loi.

Que dirons-nous de la témérité de Messieurs de
Chandernagor de prêter à M. Law le pouvoir d'établir
des Conseils? Cet attribut inaliénable de la souveraineté,
celui qui l'approche le plus de la divinité, deviendrait-il
un jouet dans la main des sujets? Tels sont les funestes
effets du renversement des formes essentielles, de méconnaitre même l'autorité du législateur! Le Conseil
supérieur établi à Pondichéry en 1701, n'est plus le
1er Août 1766, dans le système de Messieurs du Conseil
de Chandernagor, qu'un Conseil établi par M. Law pour
gérer les affaires pendant son absence. Ce n'est plus
à la Majesté royale seule à faire des cours souveraines;
les gouverneurs de province acquièrent ce même droit
aujourd'hui par le système du Conseil de Chandernagor,
ils pourront désormais créer et révoquer à leur caprice
les Conseils et les cours. Quel attentat! quoi! pour
transférer seulement à Pondichéry la supériorité du
Conseil qui était à Surate, il a fallu un édit dans lequel
le prince a bien voulu expliquer les motifs de cette
translation. Quoi? pour rendre supérieur le Conseil
provincial de l'ile Bourbon en 1723, il a fallu des lettres
patentes de Sa Majesté pour éteindre et supprimer la
première nature de ce Conseil, et lui en créer une
nouvelle, et Messieurs de Chandernagor d'un trait de
plume, font éteindre par M. Law une cour souveraine,
en font ériger une autre pour le suivre, et créent un
Conseil amovible pour gérer les affaires en son absence,
ils ne se donnent pas même le peine d'expliquer quelles
affaires. Tout ce qu'ils exigent de ce Conseil arbitraire,
c'est qu'il suive aveuglément les ordres et les instructions
du Commandant Général, qu'il n'agisse que par l'influence du Commandant Général, qu'il rapporte le commencement et la consommation des affaires à l'immensité de ses lumières, à la plénitude de son autorité, et à
l'infaillibilité de ses décisions.

L'enfantement tardif d'une pareille idée prouve assez
qu'elle est le fruit d'une imagination échauffée qui,
s'étant une fois égarée dans ses principes, se précipite
ensuite d'absurdités en absurdités, entasse entreprises
sur entreprises, et finit enfin par violer les lois les plus
sacrées.

Nous croirions manquer au plus essentiel de nos
devoirs si nous étions insensibles au renversement des
formes et aux violences proscrites par les ordonnances.
Nous savons que ces mêmes ordonnances nous autori-
sent à sévir contre ceux qui ont osé prononcer de
pareils ordres, et solliciter les autres à y adhérer, mais
au lieu d'user du pouvoir qui nous a été confié, nous
laissons à la Compagnie de venger l'outrage qui nous a
été fait, et nous pouvons dire à elle-même en la personne de son Conseil. Par de pareils abus, par des excès
semblables, les lois deviennent sans exécution, les
innocents sont privés du droit de se justifier, les coupables sont à l'abri des punitions, la licence s'accroit par
l'espoir de l'impunité, le crime triomphe, et il ne resterait à vos fidèles serviteurs que de gémir dans le silence, tristes sur les inévitables suites de violences aussi
criminelles. Nos rois eux-mêmes se les sont interdites
de tout temps, comme contraires à la justice et à
l'honneur de la royauté ; ils ont soumis leurs ordres
particuliers aux règles générales, pour obvier à ce que
la faveur, la surprise et l'importunité ne leur arrachas-
sent quelques ordres contraires à l'équité. Ils défendent expressément à leurs juges *d'ajouter foi aux officiers qui leur porteraient de leur part des ordres contraires à l'usage, au style et aux réglements des cours,*
quelques instances qu'ils fassent pour certifier qu'ils en
ont *la commission d'eux.* Jamais ils n'ont puni des
accusés, avant qu'ils aient eu la liberté de se défendre,
moins encore des magistrats dépositaires de leur autorité pour rendre aux peuples la justice, ou des administrateurs chargés de la manutention des affaires d'une
Compagnie intimement liée à l'Etat ; ce n'est pas qu'ils
doutent de leurs pouvoirs, mais par des maximes dignes
de la bonté de leur cœur, ils ne croient jamais gouverner avec plus d'empire, que lorsque les lois règnent
sous leur nom. Aucuns n'ont jamais fait emprisonner,
ni chasser des juges pour avoir soutenu leurs préroga-

tives et leurs droits, des administrateurs pour avoir exécuté les ordonnances et les ordres de leurs commettants, et avoir intimé ces mèmes ordres à leurs subordonnés. Il est des moyens et des formes pour faire rentrer dans l'ordre ceux qui s'égarent dans de fausses prétentions, mais les emprisonnements, les proscriptions telles que celles que prononce le Conseil de Chandernagor sans connaissance de cause, seraient la ruine d'un Etat et d'une Colonie. Nous en avons malheureusement fait une trop triste expérience. Convaincus, Messieurs, de votre amour pour la justice, il nous suffit de vous représenter combien la conduite du Conseil de Chandernagor est contraire au bien de vos affaires, à l'équité, à la nécessité de l'exemple, et à l'honneur de vos préposés, pour être assurés que touchés vousmèmes d'objets si dignes de votre attention, vous terminerez par des ordres absolus une affaire qui intéresse également l'honneur de votre Conseil supérieur et la tranquillité des sujets du roi, la liberté enfin si nécessaire à vos administrateurs dans leurs suffrages, que leur voix ne soit plus étouffée, Messieurs, par la crainte des fers et des prisons, rendez-leur la sérénité. . . . . . sans laquelle ils ne peuvent juger, la sureté sans laquelle ils ne peuvent exécuter, ni faire exécuter vos ordres, l'autorité sans laquelle ils ne peuvent réprimer les abus, punir les coupables, et faire triompher la vertu.

Mais, s'il est de votre sagesse, Messieurs, de punir de pareils excès, nous estimons qu'il n'est pas moins de la nécessité de l'exemple de ne laisser subsister aucune trace de ces écrits téméraires, de ces ordres attentatoires au respect dû au Conseil supérieur, et à votre propre autorité. Nous attendons, par respect pour la Compagnie, sa décision pour ordonner que les régistres du Conseil de Chandernagor, où sont inscrits ces arrêts, ces lettres, ces ordres et commissions, ces délibérations, tous les écrits enfin portant le caractère de cette supériorité prétendue par le Conseil de Chandernagor, soient apportés au greffe du Conseil supérieur de Pondichéry par un des officiers de ce Conseil, pour y être biffés et bâtonnés, et inscrits en marge d'y ceux l'arrêt qui l'ordonnera, et ensuite renvoyés au Conseil de Chandernagor, pour y servir d'instruction par la suite. Que le *Veniat* prononcé contre le procureur du roi et le

greffier du présidial de Chandernagor, et un des officiers de ce siège, soit par eux-mêmes exécuté, sinon
contraints par toutes voies dûes et raisonnables, que
votre arrêt qui interviendra, soit enregistré dans tous
les greffes de vos comptoirs, les sièges tenant, et certi-
fié de leur enregistrement, tant par les lettres des dits
comptoirs que par le ministère des substituts.

C'est par de semblables actes de modération, et par
de pareils sacrifices de nos droits aux circonstances
générales et aux ordres de la Compagnie, que nous
nous faisons un devoir de confondre nos adversaires.
C'est au tribunal de la Compagnie que nous portons nos
plaintes, il est vrai, mais il est nécessaire pour l'exemple qu'elle nous laisse à en poursuivre la peine contre
les coupables.

Nous croyons devoir prévenir la Compagnie que nous
ne répondrons rien aux interpellations que pourrait
nous faire un Conseil factice que M. Law entêté dans
ses prétentions de supériorité pourrait former.

En ne reconnaissant que la Compagnie pour juge de
notre conduite, nous la renvoyons pour prononcer à
nos délibérations, à nos lettres et à nos correspondances.

Ci-joint, Messsieurs, copie de toutes les lettres adressées par Messieurs du Conseil de Chandernagor, tant à
M. M. Denis et Lagrenée qu'au Conseil de Pondichéry,
des ordres, commissions donnés à ces deux Messieurs et
au Capitaine faisant fonctions de Major, et autres pièces,
suivant l'inventaire.

Nous nous sommes contentés de joindre à chacune
de courtes réflexions, afin d'éviter de l'ennui et des
répétitions continuelles. Nous prions instamment la
Compagnie de n'en point négliger la lecture. Aucune
ne sera indifférente pour démontrer la fausseté des
prétentions du Conseil de Chandernagor, et nous espérons qu'elle rendra justice à la bonté de notre cause.

Nous sommes, etc. Signé : A Boyelleau, Lagrenée,
Dulaurens l'ainé, Trémisot. Abeille, d'Hervillers et Yzact.

Extrait de la lettre de M. Lagrenée
du 20 septembre.

A mon arrivée ici, j'y ai trouvé M. Boyelleau qui y commandait conséquemment à sa réception à la tête des troupes, en qualité de commandant immédiat après vous, et conformément à la lettre de la Compagnie du 9 Mars 1765, venue par le *d'Argenson*, et comme plus ancien Conseiller, il préside au Conseil supérieur.

COPIE D'UNE LETTRE DE M. LAW EN RÉPONSE PAR EXTRAITS EN APOSTILLE A UNE DE M. LAGRENÉE.

OBSERVATIONS DU CONSEIL SUPÉRIEUR DE PONDICHÉRY SUR LA LETTRE CI-CONTRE.

A Chandernagor, le 31 Octobre 1766.

J'ai reçu, Monsieur, par le vaisseau le *Marquis de Castries*, la lettre que vous m'avez fait l'honneur de m'écrire le 20 septembre ; pour plus d'exactitude, j'y vais répondre en apostilles.

Nous ne ferons, Messieurs, que quelques observations sur cette lettre, pour ne pas vous fatiguer de continuelles redites.

Il est vrai, M. Boyelleau devait commander en mon absence à Pondichéry, en conséquence des ordres de la Compagnie adressés au Conseil supérieur qui est à moi, quoique la lettre soit timbrée Pondichéry, parceque la Compagnie ayant fixé le Conseil supérieur dans Pondichéry, ne sachant pas d'ailleurs où il pouvait être pendant le temps des reprises de possession, a dû naturellement adresser ses lettres au lieu fixé pour sa résidence, et parceque d'ailleurs elle a pu supposer qne j'y étais retourné avec le Conseil supérieur, mais par des circonstances forcées ce Conseil supérieur se trouve encore à Bengale. M. Nicolas m'a fait recevoir et n'a pu faire recevoir M Boyelleau que sur les ordres que je lui ai laissés en partant, et qu'il était chargé par la Compagnie même d'exécuter ; il eut été blâmable autrement, parcequ'il n'appartient qu'au Commandant Général et au Conseil supérieur de faire exécuter les ordres que la Compagnie envoie dans l'Inde.

Comme plus ancien Conseiller, M. Boyelleau doit commander en mon absence, par conséquent à Pondichéry et aux petits comptoirs qui en dépendent directe-

Mes premiers soins ont été de prendre connaissance
de toutes les lettres de la Compagnie à ce même Conseil, et j'y ai vu que les anciennes étaient timbrées à
M. Law et à Messieurs du Conseil supérieur à Pondichéry, et les dernières depuis et par le *d'Argenson*
à Messieurs du Conseil supérieur à Pondichéry.

ment, même à Mahé, parceque pour la facilité des opérations, j'ai crû devoir faire ainsi cet arrangement en conséquence des pouvoirs que j'avais, et que j'ai encore. Mais tant que je suis dans l'Inde, je suis dans mon gouvernement, et ayant emmené le Conseil supérieur avec moi de Pondichéry, par des dispositions prises avec ce même Conseil, puisque tout cela a été réglé à Pondichéry moi à la tête du Conseil supérieur, sans qu'il y eut la moindre représentation contraire à ce sujet, (ce qui est assez prouvé par la conduite de Messieurs de Pondichéry pendant 7 mois) M. Boyelleau arrivant à Pondichéry ne peut certainement pas s'y trouver à la tête d'un Conseil supérieur qui n'y est pas.

Quelle conclusion voulez-vous tirer de là? Voulez-vous prétendre que la Compagnie, en ne me nommant point dans le timbre de ses lettres, me supposait absent de Pondichéry? J'ai prouvé la fausseté de cette prétention dans notre lettre du Conseil du 1er août, et mes preuves se trouvent fortifiées de jour en jour par les lettres qu'on reçoit d'Europe, puisque, selon vous, ces lettres continuent d'être adressées au Conseil supérieur seul, car assurément la Compagnie me croyait de retour à l'ondichéry au départ du vaisseau le *Marquis de Castries* ou du *Condé*. D'ailleurs une preuve que la Compagnie m'a toujours supposé à Pondichéry, quoiqu'elle savait très bien que je devais aller dans le Bengale, c'est que toutes ses lettres particulières me sont adressées comme si j'étais à Pondichéry. Je défie qu'on me montre une seule lettre de la Compagnie qui me soit adressée à Bengale, ainsi la Compagnie m'écrivant comme à Pondichéry, il fallait bien qu'elle y supposât le Conseil supérieur, puisque d'ailleurs c'est le lieu fixé pour sa résidence, ainsi que pour la mienne.

Voulez-vous prétendre de ce timbre où le seul Conseil supérieur est nommé, que c'est à ce seul Conseil à décider des opérations qui concernent la Compagnie? Eh! mon Dieu! qui vous le dispute?

Je les ai lues avec beaucoup d'attention, et toutes contiennent des ordres directs qu'elle adresse au Conseil supérieur, avec ordre à plusieurs reprises d'adjoindre ses volontés aux Conseils de Chandernagor et de Mahé, pour la partie qui les regardait seulement, toutes encore recommandant au Conseil supérieur à Pondichéry de lui rendre compte des opérations des autres comptoirs, de réformer les abus qui pourraient s'y trouver, d'en régler les dépenses avec la plus grande économie. En un mot, elle le charge généralement de toutes les parties de son administration quelconque et le rend responsable en son propre et privé nom de l'inexécution de ses ordres.

La dernière enfin par le *Condé* du 23 décembre 1766, par laquelle elle marque au Conseil supérieur à Pondichéry la réception des trois lettres que vous lui avez écrites au commencement de 1765, dit positivement de lui faire part des arrangements que vous aurez pris ensemble conjointement pour le rétablissement de la nation dans le Bengale.

Après ce qui est dit ci-dessus, tout cet article ne prouve rien pour vous. La Compagnie adresse ses ordres au Conseil supérieur qu'elle suppose de retour à Pondichéry, et en conséquence, les opérations des reprises de possession étant terminées dans le Bengale, elle y suppose un Conseil à Chandernagor, tout cela est très naturel. La Compagnie qui ne pouvait savoir ce qui me retenait ici, parle comme si l'administration dans l'Inde avait pris le cours fixe qu'elle doit avoir, mais elle ne l'aura que lorsque je serai à Pondichéry, lorsque j'aurai, comme dit la Compagnie, fini mon cours de mission. Le Conseil de Chandernagor n'existe point encore, c'est le Conseil supérieur de l'Inde qui est ici avec moi, j'en suis le président, et comme tel, dit Sa Majesté, je dois rendre la justice à ses sujets, conformément à l'édit d'établissement du Conseil de Pondichéry en février 1701, cela me parait sans réplique.

Qu'est-ce que cela dit contre moi ? La Compagnie me supposant ainsi que le Conseil supérieur de retour à Pondichéry, il est bien naturel qu'elle demande le détail des arrangements que nous avons pris ensemble pour le rétablissement de la nation dans le Beagale. Je vous dirai que cela ne se peut selon vous-même, puisque vous prétendez ci-après que la Compagnie ne veut pas que le Conseil supérieur traite particulièrement avec le gouverneur général; c'est bien la preuve que l'intention de la Compagnie était que le Conseil supérieur fut avec moi à Bengale, je ne pouvais bien prendre des arrangements que sur les lieux. Si vous dites qu'elle me suppose encore dans le Bengale (ce qui n'est pas), je soutiens que dans ce cas elle y suppose aussi le Conseil supérieur. De ce que les lettres adressées au Conseil supérieur sont timbrées Pondichéry, il ne s'ensuit pas que le Conseil supérieur y soit nécessairement, autrement il faudrait dire que, de ce que les lettres particulières qui me sont adressées par la Com-

Mais ce qui est frappant, Monsieur, c'est la défense
que la Compagnie fait au Conseil supérieur à Pondichéry de traiter de ses affaires particulièrement avec
les Gouverneurs, Commandants en chef des comptoirs.
Elle s'explique formellement et dit qu'elle veut que
toutes les correspondances désormais soient entre les
Conseils et non autrement.

pagnie sont timbrées Pondichéry, il s'ensuit nécessairement que j'y suis, tandis qu'effectivement je me trouve
dans le Bengale; vous n'avez pas envie de faire de moi
un double personnage.

Ou vous avait mal lu les ordres de la Compagnie, ou
l'extrait que Messieurs de Pondichéry nous ont envoyé
est faux, et ne dit pas assez.

Voici ce qui est dit: Art. 12. *Toutes les affaires de
commerce et d'administration doivent être traitées de
Conseil à Conseil, afin qu'on puisse y suppléer par des
lettres particulières.* Vous aurez la bonté de remarquer qu'il y a une faute dans cet extrait, ainsi que dans
tout ce que Messieurs de Pondichéry nous ont envoyé,
je ne finirais pas à les relever, il faut le mot *sans* au
lieu d'*afin*.

Vous voyez que dans cet extrait, il n'est pas question
de gouverneur, il n'y en a qu'un dans l'Inde, et je le
suis. La Compagnie me supposant avec le Conseil supérieur à Pondichéry, et parlant à ce seul Conseil dont
je fais partie, ne pouvait lui défendre de traiter particulièrement de ses affaires avec le gouverneur; mais
au surplus, si le mot gouverneur est stipulé, ce que je
ne puis savoir puisqu'on ne m'a pas envoyé les lettres,
je soutiens,

1° Que c'est une défense non pas faite particulièrement au Conseil supérieur de Pondichéry, mais une
défense générale à tous les Conseils, et en ce cas la
Compagnie peut très bien avoir mis le mot gouverneur,
voulant dire par là que les directeurs commandants,
chefs, ne doivent pas traiter avec le gouverneur particulièrement.

2° Que la Compagnie pourrait bien avoir mis par erreur le mot de gouverneur au lieu de directeur, comme
je l'ai remarqué dans d'anciens règlements; elle peut
très bien sans s'attacher scrupuleusement aux titres
qui conviennent à chacun dans le cours d'une lettre,

avoir donné celui de gouverneur aux directeurs soit de Bengale, soit de Mahé. Loin de chercher à tirer de fausses conséquences de ses expressions, notre devoir est de les prendre dans le sens le plus naturel et le moins contraire à ce qu'elle peut avoir déjà ordonné, afin de ne point la mettre en contradiction avec elle-même.

J'espère qu'avec un peu de réflexion vous trouverez que mes répliques font évanouir ce que vous croyez voir de si frappant contre moi dans les ordres de la Compagnie. Encore une fois, ces ordres, ces arrangements sont fondés sur la supposition que l'administration dans l'Inde a pris un cours fixe, ce qui n'est pas et ne peut être qu'à mon retour à Pondichéry. La Compagnie dit positivement que pendant le cours de ma mission, le Conseil qui est à Pondichéry doit suivre mes instructions et mes ordres, cela est clair, il n'y a point d'équivoque. A-t-elle dit quelque part dans ses réglements et ses nouveaux ordres qu'il ne faut point s'en tenir qu'aux premiers qu'elle m'a donnés?

A. Il le fallait cependant et de la manière la plus claire, pour autoriser M. Boyelleau à se croire président du Conseil supérieur, sans cela il est coupable de désobéissance et d'une rébellion de la plus grande conséquence. S'il ne tient qu'à un particulier de donner tel sens qu'il jugera à propos aux lettres qu'il reçoit, sans consulter celui qui est son supérieur dans l'Inde, s'il peut par là boulverser tout un gou-

A. Ce n'est pas pour vouloir l'être, comme dit M. Law, coûte que coûte, que M. Boyelleau est et se trouve être président du Conseil supérieur, et nous pouvons bien assurer qu'il n'a pas même été question de la moindre chose entre nous, de la plus petite démarche ni prétention particulière de sa part à ce sujet. Il l'est et se le trouve en vertu de l'édit de création de 1701, et par une suite, un ordre

vernement, à quelles catastrophes ne doit-on pas s'attendre à être exposé par la suite dans un pays aussi éloigné?

Au surplus, avec les pouvoirs que j'ai tant du Roi que de la Compagnie, quelque chose qu'il y ait dans les nouveaux ordres qu'on dit qu'on a reçus à Pondichéry, je suis en droit de les nier tous, et je serais même coupable si je les acceptais sur de simples extraits signés par des personnes en qui je ne devrais reconnaitre aucun pouvoir. Vous n'auriez donc qu'à me marquer dans une lettre signée de tout votre Conseil que le Roi et la Compagnie m'ordonnent de repasser en Europe. Faudrait-il que je vous obéisse? A quoi ne m'exposerais-je pas? Ce n'est ainsi, mon cher Monsieur, que les affaires vont. M. Boyelleau, à son arrivée dans l'Inde, persuadé que les ordres de la Compagnie le rendaient président du Conseil supérieur, devait aussitôt faire tirer des copies authenti-

naturel dans toutes les affaires, que le premier, le plus ancien, ne fut-ce que d'une assemblée, en est le président. Aussi, nous ne croyons pas que ce soit à ce titre dont M. Law et son Conseil veuillent lui faire un crime et lui reprocher, mais bien de celui de croire et de penser ainsi que nous, que la supériorité dans l'Inde réside dans le Conseil de Pondichéry, et non dans celui de Chandernagor, où toute autre part ailleurs, par rapport à la seule présence de M. Law, comme il l'a d'abord prétendu, et ce ne serait jamais un crime de rébellion de la plus grande conséquence, comme nous en taxent en toutes occasions M. Law et son Conseil, ce serait au plus erreur de sentiment ou d'opinion, dont nous nous flattons qu'à tout évènement la Compagnie se félicitera par la conduite que nous avons tenue. Aujourd'hui la Compagnie décidera si dans le cas où elle donnerait des ordres contre le gouverneur, la

ques de ces ordres, et envoyer un Conseiller ici avec les originaux même qu'on aurait lus en plein Conseil. C'était une marche toute naturelle, on eut discuté les points en question, et si j'avais aperçu qu'il y eut dans les lettres de la Compagnie quelque chose de contraire aux arrangements que j'ai pris pour ses affaires pendant le temps que doivent durer les reprises de possessions, je me serais soumis sans la moindre difficulté ; mais il est aisé de voir que les éclaircissements ne convenaient point à M. Boyelleau, il voulait être président du Conseil supérieur coûte que coûte, et faire tout à sa guise ; l'envoi d'un Conseiller avec ses pièces à l'appui, aurait détruit entièrement son projet. Le Conseil chargé de le soutenir, convaincu par les preuves les plus évidentes, se serait rendu lui-même à la raison, comme a fait M. Nicolas. M. Boyelleau ne me connait pas, il se fonde sur certaines facilités que,

marche qu'indique M. Law serait celle à suivre pour les exécuter.

B. M. Boyelleau non plus que nous, n'avons jamais communiqué aucunes idées, rien exigé de M. Law nommément ni en particulier. Nous avons traité, écrit, et parlé au Conseil de Chandernagor en conséquence, et appuyé des ordres de la Compagnie. Si M. Law y trouvait du désavantage à ses intérêts par rapport aux changements de circonstances, des lieux et des temps, il pouvait au plus, seul et de son autorité privée, si la Compagnie lui en a donné le droit, en suspendre l'exécution et lui en rendre compte, en s'appuyant d'une délibération du Conseil de Chandernagor, ce que ce Conseil a de lui-même droit, sans même la présence ni l'autorisation du gouverneur et du commandant général, mais nous ne croyons pas d'ailleurs qu'il y ait rien ni aucun article dans notre lettre du 24 mars qui y puisse donner lieu.

peut-être, lui a-t-on dit, que j'avais. Je suis en effet le plus porté du monde à suivre un conseil de quelque part qu'il me vienne, lorsque je le crois sensé; je donne volontiers ma confiance à telle personne en qui j'ai crû reconnaitre de la probité et des talents, et je laisse à cet égard crier qui voudra, parceque je sais qu'il ne m'est pas possible de contenter tout le monde, mais M. Boyelleau verra que je ne suis pas aussi facile qu'il le pense. Je ne serai peut-être pas le maitre d'empêcher que cette affaire n'aille aux pieds du trône, et pour lors, Dieu sait ce qui en arrivera. Tout ce que je sais, c'est que si je m'étais aller **B**. aux idées de M. Boyelleau, le Ministre et la Compagnie étaient en droit de me casser et de me déshonorer à jamais comme un homme incapable de commander : il en serait de moi comme d'un commandant qui aurait livré sa place à l'ennemi sans y être forcé et sans un ordre positif de son maitre.

C. Nous ne voyons sur notre régistre de délibération, ni sur celui des arrêts dans le premier, aucune délibération pour le rétablissement non seulement dans le Bengale, mais même pour aucun des comptoirs, dont cependant M. Law convient lui-même à la nécessité et qu'elle lui était recommandée par la Compagnie: donc, M. Law a crû agir et a agi toujours seul. Car comment peut-il constater sa conciliation, la consultation avec le Conseil supérieur, autrement que par une délibération? Nous souhaitons qu'il se soit mieux comporté à cet égard dans le Bengale qu'il ne l'a fait ici.

Sur le régistre des arrêts nous n'en voyons aucun pour cette transmigration du Conseil supérieur. Est-il temps après plus d'un an, de vouloir l'établir et de droit, et cela encore par lettres, etc? Et ce plan imaginé aujourd'hui par M. Law, n'est pas bien trouvé, car la Compagnie lui dit de prendre des arrange-

L'établissement du comité à Pondichéry est encore une nouvelle preuve démonstrative que la Compagnie n'a pu ni n'a jamais entendu que le chef-lieu, et conséquemment le Conseil supérieur fût ailleurs qu'ici. Voilà donc l'autorité du Conseil supérieur à Pondichéry bien établi par nos supérieurs communs! Permettez, Monsieur, que je passe à ce qui fait le fondement de tout dans la diversité d'opinions où nous sommes.

C. Mais, Monsieur, qui est-ce qui prétend révoquer en doute que le Conseil supérieur doit être fixé à Pondichéry? Je suis le premier à en convenir; tout doit y ressortir, tous les comptoirs doivent y être portés, et cela ne tardera pas. Mais encore faut-il donner le temps aux opérations de se faire. La résidence de ce Conseil supérieur sera fixée à Pondichéry, et l'est même déja, ce n'est ici qu'une absence qui disparaitra lorsque mon cours de mission sera achevé, pendant lequel la Compagnie dit positivement que je suis maitre de mes opérations, m'autorisant, ainsi que Sa Majesté, à donner des ordres partout. Elle marque dans ses dernières lettres que j'ai dû consulter le Conseil supérieur pour le rétablissement de la nation dans le Bengale; certainement cela ne pouvait autrement. Il faut bien que pour ce qui regarde les comptoirs qui lui appartiennent je consulte le Conseil supérieur, pour sa-

ments avec le Conseil supérieur, il est tout et bien plus naturel que toutes les suppositions de M. Law et de son Conseil, de croire que la Compagnie a toujours crû et pensé que c'était avec le Conseil à Pondichéry, parceque les arrangements pour la rentrée dans les établissements, tels que les demande la Compagnie, pouvaient pour ainsi dire se faire et se prendre d . . . . même, à plus forte raison à Pondichéry, sauf toutefois de tel endroit que ces dispositions eussent été faites et prises, les changements ou même inexécution totale auxquels des circonstances imprévues du temps auraient pu obliger et exiger.

La Commission de M. de Surville n'était que pour remplacer M. Law dans les opérations même subséquentes des reprises de possession, et expirait l'instant d'après, et l'effet en est sorti en son entier, puisqu'il est parti immédiatement après la reprise de possession des établisse-

voir ceux qu'on doit entretenir, qu'on doit abandonner, pour mille détails enfin. Je n'ai rien fait sur tout cela sans le Conseil supérieur, dès Pondichéry j'ai pris des arrangements avec lui; j'ai fait plus: pour mieux remplir les vues de la Compagnie, j'ai emmené ce Conseil supérieur avec moi prenant M. M. de Surville, Sainfray et Rouland, tous conseillers reçus au Conseil supérieur, de sorte que ce Conseil supérieur à Bengale devait se trouver composé:

du commissaire du roi, Commandant général et président de tous les Conseils dans l'Inde,
de M.M. de Surville, second l'Inde,
Renault, ancien directeur, de la Bretèche, ancien Conseiller.
Sainfray, ancien Conseiller.
Roland, ancien Conseiller.
Chevalier, nouveau Conseiller fait à Pondichéry.
Celui que je laissais à Pondichéry était composé de:
M. M. Nicolas, ancien Conseiller

ments de Bengale. M. M. Sainfray et Rouland ne sont pas plus anciens Conseillers que M. M. Dulaurens et du Petitval, ils le sont tous quatre de même date, et M. Law n'a emmené avec lui à Bengale M. M. Sainfray et Rouland que pour des raisons de convenance, tant pour eux que pour le service, le premier y avait maison et sa famille, le second, parceque c'était son comptoir d'habitude, et auquel il avait été attaché ci-devant par la Compagnie, même par rapport à ses connaissances particulières des mousselines. Au surplus, nous ne cessons de le répéter, où est la délibération, l'arrêt pour cette transmigration du Conseil?

M. Law équivoque à l'égard de M. M. Abeille, d'Hervilliers, Yzact, sur le terme d'adjoint qui n'a jamais été admis par la Compagnie, qu'elle a au contraire rejeté et refusé d'accepter de la création de M. Dupleix, qui d'ailleurs et dans le vrai, ne se dit que lorsqu'on admet pour le moment au juge-

— 236 —

Dulaurens) nouveaux Con-
du Petitval (seillers.

d'Hervilliers **sous** **m a r -**
/chands ad-
Abeille /joints au con-
\seil au cas qu'
Yzact /on en besoin.

Par ce simple exposé qu'on juge lequel devait être le supérieur. Tout homme sensé pourrait-il s'imaginer que j'eusse voulu prendre avec moi toute la tête du Conseil de l'Inde, et cela pour le bien du service, pour le soumettre ainsi que mon autorité, en qualité de Commissaire du Roi et de président de tous les Conseils, à cette seconde division dans laquelle il ne se trouve qu'un ancien Conseiller.

Il ne m'était pas même possible, vu le nombre et la variété des transactions à passer soit avec les anglais, soit avec les gens du pays, toutes des plus importantes dans les commencements d'un établissement, et qui toutes demandent la plus grande célérité, il ne m'était pas même possible, dis-je, de bien remplir ma commission sans emmener ici le Conseil supérieur ;

ment d'une affaire une ou plusieurs personnes pour compléter le nombre de juges nécessaire et prescrit pour l'ordonnance, mais jamais pour des personnes qui doivent siéger à perpétuité comme étaient destinés M. M. Abeille, d'Hervilliers et Yzact, et non pas au besoin, comme dit M. Law. La Compagnie peut s'en faire représenter la délibération du 29 mai 1765. Pourquoi d'ailleurs dans le tableau de la composition des deux Conseils que présente M. Law, ne met-il pas dans celui de Pondichéry.

M. M. Boyelleau,
Lagrenée,
Denis,
Duplant,
Lenoir,
Trémisot,
Robin,

qu'il attendait et qu'il cite lui-même dans ses instructions à M. Nicolas, lui disant de les faire recevoir à sa place, et dont les deux premiers étaient à Pondichéry lors du commencement de cette cause ou discussion, et auxquels

autrement le laissant à Pondichéry, à combien de longueurs ne me serai-je pas
exposé ? Aurez-vous voulu
qu'à chaque affaire im-
portante, à chaque article
d'une même affaire, car le
tout ne vient que succes-
sivement, j'eusse été obligé
d'écrire à Pondichéry ? Il
m'aurait fallu expédier vingt
pattemars tous les jours, et
les affaires n'auraient pas été
terminées en 10 ans, surtout
si M. Nicolas avait été du caractère de M. Boyelleau.
Vous auriez peut-être voulu
que comptant pour rien les
pouvoirs que j'avais et du
Roi et de la Compagnie,
j'eusse supplié M. M. Nicolas, Dulaurens, du Petitval,
de vouloir bien m'accorder
des pleins pouvoirs. C'eut
été donc pour amuser le
public à mes dépens ? Mais
d'ailleurs, c'eut été aller
directement contre les ordres de la Compagnie qui
m'enjoint de donner des ordres et instructions, en
partant de Pondichéry, au
Conseil que je devais y laisser, et qui veut que pen-
dant mon séjour dans le
Bengale, je lui laisse pas-

aucun de ceux du Conseil
de Chandernagor ne dispu-
te ni l'ancienneté, ni les
connaissances et la valeur.
Pour abréger, nous vous
laisserons, Messieurs, en
développer les motifs.

Ne pourrions-nous pas
dire sur toutes les prétentions de M. Law par rap-
port à son droit de nous
donner des ordres et de
l'obéissance aveugle que
nous y devions, que M. M.
Lenoir et Duplant eussent
dû être reçus et faits commandants, s'ils fussent arrivés seuls et les premiers,
quoique cependant la Com-
pagnie ne veuille pas, au
moins jusqu'à présent, les
admettre à son service. A
t-on jamais vu en outre
aucun président d'une cour
souveraine, tel qu'il soit,
prétendre que le siège de
l'autorité de sa cour serait
où il serait lui-même, parcequ'il se trouverait auprès
de lui des anciens ou vieux
Conseillers en plus grand
nombre que dans le lieu
ordinaire du siège ? Nous
ne croyons pas que l'idée
en soit jamais venue à
personne en France, il faut

L'édit du roi donné à Versailles en 1701, crée un
Conseil souverain à Pondichéry. Il y est positivement
expliqué qu'en cas d'absence du président, le plus
ancien Conseiller y présidera, qu'à défaut de Conseillers
pour composer le nombre 3 en matière civile et 5 en
matière criminelle, on y appellera même des marchands,
sous marchands ou négociants français. Cet édit qui
ne veut pas que le Conseil de Pondichéry cesse d'être
Conseil supérieur, prévoit tous les cas, afin qu'il soit
toujours ce qu'il a plû à sa Majesté de l'établir ; en conséquence elle l'honore de ses sceaux et lui accorde les
prérogatives, honneurs, dont jouissent les cours souveraines du royaume, et rend tous les autres Conseils des
cours souveraines de l'Inde dépendantes de celui de
Pondichéry. Je trouve cet édit et les sus dits sceaux
dans les archives du Conseil supérieur à Pondichéry ;
il est donc ce qu'il a toujours été, car pour qu'il y déroge, il faudrait qu'il y ait un nouvel édit du roi, qui
annulât son établissement, ou qui transportât le lieu de
son siège ailleurs qu'à Pondichéry. Existe-t-il ce nouvel édit qui détruit le Conseil supérieur de Pondichéry,

ser des ordres pour l'exécution de ce que j'ai à faire
faire de ce côté là. Comme
vous voyez, ce que la Compagnie mande est une
preuve qu'elle voulait que
je prisse le Conseil supérieur avec moi à Bengale, je
l'ai fait et crois avoir bien
fait. Ce Conseil supérieur
retournera à Pondichéry
qui est et doit être le lieu
de sa résidence ; il n'est ici
que pour le temps néces-
saire aux opérations.

En convenant de pres-
que tout ce que vous dites
dans cet article, rien de
plus aisé que de réfuter
les conséquences que vous
voulez en tirer.

Il ne s'agit pas entre le
Conseil de Pondichéry et
moi de savoir où le Con-
seil supérieur doit être
fixé, il doit l'être à Pondichéry, cela est décidé. La
question est de savoir si
j'ai pû le transporter avec
moi à Bengale.

Le Conseil supérieur que
j'ai établi dans l'Inde par
ordre du Roi, est un nou-
veau Conseil établi sur l'ancien édit de création. Tous
les anciens Conseillers ont

être à 6.000 lieues pour le
penser ou vouloir paraitre
le penser.

Nous ne croyons pas au
surplus qu'il vous échappera, Messieurs, que M. Law
pour s'arroger plus d'autorité, et son Conseil pour
lui en déférer davantage,
confondent en tout et partout sa commission pour
la reprise de possession de
la main des anglais et les
pouvoirs qu'elle peut donner à cet égard, avec sa
commission, ses provisions
de gouverneur et de com-
mandant général, et les
pouvoirs qui y sont atta-
chés. Soit ignorance ou
affectation de leur part,
nous ne croyons pas l'un
plus excusable que l'autre
dans les uns comme dans
les autres, et dans tout un
Conseil qui veut porter
aussi loin ses prétentions.
Et de là ne serions-nous
pas plus en droit de dire
à ce Conseil qu'il n'a pas
vu cette commission de
M. Law pour la reprise de
possession, qu'il ne l'a été
de nous dire, que nous
n'avons pas vu ni la date
ni la suscription des lettres

ou qui établisse son siège dans un autre lieu? Voilà la question, Monsieur, sans ce nouvel édit, toutes les prétentions du monde sont nulles. Cet édit qui crée le Conseil de Pondichéry seul souverain dans l'Inde, n'a jamais entendu qu'il perdit cette belle prérogative par absence de son président, puisqu'il nomme au contraire le plus ancien Conseiller pour y présider, et ainsi jusqu'au dernier. Ceci mérite les plus sérieuses considérations de votre part.

été réformés, **D** il a été même décidé que pour les nouveaux, quels qu'ils fussent, il fallait de nouvelles commissions. Lorsque je suis parti d'Europe, on ne savait pas dans quel endroit de l'Inde ce nouveau Conseil supérieur serait établi, il pouvait être fixé à Karikal ou dans tout autre endroit que Pondi-chéry, et cela nonobstant les ordres de la Compagnie même, par lesquels elle fixe le Conseil supérieur à Pondichéry, parceque ses ordres n'étaient qu'en conséquence des suppositions qu'elle faisait, ignorant d'ailleurs les difficultés que j'aurais pu rencontrer pour le rétablissement de Pondichéry. Pour lors sans doute il aurait fallu par la suite un autre édit, **E.** non pas de création, mais seulement de transposition de Pondichéry à cet autre endroit qu'on aurait choisi, mais en attendant les réponses d'Europe, je n'en avais pas besoin, et cela est prouvé par ma commission du roi qui en me qualifiant de président du

de la Compagnie que nous ui avons citées? Car si le Conseil de Chandernagor eut vu cette commission pour la reprise de possession de la main des anglais, il y eut vu qu'elle ne donne de pouvoirs à M. Law que pour cet instant, et qu'elle n'enjoint à qui que ce soit de le reconnaitre, de lui obéir en la dite qualité, donc qu'elle ne lui donne aucun pouvoir, cet acte une fois fait.

D. Si cette décision est vraie, M. Law en ayant eu connaissance, puisqu'il la cite, il a donc eu grand tort d'admettre M. M. Boyelleau, Renault, de la Bretèche, Nicolas, Lagre-née, etc. et il n'y aurait donc eu de Conseillers que de sa façon et création, comme il dit quelque part.

E. il n'y a pas de loi contre les cas forcés, mais tous ceux possibles, contre la reprise de possession, le rétablissement de Pondi-chéry vaincu, Pondiché-ry rétabli, il n'y a point d'axiomes, point de suppositions qui puissent en ôter le droit de la supériorité

Conseil supérieur, ne dit du siège, ni supposer une pas de Pondichéry, pour transmigration possible prévenir les objections sans un nouvel édit du roi. qu'on pourrait faire à mes

pouvoirs, parce qu'en effet on ne savait pas si on pouvait établir le Conseil supérieur à Pondichéry, mais qui dit que comme président du Conseil supérieur (et cela veut bien dire partout où il sera) je dois rendre aux sujets de sa Majesté la justice tant civile que criminelle, conformément à l'édit d'établissement du Conseil de Pondichéry du mois de février 1701, ajoutant que je suis autorisé à faire généralement tout ce que je jugerai à propos pour le rétablissement des comptoirs du commerce, et la gloire du nom de Sa Majesté. Cela est-il clair? Ainsi, comme vous voyez, le nouveau Conseil Supérieur, fondé sur l'ancien édit de création, qu'on peut en ce sens nommer le Conseil de Pondichéry, pouvait être fixé ailleurs qu'à Pondichéry même; cet édit de création en attendant l'autre, aurait ressorti son plein et entier effet, quoique portant le nom de Pondichéry, et je n'avais pas besoin d'un nouvel édit, encore moins en ai-je besoin à présent pour avoir ce Conseil supérieur avec moi à Bengale où il ne s'agit pas de le fixer, où il n'est venu que pour le temps nécessaire aux opérations, et par un cas forcé; cela est hors de doute, puisque Sa Majesté a bien voulu m'autoriser à faire tout ce que je jugerai à propos, etc. Vous dites que tous les cas sont prévus dans cet édit de création, je vous soutiens que non, où est-il question du cas où je me trouve? En l'absence du Gouverneur Général, c'est le second qui préside au Conseil Supérieur, à la bonne heure. Mais ici c'est le Conseil Supérieur de l'Inde lui-même qui se trouve absent de Pondichéry seulement, c'est le Gouverneur Général, le Commandant immédiat après lui et deux des premiers membres du Conseil Supérieur qui partent ensemble pour les opérations à exécuter dans le Bengale. Où est-il dit dans

l'édit de création que le Conseil Supérieur et sur tout un nouveau Conseil Supérieur ne pourra se transporter pour un temps dans un autre endroit qu'à Pondichéry. Il y a des cas où cela peut arriver nécessairement pour le bien des affaires ; la peste n'a qu'à survenir dans Pondichéry lorsque le Conseil supérieur y sera de retour, ce Conseil sera t-il obligé d'y rester ? **F.** Et s'il se trouve à Karikal par exemple, ou à Yanaon, en sera t-il moins le Conseil supériéur de Pondichéry, parce qu'il se trouvera hors de cette place ? Non, Monsieur, il doit toujours étre censé Conseil supérieur partout où il sera, pourvu qu'il ne sorte point de son district, et ce district s'étend par toute l'Inde.

Voici encore un cas où l'édit de création ne dit rien parcequ'il n'est guère possible dans ces sortes de pièces d'entrer dans tous les détails. L'édit de création ordonne que dans le cas d'absence du gouverneur général, ce sera le second qui sera le président. L'édit doit entendre par là toutes sortes d'absences, car vous m'avouerez qu'il y a sur ce sujet des distinctions à

F. Nous ne croyons pas la peste un cas suffisant pour autoriser une cour de justice à transporter ailleurs son siége, ce sont au contraire de ces occasions où les magistrats doivent l'exemple, et par leur fermeté soutenir le courage abattu des habitants. Au surplus, nous ne croyons guère possible de lire sans rire de pitié, toutes les hypothèses, les suppositions tirées d'autres suppositions répandues dans cet article, par conséquent impossibilité inutile d'y répondre, comme à celle de président absolu, ou de président représentatif. Nous ne croyons pas qu'aucun président même premier, ait prétendu l'absolu, il serait inutile qu'il eut des Conseillers sous lui et avec lui.

faire. Le second sera donc président, mais il peut l'être de différentes façons analogues à l'espèce d'absence

dont il sera question.   Il peut être président absolu (j'a¡
idée qu'on pourrait trouver quelque épithète plus convenable, mais elle ne me vient pas.   Au reste j'entends
par là président par lui-même, sans réserve, sans res-
trition), ou bien il peut être seulement président représentatif.   Si, par exemple, je venais à mour ir ou à
sortir de mon gouvernement, c'est-à-dire de l'Inde, le
second se trouverait sans doute président absolu du
Conseil supérieur, mais Dieu merci j'existe encore, je
suis même dans mon gouvernement, et pour lors il ne
peut être que président représentatif, du moins en
matière d'administration, c'est-à-dire qu'il représente
moi, mon individu qui suis, véritablement le président
absolu, qui forcé de m'absenter du siège principal, du
lieu fixé pour ma résidence et cela pour les affaires
même de mon gouvernement, suis censé avoir déposé
une partie de mes pouvoirs entre ses mains pour agir
comme j'agirais moi-mêmet En ce cas, ce présiden.
représentatif ne peut et ne doit rien faire d'intéressant
en matière d'administration sans me prévenir, à moins
que par les instructions que je lui aurai laissées, il n'y
soit autorisé, mais toujours doit-il me rendre un compte
exact de tout ce qu'il fait. Autrement dans quelle confusion ne tomberions-nous pas? Ce serait une véritable
anarchie.   Ce n'est pas la distance du lieu qui décide,
dès ce que ce lieu n'est pas hors du gouvernement; si
un second peut se dire président absolu, parceque le
Commandant Général se trouvera à 200 lieues des limites de Pondichéry, il a droit de se le croire quand même
le Commandant Général ne serait qu'à 4 lieues, et
même à deux portées de fusil. C'est donc à dire que
moi, Commandant Général de la Nation dans l'Inde,
véritable président du Conseil Supérieur, je n'aurais
qu'à vouloir passer 2 à 3 jours pour ma santé à la
taupe des tamariniers, M. le second pourrait, sans me
prévenir, faire assembler le Conseil, défaire tout ce que

j'aurais fait précédemment, et se moquer de moi par dessus le marché. Vous conviendrez que ce n'est plus là un gouvernement. Tant que je suis dans l'Inde, je ne suis point à proprement parler absent, mais au reste, ce que je viens de dire n'est que dans la supposition où je serais parti de Pondichéry, y laissant le Conseil supérieur, ce qui n'est pas, c est le conseil supérieur lui-même qui s'est transporté avec moi à Bengale.

Il faut certainement un édit pour détruire le Conseil supérieur, ou pour fixer son siège dans un autre endroit que Pondichéry ; mais il ne s'agit pas de cela on convient que le Conseil supérieur n'a pas même à présent d'autre lieu fixe pour sa présidence que la place de Pondi chéry, mais jusqu'à ce que

H. de ma mission ou plutôt de la sienne fut finie, il est nécessairement ambulant. Que sais-je? Si le cas le requiert je me transporterai avec lui à Mahé, ce sera bien un autre histoire.

Vous avez trouvé dans les archives de Pondichéry l'édit et les sceaux du roi, cela est vrai, et je

H. La mission de la reprise de possession n'a rien de commun, aucun rapport, avec les droits de justice, pas même ceux d'administration, et nous n'avons jamais rien dit, disputé à M. Law sur les droits de sa commission pour la reprise de possession.

vous en ai dit la raison dans notre lettre du 1er août. Je ne croyais pas en avoir besoin ici, et devant retourner le plus tôt possible avec le Conseil Supérieur à Pondichéry, il m'était inutile de faire courir à ces pièces les risques d'un voyage. Mais si javais pù prévoir les idées singulières qu'a fait naitre M. Boyelleau, je vous réponds bien que je les aurais em-

portées. **I.** Vous m'avouerez que je le pouvais très

I. Cela est vrai, tout étant facile, et n'y ayant à

facilement, il n'y aurait pas eu même la moindre représentation, et au reste, en cas de représentation, cela eut été fait par une délibération du Conseil Supérieur auquel je présidais.

proprement parler rien d'impossible à un gouverneur despote dans ces pays-ci, nous n'en avons fait, et les affaires, qu'une trop triste expérience. C'est à la Compagnie, par ses réglements, et encore plus par sa fermeté et sa sévérité, à tenir la main à leur exécution envers et contre tous et quiconque, à aller au devant, prévenir toutes ces faciltés pour l'autorité despotique, et enfin à décider, puisque la question en est agitée, si le transport des sceaux, la transmigration du siège de l'autorité supérieure sont permis, et à la volonté du Commandant Général. etc.

Nous croyons que la Compagnie doit toute son attention à cette phrase ; *vous m'avouerez que je le pouvais très facilement, il n'y aurait pas eu la moindre représentation ; et au reste, en cas de représentation, cela eut été fait par une délibération du Conseil Supérieur auquel je présidais.*

K. Il eut été même à souhaiter pour M. Boyelleau que je les eusse emportées, cela lui eut épargné les désagréments que ne peut lui occasionner par la suite cette pièce honteuse, monument de son ignorance et de son dépit, qu'il a lâchée indignement contre le Conseil qui est ici, et qu'il a fait signer je ne sais trop comment de tout son Conseil. Il faut que cet homme ait le ton bien per-

K. M. Boyelleau sans le ton ni les talents rien moins que persuasifs, persuade parce qu'il ne dit jamais que le vrai, ne proposant rien que de juste et de convenable et pour le plus grand bien des intérêts de la Compagnie, ne rougissant pas de revenir sur lui-même sur ses pas, quand il s'est trompé. Tant qu'il n'emploiera que de pareils moyens, il doit et persuader à toujours, à

suasif, je tremble qu'à mon retour à Pondichéry, il ne me tourne contre moi-même. moins que quelque intérêt personnel ne s'y oppose. Et nous pensons que M. Law n'a rien de mieux que d'adhérer, déférer aux Conseils de modération que M. Boyelleau se propose de lui donner à son arrivée, pour ne pas pousser les choses à l'extrème, comme l'autorité de sa place ne lui en donnera que trop de facilité, et enfin pour qu'il n'occasionne pas de plus grands maux que ceux qu'il a faits jusqu'à présent, qui ne sont rien puisqu'ils n'intéressent que nos personnes, dont nous ferons volontiers le sacrifice pour le plus grand bien des affaires et la douceur de la tranquillité.

L. Vous nommez le Conseil qui est ici le Conseil de Chandernagor en le prenant dans le sens qu'on donnait autre fois à cette détermination, vous **L.** M. Law n'aurait pas dû avoir déja oublié qu'il n'y a jamais eu à Pondichéry que le sieur Roulond seul. vous trompez Monsieur, il n'y a point encore de Conseil proprement dit de Chandernagor, on en établira un lorsque je partirai d'ici. Il me parait que vous vous attachez trop scrupuleusement aux anciens termes qui ne peuvent convenir que lorsque l'administration de l'Inde aura pris le cours qu'elle doit avoir. S'il n'y avait jamais eu de Conseil à Chandernagor, vous auriez eu moins de peine à reconnaitre celui-ci pour supérieur, comme on a reconnu sans hésiter la supériorité de celui qui était à Karikal avec moi, où il n'y avait point eu auparavant. Quoi ! direz-vous que parcequ'il n'y a jamais eu qu'un Conseil subalterne à Chandernagor, le Conseil Supérieur n'a pu s'y transporter ? Après la reprise de possession de Pondichéry, j'ai été encore à Karikal avec le Conseil, ayant laissé un Conseiller et même deux, je crois, à Pondichéry, avec plusieurs employés.

M. Ce Conseiller pouvait donc, selon vous, se dire président du Conseil Supérieur, il n'avait qu'à faire des Conseillers comme a fait M. Boyelleau, et les faire opiner eux-mêmes

M. M. Boyelleau n'a fait aucun Conseiller, nous l'étions tous avant son arrivée, nos expéditions du mois d'Octobre 1765 doivent vous en convaincre.

pour leur propre élection. Etant dans Pondichéry, puisque c'est le seul endroit où peut être le Conseil Supérieur, il pouvait me donner des ordres à Karikal et me renvoyer en Europe. Par ma foi j'aurais été bien attrapé. Il pouvait même, suivant la lettre du sieur Jaillet, ne me pas reconnaitre comme commissaire du Roi, cela aurait fait une petite comédie assez amusante.

Il ne s'agit pas entre le Conseil qui est aujourd'hui à Pondichéry et moi, de ce que j'ai dû faire, mais de ce que j'ai pu.

N. Avais-je le droit de transporter le Conseil Supérieur pour un temps hors de Pondichéry? Je crois l'avoir prouvé évidemment par tout ce que

N. Nous disons que non, et nous ne croyons pas nous tromper, c'est cependant tout et notre seule crime.

j'ai dit ci-dessus. Je dis plus, je ne pouvais faire autrement, les ordres du Roi et de la Compagnie sont positifs là-dessus.

M. Boyelleau n'est certainement pas plus autorisé que M. Surville qui était, ainsi que lui, nommé par la Compagnie second, et par conséquent commandant immédiat après moi, siégeant immédiatement après moi dans tous les Conseils. Qui de plus avait une commission de commissaire du Roi pour agir en mon absence. Je pouvais, si je l'avais crû nécessaire, laisser M. de Surville commandant par intérim à Pondichéry, comme je l'ai laissé à Karikal pendant mon séjour à Sadras, et certainement il n'aurait rien excécuté sans mes ordres, ou plutôt

33

sans ceux du Conseil qui est avec moi. En voici la preuve.

Dans mes ordres du Roi qui roulent tant sur ce qui regarde les reprises de possession que sur ce qui regarde l'administration des affaires, il est dit que dans quelque partie de l'Inde que je sois (ce qui prouve que pour n'être pas à Pondichéry, je ne dois pas être censé être absent de mon gouvernement), M. de Surville sera tenu d'exécuter ce que je lui prescrirai pour le bien du service. Pouvais-je, en partant de Pondichéry, donner à M. Nicolas des pouvoirs que M. de Surville, qui devait siéger avant lui, ne devait pas avoir? Par conséquent M. de Surville restant forcément sous mes ordres, ne pouvait être président du Conseil supérieur, par conséquent le Conseil supérieur ne pouvait être que celui qui était avec moi. Il le savait bien, aussi a-t-il toujours reconnu notre supériorité jusqu'à l'arrivée de M. Boyelleau. Comment M. Boyelleau qui a succédé à M. Nicolas, et qui très certainement aurait siégé dans un Conseil après M. de Sur-

ville, **O.** malgré sa qualité de commandant immédiat, pendant le peu de temps que M. de Surville devait rester dans l'Inde, pouvait il prétendre à d'autres pouvoirs qu'à ceux qu'avait M. Nicolas?

O. Nous pensons que M. Law décide encore là contre les intentions de la Compagnie, et qu'elle voulait que M. Boyelleau eut la préséance sur qui que ce soit après M. Law.

Le Roi m'autorise à donner des ordres partout et de quelle partie de l'Inde que je sois! Il est ordonné à mon second de m'obéir partout où il sera. Que veut de plus M. Boyelleau? A-t-il des pouvoirs qui détruisent les miens? Oui, je l'entends. Certaine combinaison d'ordres, d'arrangements envoyés par la Compagnie qui concernent l'administration de ses affaires, qu'il explique à sa façon, dont il ne me fait savoir que ce qu'il juge à propos,

P. et dont il veut voir l'effet sur le champ, sans attendre que la machine soit disposée pour recevoir le mouvement, voilà sur quoi sont fondés ses pouvoirs. Mais en vérité, mon cher Monsieur, cela peut-il tenir contre des ordres clairs et précis du Roi, auxquels cette même Compagnie m'ordonne de me conformer exactement.

Je crois avoir prouvé qu'il ne m'était pas possible de laisser le Conseil Supérieur à Pondichéry selon les ordres que j'ai reçus du Roi; je ne le pouvais pas non plus selon les ordres de la Compagnie. Cette Compagnie dit que

P. Nous devons à M. Boyelleau le témoignage qu'il n'a fait que nous proposer, demander l'exécution des ordres de la Compagnie, et pour réformer les abus, comme le disait M. Law par sa première lettre, et lorsqu'il sut M. Boyelleau arrivé; qu'il n'a rien fait, machiné pour son avantage particulier et personnel, ni pour les siens, ni pour aucun de ceux qui lui paraissent attachés. Ainsi, nous ne voyons pas à quoi vient, et nous ne pouvons comprendre sur quoi tombe cette phrase "et dont il veut voir l'effet "sur le champ".

je dois laisser en partant de Pondichéry des ordres et instructions au Conseil que j'y aurai laissé, et qu'il est chargé d'exécuter, que pendant mon séjour à Bengale je ferai passer des ordres à Pondichéry pour ce que je voudrai y faire exécuter, que je dois me conformer aux ordres donnés par Sa Majesté, par lesquels il est prouvé très clairement que je ne pouvais donner la supériorité sur moi à M. Nicolas, qui selon votre système, aurait dû l'avoir. Après cela comment pouvais-je laisser le Conseil supérieur à Pondichéry? Il m'aurait donc été subordonné, c'est ce que vous ne voulez pas. Mais d'ailleurs la Compagnie s'explique; elle veut que je n'exécute rien de ce qui la concerne en matière importante, sans me faire autoriser par des

délibérations prises conjointement avec le Conseil supérieur, où chacun débattra son avis, où tout ira à la
pluralité des voix, cela est dit dans les papiers que j'ai
emportés avec moi. Il faut donc que je sois toujours
avec ce Conseil supérieur, ce ne peut être certainement
avec celui que j'ai laissé à Pondichéry, qui, d'ailleurs
doit suivre mes ordres et instructions; il faut donc que
ce soit nécessairement avec celui que j'ai emmené avec
moi à Bengale, dont tous les membres sont commissonnés Conseillers au Conseil Supérieur, et qui, je crois,
sont tous aussi entendus et aussi zélés pour les intérêts
de la Compagnie que les Conseillers qui sont à Pondichéry. Il est donc prouvé tant par les ordres du Roi
que par ceux de la Compagnie, que je ne pouvais pas
laisser le Conseil Supérieur à Pondichéry; pour soutenir que je l'y ai laissé malgré moi, il faut prouver que
ce transport ne se pouvait faire par des raisons physiques ou métaphysiques, il faut supposer autour de
Pondichéry une ligne de circonférence au delà de
laquelle le Conseil Supérieur ne peut absolument passer,
quelques soient les ordres du Roi et de la Compagnie.
Vous m'avouerez qu'il y a de l'absurde et du comique
dans une pareille supposition. Je ne vois pas cependant
dant comment combattre mes preuves autrement. A
l'égard des raisons prises dans la métaphysique, je n'en
connais point, je ne crois pas que la théologie naturelle,
ou surnaturelle, les esprits de quelque ordre qu'ils soient,
se soient jamais mêlés de ce qui regarde le Conseil de
Pondichéry, le démon du vertige et de la désunion
pouvait bien cependant s'en être mêlé quelquefois. Au
surplus, si M. Boyelleau en a, il peut les faire valoir
hardiment, je n'ai ni assez de temps, ni assez d'esprit
pour y répondre.

Dieu m'est témoin que je n'agis point par haine, je
ne connais point M. Boyelleau, il ne m'a jamais fait du
bien, il ne m'a jamais fait du mal, du moins que je le

sache. Le mal qu'il me fait aujourd'hui regarde plutôt mon poste que moi.

Q. Comme il se dit anti gouverneur, si je n'étais pas gouverneur, nous serions probablement amis. Le mal qu'il fait attaque tous les principes fondamentaux de notre gouvernement que je suis obligé par ma charge de soutenir, autrement ma vie en répondrait. Je voudrais bien assoupir cette affaire, ne cherchant à perdre qui que ce soit, j'espère encore y réussir, surtout si vous voulez me donner la main,

Q. M. Boyelleau convient que M. Law eut dit plus vrai en disant anti gouverneur despote, car il proteste au contraire de tout son attachement pour tout gouverneur qui ne voudra que le vrai bien de la Compagnie, et pour l'aider de ses connaissances, lumières et talents particuliers, comme il en a fait ses preuves par son attachement à M. M. Dumas et Godeheu.

je crois que cela ne vous ferait qu'honneur.

J'aurais encore bien des réflexions à ajouter en conséquence de ce que vous me marquez, mais ce que j'ai dit suffit. J'ai lu, Monsieur, et relu avec la plus grande attention vos raisons, je leur ai supposé même d'autant plus de force que je sais qu'elles partent d'une personne qui veut le bien. Vous ne me croyez certainement pas assez fou pour vouloir me perdre de gaieté de cœur, aussi m'y rendrais-je, je vous assure, si je les croyais bien fondées, mais il me parait que vous avez perdu de vue l'état de la question, ou plutôt que vous ne l'avez pas bien saisie, et cela n'est pas surprenant,

R. puisque vous n'avez paru dans l'Inde que bien du temps après le commencement de toute cette histoire. Il ne s'agit pas du tout de prouver que le

R. M. Lagrenée a pour ainsi dire, été aussitôt de retour que M. Boyelleau, que la maladie avait empêché de prendre une connaissance particulière et

Conseil supérieur doit être fixé à Pondichéry, personne n'en doute, il s'agit de savoir si j'ai pu le transporter avec moi ailleurs pour un temps qui me paraissait d'abord devoir être assez court, mais que des circonstances forcées ont prolongé.

du détail des affaires jusqu'à l'arrivée de M. Lagrenée, et il s'est trouvé au commencement de toutes ces affaires, puisqu'il a lui-même travaillé aux réponses au Conseil de Chandernagor, qui y ont donné lieu.

Le parlement de Paris est fixé à Paris, malgré cela il peut dans certains cas se transporter et tenir ses séances dans quelque autre endroit de son district. Que le Roi établisse un Conseil d'administration dans une province, il sera sans doute fixé dans la capitale, malgré cela, suivant l'exigence des cas il peut avoir la permission, l'ordre même de se promener par toute la province, le président à sa tête, et les membres qu'il pourrait avoir laissés dans la capitale, ne s'aviseront certainement pas à lui donner des ordres.

S, Milord Clive qui a toute l'étendue du Bengale et ses dépendances à parcourir, tient son Conseil où il veut, et donne des ordres à ceux qu'il laisse à Calcutta, résidence fixe du Conseil, personne ne s'avise d'y trouver à redire. J'ai consulté les hollandais, que le général de Batavia, avec une partie de son Conseil soit forcé pour des affaires intéressantes (il n'en peut exister de plus intéressantes que

S. L'exemple de M. Clive n'est point à citer dans la cause présente, parceque dans la Compagnie d'Angleterre, la partie du Bengale est indépendante de toute autre dans l'Inde, ne dépend et ne rend compte qu'en Europe directement. D'ailleurs, M. Clive a fait une espèce de traité avec l'Etat pour la partie du Bengale qui l'y rend en quelque façon indépendant à la Compagnie même.

celles dont je suis chargé), de se transporter soit à Bengale, soit ailleurs, le Conseil qui sera avec lui donnera des ordres partout, celui qu'il aura laissé à Batavia sera obligé de lui obéir. C'est, dit-on, la chose du monde la plus simple, l'on ne conçoit pas comment on peut avoir une autre idée.

Je prétends donc, et je prouve clairement que j'ai pu faire ce transport, cela me suffit. Il ne s'agit pas non plus de savoir si je l'ai dû faire, c'est avec mes supérieurs qu'il en sera question, et je suis persuadé qu'ils voudront bien convenir que j'ai fait ce que je devais faire.

Je souhaite que les éclaircissements que je viens de vous donner, vous fassent revenus, prenant pour ce qui vous regarde le plus vif intérêt, j'ose encore me flatter, je pourrais même dire que j'en suis sûr, tant la chose me parait claire. Si vous aviez été avec moi dans le Conseil au moment de mon départ de Pondichéry, où probablement je

Quant à l'exemple du général de Batavia, c'est citer l'impossible, mais en admettant même la possibilité, comme ce ne serait que pour une commission particulière et momentannée pour laquelle tous les arrangements auraient été pris et faits en Conseil avant son départ, peut-être le Conseil restant à Batavia, ne lui dirait-il plus rien sur tout ce qui aurait rapport à cette commission, remettrait tout à sa décision particulière, mais pour ce qui est du Conseil et des affaires générales et autres que celles du ressort où ce général se serait transporté, nous ne doutons pas que le Conseil de Batavia n'y conservât son autorité, et n'y donnât des ordres. C'est positivement la conduite que nous avons tenue à l'égard de M. Law, nous ne lui avons jamais rien disputé, rien dit concernant sa mission, sa commission des reprises de possession, pas même sur les affaires d'administration qui peuvent dépendre des lieux et des cir-

vous aurais laissé comme commandant avec M. M. Dulaurens, du Petitval, et quelques sous-marchands comme Conseillers ad-joints, de bonne foi, je m'en rapporte à vous-même, mon cher Mon-sieur, auriez-vous préten-du donner des ordres au Conseil que j'emmenais avec moi au Bengale? Peut-être auriez-vous fait quel-ques représentations qui auraient servi à faire naitre des éclaircissements, et à prendre certaines précau-tions que j'ai crû inutiles. parceque nous étions tous d'accord, et que je ne con-naissais pas le carac-tère de M. Boyelleau. Je vous aurais produit mes pouvoirs, mes ordres, tant du Roi que de la Compa-gnie, je vous aurais prouvé ainsi qu'à tout le Conseil, qu'il était nécessaire que j'emmenasse le Conseil su-périeur avec moi à Ben-gale, on eut passé une dé-libératian à la pluralité des voix, et tout aurait été fini. L'opération est faite, (il n'y a point eu de délibération, il est vrai, mais elle n'était

constances. Nous avons remis ce dernier objet à ses connaissances et lumiè-res particulières, ainsi qu'à celles du Conseil même, et nous n'avons écrit à ce Conseil que sur les affaires d'espèces générales de l'ad-ministration, en consé-quence et appuyés des or-dres même de la Compa-gnie. Faites-vous. Mes-sieurs, représenter s'il vous plait, notre lettre du 9 Mars 1766. et nous pen-sons que non seulement à l'égard de cet objet. mais de tous autres qui ont rap-port et tiennent à l'admi-nistration de la Compagnie, le Conseil de Chanderna-gor en devait compte au Conseil Supérieur à Pon-dichéry. nonobstant la pré-sence de M. Law, pouvant tout au plus s'appuyer de son approbation dans leurs délibérations. Car enfin M. Law va revenir, où reste-ront, où seront déposés les régistres de son prétendu Conseil supérieur ambu-lant. et actuellement à Chandernagor? Resteront-ils dans les archives de Pondichéry, sans que nous

point nécessaire, vu les pouvoirs que j'avais), et puisque d'ailleurs, personne me faisait la moindre représentation contraire. Quoi ! dira-t-on, que parcequ'il n'y a point eu de délibération, la chose n'a point été faite ? Mettez que j'ai fait une faute en ne faisant point passer de délibération, c'est au Ministre et à la Compagnie que je dois répondre de cette faute, la chose n'est pas moins faite. Certainement M. Boyelleau n'a jamais été autorisé,

ayons droit de les examiner ? Ne devrons-nous pas en dire notre sentiment à la Compagnie, malgré même la présence de M. Law, puisqu'elle l'exige, et que même nous lui disons à lui-même notre sentiment sur les opérations et toutes les propositions qu'il pourra faire au Conseil, et que nos sentiments soient mis sur le régistre des délibérations pour les faire parvenir à la Compagnie ?

Quant aux Conseils de justice, les exemples étrangers ne sont point du tout à citer dans la cause présente, puisqu'il y a dans tous les chefs-lieux des Compagnies étrangères, des Conseils de justice indépendants des Conseils des Gouverneurs et commandants de l'administration, et en quelque façon des Compagnies mêmes, ce qui par l'expérience est prouvé n'être pas une meilleure forme, ce qui d'ailleurs n'a pas encore lieu aujourd'hui parmi nous, et ne peut guère y avoir lieu, nos districts ou départements n'étant pas aussi considérables, et n'ayant pas assez d'étendue.

T. à bouleverser les arrangements que j'ai pris, la forme de gouvernement que j'ai établi pour le temps des reprises de possessions, et cela sans me consulter, moi qui suis présant tant

T. La Compagnie jugera elle-même du boulversement qu'a fait M. Boyelleau conjointement avec nous. M. Law peut-il parler de même, après nous avoir écrit de profiter de l'arrivée et de la présence

que je ne sors pas de mon gouvernement. Bien plus, quand même il aurait de pareils pouvoirs, ce qui n'est pas, je suis, comme je vous l'ai déjà dit, en droit de les nier tous, puisque je ne les ai point vus. Si vous persistez dans votre sentiment, j'en serais au désespoir par rapport à vous ; vous ne pourrez au reste m'en attribuer la faute, après tout ce que je viens de dire.

Réfléchissant sur l'idée où vous êtes qu'il est question de l'endroit où le Conseil supérieur doit être fixé, il me vient à l'esprit que quelques-uns de vos Messieurs auraient pu s'imaginer que j'avais quelque projet en tête en faveur du Bengale. Non, Monsieur, détrompez-vous, on fait tous les jours de faux rapports, je suis en état de prouver quand on le vendra, que je n'ai pas même songé à rendre le Bengale indépendant, j'ai même toujours soutenu le contraire. Il y a telle personne très respectable en Europe qui est aujourd'hui syndic de M. Boyelleau pour corriger et réformer les abus, etc. Si M. Law était bien persuadé de cette vérité qu'on fait tous les jours de faux rapports, n'aurait-il pas dû être en garde contre les rapports de ceux sur qui sont tombées la réforme et les corrections que nous avons fait des abus, etc, rapports que nous sommes persuadés être seule cause de toute sa conduite et de toutes ses démarches violentes contre nous.

Ne pourrions-nous pas demander à M. Law pourquoi il n'a mis que par extraits les lettres de M. Lagrenée, et si c'est l'usage ? Pour rendre à M. Lagrenée le témoignage que nous lui devons, et vous faire connaître, Messieurs, toute la sagesse de sa conduite et de ses sentiments, nous joignons ici une copie entière de sa lettre.

La Compagnie approuvera-t-elle ou blâmera t-elle au contraire le Conseil de Chandernagor et M. Law de nous apostropher aussi

Compagnie, qui est en état de le certifier, d'ailleurs, j'en ai la preuve en main.

Le Conseil d'ici vous a expédié deux paquets assez gros dans le courant du mois d'août par des batiments qui ont eu le malheur de rentrer. J'ai envoyé depuis un de ces paquets à Yanaon, qui probablement vous sera déjà parvenu. Dans les sentiments où il parait que vous étiez le 20 septembre, j'ai lieu de croire que vous n'aurez rien exécuté de ce que le Conseil d'ici vous a marqué. Vous avez bien fait même. en ce cas de tenir le tout secret. Si la présente vient à bout de vous persuader, il est nécessaire que vous vous conformiez aux ordres que le Conseil vous a envoyés.

J'ai l'honneur d'être avec une parfaite considération Votre, etc. Signé : Law de Lauriston.

indignement qu'ils le font en toutes occasions, et plus particulièrement M. Boyelleau, et de lui faire cette affaire personnelle, pendant qu'elle n'a pu être plus unanime, puisque, comme nous l'avons déjà dit, nos réponses aux premières lettres indécentes du Conseil de Chandernagor et de M. Law, ont été faites par trois membres du Conseil et le secrétaire, chacun séparément et sans communication, et que de la compilation des quatre lues en minute, nous en avons composé notre réponse et notre lettre que nous avons envoyée au Conseil de Chandernagor.

Fait en la chambre du Conseil Supérieur à Pondichéry le 31 décembre 1766. Signé : A. Boyelleau, Lagrenée, Dulaurens l'ainé, Trémisot, Abeille, d'Hervilliers et Yzact.

Lettre de M. Law a M. Lagrenée.

A Chandernagor, le 29 Aout 1766.

La présente, Monsieur, est pour vous donner avis qu'un anglais, armateur pour Moka, me propose une cargaison de 20 à 30.0000 Rs. de café à recevoir à Pondichéry en juillet ou août 1767, à condition qu'on lui donnera 40 % sur le prix d'achat, tous frais et risques pour le compte de l'armateur. Il demande à être payé en lettres de change sur notre Compagnie au calcul anglais de 28 pences la roupie courante. Je n'ai rien répondu ne pouvant me déterminer que sur les opérations que vous pourriez avoir en vue à la côte. Ayez la bonté de me faire savoir promptement par voie anglaise, ce que vous pensez de celle-ci. Il n'y a pas un moment à perdre, le vaisseau anglais devant partir en novembre ou décembre. Il est bon de vous prévenir aussi que selon toute apparence, l'armement projeté aura toujours lieu, soit que nous acceptions la proposition, soit que nous la refusions.

Signé, Law.

RÉPONSE DU CONSEIL DE PONDICHÉRY A LA LETTRE CI-CONTRE, ADRESSÉE AU CONSEIL DE CHANDERNAGOR, EN DATE DU 11 OCTOBRE 1766.

Messieurs,

M. Lagrenée, suivant les ordres de la Compagnie, vient de nous remettre une lettre de M. Law, en date du 29 août dernier, dans laquelle il est mention de la proposition que fait un armateur anglais d'apporter ici une cargaison de café de Moka de 20 à 30.000 Rs. à 40 % de bénéfice sur le prix d'achat, payable en lettres de change sur la Compagnie. Comme nous avons pris des arrangements convenables pour lui procurer l'année prochaine cette sorte de marchandise dans la quantité nécessaire à son commerce, et dont nous vous avons prévenus en vous marquant que nous destinions la *Concorde* à cet effet, au cas que la frégate le *Duc de Choiseul* que nous attendons n'arrive pas ; vous préviendrez

OBSERVATIONS FAITES PAR LE CONSEIL DE PONDICHÉRY SUR LA LETTRE CI-CONTRE DE M. LAW, PAR LE *d'Argenson*, EN DATE DU 12 OCTOBRE 1766.

Messieurs,

Vous déciderez si cette lettre est suivant vos ordres et l'esprit de votre administration actuelle, que deux particuliers décident seuls d'une affaire de cette importance. M. Lagrenée n'en est pas moins surpris qu'aucun de nous, aussi s'y est-il refusé, et nous en a remis la décision.

Outre l'incertitude du prix d'achat, de la bonne ou mauvaise qualité de la marchandise qu'il nous faudrait prendre une fois arrivée, le bénéfice qu'il y aurait sur les lettres de change, celui de 40 % nous parait excessif de Moka ici. Nous craindrions que la Compagnie nous reprochât de ne l'avoir accordé que par des vues particulières, et quel bénéfice la Compagnie pourrait-elle espérer après de pa-

donc, Messieurs, l'armateur anglais que nous ne pouvons accepter ses propositions, qui d'ailleurs sont exhorbitantes, et que nous rejeterions toujours quand nous n'aurions pas pris des mesures dont nous venons de vous parler plus haut ; il ne convient pas non plus de remettre des interêts aussi considérables de la Compagnie aux mains des étrangers. Aussi il est de tou'e nécessité que vous nous renvoyez la *Concorde* pour l'opération de Moka qui est de toute importance.

Signé : A. Boyelleau, Lagrenée, Trémisot, Abeille, Dulaurens l'ainé, d'Hervilliers et Yzact.

reilles conditions ?

Tant que les ordres d'un Conseil et de M. le Gouverneur ne seront pas mieux rédigés, et avec si peu de connaissance de cause, nous ne craignons pas de dire qu'il ne pourra en résulter pour l'exécution que bien du dommage pour la Compagnie, et du désordre dans les affaires.

Signé : A. Boyelleau, Lagrenée, Trémisot, Dulaurens, Abeille, d'Hervilliers, Yzact.

— ⸺ ⸺ —

EXTRAIT DE LA LETTRE DU CONSEIL DE CHANDERNAGOR A CELUI DE PONDICHÉRY, EN DATE DU 8 NOVEMBRE 1766.

Nous supposons que dans le projet que vous avez fait d'envoyer à Moka la *Concorde*, vous avez été certains qu'il n'y avait aucuns risques à faire courir à ce

OBSERVATIONS DU CONSEIL DE PONDICHÉRY SUR L'ARTICLE CI-CONTRE.

Nous n'avons jamais témoigné aucune crainte de la part des Chélibis de Surat, ce que nous vous en avons marqué au Conseil de Chander-

vaisseau, en le faisant paraitre dans des mers et des lieux où les chélibis ont autant de pouvoir. Vous auriez bien dû nous en instruire et nous rassurer sur des craintes qui ne nous encouragent point à chercher le frèt que vous désireriez que nous procurassions à ce vaisseau. Mais comment ébruiter une opération contre laquelle ils pourront prendre toutes les précautions nécessaires, nous ne dirons pas pour la faire manquer, mais pour causer à la Compagnie une perte considérable, et pour la plonger de nouveau dans des discussions litigieuses dont à coup sûr elle ne se tirerait pas bien, c'est à quoi nous vous prions de réfléchir sérieusement. Il nous a été fait ici une proposition qui n'a pas encore tout-à-fait acquis le point de maturité, mais qui ne manquera pas de l'acquérir sous peu, par laquelle nous flattons de procurer à la Compagnie une cargaison de 5 à 600 tonneaux de café, payable en lettres de change en

nagor par notre lettre du 18 juin 1765, n'était que comme de ces propos vagues qu'on donne pour ce qu'ils valent, et que par esprit de conciliation qui demande et exige qu'on se communique sans réserve tout ce qui vient à notre connaissance, et nous comptions engager par là M. Law à profiter de l'accès et du crédit que l'on assure qu'il a chez les anglais pour sonder leurs dispositions à cet égard. De plus, le Conseil de Chandernagor décide à l'affirmatif par sa lettre du 21 août, en nous assurant qu'il n'y a rien à craindre de la part des Chélibis. Comment après cela peuvent-ils nous représenter leur crédit si à craindre? M. Lagrenée pour les avoir vus à Moka, sait mieux que personne l'étendue et le pouvoir de ce crédit, et la politique et les usages du gouvernement dans ces sortes de circonstances. Mais dans le vrai, tout cet appareil de crainte n'était, en faisant voir beaucoup d'in-

Europe. Cela nous parait beaucoup plus convenable dans les circonstances présentes où il est fort incertain que les vaisseaux puissent paraitre soit à Moka, soit à Surat. Vous pouvez compter que si nous réussissons dans ce dont nous venons de vous parler, vous en serez instruits par la voie la plus prompte. Si cependant vous avez quelque certitude de réussite, dont il est fàcheux que vous ne nous ayez pas instruits, nous y donnerons volontiers la main.

convénients et même de risques pour notre armement de la *Concorde*, que pour nous préparer à faire valoir la proposition de M. Law à M. Lagrenée par sa lettre ci-dessus. C'est la véritable proposition qui n'a point acquis tout le point de maturité, et pour laquelle M. Law n'attendait sans doute que l'acquiescement de M. Lagrenée, et qui lui semblait nécessaire, puisqu'il la lui demandait; suivant l'esprit de tout cet article, et surtout de la dernière phrase, il semble qu'il fallait en attendre notre réponse pour conclure. Mais comme par notre lettre du 11 octobre on a bien prévu que cette deuxième réponse ne serait pas plus favorable, il a fallu paraitre avoir conclu avant d'avoir reçu même notre susdite lettre du 11 octobre, ce qu'on a fait en antidatant la lettre suivante.

Lettre du Conseil de Chandernagor a celui de Pondichéry du 28 Novembre 1766.

Nous vous prévenons, Messieurs, par la présente, que nous avons accédé à

Observations du Conseil de Pondichéry sur la lettre ci-contre.

Si le Conseil de Chandernagor n'avait pas sû par notre lettre du 11 octobre

des propositions qui nous ont paru avantageuses, faites par plusieurs négociants de Calicut, qui s'offrent de nous fournir à Pondichéry une cargaison de café de Moka d'environ 500 Ts.; nous nous y sommes portés d'autant plus volontiers que le sieur Champigny ne pouvait aller à Moka sans un radoub, et que ignorant d'ailleurs certaines circonstances qui ont rapport à l'évènement que vous aviez projeté, nous ne pouvons vous donner des ordres positifs à son sujet. La cargaison contractée vous parviendra en juillet ou août.

En conséquence d'une délibération prise pour les terrains de cette colonie, nous vous prions d'enjoindre à tous les particuliers ou autres de venir réclamer ou de faire réclamer par procureurs les terrains qui peuvent leur appartenir ici, et dans le plus court espace de temps possible.

Signé : Law, Renault, F. Nicolas, Sainfray, Rouland, Chevalier, Fromaget, Ferrière.

que nous avions connaissance des conditions de ce marché, ne devait-il pas nous les marquer dans la présente, puisque c'était ici que ces cafés devaient être remis, par conséquent payés, soit en lettres de change, ou en billets de grosse. N'est-ce pas une preuve des soupçons que nous avons, et que nous lui reprochons que cette lettre est antidatée.

Si l'ignorance de certaines circonstances empêche le Conseil de Chandernagor de nous donner des ordres au sujet de notre armement, cette même ignorance ne devait-elle pas à bien plus forte raison les empêcher de conclure un marché aussi désavantageux, qui, outre les désavantages que nous avons relevés et avons exposés, privera peut-être la Compagnie de 233 balles de café achetées dés 1756, et qui sont restées depuis ce temps là dans la loge à Moka, qui forment un objet de plus de 9000 piastres, dont le Conseil de Chandernagor doit avoir connaissance, et que vraisemblament l'armateur anglais ne prendra pas (ce serait une trop grande perte pour lui).

LETTRE DU CONSEIL DE CHANDERNAGOR DU 6 DÉCEMBRE 1766

Nous avons reçu, Messieurs, la lettre que vous nous avez fait l'honneur de nous écrire le 11 Octobre dernier.

Le duplicata que nous vous remettons ci-joint d'une lettre que nous avons eu l'honneur de vous écrire le 28 du passé, servira de réponse à l'injonction que vous nous faites de signifier à l'armateur anglais que vous ne pouvez accepter ses propositions.

L'indécence qui continue dans vos lettres a d'autant plus lieu de nous surprendre que nous nous étions flattés que vous eussiez ouvert les yeux aux preuves lumineuses et convaincantes que nous vous avions données de la *ridiculité* de vos prétentions. M. Law qui ne tardera pas à se rendre à Pondichéry y discutera avec le Conseil Supérieur qui y sera pour lors, les raisons pour lesquelles vous desapprouvez une opération qui nous a

OBSERVATIONS DU CONSEIL DE PONDICHÉRY SUR LA LETTRE CI-CONTRE.

La Compagnie jugera s'il y a de l'indecence dans notre lettre du 11 obtobre, et de la ridiculité de nos prétentions.

M. Law vraisemblablement n'aura rien à discuter à son arrivée ici sur cette opération, si, comme le public nous l'annonce, il amène avec lui de quoi composer un Conseil, ce qui nous parait plus que confirmé par cette phrase : *M. Law qui ne tardera pas à se rendre à Pondichéry y discuter a avec le*

paru aussi avantageuse pour la Compagnie, vu l'impossibilité évidente d'envoyer la *Concorde* à Moka.

Signé : Law, Renault, F. Nicolas, Sainfray, Rouland, Chevalier, Fromaget et Ferrière.

Conseil Supérieur qui y sera pour lors, ce ne sera pas nous qui y sommes actuellement.

Fait en la chambre du Conseil Supérieur à Pondichéry le 7 janvier 1767.

Signé : Boyelleau, Lagrenée, Dulaurens l'aîné, Trémisot, Abeille, d'Hervilliers et Yzact.

A Pondichéry, le 5 janvier 1767.

Messieurs les Syndics et Directeurs de la Compagnie des Indes a Paris.

Messieurs,

Ci-joint le quadruplicata d'une lettre que nous avons eu l'honneur de vous écrire le 22 novembre dernier, dont nous avons envoyé la 2me expédition à Surat et à Mahé, pour de là vous passer par la caravane. Nous croyons la matière dont elle traite assez importante pour vous prier, Messieurs, de nous faire passer votre réponse et vos ordres en conséquence le plus promptement possible et par toutes les voies imaginables ; nous ne craignons pas de dire que nous croyons par notre zèle et la façon dont nous avons servi et servons la Compagnie, mériter cette attention de sa part pour notre tranquillité, et sûrement pour le bien de son service et de ses intérêts.

Nous sommes dans la même situation qu'à la date de la susdite lettre à l'égard des marchandises, toujours dans l'espérance de pouvoir donner au *Massiac* au dessus de 1000 balles ; mais jusqu'à ce jour, quoique nous eussions écrit partout de nous expédier de bonne heure les batiments, pour qu'ils fussent ici à la fin de décembre, il ne nous est encore arrivé aucun vaisseau ni embarcation, ni de Bengale ni des comptoirs du Nord, pour nous apporter les marchandises de ces derniers qui ne viennent qu'en cent, et nous espérons en recevoir de 250 à 300 balles.

L'hiver a été si pluvieux et continue même encore, que l'on n'a pas encore achevé de blanchir les 300 balles que nous avons reçues de Yanaon les 17 et 20 octobre, ni les autres marchandises de nos marchands venues depuis, ce qui nous fait craindre, par rapport au blanchissage, d'être obligés de retenir le *Massiac* plus tard que le 10 février, pour lui donner le plus que nous pourrons, et même la totalité des marchandises que nous avons, et de l'envoyer doubler le Cap en droiture pour aller relâcher à St. Helène. Nous craignons même bien d'être obligés de prendre le même parti pour le *Condé*, pour peu que la *Concorde* tarde encore, ce premier vaisseau est bien arrivé à Mahé.

La révolution dont cette province est menacée de la part d'Ayderalikan, est plus instante que jamais, suivant les différents avis que nous en avons, il continue avec plus de vigilance et d'activité que jamais tous les préparatifs nécessaires pour s'assurer les succès. Les anglais cependant, dit-on, en ont détaché Nizamaly, le Soubab du Deccan, avec lequel ils ont fait un traité par lequel il leur abandonne les quatre cercars qu'avait M. Bussy, moyennant une redevance annuelle, et qu'ils entretiendront auprès de ce Soubab un corps de troupes de 400 européens et de 4.000 cipayes, les anglais en ont fait publier le firman ou paravana à Mazulipatam et dans les provinces plus nord.

Nous ferons passer la présente par un vaisseau qui doit partir sous peu de jours de Madras, nous la mettrons sous le couvert de M. Jonas Cottin et Cie, banquiers à Londres, sous l'adresse de Madame l'Ecureau, sœur

de M. Boyelleau, pour exciter sous cette adresse particulière moins de curiosité que si elle était directement
adressée à la Compagnie. Nous vous prions de nous
faire réponse par la même voie et de la même façon,
et nous croyons devoir vous prévenir que par les vaisseaux qui arrivent successivement d'Angleterre à cette
côte, nous voyons qu'il en part tous les mois de l'année
pour venir aux Indes. C'est pourquoi, sitôt cette expédition reçue, nous vous prions de vouloir envoyer un
mot de réponse et vos ordres à Londres, pour qu'ils
puissent profiter de la première occasion, et surtout de
ne point ménager ni craindre pour plusieurs expéditions, car l'interception ne pourrait être d'aucun avantage pour quiconque, ni d'aucun préjudice pour nous,
notre discussion avec le Conseil de Chandernagor étant
publique autant et même plus qu'ici dans tous les comptoirs étrangers, et enfin, nous le dirons encore, la
matière est assez importante pour notre tranquillité
dans ces pays-ci, pour que nous souhaitions d'avoir
votre réponse et vos ordres le plustôt possible.

Le 7 Janvier 1767.

A l'instant de fermer, nous ouvrons des lettres du
Conseil de Chandernagor arrivées hier fort tard, et pour
lesquelles nous nous sommes assemblés, par lesquelles
il nous donne avis qu'ils ont accepté et conclu à Calcutta
l'armement pour Moka dont nous vous avons prévenus
en octobre, qu'ils nous avaient proposé de faire acheter
500 ts. de café par l'armateur à 40 % de bénéfice, rendus ici, sous prétexte que la *Concorde* que nous y avons
destiné, n'est pas en état de faire ce voyage sans un
radoub considérable, sur la déclaration du capitaine.
Outre l'embarras où cela nous jette par rapport aux
préparatifs que nous avons faits ici pour ce voyage,
nous ne vous répétons pas tout ce que nous y trouvons
de désavantageux pour la Compagnie, que nous vous

avons marqué par nos expéditions par le d'*Argenson*, nous vous observerons seulement s'il suffit d'une pareille déclaration, et du capitaine seul, pour décider si un vaisseau peut ou ne peut pas faire un voyage. C'est leur ouvrir une belle porte à ne faire que tel voyage qu'ils voudront. D'ailleurs, ayant reçu nos premiers avis au sujet de la *Concorde* des premiers jours d'octobre, est-il naturel d'attendre jusqu'au 28 novembre pour savoir et décider de la nécessité d'un radoub considérable, et tel qu'il fut, il y avait plus de temps qu'il n'en fallait pour qu'il fut achevé le 25 décembre, surtout encore après celui qui lui avait été fait en janvier précédent.

Nous sommes, etc. Signé : Boyelleau, Lagrenée, Dulaurens l'ainé, Trémisot, Abeille, d'Hervilliers, Yzact.

***

A Pondichéry le 7 Janvier 1767.

MESSIEURS LES SYNDICS ET DIRECTEURS GÉNÉRAUX
DE LA COMPAGNIE DES INDES A PARIS.

Messieurs,

La présente est pour vous faire passer par terre à Mahé pour y être embarquées sur le Condé, les principales pièces et nos représentations sur la discussion survenue de la part du Conseil de Chandernagor contre nous, par rapport à la supériorité du siège. Ci-joint aussi le duplicata d'une lettre que nous vous écrivons aujourd'hui, Messieurs, par un vaisseau qui doit partir incessamment de Madras, sur lequel s'embarque le gouverneur Path, il est remplacé par M. Boutchier, nous craignons bien de perdre au change.

Signé : Boyelleau, Lagrenée, Trémisot, Abeille, Dulaurens l'ainé, d'Hervilliers et Yzact.

Inventaire des expéditions du Conseil supérieur de Pondichéry à l'adresse de Messieurs les Syndics et Directeurs Généraux de la Compagnie des Indes à Paris, envoyées à Mahé pour être embarquées sur le *Condé*.

N° 1   Lettre du Conseil supérieur du 7 Janvier 1767.

2   Duplicata de celle du 5 Janvier 1767.

3   do.   ., du 22 Novembre 1766.

4   Lettre du 31 Décembre 1766.

5   Cahier en 2 colonnes contenant les observations du Conseil supérieur du 31 Décembre 1766 sur les lettres et écrits du Conseil de Chandernagor à M. M. Denis et Lagrenée des 16, 18, 19 Août et 8 Novembre 1766.

6   Cahier à 3 colonnes contenant les observations du Conseil supérieur du 31 Décembre 1766 sur la réponse en apostille du Conseil de Chandernagor du 21 Août à la lettre du Conseil supérieur du 15 Juin 1766.

7   Cahier à 3 colonnes contenant les observations du Conseil supérieur du 31 Décembre sur la réponse en apostille du Conseil de Chandernagor du 20 Août 1766 à la lettre du Conseil supérieur du 12 Juillet 1766, timbré Conseil de justice.

8   Copie en 3 colonnes contenant les observations du Conseil supérieur sur une lettre de M. Law du 31 Octobre 1766 à M. Lagrenée, en réponse à quelques extraits de celle de M. Lagrenée du 20 Septembre dernier.

9   Copie entière de la lettre de M. Lagrenée à M. Law du 20 Septembre 1766.

10 Copie de la commission de commissaire du Roi de M. Law pour la reprise de possession.

11 Copie des provisions de gouverneur et commandant général pour M. Law.

37

12 Copie de la commission donnée par M. Law à
   M. Plusquelle pour la reprise de possession de
   la côte malabare.
13 Le présent inventaire.

A Pondichéry le 7 Janvier 1766. Signé : Dulaurens.

A Pondichéry le 14 Janvier 1767.

MESSIEURS LES SYNDICS ET DIRECTEURS GÉNÉRAUX
DE LA COMPAGNIE DES INDES, A PARIS.

Messieurs,

Nous avons eu l'honneur de vous faire part dans
notre lettre du 7 de ce mois du marché conclu par
Messieurs du Conseil de Chandernagor avec des négociants de Calcutta pour procurer à la Compagnie une
cargaison de café de Moka de 500 tonneaux à 40 % de
bénéfice, rendus ici, et payables en France par des
lettres de change. Après avoir mûrement réfléchi sur
cette opération, nous n'avons pu nous dispenser de
protester contre, tant au nom de la Compagnie qu'au
nôtre propre, afin d'éviter les reproches et prises à
partie que vous menacez avec raison, Messieurs, d'exercer contre nous, si nous paraissions le moins du monde
adhérer à de pareilles opérations et qui paraîtraient
contraires à vos intérêts.

Notre délibération du 8 du courant, dont ci-joint
copie, explique les raisons qui nous ont déterminés à
faire cette protestation. Nous sommes très déterminés
néanmoins à continuer et mettre à exécution, soit par
la *Concorde*, soit par tel autre batiment qui nous viendra avant le 10 Février prochain, l'armement de Moka
que nous avons arrêté par notre délibération du 22 Septembre dernier, conformément aux ordres de la Compa-

gnie. Les marchandises de cette côte et de la côte malabare sont prêtes, ainsi que les fonds destinés à cette opération qui ne peut manquer d'être avantageuse à la Compagnie. Nous croyons en cela d'autant mieux entrer dans ses vues et dans le désir qu'elle a de faire paraitre le pavillon français dans ces mers, que la Compagnie a fait l'envoi direct d'un vaisseau d'Europe pour ce voyage, qu'elle nous recommande de faire ce commerce et de le continuer, d'y envoyer des marchandises de la côte Coromandel, qu'elle nous a désigné les subrécargues et fixé la quantité de retours, et que ce commerce ne peut être réellement avantageux que de la côte Coromandel, et nous prions la Compagnie de vouloir bien examiner et peser toutes les raisons que renferme notre délibération.

Nous joignons à la présente, Messieurs, copie de la lettre du Conseil de Chandernagor, notre réponse du 12 Janvier au sus dit Conseil. En réfléchissant et en examinant de plus en plus notre conduite envers le Conseil de Chandernagor, et en relisant notre correspondance respective, nous avons remarqué plusieurs de leurs lettres à notre adresse, timbrées et portant : *à Messieurs du Conseil Supérieur de Pondiehéry*. Ces lettres sont cependant signées de M. M. Law et Surville et du même Conseil qui, non seulement nous dispute aujourd'hui cette supériorité, mais encore prétend nous réduire à un être de raison créé par M. Law pour gérer les affaires en son absence. Nous prions la Compagnie de prendre en considération cette nouvelle preuve du peu d'idée qu'avaient Messieurs de Chandernagor de s'arroger alors cette supériorité, et M. Law d'avoir emmené avec lui le Conseil Supérieur jusqu'à l'époque de la rébellion du militaire contre l'autorité du Conseil, de la réforme des abus, en un mot de l'arrivée de vos ordres par le *d'Argenson*, dont l'exécution littérale a fait la base de notre conduite, et par conséquent élever contre nous les ennemis du bon ordre, de l'économie et de la subordination.

Aujourd'hui, 14 Janvier, nous n'avons aucune nouvelle directe du Conseil de Chandernagor, ni de la *Concorde*. Ne pouvons-nous pas supposer de l'affectation dans le retard de ce batiment, pour empêcher et faire échouer l'armement que nous en avons fait pour Moka.

Nous croyons aussi entrevoir de l'affectation dans la date de leur lettre du 28 Novembre, dont nous n'avons pas reçu la première expédition, et que nous croyons antidatée, pour faire croire qu'ils avaient déterminé leur marché à Calcutta avant d'avoir reçu notre lettre du 11 Octobre en réponse à la première proposition que M. Law en avait faite à M. Lagrenée, réponse par laquelle nous leur en faisions voir tout le désavantage pour la Compagnie, et leur prescrivions d'y renoncer. Mais dans l'un et l'autre cas, la Compagnie les en trouvera t-elle moins coupables? Nous nous croyons d'autant mieux fondés dans cette idée, que des lettres particulières de Chandernagor, datées du mois de Novembre accusent réception et répondent à des lettres qui avaient été dans le même paquet et par le même pattemar du 11 Octobre qui portait notre susdite lettre.

Nous sommes, etc. Signé : Boyelleau, Lagrenée, Dulaurens l'ainé, Trémisot, Abeille, d'Hervilliers, Yzact.

Inventaire des expéditions du Conseil Supérieur de Pondichéry à l'adresse de Messieurs les Syndics et Directeurs généraux de la Compagnie des Indes à Paris, envoyées à Mahé pour être embarquées sur le *Condé*.

Nº 1 Lettre du Conseil Supérieur du 14 Janvier 1767.
   2 Copie de la délibération du Conseil Supérieur du 8 Octobre

3 Copie des 2 lettres du Conseil de Chandernagor au Conseil Supérieur des 18 Novembre et 5 Décembre 1766.

4 Copie de la réponse du Conseil Supérieur à celui de Chandernagor aux lettres ci-dessus en date du 12 Janvier.

5 Le présent inventaire.

A Pondichéry le 14 Janvier 1767. Signé : Dulaurens.

A Pondichéry le 2 Janvier 1767.

MESSIEURS LES SYNDICS ET DIRECTEURS GÉNÉRAUX DE LA COMPAGNIE DES INDES A PARIS.

Messieurs,

Quoique cette lettre et la suivante nous soient parvenues par le *d'Argenson* en Janvier 1766, nous les reprenons pour y répondre en apostilles, nous étant aperçus qu'elles ne l'ont point été avec les autres expéditions de ce vaisseau.

A Paris, le 20 Mars 1765.

Nº 1.	Nº 1.
Nous aurons cette attention lors de l'examen et de la liquidation du compte et des prétentions d'Alikan Savage. Nous ne croyons pas, hors de place, au contraire, devoir vous prévenir, Messieurs, qu'il est à notre connaissance que le sieur Parthenay a déja affecté plusieurs remboursements de ses lettres sur	Nous vous remettons ci-joint, Messieurs, une copie figurée d'un billet de 40.000 Rs. du nommé Alikan Savage, en faveur de Joannis Macartiche Jamal, arménien, négocié à M. Parthenay, officier de l'Inde. La Compagnie vous recommande de compenser le montant de ce billet en procomptant avec le dit

ces 40.000 Rs.

Alikan Savage pour ce que la Compagnie peut lui devoir suivant le compte que M. de Moracin a fait au dit Alikan Savage, et non sur le décompte de M. le Chevalier Dupoët que celui de M. Moracin a annulé, suivant qu'il nous l'a déclaré par ce nouveau décompte.

2.

Pour nous évitér toute incertitude, vous nous auriez fait plaisir, Messieurs, de nous marquer si nous devons compter de ces 3 billets et à qui.

2.

Nous joignons aussi copie de 3 billets signés par le dit chevalier Dupoët, pour fournitures de chevaux qui se sont trouvés joints au susdit billet de 40.000 Rs.

Nous sommes, etc.

à Paris, le 29 Mars 1765.

3.

Le sieur Dumont est à demeure ici depuis la fin de Septembre ; actuellement que nous minutons ceci, il ne nous a encore présenté aucun compte que l'affaire des cauris. Il est infirme, peu agissant, et peu en état d'un travail assidù, il promet de nous les remettre incessamment, il y est seul intéressé ; s'il nous les remet, nous en traiterons par une lettre particulière.

3.

Le sieur Jean Dumont a fait remettre à la Compagnie, Messieurs, des comptes de ses recettes et dépenses depuis le 11 Avril 1758, date du pouvoir qui lui avait été donné par le Conseil de Pondichéry pour lui procurer les secours dont il avait besoin, jusqu'au 19 Septembre 1761, et depuis cette époque jusqu'au 28 Février 1764, date de sa dernière lettre, il n'a fait remettre aucun compte de ses dépenses qui se montaient jusqu'au dit jour 1761 à 453.741 Rs. faisant monnaie de France ci 1.088.986 Lvs.

4.

Nous aurions souhaité, Messieurs, que vous nous eussiez fait part de vos réflexions au moins sur les principaux points à discuter de ce compte.

4.

Nous n'entrerons pas, Messieurs, dans la discussion de ce compte, nous nous contentons seulement de vous observer qu'il n'est appuyé d'aucune pièce justificative, ce qui nous a mis hors d'état de liquider les sommes dont le dit Jean Dumont se prétend créancier de la Compagnie.

Il nous paraît que la même raison avait empêché le Conseil de Pondichéry de vérifier les comptes du sieur Jean Dumont ; il l'a dit même clairement dans sa délibération du 24 Août 1761, conçue en ces termes: attendu les circonstances où nous nous trouvons et, vu les prix excessifs auxquels sont portés les achats et dépenses qui y sont comprises, il a été délibéré et arrêté de viser les comptes tels qu'ils soient, sauf révision par la Compagnie dans un temps plus favorable et, en conséquence de ce, il ne lui serait délivré en rescriptions sur le trésor royal par M. Le Verrier que les 2/3 de la somme qui parait lui être due pour solde.

5.

Nous exigerons du sieur Dumont toutes ces précautions, formes ou marché, lorsqu'il nous présentera ses comptes, nous y ajouterons tous nos motifs de discussion pour l'envoyer à la Compagnie le plus clair et le plus précis qu'il sera possible, et vous mettre, Messieurs, en état de déci-

5.

Ce défaut de pièces justicatives nous met dans le cas de vérifier ces comptes avec le plus grand soin. Vous trouverez dans le mémoire ci-joint diverses observations à ce sujet; au surplus, la Compagnie enjoint expressément au Conseil de charger le comité établi pour la liquidation

der et de prononcer.

des créances sur la Compagnie de faire rendre au dit sieur Jean Dumont de toutes les recettes et dépenses qu'il a faites tant à Tranquebar qu'à Négapatam, d'exiger que ce compte soit appuyé de toutes les piéces justicatives, de la discuter avec la plus grande exactitude, et d'en faire un rapport au Conseil, afin qu'après avoir été examiné scrupuleusement, il soit arrèté provisoirement par le dit Conseil qui enverra ces expéditions en forme à la Compagnie.

6.

Nous n'avons pas trouvé de meilleur moyen pour discuter ce mémoire, et si les faits sont dans la plus exacte vérité, que de le remettre au sieur Dumont pour y répondre lui-même, en l'obligeant d'appuyer ses réponses de pièces justicatives et probantes. Lorsqu'il nous l'aura remis, nous y ajouterons une 3me colonne de nos réflexions.

6.

Comme le dit sieur Dumont doit avoir toutes les pièces dont il a envoyé des expéditions à la Compagnie, et qui ont servi à la rédaction du mémoire ci-joint, vous vous les ferez représenter, vous les discuterez, vous nous en marquerez le bien être, et si les faits qu'elles contiennent sont dans la plus exacte vérité. Nous sommes d'autant plus fondés à vous en recommander l'examen, qu'il est inconcevable que le sieur Dumont qui en sa qualité d'agent, était comptable ou au Conseil de Pondichéry, ou à la Compagnie, sollicite le remboursement de sommes considérables dont il ne justifie pas l'emploi. L'article de sa dépense de table forme seul un objet de 95.041 Lvs. monnaie de France, depuis le commencement de l'année 1759 jusqu'au 31 Août 1761. Une dépense aussi excessive pour sa table pourrait justement nous alarmer sur toutes les autres. La Compagnie ne peut y avoir égard, on doit se borner à lui allouer dans ses comptes tant pour ses appointements, son logement, et autres frais de pions, de serviteurs, etc. sous quelque dénonciation qu'ils puissent être, une som-' me de 10.000 Rs. par an, depuis le jour qu'il est entré en excercice dans sa qualité d'agent investi du pouvoir qui lui a été délivré, jusqu'au jour de l'arrivée de M. Law aux Indes.

Nous sommes, etc.

A Paris, le 1er Septembre 1765.

<table>
<tr><td style="text-align:center">7.</td><td style="text-align:center">7.</td></tr>
</table>

Nous avons annoncé à la Compagnie l'arrivée de ce vaisseau et de ses fonds par nos expéditions du mois de Février 1766. Les combinaisons de la Compagnie pour assurer son arrivée à cette côte en Septembre ou Octobre, sont vraies et justes, et quoique ce vaisseau ne fut parti de Cadix que le 6 Mai, il pouvait encore fort bien arriver en Septembre ou Octobre. M. Boyelleau en attribue toute la faute à l'incapacité et la mauvaise volonté du capitaine, nous ne vous en citerons qu'un exemple ancien. Un vaisseau portugais parti de Lisbonne le 6 Mai 1757, est arrivé en cette rade le 17 Septembre, malgré un mois entier de relâche à

Le *d'Argenson*, Messieurs, que nous vous avions annoncé par nos dépêches données à *l'Adour*, n'a pu mettre à la voile du port de Lorient que le 14 Avril dernier, ayant été retenu par les vents contraires. La Compagnie dans la crainte que ce vaisseau ne manquât son voyage, s'est déterminée à lui donner ordre de se rendre en droiture à la côte Coromandel, sans toucher à l'Ile de France. Après avoir pris à Cadix 59.895 mares de piastres, nous avons sû qu'il avait appareillé le 6 Mai, de sorte que nous espérons qu'il sera rendu en Septembre à la côte, et que vous aurez reçu à temps les fonds qu'il vous portait

False Pointe, mais, dans le même temps que *d'Argenson* était en route, un vaisseau anglais qu'il avait rencontré plusieurs fois en mer, et pour la dernière fois deux jours avant de doubler le Cap, et sur lequel le *d'Argenson* a toujours eu l'avantage de la marche, cet anglais après avoir relâché à Anjouan, a mouillé ici le 22 Octobre, et le *d'Argenson* n'était pas encore aux Maldives. Enfin il vient encore d'arriver à Vizagapatam le 20 Novembre passé un vaisseau anglais qui n'était parti de la Tamise que le 6 Mai.

pour suivre les opérations de commerce relatives à ce que la Compagnie vous a marqué, tant par ce navire que par ceux qui ont dû le précéder à la côte.

8.

C'est le vaisseau la *Fetyalam* ou le *Merry*, actuellement la *Concorde*, qui a été substitué au *Lys*. nous avons rendu déja compte plusieurs fois à la Compagnie de cette opération, nous n'avons rien à y ajouter. pour se rendre dans l'Inde. vaisseaux expédiés des îles quitté l'Ile de Bourbon le 17 bre avec le *Praslin*, le *Chameau*, le *Bertin* et la frégate l'*Expédition*, pour continuer sa mission.

Le *Lys* qui devait vous porter le reste des effets nécessaires pour commencer le rétablissement des comptoirs de la Compagnie dans l'Inde, s'est trouvé hors d'état de reprendre la mer, on lui a substitué le *Walpole*.

8.

Nous avons reçu par l'*Ajax* la lettre que M. Law a écrite de l'Ile de Bourbon à la Compagnie le 14 Novembre de l'année dernière. La nouvelle de son arrivée aux îles nous a fait grand plaisir, ainsi que le détail qu'il nous a fait de ses dispositions Nous avions sû par les depuis l'*Ajax*, qu'il avait du même mois de Novem-

La lettre que nous venons de recevoir de M. Law par le vaisseau anglais le *Medevay*, datée de St. Thomé le 30 Janvier de cette année, nous a fait grand plaisir.

9.   9.

Il eut été à souhaiter que les nouvelles que portait la *Gracieuse fussent parvenues* à la Compagnie avant le départ du *Massiac* de cette expédition, mais malheureusement l'évènement n'a pas répondu à vos espérances et à nos vœux ; nous nous flattons que vos réponses eussent prévenu au moins en partie tout ce que nous éprouvons de la part de M. Law et de son Conseil de Chandernagor.

Nous attendons avec grande impatieuce le compte des opérations qui seront faites dans l'Inde, tant pour le reprise des possessions de la Compagnie que pour le réttablissement du commerce, ainsi que des négociations qui auront été entamées avec le roi de Tanjore et Mahomed Alikan, objets très intéressants et sur lesquels nous devons avoir les plus grands détails par le retour de la *Gracieuse*.

Nous allons actuellement vous informer du plan de l'expédition prochaine et des fonds, tant en argent qu'en marchandises que la Compagnie se propose de vous faire passer par les vaisseaux de cette année, et si, comme nous l'espérons, la *Gracieuse* nous rapporte des nouvelles satisfaisantes de l'Inde par rapport au commerce, nous ferons des efforts pour augmenter l'envoi en matières d'argent par les derniers vaisseaux de cette expédition.

10.   10.

Nous pensons que la Compagnie ne devrait pas faire remettre en droiture

Le vaisseau le *Penthièvre*, commandé par M. Joannis, doit partir dans

d'Europe à Mahé, les fonds nécessaires à cet achat pour Chine, non plus que d'avances pour les poivres, et pour tout ce que en général nous sommes dans le cas de tirer de la côte malabare, parcequ'il y aura toujours une perte réelle pour elle de plus de 10 % sur les piastres. Les fonds nécessaires pour toutes les opérations et achats à la côte malabare, doivent passer ici pour y être convertis en roupies et fanons de Mahé, dont le cours y est toujours plus avantageux, de façon que la Compagnie en y faisant passer le vaisseau qu'elle destine pour Chine avec du poivre et autres marchandises de cette côte, au lieu de l'envoyer ici en droiture avec des fonds et une cargaison de marchandises et effets d'Europe, y perd bien loin d'y gagner, même les frais de transport de ces mêmes effets à celle-ci. C'est à la Compagnie à balancer ce faible avantage (qui serait le seul à espérer) avec la perte réelle sur ces piastres, avec les frais d'aug-

les premiers jours de ce mois, et se rendre à la côte malabare pour y prendre du poivre, du bois de sandal, et autres effets de bonne défaite en Chine. Ce vaisseau quittera la côte malabare vers la fin d'Avril prochain, et se rendre à Pondichéry dans le courant de Mai, il vous remettra les paquets à votre adresse et environ 150 tonneaux de marchandises sèches qui sont destinés pour votre comptoir, après quoi il continuera sa route pour Canton par le détroit de Malacca. Vous avez ci-joint la lettre que la Compagnie a écrite au Conseil de Mahé sur cette opération, vous y trouverez la destination particulière des fonds pour la cargaison du *Penthièvre*, et de ceux pour un des vaisseaux d'Europe que vous ferez passer en Octobre à Mahé, pour y prendre les poivres que le Conseil Supérieur aura pu y faire amasser. Ne vous écartez pas, Messieurs, du plan que la Compagnie s'est proposé sur cet article, parcequ'il

mentation que doit faire ce batiment en partant de si bonne heure, et avec l'avantage dont elle serait au contraire privée de faire parvenir une cargaison entière d'effets et marchandises d'Europe avec des fonds de bonne heure à cette côte-ci, sans pour ainsi dire aucune augmentation de frais. Nous pensons encore que la Compagnie dans les considérations qu'elle pourra prendre à cet égard, ne doit pas oublier les risques des Angrias qui sont plus puissants que jamais, et que ce vaisseau qui irait à la côte malabare pourrait être dans le cas de rencontrer, son équipage malade et fatigué, et par conséquent peu au point en état de se défendre. D'après ces réflexions, c'est à vous, Messieurs, à décider s'il convient mieux aux intérêts de la Compagnie de continuer à envoyer ce vaisseau à Mahé, où de l'envoyer en droiture ici où nous pouvons et où nous aurons rassemblé les poivres, le bois de sandal, etc. Car nous regardons cette opération de faire passer aux Indes un des vaisseaux destinés pour la Chine, pour y prendre du poivre, toujours comme très avantageux à la Compagnie, mais pour toutes les raisons que nous venons de vous exposer, nous pensons que cette opération serait plus avantageuse et plus assurée en envoyant le vaisseau ici et point à Mahé, par rapport à l'incertitude de pouvoir le gagner, comme cela est arrivé cette année au *Penthièvre*.

est la suite de notre position et de la distribution des fonds.

11.

Nous sommes d'autant plus sensibles au malheur du *Comte d'Artois* qui seul a empêché le succès du projet de la Compagnie, pour son retour et arrivée

Le *Comte d'Artois* suivra de près le *Penthièvre*, il portera une cargaison de vivres, boissons et marchandises à l'Ile de France, et prendra ensuite un char-

en Europe, que nous ne pouvons pas nous flatter que vous receviez nos dernières expéditious du mois de Février assez à temps pour que vos réponses et ordres en conséquence nous parviennent par les vaisseaux de l'année prochaine.

12.

Puisque la Compagnie veut bien nous dire le nombre de vaisseaux qu'elle envoie en Chine, elle nous ferait plaisir de nous marquer les fonds qu'elle y emploie, comme elle voulait bien le faire autrefois, nous sommes trop attachés à son service pour ne pas prendre part à l'accroissement et au progrès de son commerce.

Nous avons marqué à la Compagnie par nos expéditions par l'*Argenson*, l'arrivée successive de l'*Ajax*, le *Marquis de Castries*, le *Condé*, le *Massiac*, les fonds en nature et marchandises qu'ils nous ont apportés, la distribution de ces fonds, et l'expédition des vaisseaux dans tous les comptoirs de

gement de café de Bourbon. La Compagnie prend le parti de l'expédier de fort bonne heure, pour qu'il puisse être de retour en Juillet 1766.

Par ce moyen il ne fera qu'un voyage de 9 à 10 mois, au lieu de 15 à 16, si elle ne l'expédiait qu'en Février ou Mars 1766.

12.

La Compagnie destine deux autres vaisseaux pour la Chine, et quatre pour l'Inde, dont deux pour le Bengale et deux pour la Côte Coromandel.

Les fonds que ces vaisseaux porteront, consistent en, savoir :

En argent, pour Bengale	3.000.000
pour la Côte Coromandel	2.000.000
pour l'achat des cafés à Moka	300.000
et pour les dépenses de l'Inde	600.000
	5.900.000
et en marchandises par estimation.	1.500.000
	7.400.000

notre dépendance ; nous croyons inutile de rien répéter à ce sujet.

Nous prions la Compagnie d'ordonner à Lorient de changer l'intitulé des factures pour remettre à M. Law, où M. Surville en son absence qui n'aurait dû avoir lieu que pour leur départ, pour venir faire le rétablissement.

Le Penthièvre qui doit partir vers le 15 de ce mois, portera à la Côte Malabare pour l'achat du poivre que vous devez nous envoyer pour la vente de 1767, ci — 400.000

L'*Ajax* qui partira dans les premiers jours d'Octobre prochain remettra pour

Pondichéry — 500.000
et pour Bengale — 1.500.000 } 2.000.000

Le *St. Louis* qui sera expédié au commencement de Novembre suivant sera chargé pour Pondichéry de — 1.000.000

Le *Marquis de Castries* qui partira à la fin du même mois portera pour Bengale. — 1.500.000

Et le *Condé* qui sera expédié pour Pondichéry en Janvier 1767, y portera. — 1.000.000

————————
5.900.000

Quant aux marchandises destinées pour les divers comptoirs des Indes, dont nous portons l'estimation à 1.500.000 elles seront distribuées sur ces différents vaisseaux de la manière la plus convenable, vous en recevrez les factures par chaque navire.

13.

Ces fonds sont en réserve ou en marchandises, et suivront leur destination si nous avons à temps la *Concorde* ou quelqu'autre vaisseau.

13.

Un de ces vaisseaux portera environ 300.000 Lvs. que vous emploierez en marchandises de la côte pour l'expédition annuelle de Moka.

14.

Nous ne sommes pas sans quelques inquiétudes sur le sort de cette frégate, si elle nous parvient, nous la garderons vraisemblablement pour le compte de la Compagnie, ayant besoin au moins pour ses opérations de commerce dans l'Inde du nombre de vaisseaux et batiments qu'elle nous a prescrit elle-même par sa lettre du 9 Mars 1766, mais nous vous promettons encore d'y observer la plus grande économie pour l'armement, la paye de l'équipage et la consommation des effets.

14.

Indépendamment de ces vaisseaux, la Compagnie a fait armer le *Choiseul*, frégate achetée anciennement à St Màlo pour aller prendre une cargaison de noirs à la côte de Guinée, qu'elle ira ensuite verser à l'Ile de France, après quoi elle se rendra aux Indes pour y être vendue au prix le plus avantageux. Nous vous prévenons que cette frégate a été radoubée et refondue avec le plus grand soin, de sorte que vous pouvez la considérer comme un bàtiment tout neuf et la vendre comme telle. Elle est du port de 447 tonneaux, et elle marche

supérieurement, la Compagnie compte que le bon état dans lequel est cette frégate vous mettra à même de lui en procurer la vente sur le pied d'environ 50.000 Rs.

15.

Il est bien à craindre que ces marchandises sèches n'aient beaucoup souffert, et ne périclitent beaucoup dans une si longue traversée. Nous penserions qu'en général la Com-

15.

Outre les vivres nécessaires à 250 noirs que le comptoir des Indes a ordre de lui fournir, la Compagnie y fera embarquer 100 tonneaux de boissons pour les iles, et 100 ton-

pagnie ne devrait pas détourner pour cette escale les vaisseaux destinés pour l'Inde. Ce n'est pas le

neaux de marchandises sèches qu'elle portera à votre comptoir.

premier exemple d'un pareil retardement qu'ont essuyé presque tous les batiments qui l'ont faite.

16.

Nous les avons reçus.

16.

L'Ajax vous portera les duplicatas de nos dépêches

par le *D'Argenson*, nous nous référons à leur contenu.

17.

Le *Penthièvre* n'ayant point gagné Mahé, il nous a remis les 10.000 marcs, nous les avons envoyés à Mahé et même au delà, converties en roupies et fanons de Mahé par le *Condé*, dont nous avons nouvelle qu'il est bien arrivé. N'ayant point de marchandises de la côte à lui donner pour faire le fond de sa cargaison pour son retour, nous avons écrit au Conseil de Chandernagor de nous faire passer 500 balles et plus s'il peut, que nous enverrons tout de suite à Mahé pour mettre sur le *Condé*, après quoi il achevera de se bonder de poivre. Nous comptons toujours sur le

17.

La Compagnie a fait charger sur le *Penthièvre* 10.000 marcs de piastres, ainsi que vous le verrez par sa lettre au Conseil de Mahé mentionnée ci-dessus, pour se procurer un millier de poivre ou environ. sous le mois d'Octobre 1766. Elle recommande à ce Conseil de vous tenir sur les avis à cet égard, et s'il remplit son intention sur cet achat, après qu'il vous en aura informé par la voie des pattemars, vous destinerez un des deux vaisseaux qui vous seront expédiés pour partir de votre côte en Octobre, avec une quantité de marchandises de Coromandel, qui puisse per-

succès de cette opération qui était la seule que nous puissions faire dans les circonstances du temps, pour peu que le Conseil de Chandernagor veuille s'y prêter et suivre la marche que nous lui avons prescrite. Si par quelque événement fâcheux que nous ne pouvons guère prévoir, cette opération ou envoi de 500 balles de Bengale ne pouvait avoir lieu, ou qu'il fut dans le cas d'y arriver trop tard, nous donnerons ordre au sieur Picot à Mahé d'expédier le *Condé* avec une cargaison complète en poivre que nous pensons qui sera toujours plus avantageux que de garder ce vaisseau dans l'Inde, qu'au moyen des fonds que nous lui avons

mettre au vaisseau de prendre tous les poivres que le Conseil de Mahé vous aura marqué avoir en magasin.

Si le Conseil de Mahé avait prévu ne pouvoir employer les 10 000 marcs de piastres en question, vous verrez par la même lettre de la Compagnie à ce Conseil, que son intention est qu'elle vous renvoie ces fonds par le même vaisseau, en ce cas, comme ils font partie de la somme qui est destinée pour former le chargement des deux vaisseaux qu'elle envoie à la côte Coromandel, vous mettrez tout en usage pour en procurer l'emploi le plus avantageux qu'il sera possible pour compléter ces deux cargaisons.

remis, il sera bien en état de lui donner, et même de nous en pourvoir abondamment tant pour le vaisseau de Chine que pour les vaisseaux de Bengale, et même d'ici de l'année prochaine. Il nous donne d'ailleurs jusqu'à présent les plus flatteuses espérances à ce sujet, à moins de quelques nouvelles révolutions dans le pays, ou de changements dans les dispositions d'Aderalikan.

18.

Il n'y aura jamais qu'une

18.

Quant au départ de ces

absolue nécessité et que
nous ne pouvons prévoir,
et jamais pour quelques
balles de plus ou de moins,
qui nous fera retarder le
départ des vaisseaux plus-
tard que le terme que vous
avez fixé pour les deux saisons, ou profiter de la liberté que vous nous donnez de
les envoyer à St Hélène,
par rapport à l'incertitude
des évenements. Il n'y a
plus, du moins peu encore
de sureté à envoyer des
vaisseaux hiverner à Mer-
guy, la dernière frégate
de guerre anglaise, qui y
a été a eu bien de la peine
à s'en tirer. Quant à profiter de ce voyage pour en
tirer une cargaison de riz,
il faudrait que ce vaisseau
y restât jusqu'en Mars qui
est le temps de la récolte
dans cette partie, et souvent le transport n'en est
pas avantageux de Merguy
à cette côte,

Pour du bois ce ne pour-
rait être que du bois à
brûler, mais pour en avoir
même de cette espèce, il
faudrait que le vaisseau y
fut rendu de bonne heure
y embarquer des outils et
deux vaisseaux de la côte,
soit que vous fassiez passer
le premier à la côte Malabare, soit que vous le fassiez partir directement
pour l'Europe, l'intention
de la Compagnie est qu'il
parte toujours en Octobre
1766. A l'égard du se-
cond, comme nous pen-
sons qu'il ne vous sera pas
possible de rassembler à
cette époque les marchan-
dises nécessaires pour
compléter le chargement
de ces deux vaisseaux, la
Compagnie estime que
vous serez dans le cas de
l'envoyer hiverner à Mer-
guy, d'où il pourra être de
retour à Pondichéry vers
le 10 ou 15 Janvier 1767.
Vous pourrez profiter de
l'hivernage de ce vaisseau
pour prendre pendant sa
relâche une cargaison de
riz et de bois pour les besoins de la colonie. Vous
lui ferez ensuite son chargement et l'expédierez pour
France au plus tard du
1er au 10 Février suivant,
en lui permettant de pas-
ser à l'Ile de France, en
supposant qu'il eut une
traversée favorable; mais si

des gens à cet effet pour les couper, etc ; ce travail est très difficile et très dur, et ruinerait un équipage.

Nous avons envoyé le *Massiac* hiverner à Achem, voyage dont il serait facile et toujours plus sûr de tirer quelque avantage, s'il était possible de le prévoir seulement six semaines ou 2 mois d'avance, et de faire partir ce vaisseau du 10 au 20 Septembre.

contre notre attente, vous ne pouviez l'expédier aussi promptement, alors vous lui interdirez absolument cette relàche, et lui permettriez celle de St. Hélène, et successivement celle de l'Ascension où vous lui donnerez ordre de ne séjourner que le moins qu'il pourra. Nous vous recommandons toutes ces précautions, attendu que la cargaison de ce vaisseau est indispensablement nécéssaire pour la vente de 1767.

19.

Nous voyons bien par les remises que la Compagnie nous a faites cette année, les favorables intentions où vous êtes, Messieurs, de rétablir son commerce et son crédit, et nous jugeons bien que ce n'est que par les plus grands efforts que vous avez pu parvenir à faire de pareils et si considérables armements. Nous avons appris par la voie publique les moyens que vous y avez employés, et

19.

Vous voyez, Messieurs, par les efforts que nous faisons, l'intention où nous sommes de rétablir le crédit et le commerce d'Europe, tant aux Indes qu'en Europe. Le succès de la Compagnie dépend des précautions que vous prendrez pour lui procurer le plus de retours qu'il sera possible, et de la correspondance bien suivie et bien entendue que vous entretiendrez avec elle. Vous sentez la nécessité

avec plaisir la facilité dans le succès. La Compagnie nous eut flattés de nous en faire part elle-même ; nous savons bien que nous ne sommes pas en droit de rien exiger à cet égard, mais étant ici à la tète des affaires de la Compagnie, ces connaissances, ces marques de confiance de sa part, ne peuvent qu'être utiles à son service, et même être souvent nécessaires. Etant dans le cas de prendre quelquefois sur nous le défaut de certaines connaissances, l'exemple du passé ne peut que nous absolue que ses ordres soient exécutés avec ponctualité, parceque leur non-exécution dérangerait fort souvent les plans qu'elle se propose, et déconcerterait ses spéculations. Sa lettre générale que vous aurez reçue par le *d'Argenson*, vous instruira plus particulièrement de ses intentions, nous ne pouvons rien y ajouter jusqu'à ce que nous ayons reçu de plus amples nouvelles de vous, qne nous attendons par la frégate la *Gracieuse*.

rendre timides. Nous sentons bien que le succès dépend des retours que nous vous ferons de l'Inde, c'est aussi à quoi nous donnons toute notre application et tous nos soins, employons tous nos talents et connaissances, et si l'évenement répond à nos spéculations et arrangements de cette année, nous nous flattons que la Compagnie en 1767 aura tout lieu d'être satisfaite à cet égard, et que sa vente lui procurera avec encore plus de facilité, des moyens, des ressources pour étendre davantage son commerce et ses envois. Mais, Messieurs, faites en sorte de nous envoyer en beaucoup plus grande quantité et le plus que possible, du fer, du plomb, du cuivre et des fusils à la capucine avec baguettes de fer et leurs bayonnettes, les gens du pays n'en voulant pas absolument d'autres. En donnant d'ailleurs toute attention à nos états de demande et à nos observations sur chaque objet, nous ne pouvons vous dire

les demandes qui nous ont été faites cette année de
tous cotés ; ce sont d'ailleurs de ces marchandises qu'on
ne court aucun risque d'avoir à l'avance et en certaine
quantité, n'en courant aucune avarie à rester en magasin, au lieu que n'en ayant point à l'avance, on manque les occasions, le moment d'en avoir un bon et
grand débit, comme nous l'avons éprouvé cette année.
Le prix que nous les vendons, surtout le fer et le
plomb, nous parait bien avantageux, ces marchandises
d'ailleurs, prenant si peu de place, pouvant même tenir
lieu de lest à vos vaisseaux, et ne pouvant empêcher ni
nuire à l'embarquement et au chargement de toutes les
autres sortes de marchandises.

Nous sommes aussi persuadés de la nécessité absolue
que les ordres de la Compagnie soient exécutés avec
ponctualité, aussi nous en faisons-nous et nous nous en
ferons toujours une loi la plus stricte, parceque leur
inexécution, nous ne dirons pas comme vous avez l'indulgence de dire qu'elle dérangerait et déconcerterait,
mais nous dirons à l'affirmatif que l'inexécution des
ordres de la Compagnie dérangera et déconcertera toujours ses plans et spéculations, parceque n'en pouvant,
donner que de relatifs à ceux de l'année précédent et
s'ils ne sont exécutés, les seconds ordres ne pourront
l'être non plus, ainsi successivement toutes les années
et toujours, de façon que vous, Messieurs, maitres de
l'administration, ne serez jamais sûrs de rien, et ne
pourrez faire de spéculations justes. Quant à nous,
nous ne souhaitons et ne demandons à la Compagnie
que des ordres clairs et précis, et qu'elle tienne la main
à leur exécution, ce qui nous la rendra beaucoup plus
facile et plus sûre de la part de ceux que nous en
chargeons en sous-ordre et en votre nom. Nous
souhaitons plus que nous n'espérons de la part de la
Compagnie toute la sévérité qui serait nécessaire à cet
égard.

20.

Nous ne pouvons rien dire à la Compagnie de ce département, le Conseil de Chandernagor à l'ombre de la présence de M. Law ayant crû et croyant ne nous devoir aucun compte même de conciliation, et se croyant au contraire le droit de nous donner des ordres, et même nous astreindre à ne pouvoir rien faire. Vous verrez, Messieurs, jusqu'à quel point il pousse cette prétention. Nous ne doutons point que vous ne soyez frappés des

20.

Nous ne vous dirons rien ici du commerce de Bengale, nous en rapportant à votre zèle et à vos lumières, et étant persuadés que vous mettrez tout en usage pour procurer à la Compagnie en 1767 des retours avantageux de cette partie de l'Asie. Vous en sentez toute l'importance, et nous n'avons pas besoin de vous faire connaître avec quelle impatience la Compagnie attend ces retours.

conséquences, sans les avoir prévenus et reçu leurs ordres.

Les mêmes motifs et raisons qui ont engagé la Compagnie à ne nous rien dire sur cette partie, nous avaient engagés à ne rien dire non plus au Conseil de Chandernagor de relatif au local, par notre lettre du 25 Mars remettant tout à leurs connaissances, et surtout à celles de M. Law plus particulières, des lieux, temps et circonstances, lettre qui les a cependant si fort révoltés, et surtout M. Law, qui en réponse, a prétendu par sa lettre du 25 Avril 1766 la supériorité en tout et partout en sa seule personne, mais que par de nouvelles réflexions il a bien voulu partager avec le Conseil de Chandernagor sous le vain et faux prétexte qu'il y avait un certain nombre de Conseillers plus anciens qu'ici, partage que le Conseil de Chandernagor a eu la complaisance, a bien voulu accepter, quoiqu'il eut premièrement déféré toute l'autorité supérieure en la personne seule de M. Law. Au surplus, notre lettre du 25 Mars ne contient que les ordres généraux que la Compagnie nous a donnés par ses lettres par le *d'Argenson*, pour l'administration générale de tous ses établissements et comptoirs aux Indes, qu'elle nous a chargés en nos propres et privés noms d'y faire exécuter. Quant au style et au ton, nous croyons n'en avoir employés que de convenables, et nous croyons même pouvoir dire que Messieurs du Conseil auraient dû au contraire en être flattés, puisqu'ils ne tendaient qu'à leur donner du crédit et du relief dans leurs fonctions, et à les soustraire à l'espèce de servitude où depuis quelques années, là comme ici, les chefs avaient pris l'habitude de nous assujetir et de nous soumettre. Nous prions la Compagnie de donner un peu de son attention à notre susdite lettre du 25 Mars et autres subséquentes, ainsi qu'à tout ce qui y a rapport et s'en est ensuivi, et de décider si M. Law n'eut pas mieux fait, et même dû faire, comme on l'a dit, en prétendre cause d'ignorance de cette lettre, puisqu'elle ne lui était pas adressée, de dire au Conseil de continuer à rendre compte et faire part de tout à Pondichéry, comme c'était l'ancien usage, en le citant et s'appuyant de son approbation à leurs délibérations et opérations. Enfin, nous prions la Compagnie de décider si l'autorité supérieure réside en la personne et présence seule de M. Law, s'il l'emporte avec lui quelque part qu'il aille, qu'il soit, et si c'est la décision de la Compagnie, nous ne craignons pas de lui dire qu'il est inutile de faire la dépense d'un Conseil.

21.

Nous avons appris par des lettres du sieur Anque.

21.

Vous trouverez ci-joint copie de l'instruction pour

til de Briancourt de Surat, l'arrivée à Bassora des sieurs Pirault et Billette ; la Compagnie nous permettra quelques réflexions sur leurs instructions.

Nous craignons bien que l'ordre d'envoyer à l'Ile de France des copies des comptes du sieur Perdriau, de suivre les ordres des Conseils de l'Ile de France et de Bourbon, en paraissant y soumettre ces employés, ainsi qu'au Conseil de Pondichéry, ne soit quelque jour une pierre le sieur Pirault que la Compagnie a chargé de ses affaires à Bassora, à la place du sieur Perdriau ; cette instruction concerne aussi le sieur Billette qui passe dans ce comptoir en qualité de second.

Nous sommes, etc. les Syndics et Directeurs de la Compagnie des Indes. Signé : le Duc de Duras, Sancé, de Clouard, Marion, Delessert, de Mery Darey, Lemoine, Dérabec et Risteau.

d'achoppement, et sujet à des tracasseries toujours préjudiciables aux affaires. La Compagnie aurait dü décider la dépendance pour l'un ou pour l'autre. Quant à nous, nous ne serions pas du tout fâchés quant à présent de n'en être pas chargés, et nous pensons qu'il eut suffi de la part de la Compagnie une simple invitation à ces employés, en faveur des batiments qui pourront venir des îles à Bassora, ce qu'il n'y a pas lieu de croire qui arrive jamais. Le droit consulaire que la Compagnie a fixée à 2 %, sur la vente, nous parait bien fort, la vérité qu'elle s'en réserve la moitié, ce qui nous parait contraire aux dispositions que vous nous aviez témoignées, et dans lesquelles vous nous prescrivez de favoriser en tout le commerce particulier. Il n'était anciennement qu'à 1 %, tout à la vérité pour l'employé résidant à Bassora, mais il a toujours révolté et répugné, a été contredit par les négociants de Chandernagor qui sont les plus intéressés dans le commerce de cette partie, nous ne doutons point qu'ils n'en renouvellent leurs droits à la Compagnie.

Nous doutons fort que le commerce d'eau de rose et d'eau-de-vie de dattes convienne et tourne jamais à l'avantage de la Compagnie, nous savons bien qu'il s'en fait de cette dernière, mais nous n'en avons jamais vu apporter à cette côte, l'exportation s'en fait à Surat, et nous n'en savons pas le prix, ni n'en connaissons pas l'usage, ni si elle aurait des avantages sur les arracks de ce pays ci, pour la leur préférer par nos hôpitaux.

Quant à la distillerie de l'eau de rose, ce sont de ces opérations et travaux qu'il faut en général laisser faire par les gens du pays qui les font à moins de frais toujours que les européens, et encore plus pour une Compagnie, et de telle qualité pour des endroits d'exportation. Nous souhaitons au surplus nous tromper dans nos combinaisons.

La Compagnie a bien fait de donner à ces employés des ordres aussi stricts et aussi sévères de se faire respecter par tous les nationaux qui se trouveront dans leurs dépendances, car il est inoui jusqu'à quel point, ces gens qui pour l'ordinaire sont gens du commun, que le hasard, souvent le libertinage et l'inconduite y transportent, poussent l'indépendance et l'insubordination dans ces endroits éloignés de toute autorité. Le tout à cet égard est que les choix de la Compagnie tombent en de bonnes mains, sages et désintéréssées, surtout par rapport à tous essais. Le sieur Pirault est, dit-on, médecin chimiste par état, nous craignons bien que l'enthousiasme pour son art et sa science ne pousse un peu trop loin la Compagnie.

22.

Le sieur Tremolières a acquitté cettre lettre de change·

22.

A Paris, le 7 Septembre 1765.

La Compagnie a fait payer, Messieurs, à la dame Tremolières une somme de 400 Rs. à valoir sur les appointements de son fils, embarqué l'année dernière avec M. Law sur le *Praslin*, en qualité de commis de l'Inde. Cette dame nous a fourni pour valeur de cette somme une lettre de change pour son fils de 166 Rs. ¾, dont vous avez ci-joint la première expédition, vous nous en accuserez réception, et nous informerez du paiement qui en aura été fait.

Nous sommes, etc. Signé : le Duc de Duras, de Clouard, Marion, Delessart, de Méry d'Arcy, Lemoine, Derabec et Risteau.

23.

Ci-joint la traduction de ce billet. L'Arombatté actuel et successeur des anciens de ce nom, qui étaient de père en fils au service de la Compagnie, assure que ce billet n'est pas de lui, ni d'aucun de ses prédécesseurs, même d'aucuns de leurs écrivains. Il croit, sans cependant l'assurer, qu'il est d'un des écrivains, d'un nommé Ramalinga qui, après avoir été leur écrivain, voulait les supplanter, et qui avait même déja, lors de la date de ce billet, un district séparé et indèpendant d'Arombatté. Il nous a cependant observé que ce

A Paris, le 8 Septembre 1766

Le sieur de Trinquère, ci-devant Major du bataillon de l'Inde, nous a priés, Messieurs, de vous envoyer le billet en écriture malabare ci-joint qu'il dit lui avoir été remis par Arombatté pour 2.000 Rs. que le dit sieur de Trinquère a avancées pour sa troupe. Cet officier désire que vous en demandiez le remboursement, ou que vous les passiez en compte au dit Arombatté. Vous nous en accuserez réception, et vous nous marquerez l'usage que vous en aurez fait, afin que nous puissions en tenir

billet pourrait bien être un de ceux que le plus petit officier forçait leurs écrivains de leur faire à défaut d'argent comptant, sitôt qu'il se trouvait à la tête en faisant fonctions de major du moindre détachement, et Arombatté dit pour preuve que ce billet ne porte point d'intérêts, ce qui n'eut pas manqué d'être spécifié, et au moins à 12 % si c'eut été réellement de l'argent comptant. L'indifférence du sieur de Trinquère sur les risques compte au sieur de Trinquère, si vous en obtenez le paiement, et si l'on en a remis la valeur argent comptant à la caisse de Pondichéry. Il a été convenu au surplus que ce billet original serait envoyé aux risques et périls du dit sieur de Trinquère.

Nous sommes, etc. Signé : le Duc de Duras, Sancé, de Clouard, Marion, Delessart, de Méry d'Arcy, Lemoine, Derabec et Risteau.

qu'il fait courir à ce billet, son ignorance du nom de son débiteur qu'il a dit à tout hasard Arombatté, ne paraissent-elles pas qu'il pouvait bien y avoir quelque chose dans ce goût-là, dans l'origine de ce billet? ce qui était d'ailleurs de notoriété publique dans ces temps-là, et nous croyons que la Compagnie devrait refuser sa recommandation pour en procurer le paiement, car il est certain qu'il y en a de ceux-là beaucoup plus que d'autres de légitimement dûs, et dont les malheureux écrivains, Arombatté ou autres sont écrasés et ruinés.

A Paris, le 11 Septembre 1766.

24.

Nous avons non seulement admis le sieur Joannis au Conseil, mais même le sieur Michel, parcequ'il nous a présenté des lettres

24.

Nous vous prévenons, Messieurs, que nous venons d'accorder à M. Joannis qui commande le *Penthièvre*, l'entrée au Conseil

de la Compagnie qui les lui promettaient, ce que nous avons supposé que c'était oubli de sa part si elle ne nous l'a pas marqué. Nous sommes d'ailleurs bien aises d'avoir des témoins oculaires qui puissent lui rendre témoignage de la droiture de nos intentions. Mais nous prions la Compagnie lorsqu'elle voudra faire cette faveur à quelqu'un, de nous marquer quel rang ou place il doit tenir ou prendre au Conseil ; nous pensons que ce ne doit être qu'après le dernier Conseiller, surtout à Pondichéry, quoique nous pensions bien en même temps qu'il peut résulter plus de mal que de bien de ces sortes d'admission.

pendant le séjour qu'il fera à la côte Coromandel, vous agirez relativement à cette disposition. Les talents et l'intelligence de cet officier ont déterminé l'administration à lui accorder cette distinction, elle l'a même regardé comme un moyen de plus pour se procurer les lumières qu'elle désire avoir sur toutes les parties relatives à sa manutention. Nous vous recommandons d'avoir pour lui les égards qu'exige la confiance que la Compagnie lui témoigne, nous lui avons aussi par les mêmes raisons donné entrée au Conseil de Mahé.

Nous sommes, etc. Signé : Sancé, Delessart, Lemoine, Derabec, Risteau.

A Paris, le 4 Octobre 1766.

25.

Le sieur Delarche, exécuteur testamentaire du sieur La Barthe fils, avait laissé au greffe l'argent provenant de la vente et adjudication de ses effets faites à l'encan à sa réquisition. Sur ces entrefaites, le sieur

25.

Nous vous adressons ci-joint, Messieurs, un mémoire qui nous a été remis par le sieur La Berthe, notaire royal au présidial de Dax, par lequel il expose que M. Delarche, ancien Conseiller, ne lui ayant

Denoüal, alors greffier s'étant démis de cet emploi, le sieur Dulaurens Cadet qui y succéda, ne fit aucune difficulté de laisser prendre et emporter cet argent au sieur Denoüal comme revenant au sieur Delarche en sa qualité d'exécuteur testamentaire, qu'il promit d'ailleurs de lui remettre, et d'autant plus que le greffe, le dépôt public, ne doit servir que pour les biens, les successions vacantes, faute d'héritier ou d'exécuteur testamentaire présent, cet emploi ayant déja d'ailleurs assez d'embarras et de charges.

Lorsque le sieur Boyelleau s'est adressé à M. Delarche pour avoir le compte de cette succession en vertu de la procuration du sieur La Barthe père, le rendu aucun compte des deniers qu'il a recueillis en qualité d'exécuteur testamentaire de la succession de son fils mort en 1766, il a pris le parti d'envoyer par le *Penthièvre* sa procuration avec toutes les pièces qui établissent sa qualité d'héritier au sieur Boyelleau, à l'effet de suivre le recouvrement des sommes dûes à cette succession, et d'en faire la remise à la caisse de la Compagnie au dit lieu dans la forme ordinaire. afin qu'elle puisse lui en faire toucher le montant en France. Nous vous recommandons de faire mettre cette affaire en règle, et de nous en informer.

Nous sommes, etc. signé: Sancé, Marion, Delessert, de Clouard. etc.

sieur Delarche a envoyé un nouveau compte du sieur Denoüal, par lequel des 727 Rs. qui lui restaient et qu'il avait emportées du greffe, de la vente des hardes et des effets du fils, pour les remettre au sieur Dalarche, il ne lui en reste plus que 326 ; des 401 de surplus, en ayant fait, dit-il, plusieurs payements pour le compte du défunt, et il dit qu'il est hors d'état de payer pour le présent même les 326 Rs. qu'il avoue devoir par rapport à l'embarras général des affaires depuis la perte de Poudichéry, et par rapport à ce que lui doit la Compagnie.

Les sieurs Delarche et Denoüal sont toujours à Madras, de sorte qu'il faut absolument attendre leur retour ici pour les poursuivre en justice, et ordonner les payements par qui il appartiendra. Au surplus, le sieur Boyelleau doit rendre compte de cette affaire avec encore plus de détails au sieur La Barthe père.

A Paris, le 5 Octobre 1766.

26.

Nous sommes obligés à la Compagnie de vouloir bien nous prévenir de ces divers changements dans ses premières dispositions, dont il ne peut résulter qu'un bien que nous soyons prévenus le plus tôt possible.

Nous n'avons rien à ajouter aux différents avis que nous avons donnés à la Compagnie de la réception des fonds et marchandises que nous ont apportés les vaisseaux de cette expédition.

26.

Le *Penthièvre* qui vous porte, Messieurs, les premières dépêches de la Compagnie par cette expédition, a mis à la voile du port de Lorient le 24 du mois dernier. Nous vous remettons ci-joint le duplicata de ces dépêches et de celles du *d'Argenson*, . auxquelles nous faisons donner cours par l'*Ajax* que nous comptons expédier dans les 15 premiers jours d'octobre. Nous attendons avec impatience le retour de la frégate la *Gracieuse*, nous ne pouvons jusqu'à ce moment

que vous confirmer tout ce que nous vous avons marqué par nos précédentes.

Par notre lettre du premier de ce mois, nous vous avons instruits de la quantité de fonds que la Compagnie a destinés, tant par Pondichéry que pour le Bengale, et nous vous avons désigné les vaisseaux par lesquels ces fonds doivent vous parvenir. Comme il y a eu depuis quelques légers changements, nous allons pour plus de précision et d'exactitude, vous en tracer un nouveau tableau, ainsi qu'il suit: Le *Penthièvre* vous remettra pour l'achat des poivres et renvoi pour

la vente de 1767	500.000 Lvs.
L'*Ajax* pour Pondichéry . . .	500.000
do. „ Bengale	1.200.000
Le *Condé* pour Pondichéry . . .	1.000.000
Le *Marquis de Castries* pour Bengale .	1.800.000
Le *Massiac* pour Pondichéry. . .	1.000.000
	6.000.000 Lvs.

Vous vérrez qu'il y a 100.000 Lvs. de plus que nous ne vous avions annoncé, par notre lettre du 1er Septembre, et que le *Massiac* a été substitué au *St. Louis*.

Ces vaisseaux vous porteront la même quantité de marchandises que nous vous avons marquée, leur encombrement est d'environ 1.400 tonneaux.

Quant à la distribution et à l'emploi de ces fonds, nous n'y avons rien changé, et les dispositions qui les concernent, suivant notre susdite lettre du 1er Septembre, doivent avoir leur exécution.

Nous sommes, etc. signé: Sancé, Marion, Delessert, Lemoine, de Clouard, de Mery d'Arcy et Risteau.

A Paris, le 7 Octobre 1766.

27.

Nous avons chargé de l'exécution de cette commission le sieur Abeille comme plus au fait et plus entendu dans cette partie. Nous croyons devoir vous prévenir que n'ayant plus sous la main ni sous nos

M. le Marquis de Parois ayant prié la Compagnie, Messieurs, de lui procurer huit tapis d'indienne de 4½ pieds de large, fonds blanc, les bordures ou encadrements en colonnes torses bleues, avec dessins

yeux de ces sortes d'ouvriers, nous sommes forcés de les faire faire à Madras, ce qui fait que nous ne pouvons être sûrs d'une aussi bonne et si parfaite exécution, qui demande d'ailleurs et comporte beaucoup plus de temps, surtout par rapport à la mauvaise foi de tous les ouvriers en général dans ce pays-ci, et plus encore ceux de cette espèce qu'il faut veiller presque continuellement et presque journellement.

Nous prions aussi la Compagnie quand elle nous donnera de pareilles commissions, à moins que ce ne soit des pièces entières, et dont il soit suffisant de déterminer la longueur et la largeur, mais quand ce sera des morceaux dont l'usage sera déterminé, comme dans cette commission-ci des mouchoirs pour servir de housses à des fauteuils, ne pouvant pas en savoir absolument les dimensions et propositions, ni pour quelle sorte de fauteuils, pour éviter que nous ne trompions, et

de couleur et l'écusson de ses armes au milieu, avec 3 douzaines de mouchoirs pour servir de housses à des fauteuils, pareils aux tapis ci-dessus, nous vous recommandons de faire exécuter cette commission avec le plus grand soin, et de nous en faire l'envoi le plus tôt possible, en observant de comprendre cet article sur le connaissement du navire qui en sera chargé, et de nous envoyer la facture de ces effets avec le montant des frais qu'ils auront occasionnés.

Nous vous envoyons aussi deux dessins que M. Chevalier a prié la Compagnie de faire exécuter aux Indes, chacun sur une toile de coton de la plus grande finesse, de 10 ½ aunes de longeur et de 1 aune de large. On a recommandé que si la toile ne portait pas 44 pouces de largeur, on eut attention d'augmenter l'aunage de cours pour suppléer à ce qui pourrait manquer sur la longueur. Vous ferez porter aussi cette seconde commission sur le connais-

pour que nous puissions procurer une plus entière satisfaction à la Compagnie, nous la prions de nous envoyer des patrons ou modèles, soit en papier ou en grosse toile.

sement du navire qui la rapportera, et nous enverrez également la facture et le compte des frais.

Vous trouverez ci-joint les armoiries de M. le Marquis de Parois que vous ferez exécuter sur les

tapis d'indienne dont il est mention ci-dessus.

Nous sommes, etc. Signé : Sancé, Delessert, de Clouard, De Méry d'Arcy, Lemoine, Risteau.

A Paris le 23 Décembre 1765.

28.

Cette phrase : *Nous attendons avec impatience le retour de la Gracieuse, par laquelle nous comptons qu'il (M. Law) nous instruira conjointement avec vous des dispositions relatives à la rentrée de la nation dans le Bengale ;* cette phrase, disons-nous, parait tranchante et décidante sur la question de la supériorité en tout et partout que prétend M. Law en sa seule personne et par sa seule présence, que dans et pour le seul cas de reprise de possession des établissements de la nation, M. Law pouvait agir seul vis-à-vis des Anglais, mais

28.

La Compagnie a reçu, Messieurs, les lettres que M. Law lui a écrites les 30 Janvier, 20 Février et 25 Mars de cette année, dans lesquelles il lui a fait part de ses opérations touchant la reprise de possession des établissements de la Compagnie à la côte Coromandel, et les arrangements arrêtés avec Mahamet Alikan. Nous attendons avec impatience le retour de la *Gracieuse*, par laquelle nous comptons qu'il nous instruira conjointement avec vous des dispositions relatives à la rentrée de la nation dans le Bengale. Jusqu'à ce que nous

que quant à l'administra-
tion, aux dispositions relatives pour la rentrée dans
ces mêmes établissements,
M. Law ne pouvait agir,
rien faire, sans la conciliation, sans la participation
du Conseil, comme nous
croyons l'avoir employé,
et vous l'avoir déja dit dans
quelques-uns de nos mo-
yens de défense, et l'avoir
écrit au Conseil de Chan-
dernagor. Supposez que
M. Law eut de Messieurs
de l'ancienne administra-
tion (ce que nous ne croyons pas) des ordres et pouvoirs qui l'eussent soustrait
à cette communication,
conciliation avec le Conseil,
en lui donnant au contraire
plus de pouvoir et celui de
tout décider et faire seul,
et de sa seule autorité,
l'administration ayant changé et passé en vos mains,

ayons reçu de ses nouvelles
et des vôtres sur l'état des
affaires dans ces différentes parties de l'Inde, nous
suspendrons nos réflexions
pour ne point faire des
spéculations hasardées et
inutiles. Nous nous bornons
à vous rappeler la nécessité
de mettre tout en usage
pour procurer des cargai-
sons complètes aux vais-
seaux qui vous parvien-
dront, sans vous attacher
au commencement au
choix des marchandises ;
il en faut absolument pour
la consommatiou du royau-
me qui en manque, ce qui
occasionne une introduc-
tion en fraude bien nuisible au commerce de la
Compagnie, ce qu'on ne
peut empêcher que par des
assortiments nombreux aux
ventes de la Compagnie.

Messieurs, il lui fallait de nouveaux ordres et pouvoirs
de votre part, ne pouvant quant à nous que suivre ceux
contenus dans vos lettres, et l'esprit qui y est répondu
partout. Serait-il possible que la Compagnie se rétractàt
et changeât si promptement de système et de sentiment ?
Nous ne craignons point de le dire, il n'en résultera que
du mal pour toutes les affaires, tant générales que particulières dans ces pays-ci, le passé doit en convaincre,
serait-il sitôt oublié ? Pour éloigner tout reproche et

même jusqu'au soupçon que nous ne parlons que par amour propre, il ne faut que faire la réflexion que dans 10 ans d'ici, la plupart de nous n'existeront peut-être plus, et dans les affaires de la nature de celles de la Compagnie dans ces pays-ci, il faut une marche, un système constant et invariable, les variations, les changements des premiers principes de l'administration de la Compagnie, ont occassionné et occassionneront toujours sa perte.

29.

Nous souhaitons que Messieurs de Chandernagor n'aient pas perdu de vue ces sages réflexions dans les cargaisons du *Praslin* et de l'*Adour*. Nous nous condamnons au silence à ce sujet, mais nous nous flattons que la Compagnie trouvera ces conditions et ces avantages dans les marchandises que nous lui avons envoyées par le d'*Argenson*, et que nous lui enverrons par le *Massiac*.

29.

Quoique nous vous mettions à l'aise pour le chargement de nos vaisseaux en vous permettant de ne pas trop vous arrèter à la qualité des marchandises, vous devez sentir cependant que le prix doit vous décider, c'est-à-dire qu'il doit être tel que la marchandise puisse produire à la vente un prix raisonnable, sans quoi il tournerait à perte à la Compagnie de recevoir des marchandises dont à peine elle retirerait le prix d'achat.

30.

La Compagnie jugera de nos dispositions pour l'emploi économique de son bien par les effets. Il est

30.

Vous aurez vu par les lettres que la Compagnie vous a écrites le 1er Septembre et le 5 Octobre de

fàcheux pour nous de n'avoir pas de point à pouvoir faire la comparaison du passé avec le présent, nous nous flattions que la Compagnie nous en témoignerait de la satisfaction et nous en ferait même des remerciements, au lieu des reproches déplacés que Messieurs du Conseil de Chandernagor se sont amusés à nous en faire.

cette année quels sont les fonds qui doivent vous parvenir dans le courant de l'année prochaine, tant en matières d'argent qu'en marchandises. Nous nous référons au contenu de ces diverses lettres, en vous recommandant de ménager ces fonds avec la plus grande économie et le plus d'utilité pour le commerce.

31.

31.

La relàche du *Condé* de 50 jours entre les deux îles de France et de Bourbon, a fait un préjudice indicible aux intérêts de la Compagnie, surtout pour l'expédition, le départ et l'arrivée dans le Gange du *Marquis de Castries*. Ce n'est pas que nous désapprouvons cette relâche, ni que nous la croyons absolument préjudiciable à l'arrivée des vaisseaux dans l'Inde, mais la Compagnie doit y fixer le temps, ainsi que dans

L'*Ajax*, destiné pour Pondichéry et Bengale, a mis à la voile du port de Lorient le 15 de ce mois ; le *Condé* par lequel parviendra par la présente, doit le suivre incessamment, il doit aller à Cadix prendre des matières d'argent, après quoi il ira relàcher à l'Ile de France où il débarquera les marchandises destinées pour ce comptoir, et se rendra ensuite à la côte Coromandel.

toutes autres relâches, comme les anglais ont enfin pris le parti de faire, à peine aux capitaines d'en répondre en leurs propres et privés noms, pour quelque cas et sous quelque prétexte que ce soit, et surtout y tenir la main rigoureusement. Quoiqu'on ait pu dire, par exemple, le capitaine du *Condé*, nous avons assez de connaissances de ce que c'est un vaisseau, ce qu'il peut y avoir à faire, ce qu'on peut y faire et y avoir fait. Quant au prétexte de la maladie de l'équipage qu'a objecté le capitaine du *Massiac*, nous ne pouvons croire que l'Ile de France ne soit pas toujours en état d'y suppléer, soit en matelots, même en prenant ceux des bâtiments de la côte, soit par quelques cafres, ou par un détachement de soldats qui ayant déja fait un voyage, en saurait assez pour travailler à ce qu'on appelle en bas levra. C'est que pour le bien, le succès des affaires, la Compagnie ne peut prendre trop de mesures, sacrifier même, pour que ces vaisseaux arrivent aux Indes le plus tôt possible.

32.

Quoique éloignés et privés de la vue de nos princes, nous n'en avons pas moins été pénétrés de la plus vive douleur à la mort de Mgr. le Dauphin.

Nous avons eu le malheur de perdre Mgr. le Dauphin qui est décédé à Fontainebleau le 20 de ce mois, cette perte plonge le royaume dans la plus vive douleur.

Nous sommes, etc. signé : Marion, de Bruny, Delessert, Terray, Behic, Sancé, Derabec et Risteau.

A Paris, le 25 Décembre 1765.

33.

M. Law étant au Bengale, nous avons endossé cette lettre de change à l'ordre de Messieurs du Conseil de Chandernagor, ils nous

La Compagnie ayant fait avancer, sur la demande de M. Law, une somme de 50.000 Lvs.au sieur Gordon chargé de ses pouvoirs en

en ont fait un crime par leur lettre du 8 Novembre, en nous en accusant réception, et nous promettant qu'elle sera acquittée.

France, nous vous remettons la 1re expédition de la lettre de change à votre ordre de 20.833 Rs. que le sieur Gordon nous a fournie pour valeur de cette somme, vous aurez attention d'en suivre le recouvrement, et de nous informer de l'acquit de cette traite.

Nous sommes, etc. Signé : Marion, Terray, Béhic, Delessert, Sancé, Dérabec.

34.

34.

Quelques recherches que nous ayons faites parmi nous depuis la répection de cette lettre, nous n'avons pu rien découvrir au sujet de ce nommé Louis Chardon de Beauchesne. Nous envoyons copie du mémoire à Négapatam, en le priant de le faire passer à Batavia. Personne ici n'a idée d'avoir jamais vu quelqu'un de ce nom sur aucun vaisseau hollandais qui ait abordé à cette côte, ainsi que l'annonce le mémoire, et l'indication de l'endroit où il a logé n'est pas juste, car il n'y a jamais eu ici de maison qui ait porté le nom d'amirauté.

La famille du nommé Louis Chardon de Beauchesne nous a remis, Messieurs, le mémoire que vous trouverez ci-joint ; vous y verrez que c'est un fils qui désire ardemment être instruit du sort de son père, dont il est séparé depuis fort longtemps. Comme il a connaissance que son père a passé une vingtaine d'années dans les comptoirs français, anglais et hollandais dans l'Inde, nous vous recommandons de faire faire les recherches les plus exactes à son sujet, et de nous informer du succès qu'elles auront.

35.

Nous ne trouvons rien non plus sur ce que nous avons de rôles des troupes, concernant les nommés Louis Joseph Hebert dit Commerçant, et Jean Louis Grumet dit Desvaux.

Ci-joint aussi deux petites notes concernant les nommés Joseph Hebert dit Commerçant, et Jean Louis Grumet dit Desvaux, tous deux soldats des troupes de la Compagnie, vous voudrez bien en constater la mort ou l'existence, et nous en informer. Nous sommes, etc. Signé: Marion, Terray, Behic, Delessert, Sancé, Derabec et Risteau.

A Paris, le 3 Janvier 1766.

36.

Nous avons trouvé ces duplicatas joints à la présente.

La Compagnie s'étant déterminée, Messieurs, de faire partir de bonne heure le *Marquis de Castries*, destiné pour Pondichéry et Bengale, vous trouverez ci-joint le duplicata de nos dépêches par le *Condé*, nous n'avons rien à ajouter à ces dépêches dont nous vous confirmons le contenu.

Signé: le Duc de Duras, Terray, Marion, Sancé Béhic, de Bruny, Derabec et Risteau.

A Paris, le 4 Janvier 1766.

37.

Nous avons aussi remis cette commission entre les mains de M. Abeille, et elle sera exécutée avec tout le soin possible, mais,

M. Delessert, l'un des syndics de la Compagnie, Messieurs, désire faire venir de l'Inde une robe de Perse de la plus belle qua-

Messieurs, un peu de patience surtout dans le temps présent ; et quoique cette demande soit assez générale, et ne soit que de pièces et dans leurs mesures ordinaires, nous aimerions toujours mieux avoir un dessin, modèle ou montre, pour remplir plus sûrement l'intention de M. Delessert.

lité, fonds blanc, très couverte de fleurs et rayée, s'il est possible, comme, les sortes arméniennes, vous voudrez bien en faire faire l'achat pour son compte, et faire porter cette commission sur le connaissement du navire sur lequel elle sera chargée, en nous envoyant la facture avec la note des frais qu'elle aura occasionnés.

Signé : le Duc de Duras, Terray, Marion, Sancé, Behic, de Bruny, Derabec, de Mery d'Arcy, Risteau.

A Paris, le 7 Janvier 1766.

38.

Le billet du sieur Saussay en faveur du sieur Guillot, porte que c'est pour nourriture de bœufs de trait, dont il était chargé en sous ordre, ou à sous ferme du premier qui l'était par entreprise directe avec et pour la Compagnie, et qu'il ne sera payable que quand la Compagnie l'aura satisfait lui-même pour toutes les avances qu'il a faites pour cette même entreprise; le

Nous vous remettons, ci-joint, Messieurs, la copie d'un mémoire qui a été presenté à la Compagnie par les héritiers du feu sieur Guillot, officier partisan dans l'Inde, vous verrez à faire ce qui convient pour donner à ses héritiers la satisfaction qu'ils désirent sur l'objet contenu dans ce mémoire.

Signé : Sancé, Derabec, du Mery d'Arcy, Risteau.

billet est endossé pour valeur reçue comptant par le sieur Guillot au nom du nommé Manceau, c'est pourquoi il était entre ses mains, il assure que c'était en nantissement et pour se payer de 700 Rs. que lui devait le sieur Guillot, et de 300 Rs. à un nommé Dubois, pour une jument que le sieur Guillot avait achetée de lui, et qu'en cas de mort, le dit sieur Guillot lui avait dit de garder le tout. Ce Manceau n'a d'autre titre que sa déclaration et sa bonne foi qui est d'autant plus admissible, et qu'on peut d'autant moins lui refuser, qu'il était le maitre de garder le tout, et que les· héritiers n'avaient aucun droit à lui rien repéter, en vertu et au moyen de l'endossement. Cependant dès le mois de Juin 1766, et bien avant la réception de cette lettre et du mémoire y joint, il n'a fait aucune difficulté de remettre le billet ci-dessus au sieur Monneron qui s'est trouvé chargé de la procuration des héritiers du sieur Guillot, pour s'informer et se faire rendre compte de sa succession, avec la réserve ci-dessus : il a même remis en même temps un billet de non-payement de 3600 Rs. de la caisse militaire, en faveur du sieur Guillot, dont il était dépositaire. Nous ne doutons pas que le sieur Monneron n'ait rendu tous ces détails et plus encore à ses commettants.

A Paris, le 4 Février 1766.

<table>
<tr><td>39.</td><td>39.</td></tr>
</table>

Le sieur Gallyot de la Villette ne nie pas cette dette, mais il assure que cette dette est une dette de jeu de quinze qu'on lui a fait jouer sans le savoir, et lorsqu'il était plus que gris, on l'a forcé de faire ce billet, l'épée sous la gorge, et il en donne pour	Le sieur Depuimorin ci-devant officier au bataillon de l'Inde nous a priés de vous faire l'envoi de la copie collationnée ci-jointe d'un billet de 6.500 Rs. qui lui sont dûes par le sieur Gallyot de la Villette qui est resté dans l'Inde. La Compagnie vous autorise

preuve qu'un sieur Mabille qui était de la même partie et dans le même cas que lui, mais plus fin et plus rusé, a sur le champ fait une déclaration par devant notaire de la violence qu'on lui avait faite, laquelle déclaration existe en minute en original au notariat, nous nous la sommes fait représenter. Nous pouvons d'ailleurs assurer que ce Gallyot n'a jamais été en état de contracter autrement une pareille dette, il n'a jamais été que comme copiste à 20 ou 25 Rs. par mois, il n'est même aujourd'hui que dans la classe des écrivains blancs ou métis, il a fait la sottise de se marier, et est chargé de plusieurs enfants. Cependant il ne refuse pas de payer un jour, s'il réussit à gagner quelque chose par la suite, et demanderait pour le moment à changer ce billet en le réduisant par un nouveau à sa juste valeur, qui ne serait que de 650 Rs. effectives, puisqu'il ne jouait qu'en billets de caisse à raison de 100 Rs. des dix billets pour dix effectives, comme le porte son billet, et qui était tout au plus leur valeur d'alors sur la place.

à en solliciter le recouvrement, elle vous recommande de l'informer de la nature et quantité de fonds qui vous auront été remis en payement, soit en billets de caisse ou en argent effectif, afin que nous puissions en compter au propriétaire.

Nous sommes, etc. Signé : le Duc de Duras, de Clouard, Terray, de Bruny, Brisson, Castries, Sancé, Marion, Delessert, Derabec, de Mery d'Arcy, Lemoine, Risteau.

A Paris, le 12 Février 1766.

40.

Nous ne pouvons que reitérer à la Compagnie nos regrets de n'avoir pu

Le *Marquis de Castries*, Messieurs, a mis à la voile du port de Lorient le 26

recevoir cette année ses ordres sur toutes les nouvelles qu'elle aura apprises par la *Gracieuse*, et plus encore de ce que nous n'avons absolument aucun lieu de nous flatter de recevoir par les vaisseaux que nous attendons l'année prochaine, ses réponses à nos expéditions de Février 1766.

Janvier dernier, avec une cargaison de marchandises pour Pondichéry, et 1.800.000 Mks. en piastres, conformément à ce que nous vous avons marqué par nos lettres de 1er. Septembre et 15 Octobre de l'année dernière, concernant le projet d'armement des vaisseaux de la présente expédition, et l'envoi des fonds qu'ils y doivent porter, nous nous y référons.

La présente vous passera par le *Massiac*, qui vous porte aussi des marchandises et un million en piastres. Si la *Gracieuse* que nous attendons depuis longtemps, arrive avant le départ de ce navire, nous répondrons par cette même voie à vos dépêches les plus pressées, si, au contraire, elle ne parait qu'après qu'il aura mis à la voile, nous ne pourrons vous faire passer nos réponses que par les vaisseaux de M. M. de Néré et Merrin, armateurs particuliers,

41.

Nous tiendrons la main à l'exécution du traité de M. M. de Neré et Merrin. Nous pensons qu'il eut mieux convenu aux intérêts de la Compagnie dans ces pays ci, de faire ces petits armements pour son compte, nous y avons d'abord besoin de plusieurs qui ont fait un traité avec la Compagnie, dont nous vous envoyons ci-joint une expédition.

Nous vous recommandons de faire remplir exactement les conditions auxquelles ils sont assujettis.

Nous sommes, etc. Signé: le Duc de Duras, de

de ces sortes de batiments Clonard, Terray, Brisson, pour des opérations dans Marion, Castries, Delessert, l'Inde ; nous craignons Belic, Derabec, de Mery d'ailleurs que par le carac- d'Arcy, Lemoine, Risteau. tère de facilité et de com-
plaisance régnant en France, la Compagnie ne soit la victime du jaugeage, de l'embarquement, etc. Les bâtiments vont nous inonder ou les îles de marins, dont nous ne sommes, ainsi qne les îles, déja que trop embarrassés, qui étant anciens dans le pays, ayant tous pour la plupart servi alternativement la Compagnie et les particuliers, ayant essuyé et partagé toutes les misères et les horreurs des derniers temps, et auxquels la Compagnie doit encore à la plupart des appointements, auxquels par conséquent à tous ces titres, il serait dù de donner de l'emploi à l'occasion de préférence à de nouveaux venus, nous craignons enfin que ces armateurs, sùrs et pleins de leurs faveurs et de leur protection en France, ne soient souvent pierre d'achoppement avec les chefs de votre administration. Et si la Compagnie avait à permettre ces armements particuliers, elle aurait dü en donner la préférence à M. M. de Moracin et Jean Dumont, que, nous savons, le lui ont proposé en arrangement d'affaires de ce que la Compagnie leur doit ; premier avantage pour elle, secondement ces Messieurs étant au fait et dans l'usage de travailler dans ces pays-ci, vos chefs eussent été avec eux bien moins exposés aux tracasseries que nous craignons de la part de ces nouveaux venus. D'ailleurs, ces entreprises entre les mains de M. M. de Moracin et Jean Dumont, les eussent mis à lieu de pouvoir arranger et finir bien des affaires, comptes, etc. dans lesquels nous pouvons vous dire que tous les français de l'Inde sont interéssés directement ou indirectement.

42.

Nous n'avons reçu aucuns fonds ni nouvelles de M. de la Reynière pour cette commission pour laquelle nous attendons de nouveaux ordres.

Vous avez aussi ci-joint, Messieurs, la note concernant une commission demandée par M. de la Reynière, pour deux robes de femme, l'une de Perse et l'autre de basin brodé, qui ont été évaluées à 1300 Rs. Si M. de la Reynière vous a fait passer des fonds, comme il nous l'a dit, pour l'achat de cette commission, vous la ferez remplir suivant ses désirs, en observant de nous envoyer la facture du prix d'achat et des frais qu'elle aura occasionnés, et de faire charger par connaissement la caisse qui renfermera cette commission, sinon vous attendrez de nouveaux ordres avant de la faire remplir.

A Paris, le 13 Février 1766.

43.

Nous ne doutons pas de ces premières vues du gouvernement dans l'institution de la Compagnie, mais elle est aujourd'hui de nécessité indispensable, sans même aucun autre avantage que celui d'empêcher la sortie réelle des biens du royaume, en allant chercher chez l'étranger les marchandises de l'Inde nécessaires à la nation.

Faire prendre à la France, Messieurs, par les ventes de Lorient, la plus grande part possible à la consommation que l'Europe fait des marchandises d'Asie, tel fut le premier objet du gouvernement, en instituant au sein de l'Etat une Compagnie privilégiée de commerce, et tel est par conséquent le but auquel nous devons tous tendre et tout subordonner.

44.

Ces vérités sont incontestables, mais le plus sûr moyen pour assurer le succès à la Compagnie, serait d'avoir les fonds, ou au moins la moitié de ceux nécessaires à l'expédition des retours, d'avance d'une année sur l'autre, car d'ailleurs, ces pays-ci, surtout la côte Coromandel dans l'état actuel, et la côte Malabare, ne permettent guère de profiter et de faire usage du simple avis de ce que la Compagnie se propose de faire l'année suivante. Nous sommes forcés par l'expérience d'avouer qu'il faut encore que ces avances soient en bonnes mains, bien administrées par des gens qui ne s'occupent, ne fassent leur principale occupation que des objets de commerce. C'est à la Compagnie à y pourvoir par ses ordres et de bons règlements, et par sa sévérité à tenir la main à leur exécution.

44.

Cette élévation des ventes de Lorient qui dépendra de la quantité de fonds que la Compagnie enverra annuellement à ses Conseils, dépendant aussi des temps plus opportuns auxquels ces mêmes fonds leur arriveront nous pensons devoir vous informer dès à présent de ceux que nous nous proposons de vous envoyer pour l'expédition de 1766 à 1767, et des époques de départ de Lorient et d'arrivée dans l'Inde des différents vaisseaux qui devront les remettre soit à la côte, soit au Bengale.

45.

Dans les vues d'économie que la Compagnie nous prescrit, que nous supposons qu'elle s'est prescrite à elle-même, et qui sont si

45.

Si l'état des choses le permet, nous vous enverrons, 1° 2.400.000 Lvs. pour être employées en marchandises de la côte Coro-

nécessaires pour le rétablissement de ses affaires, nous voyons avec peine qu'elle fait les frais de l'armement de 3 vaisseaux de 900 tonneaux chaque mandel, qui devront faire partie de la vente de 1767, 2º 700.000 Lvs. pour l'achat des poivres qui devront être vendus en 1768.

pour le retour de 3.100.000 Lvs. ce qui aurait pu se faire avec deux seuls vaisseaux d'un aussi grand port. Ou si la Compagnie est affrayée, et qu'elle ne veuille pas absolument courir d'aussi gros risques à la fois, et sur un seul vaisseau, ne faudrait-il pas du moins armer trois si gros vaisseaux qui ne peuvent être chargés avec si peu de fonds convenablement à leur port et aux frais qu'ils occasionnent. En supposant que la Compagnie voulut avoir ses retours par deux seuls vaisseaux de la force de ceux ci-dessus, le premier prendrait en Octobre tout ce que nous aurions pour lors en magasin de marchandises blanches. etc. et irait se bonder de poivres à la côte Malabare, et le deuxième prendrait en Janvier ce que nous aurions également alors de marchandises blanches, et les cafés de Moka, parcequ'il n'y aurait pas de poivre, et nous pensons que ces deux cargaisons arrimées avec précaution, complèteraient et emporteraient les 3.100.000 Lvs. auxquelles la Compagnie a fixé ses retours, ce qui n'est pas sans exemple dans les temps favorables, tant pour la situation des affaires de la Compagnie que pour celle de ces pays-ci. La Compagnie ne doit pas s'arrêter à l'exemple de la cargaison du *d'Aargeuson* que nous avons expédié en Octobre, et qui était bondé, disait le capitaine, avec les 800 balles que nous lui avons données, c'est que prévoyant bien n'en avoir pas d'avantage, nous lui avons laissé prendre près de six pieds en lest et grenier de bois rouge, cauris, etc. mais en prenant ses mesures d'avance, et étant sûrs d'avoir de quoi le bonder en marchandises, en ne lui laissant prendre du lest et un grenier que convenablement; il est certain qu'un vaisseau, tel que le *d'Argenson*, pourrait prendre charge de 17 à 1800 balles. Vous pouvez, Messieurs, en trouver plusieurs exemples dans vos anciennes factures.

46.   46.

Nous espérons bien que la Compagnie recevra ce fonds en cafés de Moka pour sa vente de 1768, si les arrangements que nous avons pris et les ordres que nous avons donnés à ce sujet au Conseil de Chandernagor sont exécutés et réussissent.

3° 300.000 Lvs. pour les cafés de Moka dont la Compagnie n'aura les retours que pour la vente de 1769.

47.   47.

Des vaisseaux de 700 tonneaux doivent et pourront toujours emporter plus de fonds en marchandises de Bengale, quand la Compagnie voudra et que la situation du pays le permettra.

4° 3,000,000 Lvs. pour les marchandises du Bengale qui feront partie de la vente de 1768.

48.   48

Nous n'avons rien à ajouter à ce que nous vous avons écrit sur cet article à la Compagnie par notre lettre générale du 15 Octobre 1766 par le *d'Argenson*. Nous nous flattons qu'après avoir lu toutes nos délibérations, fait examiner notre journal de dépenses et autres parties qui y ont rapport, elle sera convaincue, et nous rendra justice sur

5° 600,000 Lvs. pour les dépenses de la côte Coromandel, malabare, et celle du Bengale.

notre économie pour tous les chefs} et nous mettra plus
à l'aise pour ses dépenses.

49.

Quoique nous ne ven-
dions pas à moins de
40 % de bénéfice, et même
quelques marchandises au
dessus, la Compagnie n'a
pas fait attention aux non

49.

6° 1.500.000 Lvs. ou environ de marchandises, dont
la vente fera à peu près l'extinction de 2.000.000 de
dettes dans l'Inde.

ventes par avaries ou autrement, au déchet, et qu'une
partie de ces marchandises et effets est employée pour
son service, soit en présents, ou pour ses vaisseaux d'Europe. Nous ne citons ces deux objets que comme les
plus considérables, surtout le dernier, comme la Compagnie pourra le voir par le relevé ci-joint des dépenses
et consommations que nous ont occasionnées ceux de
cette année, seulement ici et dans les autres comptoirs
de notre dépendance, et non compris les dépenses que
vont faire, et les consommations que vont} occasionner
l'*Ajax* et le *Marquis de Castries* à Bengale, et le *Condé*
à Mahé. Aussi nous ne croyons pas que la Compagnie
doive se flatter que les 1.500.000 de marchandises étei-
gnent jamais à beaucoup près 2.000 000 de dettes aux
Indes. Nous ne prenons la liberté de vous présenter
ces réflexions que sur la permission que vous nous en
avez vous-mêmes donnée, et pour que vous puissiez
plus sûrement spéculer, puisqu'étant la base des espérances du succès de la grande œuvre du rétablissement
des affaires, il faut commencer par l'assurer.

50.

Nous souhaitons que la
Compagnie ne soit pas

50.

Ces fonds seront portés
dans l'Inde par les vais-

trompée dans son attente
pour l'arrivée de ce vaisseau à la côte Malabare.

seaux ci-après :

Un vaisseau de 900 ton-
neaux partira de Lorient
au 1er Août pour arriver à

la côte Malabare en Janvier.

51.

Si la Compagnie conti-
nue dans cette escale d'un
de ses vaisseaux de Chine
à la côte Malabare, elle
pourra s'en rapporter pour
les marchandises et effets

51.

Il y portera du fer plat,
très peu d'eau-de-vie, et en
fonds les 700.000 Lvs. ou
140.000 Rs. destinées à l'a-
chat des poivres.

d'Europe qui y peuvent être de défaite avantageuse, et
à les y faire passer, au mémoire qui lui sera envoyé
directement par le sieur Picot par le *Condé*. Elle peut
s'en rapporter à son zèle et aux connaissances plus
particulières qu'il a de cette partie, mais elle doit toujours s'attendre à une perte réelle de 10 % sur les piastres qu'elle y fera remettre, et même plus, tant par
l'arrivée d'une si grande quantité de piastres que par
l'achat subit et précipité des poivres pour le vaisseau de
Chine, etc.

52.

Bien que nous prévoyons
bien que nous serons dans
le cas forcé d'envoyer à la
côte Malabare, pour s'y
bonder de poivre, les deux
vaisseaux que nous avons
à expédier pour l'Europe
en Octobre 1767, cela ne
nous empêchera pas cepen-

52.

Et jusqu'à ce que vous
ayez des vaisseaux de la
côte pour transporter ces
poivres de la côte Malabare
à Pondichéry et à Chandernagor, vous aurez attention
d'expédier en Octobre deux
vaisseaux qui, étant à moitié chargés en balles de

dant de profiter des occasions que le temps et les circonstances pourront amener et nous procurer pour tirer de Mahé et faire passer ici du poivre pour envoyer à Bengale, où il parait que c'est toujours un mieux qu'il y en ait de répandu dans les cargaisons, d'autant que c'est marchandises de la côte, acheveront leur chargement en poivres à la côte Malabare.

Ce premier vaisseau sera aussi chargé de 500.000 Lvs en piastres avec lesquelles il achetera des poivres qu'il portera en Chine.

sans nuire au chargement.

53.

La Compagnie peut compter que si ce vaisseau vient ici, nous ne l'y retiendrons que le moins possible pour ses propres opérations, il est de notre intérêt pour nous éviter autant de dépenses de moins.

53.

Après ces opérations faites à la côte Malabare, ce navire s'expédiera pour Pondichéry, où il touchera au commencement de Mai, et vous l'enverrez en diligence en Chine par le détroit de Malacca.

54.

Le coton pourra bien ne se trouver à acheter que lorsque ce vaisseau sera ici, par conséquent être payé de ses fonds, mais pour le calin, il faudrait de l'argent d'avance pour l'acheter de première main à l'arrivée des vaisseaux

54.

Vous savez, Messieurs, que le calin et le coton sont vendus avantageusement en Chine, nous sommes persuadés que vous en préparerez à ce vaisseau lors de son passage à votre côte.

de la côte de l'est en Janvier, Février ou Mars, au lieu

qu'étant dans le cas de ne l'acheter qu'après l'arrivée du vaisseau pour le payer de ses fonds, ne l'ayant et ne l'achetant alors que de seconde main, la vente n'en sera jamais si avantageuse, ou que peu en Chine, outre l'incertitude de ne pas en avoir. D'un autre côté, si après en avoir acheté d'avance, il ne venait pas de vaisseau pour le prendre, nous pourrons bien nous en trouver embarrassés, ce serait un fonds mort, car nous ne prendrons qu'à la dernière extrémité le parti de le revendre, dans l'espérance de voir arriver ce vaisseau. C'est l'étroite situation des affaires qui nous oblige à présenter ces réflexions à la Compagnie; du reste, comptez toujours, Messieurs, en tout et pour tout sur notre zèle, pour améliorer et rendre le plus profitable que possible les opérations qu'elle voudra bien nous confier.

55.

La Compagnie peut bien être lieu de déterminer le départ de ses vaisseaux à jour fixe, quoique nous sachions par expérience que souvent elle y trouve des obstacles dans la nature pour la sortie de Lorient, ou provenant de la situation où elle se trouve, mais; il n'en est pas de même de leur arrivée. Quoiqu'il en soit, la Compagnie doit être persuadée que nous ne négligeons rien, tant pour expédier ses vaisseaux le plus promptement possible, et les

Un vaisseau de 700 tonneaux destiné pour le Bengale, partira de Lorient le 1er Septembre pour vous parvenir vers le 1er Mars.

Il vous portera (1o) 1.000.000 pour Pondichéry, destinés à vous mettre en état de contracter plus avantageusement les marchandises de votre côte nécessaires à l'assortiment de trois cargaisons.

(2o) un autre million pour Bengale en matières d'argent, que vous férez convertir diligemment en roupies, après quoi vous

faire passer à leur destination, que pour leur sureté, lors et tant qu'ils sont
entre nos mains, dans tel
temps que ce soit.

l'expédierez sans perte de
temps avec son chargement
d'Europe pour Chander-
nagor. Vous savez, Mes-
sieurs, combien il est important que ce vaisseau ne

se trouve ni sur votre rade, ni sur celle de Balassore
lors de la révolution qui arrive à la lune d'Avril, et
vous prendrez les plus justes précautions pour qu'il
soit à mi-canal pendant cette révolution.

56.

Pour que la relâche de
l'Ile de France ne retarde
pas l'arrivée des vaisseaux
aux Indes, il est de nécessité obsolue, comme nous
vous l'avions déja dit, que
la Compagnie fixe le temps
qu'ils pourront y rester, à
peine aux capitaines, sous
quelques prétextes et raisons que ce soit, d'en répondre en leurs propres et
privés noms, et surtout
encore que la Compagnie
y tienne la main rigoureusement, sans quoi elle ne
doit pas compter d'être jamais obéie ni bien servie
par cette espèce d'hommes.
Quant à primer à Moka,
nous en savons et en sen-
tons tout l'avantage partout,
et en général dans presque

56.

Un vaisseau de 900 ton-
neaux destiné pour votre
còte, partira de Lorient le
1er Décembre avec une cargaison pour les îles de France et de Bourbon. Cette
mission remplie, il vous parviendra en Juillet, et vous
portera 1.300.000 Lvs. dont
1.000.000 pour vos achats
de la còte, et 300.000 Lvs.
pour contracter les mar-
chandises nécessaires à
l'opération de Moka. Les
mois d'Aoùt et de Septem-
bre étant plus que suffi-
sants à cet effet, vous de-
vrez expédier en Octobre le
vaisseau que vous enverrez
à Moka, il y arrivera
en Décembre et rendra
l'opération plus facile, en
donnant plus de temps aux

toutes les affaires, d'ailleurs nous ne craignons pas de dire ici, que la Compagnie nous fasse un crime de lui avouer, que nous y aurons vraisemblablement toujours un intérêt personnel, le commerce nous étant permis. Mais souvent le temps, les circonstances, nombre d'évènements aussi difficiles à dire qu'à prévoir, empêchent des négociants de pouvoir se procurer et profiter de cet avantage de primer, et surtout dans la situation où nous sommes, et nous trouvons que nous sommes toujours ce qu'on appelle trop près pris en tout et pour tout.

subrécargues pour la vente des marchandises de la côte. Un second avantage d'ailleurs qui rend la partance d'Octobre préférable à celle de la fin de Janvier, c'est la certitude de ne point trouver la mousson changée au cap Comorin, ce changement pouvant faire manquer le voyage du golfe.

Deux vaisseaux de 900 tonneaux chacun partiront de Lorient pour Pondichéry au commencement de Janvier, avec des cargaisons pour les îles ; après les y avoir remises, ils s'expédieront pour votre côte, où ils parviendront en Août, avec le restant des fonds qui vous sont destinés, savoir : 400.000 Lvs. pour le restant des marchandises de la côte, et 600.000 Lvs. pour les dépenses de la côte Coromandel, Malabare et celles du Bengale.

Un second vaisseau de 700 tonneaux partira de Lorient pour le Bengale vers le 1er Janvier, touchera à votre côte vers la fin de Juillet, vous remettra une cargaison d'Europe, convertira à votre monnaie 200.000 Lvs. destinés pour le Bengale, et vous l'expédierez pour Chandernagor au commencement de Septembre.

57.

Nous ne pouvons encore que protester à la Compa-

57.

Les Conseils de Pondichéry, de Chandernagor et

gnie de toute notre ponctualité pour l'exécution de ses ordres, si elle dépend de nous dans le temps. D'ailleurs, elle aura déja vu qu'il est dans nos spéculations d'envoyer en Octobre 1767, deux vaisseaux se bonder de poivres à la côte Malabare, et de ne charger que sur le vaisseau de la partance de Janvier les cafés de Moka, ne devant pas y avoir de poivre qui pourrait l'altérer.

de Mahé, ainsi prévenus à l'avance des dispositions de la Compagnie pour l'expédition prochaine, et devant recevoir à temps les fonds nécessaires, nous vous demandons, Messieurs d'expédier en Octobre 1767 deux vaisseaux à moitié chargés des marchandises de la côte, qui après avoir complété leur chargement en poivre à la côte Malabare, feront leur retour à Lorient vers le mois de Juin.

Vous expédierez le 3me vaisseau de la côte vers le premier Février avec une cargaison composée de marchandises de la côte et de cafés de Moka que vous vous ferez procurer au moyen des fonds que nous vous avons envoyés à l'avance pour l'expédition de 1765 à 1766.

58.

La Compagnie ne doit jamais rien remettre en ce genre à la disposition et décision des capitaines de ses vaisseaux ; s'ils partent dans l'espérance d'aller à l'Ile de France, ils iront surement toujours, et ils se couvriront de si bons prétextes en apparence que la Compagnie sera assez bonne pour croire n'avoir

Nous vous recommandons d'ordonner au commandant de ce vaisseau de ne pas toucher à l'Ile de France, pour peu que sa traversée depuis l'Inde jusqu'à la hauteur de l'île Rodrigue n'ait pas été prompte, mais de faire route en droiture pour l'Europe, en prenant sa relâche à St. Paul de Loanda.

aucun reproche à leur en faire. Et, puisque nous en avons vu, malgré la défense du Conseil d'y aller, et l'ordre au contraire d'aller en droiture à Ste. Hélène, si malgré cela, disons-nous, nous en avons vu aller à l'Ile de France, et par là manquer effectivement leur retour en Europe, sans que la Compagnie les en ait même blâmés, bien loin de les en punir, à quoi ne devez-vous pas vous attendre, Messieurs, quand cela sera remis à leur décision et disposition? La relâche à Ste. Helène ou à St. Paul de Loanda, doit être décidée par le Conseil de l'endroit d'où partent les vaisseaux. C'est à ce Conseil à juger de la nécessité par le retard du départ, et souvent par rapport aux circonstances qui peuvent forcer de le retarder; ce Conseil doit en dresser une délibération bien motivée, pour vous en faire juger de la nécessité, et il est bien certain que tout vaisseau qui partira d'ici, ou du Bengale vers le 10 Février, et de la côte Malabare le 25, doit faire son retour en Europe la même année, et à temps pour la vente, en passant même à l'Ile de France.

59.

Nous pensons que la Compagnie peut en toute sureté, et sans aucune crainte de manquer le retour dans l'année, et pour la vente, porter le départ des vaisseaux du Gange,

59.

Nous comptons aussi que les vaisseaux de Bengale quitteront le Gange vers la fin de Décembre pour arriver vers la fin de Juin à Lorient.

jusqu'à la fin de Janvier, ou même les premiers jours de Février. Nous avons cependant fait part le plus littéralement que possible de cet article à Messieurs du Conseil de Chandernagor.

44

60.

Le seul et le plus sûr moyen pour être certain du succès des spéculations de la nature de celles que l'on peut faire sur les opérations du commerce de la Compagnie, serait d'avoir des fonds et au moins moitié à l'avance, dans l'Inde. Car, quant aux époques des départs et des arrivées des vaisseaux, rien de si incertain, comme l'expérience le prouve, et le retard d'un seul, comme on doit s'y attendre, ce qui arrive

60.

Les opérations de la Compagnie à Moka, à la côte Malabare, à celle de Coromandel, étant les mêmes annuellement, l'arrivée de ses vaisseaux et des fonds qu'ils y porteront, doit être aussi périodique, et par dernière conséquence nous nous proposons de fixer annuellement aux époques ci-dessus, le départ des vaisseaux que la Compagnie expédiera pour les différents comptoirs.

souvent, dérangera nécessairement toute la machine. L'exemple du *d'Argenson* doit vous en convaincre.

61.

Nous n'avons rien à répondre à ce mémoire qui n'est d'ailleurs qu'une répétition de cette lettre. Nous voyons avec peine qu'on compte un peu trop en général en France sur les époques du départ et de l'arrivée des vaisseaux.

61.

Nous vous prions d'y réfléchir attentivement, et de nous mander votre sentiment sur la navigation et les opérations de ces divers vaisseaux, telles qu'elles sont tracées dans le mémoire qui accompagne cette lettre.

62.

Nous pensons qu'il est plus sûr et qu'il convien-

62.

Vous y verrez notre intention de destiner deux

dra toujours mieux aux intérêts de la Compagnie, de faire par des vaisseaux armés dans l'Inde, ce transport des poivres pour les cargaisons des vaisseaux de Pondichéry et du Bengale, quand ces armements seront faits avec l'économie convenable, et telle que nous avons commencé à vouloir l'établir, sauf la critique et les ironies de Messieurs du Conseil de Chandernagor.

vaisseaux uniquement au transport annuel des poivres de la côte Malabare à Pondichéry et au Bengale.

Si les circonstances nous permettent d'en expédier un de Lorient à cette fin dès le 1er Août prochain, il arrivera à Mahé en Janvier 1767, et partira le 15 Avril, passera vers le 1er Mai à votre côte d'où vous l'expédierez pour Chandernagor, afin que ses poivres servent d'assortiment aux deux cargaisons que ce comptoir nous enverra à la fin de 1767.

63.

63.

Ces voyages contre la mousson ne conviennent point du tout à la Compagnie, ce ne sont jamais que les particuliers qui les entreprennent, attirés par le gros bénéfice que la rareté et la cherté des vivres à la côte leur promettent, peu encore y gagne, le plus grand nombre y perd, et quelques-uns s'y ruinent. Nous ne croyons pas qu'il soit prudent de spéculer sur un évènement

Ce vaisseau partirait du Gange dans la petite mousson avec une cargaison de riz, de gonis et de cordes nécessaires à vos emballages, vous parviendrait à la fin de Septembre, et vous l'expédierez de nouveau le 15 Octobre pour Mahé avec les guinées et salampuris bleues convenables à la côte Malabare, où il renouvellerait cette opération annuellement. Si l'envoi de

particulier qui aura été heureux. Il y a moins de risques à spéculer sur des généralités, surtout quand on est fondé sur les saisons, et plus encore sur les moussons aussi invariables qu'elles le sont dans ces pays-ci. Si la Compagnie veut que l'on fasse pour son compte le commerce des toiles bleues et d'autres marchandises de cette côte-ci à la côte Malabare, ce sera toujours très peu de chose. Nous pouvons le faire par les vaisseaux que nous serons dans le cas d'y envoyer soit en Octobre, soit en Janvier, sans qu'il soit besoin de faire venir ad-hoc un vaisseau du Bengale dans la petite mousson, c'est sur quoi nous nous concilierons avec le sieur Picot.

ce vaisseau nous est possible, vous en serez informés par lui-même au plus tard en Mai, et par conséquent assez à temps.

64.

Nous trouvons un peu d'ambiguité dans cet article.

Quant à des marchandises de cette côte pour le Bengale, nous ne connaissons en général que le sel que nous avons fait voir à la Compagnie, qui ne peut se faire par ses vaisseaux sur lesquels nous avons toujours quelques marchandises à charger, et dont le commerce ne s'en fait guère que par des bâtiments qui sont dans le cas de retourner à vide; encore le dommage que le sel cause aux batiments, les risques de la fonte, d'où s'ensuivrait la perte totale du bâtiment, entrent-ils pour beaucoup en considération auprès des particuliers même qui souvent ne veulent pas le faire. Nous savons bien aussi qu'il y aurait à l'arrivée des vaisseaux de Macao des marchandises de

1° pour vous procurer des objets de chargement en remplacement des poivres qui passeront ainsi au Bengale.

Chine propres à acheter pour le Bengale, mais pour
cela il faut avoir l'argent en main, ou des marchandises
comme poivres, calin, etc. à donner en troc aux portugais ; ainsi de telle façon que ce soit, pour acheter des
marchandises de Chine, et en faire le commerce d'ici à
Bengale, il faudrait des fonds d'avance, et nous en
sommes à cet égard si près pour tout, et ce sont des
avantages que nous voyons sans en pouvoir y profiter.
D'ailleurs, Messieurs, il y a des moyens de vente pour
ces marchandises entre les mains d'un particulier qui
ne conviennent du tout point à la Compagnie, de plus
si ces marchandises restaient invendues ou pour peu
qu'il y ait successivement de la perte sur la vente, que
deviendront insensiblement les fonds pour les retours
en Europe, desquels vous nous avez dit que vous ne
vouliez pas, vous avez même défendu d'en soustraire la
plus petite partie pour tel objet que ce soit. C'est dans
ces sortes de cas, dans la crainte de nous tromper
de ne pas tout à fait remplir les intentions de la Compagnie, et pour avoir moins à prendre sur nous, que
nous vous prions de nous donner les ordres les plus
clairs et les plus précis. Dans un aussi grand éloignement,
dans des affaires de la nature de celles de la Compagnie,
l'on ne doit pas plaindre les détails, craindre la prolixité
dans les ordres et les réflexions ; le laconisme est d'un
danger évident.

65.

Nous ne répondons rien
à ces deux articles, ne les
comprenant pas bien, ce
qui nous fait croire qu'il y
a quelque erreur ou omis-
sion de copiste.

65.

2º pour rapporter des
cafés de Moka sur les deux
vaisseaux que vous nous
expédierez en droiture.

3º pour n'envoyer à la
côte Malabare en Octobre
1767 qu'un de vos vais-

seaux sur lequel vous aurez laissé le vide nécessaire pour y charger les 700 milliers de poivre, et les 20 candis de cardamom que le Conseil de Mahé tiendra à votre disposition.

66.

Nous avons fait passer ces lettres au Conseil de Chandernagor sitôt qu'elles nous sont parvenues, mais le vaisseau le *Bon Succès*, venant des Maldives, qui les y portait, n'ayant pu gagner le Gange, est venu relâcher ici, le 29 Novembre, après avoir essuyé tout le mauvais temps possible, deux coups de vent furieux, et pensé périr mille fois dans le golfe. Nous avons sur le champ fait passer par terre ces lettres au Bengale, nous y avons joint les réflexions que la Compagnie nous a permises, et que vous trouverez dans le cahier de nos lettres à ce Conseil sous la date du 27 Septembre. Nous souhaitons que cette marche de la Compagnie fasse revenir Messieurs du Conseil de Chandernagor de leurs prétentions sur la supériorité, et

66.

Ci-joint des lettres à cachet volant pour prévenir le Conseil de Chandernagor et le comptoir de la côte Malabare de celles des dispositions qui les concernent. Vous voudrez bien les lire, les faire passer promptement à leur destination, et y ajouter ce que les circonstances vous feront juger convenable à la meilleure action du commerce de ces comptoirs, afin de diriger les fonds de la Compagnie et tous ses autres moyens vers le but auquel nous devons tendre sans relâche, l'accroissement du commerce national.

Nous sommes, etc. Signé : le Duc de Duras, de Clouard, Behic, Terray, Castries, Brisson, de Bruny, Delessart, Marion, Sancé, Derabec, de Méry d'Arcy, Lemoine, Risteau.

surtout M. Law, et qu'elle le rende et plus circonspect
et plus modéré dans ses premières démarches à son
arrivée ici, que le passé et sa conduite jusqu'à présent
ne l'annoncent. Cependant sur la permission et la
liberté que nous a données la Compagnie, nous prendrons celle de lui faire la réflexion que ces lettres aux
comptoirs subalternes semblent déja s'écarter et s'éloigner de l'esprit des premières lettres et ordres par le
d'Argenson, par lesquels et l'esprit qui y est répandu
partout, il semble qu'elle ne voulait plus écrire, avoir
de correspondance qu'avec son Conseil de Pondichery.

A Pondichéry, le 14 Février 1766.

67.

Nous sommes aussi per-
suadés de ce second objet,
nous savons même l'avan-
tage que procure à la Compagnie la sortie de ces
marchandises du royaume,
outre celui de la vente aux
Indes, mais cette vente
aux Indes n'y dépend pas
plus qu'ailleurs des soins,
etc. Si cela était, nous

67.

Le second objet que le
gouvernement se propose,
Messieurs, dans l'institution
d'une Compagnie des Indes,
c'est de faire prendre par
son moyen à l'Etat la plus
grande part possible à la
consommation que l'Asie
fait des marchandises d'Europe.

pouvons vous assurer qu'il ne resterait jamais une
pièce invendue à la Compagnie dans ses magasins.
Mais nous pouvons dire au contraire que la vente
dépend aux Indes plus que partout ailleurs de certains
temps et de certains évènements, et pour en profiter,
il faut donc que la marchandise soit en magasin à
l'avance et à attendre, il faut aussi qu'elle soit bien
achetée, bonne dans sa sorte et qualité, pas trop chère
ni surchargée dans le prix, qualités que nous sommes
forcés de vous dire que nous ne trouvons pas dans

aucune des marchandises que la Compagnie nous a fait passer depuis le rétablissement. Le surchargement dans le prix éloigne l'acheteur, et dégoute le vendeur commissionnaire, comme nous sommes, au lieu que la fidélité dans les prix et la bonne qualité des marchandises attirent les acheteurs. Il y aurait peut-être un moyen de procurer à la Compagnie une vente certaine et considérable des marchandises d'Europe, ce serait dans les saisons mortes et après l'arrivée de tous les vaisseaux d'une expédition, de faire une vente publique de toutes marchandises et effets même de luxe, sujets à avaries ou dépérissement, et de quelque altération que ce fut, à un an de terme (en général les gens de ces pays-ci se livrent volontiers à ces appâts, mais au terme perte ou gain ils payent), en ne délivrant cependant à chaque adjudicataire qu'une partie de son adjudication, comme 1/3, qu'il serait obligé de payer comptant, et le surplus ne lui serait délivré que successivement, et à mesure qu'il apporterait de l'argent comptant, ou sous bonne et caution solvable, en déduisant 1°/₀ par mois pour chaque paiement comptant. Cette vente annoncée 3 à 4 mois d'avance le long de la côte et dans les terres, et à une époque certaine, attirerait sûrement des acheteurs étrangers et du dehors ; nous sentons bien que les premières ventes ne seraient pas d'un grand avantage pour la Compagnie, mais celui qu'y trouveraient les adjudicataires, en accréditant ces ventes, un attirerait sûrement d'autres et en plus grand nombre, ce qui ne pourrait qu'en augmenter l'avantage, et enfin elles procureraient à la Compagnie au moins ceux de la garantir des avaries, dépérissements, altération des marchandises, et d'être sûre de pouvoir spéculer, et compter que dans tel espace de temps, ou au moins à tel jour, il sera entré tant de fonds dans ses caisses aux Indes. Nous prenons cette idée des Anglais qui la pratiquent depuis quelques années au Bengale pour tout; et à cette côte pour les draps seulement, dont on assure qu'ils se trouvent bien et qu'ils continuent. Nous avions écrit à Messieurs du Conseil de Chandernagor de s'informer des usages de ce qui se pratiquait, et des conditions de cette vente à Calcutta, ce qui ne peut être bien difficile, puisqu'elles sont publiques, et de nous en envoyer un petit mémoire pour vous le faire passer, mais ils n'ont pas jugé à propos de nous répondre à ce sujet, et n'en feront rien vraisemblablement. Nous ne leur en faisons ni leur en ferons pas même de reproches, pourvu qu'ils envoient ce mémoire à la Compagnie. Nous serons toujours charmés qu'on lui présente, n'importe qui et n'importe par qui, des moyens d'améliorer son commerce et de lui donner plus d'étendue, soit d'Europe aux Indes, soit des Indes en Europe.

68.

Nous avons envoyé copie de ce modèle dans tous les comptoirs de notre dépendance, mais la Compagnie nous permettra de lui représenter que nous sommes trop surchargés ici. Elle en jugera, nous pouvons le dire, par l'immensité de nos expéditions, et du détail subséquent qu'elles doivent naturellement nous occasionner pour pouvoir faire cet état tous les mois. C'est un inventaire général de tous les magasins, et nous pensons que

Pour remplir cette destination, il nous importe d'avoir sous les yeux annuellement l'état des marchandises européennes que vous aurez vendues la précédente année aux Asiatiques, afin que n'envoyant jamais au dessous de cette consommation annuelle, la Compagnie acquitte en entier sa dette envers les manufactures et le sol national, et que n'envoyant pas trop fortement au dessus de cette même consommation, elle ne fasse pas des

si on envoie ou qu'on n'envoie pas à la Compagnie copie de ses livres en Octobre, il sera suffisant de lui envoyer cet état fait et dressé une seule fois l'année à la clôture des livres, pour remplir d'un coup d'œil l'objet qu'en peut désirer la Compagnie, et lui éviter la peine d'en faire faire le dépouillement sur la copie des livres qu'elle pourrait recevoir. C'est ce même surchargement dont en vérité nous en sommes écrasés, et auquel nous ne pouvons suffire, qui nous a empêchés de nous livrer et de faire pour chaque partie le journal continue de quinzaine en quinzaine qu'elle nous a demandé par sa lettre du 17 Décembre 1764. D'ailleurs la Compagnie verra par nos délibérations tout ce qu'elle peut souhaiter du journal du chef de son administration, puisqu'il n'y a point d'affaire qui ne soit traitée, ne soit pas mise en délibération, et qu'il n'y a guère de jour où il n'y en ait plus souvent plus d'une; et en continuant comme nous avons fait cet-

avances d'argent au moins inutiles et souvent dangereuses par les avaries ordinaires à des marchandises trop longtemps gardées.

Telle est l'intention dans laquelle nous vous envoyons le modèle d'etats à colonnes ci-joint, voulant qu'ils soient remplis et signés régulièrement chaque mois par les gardes-magasins, sous l'inspection des Conseillers préposés sur les dits magasins, pour être ensuite présentés au Conseil qui, après les avoir vérifiés et arrêtés à la fin de chaque mois, les enverra tous à la Compagnie annuellement.

Vous aurez soin d'envoyer aux chefs des comptoirs dépendants du vôtre, des doubles de cet état, avec ordre de s'y conformer, et de vous envoyer ces états avec les colonnes remplies conformément aux titres.

Nous sommes, etc. signé: le Duc de Duras, de Clouard, Terray, Brisson, de Bruny, Marion, Sancé, Delessart, Castries, Behic, Dérabec, de Mery d'Arcy, Lemoine et Risteau,

te année, d'envoyer à la
Compagnie en Octobre, co-
pie des journaux du Trésor, de caisse et des dépenses
générales jusqu'au 1er Octobre, et en Février jusqu'au 1er de ce mois, la Compagnie y verra les parties essentielles de notre administration, l'emploi de
ses fonds et ses dépenses. Vous envoyer tous autres
écrits, Messieurs, ainsi que des mémoires, ce ne serait
que vous surcharger et vous embarrasser vous-mêmes
de paperasses inutiles et superflues. D'ailleurs, nous
le répétons encore, il ne nous est pas possible de faire plus, et la Compagnie est trop équitable pour exiger de nous plus que ce que nous faisons.

MODÈLE

de l'état mentionné dans la lettre cy-contre

Comptoir de.........
Magasin de........
Mois de........

Savoir

Marchandises en magasin le 1er de....	Quantité	Qualité	Consommées par la Compagnie	Vente	Produit	Envois aux Comptoirs de..	Restent en magasin le.....

A Paris le 15 Février 1766.

69.

Nous trancherons sur cet article de la *Gracieuse* pour ne pas vous ennuyer encore de nos regrets.

Une lettre de l'Ile de France du 19 Juin 1765 nous a appris que la *Gracieuse* y était arrivée le 15 Juin, et qu'elle devait en partir vers le 15 Juillet pour faire son retour à Lorient. Néanmoins cette frégate ne nous est pas encore parvenue, et ce retard serait un grand sujet d'inquiétudes, si nous ne pensions devoir l'attribuer à des vents du nord qui, ayant régné pendant deux mois constanment, ont rendu l'attérage de nos côtes difficile.

70.

Malgré le manque de ces effets, les troupes étant toutes délabrées et presque nues, nous avons été obligés de les habiller à neuf, comme vous le verrez par notre délibération du 3 Novembre 1765, folio 32. La Compagnie doit être persuadée de toutes nos vues et de nos idées d'économie sur cette partie, car nous pouvons vous assurer que nous voyons depuis longtemps avec une vive peine combien elle est dispendieuse pour la Compagnie, peut-

Les boutons, chapeaux, galons d'argent et de fil blanc, que nous vous avions annonćés par notre dépêche du 9 Mars dernier, vous ont été portés par les vaisseaux de cette expédition: les draps bleus et rouges, ainsi que le tricot, qui font le complément de l'habillement des gens de guerre, ayant été retenus à Bordeaux par les glaces de la Garonne, ne sont pas encore arrivés à Lorient. Nous pensons que vous devez attendre ces derniers effets pour

être par un peu trop de facilité dans les derniers temps, mais cependant d'un remède difficile par rapport à la composition et la nature de ces troupes. Aussitôt que nous aurons reçu les effets faire usage de ceux qui vous sont déja parvenus, et que vous disposez les choses de manière qu'il ne soit délivré par année que 1/3 du nombre complet des habits.

nécessaires pour composer leur habillement, tel que la Compagnie le prescrit, nous mettrons tout en usage pour monter les choses sur le pied et de façon qu'il ne soit délivré par année que 1/3 du nombre complet des habits.

Nous pensons que dans la composition et dans la nature des troupes de la Compagnie aux Indes, pour empêcher que la dépense de leur habillement ne soit si considérable et si onéreuse à la Compagnie, le seul et plus sûr moyen serait de faire faire avec le dernier soin un habillement complet de pied en cap, tel que la Compagnie le prescrit, en portant les étoffes et tout ce qui y serait employé, au prix de facture, de remettre à chaque capitaine d'une compagnie qui serait toujours tenue à 100 hommes, ce qui serait nécessaire pour leur habillement, pour lequel ce capitaine aurait un compte ouvert, et qu'il payerait successivement avec les retenues qu'il ferait tous les mois, et alors ce capitaine serait bien plus sujet à la rigidité des inspecteurs et commissaires, au lieu que dans l'ordre, l'usage actuel, elle ne l'assujetit à rien ; si les gouverneurs, inspecteurs et commissaires, trouvaient les troupes mal entretenues, mal habillées, les officiers en répondraient. La Compagnie n'a qu'à leur donner des habits neufs, et si la retenue telle qu'elle se fait actuellement, n'était pas suffisante pour faire le remboursement dans l'espace de temps qui serait prescrit pour renouveler l'habillement, nous pensons qu'il vaudrait mieux augmenter le prêt du surplus, que d'augmenter la retenue, ce qui pourrait être dangereux, surtout dans les circonstances présentes que la tentation de déserter est continuelle, par les dépenses que font les gens, princes du pays, pour s'attirer des soldats européens. Nous pensons même qu'il conviendrait et serait avantageux à la Compagnie que cette retenue procure quelque avantage au capitaine ; il est certain qu'il en aurait beaucoup plus de soin de sa compagnie, que les hommes en seraient mieux soignés, tenus de plus court, et qu'alors une compagnie deviendrait pour les officiers un objet d'émulation et d'ambition. Car nous pensons que la Compagnie devrait renoncer à l'ordre de donner ses compagnies au plus ancien, et ordonner au contraire de ne les donner qu'au plus capable et plus rangé, ce qui toutefois ne pourrait se faire que sur une incapacité, une inconduite notoire et publique, et par une délibération motivée du Conseil, et outre ces avantages, nous pouvons vous assurer que cette marche, en augmentant même, comme nous l'avons dit, le prêt de quelque chose par mois, pour que la retenue puisse opérer le remboursement total au terme fixé, nous pouvons, disons-nous, vous assurer qu'alors cette dépense serait bien moins considérable et moins onéreuse pour la Compagnie qu'elle ne l'a été par le passé qu'elle était énorme. Vous pouvez vous en assurer par l'inspection des livres, et qu'elle ne l'est encore malgré notre vigilance et nos soins. Au surplus, nous ne vous présentons ces réflexious que par zèle pour ses intérêts, et elles ne sont fondées et ne nous sont dictées que par la connaissance du passé et par la prévoyance de l'avenir, nous les soumettons toutes à votre décision.

<table>
<tr><td align="center">71.</td><td align="center">71.</td></tr>
</table>

Si quelqu'une de ces expéditions a eu lieu, nous	Nous prévoyons pouvoir faire partir en Avril les

espérons la recevoir le mois prochain ou en Février. Nous le souhaitons, ayant eu nouvelle par les anglais que le vaisseau le *Bertin* qui a été substitué à la *Gracieuse*, était arrivé à Lorient à la fin de Février 1766.

effets restés, par un des vaisseaux particuliers auxquels la Compagnie a permis de passer le Cap de Bonne-Espérance pour commercer en Asie, et ne jamais revenir en Europe.

Le rétablissement du commerce particulier d'Inde en Inde, à l'exception des Iles, et la réserve des 3/5 de la câle de ces trois vaisseaux pour transporter les marchandises de la Compagnie sans frêt à l'Ile de France, ont été le double motif de cette permission.

72.

Par les livres que nous avons envoyés en Février 1766, et par ceux que nous vous enverrons par le *Massiac*, la Compagnie pourra savoir à peu de chose près tous les paiements qui ont été faits aux militaires. Ce qu'elle ne pourra pas connaitre ne sera que les paiements qui peuvent avoir été faits dans les terres par le régisseur d'Arcatte, ou par les fermiers généraux, ou par un nommé Ramalinga, dont nous n'avons pas les comptes, mais il est à présumer que ce sera peu de chose.

72.

Nous vous renouvelons ici, Messieurs, la demande des papiers qui concernent les divers paiements faits par la Compagnie, soit à Pondichéry, soit partout ailleurs aux gens de guerre, troupes du Roi, troupes de la Compagnie, officiers généraux, colonels, brigadiers, employés avec des lettres de service, ou simplement ayant eu des commissions particulières.

Vous voudrez bien faire à cet égard les recherches les plus exactes, ainsi que des titres qui en autorisaient les paiements, et

Si par les titres qui autorisaient les paiements aux militaires, dont la Compagnie nous demande des copies, elle entend leurs commissions ou autres ordres dont ils pouvaient être porteurs, nous ne pouvons la satisfaire absolument à cet égard ; nous ne le pouvons pas non plus pour le présent, faute d'ouvriers, quand bien même elle entendrait par ces titres les rôles, états ou ordonnances particulières de paiements ; quoique la majeure partie en ait été sauvée, ce serait un travail immense et de plus d'un an, à 4 ou 5 bonnes mains et des plus légères. Depuis que cette demande de la Compagnie est parvenue aux Indes en 1764, on a crû devoir se livrer de préférence à la confection de tous les livres et comptes, et nous le croyons encore, puisque c'est dans les livres que la Compagnie peut voir et connaitre tout ce qu'elle peut devoir.

nous envoyer des copies en bonne forme des pièces que vous aurez trouvées.

Nous sommes, etc. Signé: le Duc de Duras, de Clouard, Terray, Brisson, de Bruny, Sancé, Marion, Delessart, Castries, de Mery d'Arcy, Belic, Derabec, Lemoine et Risteau.

A Paris, le 16 Février 1766.

73.

Nous avons prévenu ces intentions de la Compagnie par nos ordres au Conseil de Chandernagor, et par notre délibération du 11 Septembre, et nous croyons les avoir remplis dans l'exécution.

Cette dépense a monté à . . . . pagodes pour

73.

La France a perdu Monseigeur le Dauphin le 20 Décembre dernier, la Compagnie vous recommande, Messieurs, de faire faire un service à l'occasion de ce funeste évènement, et de vous acquitter de votre mieux de ce triste devoir envers un prince qui em-

tout, tant en argent débour- | porte en mourant les re-
sé que pour effets, poudre | grets de toute la nation.
à canon, et autres tirés du | Nous sommes, etc. Signé:
magasin, que nous y avons | Le Duc de Duras, de Clo-
fait payer par cette dépen- | uard, Brison, etc.
se, et qui d'ailleurs revient

au même pour la Compagnie. Mais nous nous sommes imposé la méthode comme plus facile pour faire connaître à la Compagnie ces sortes de depenses d'un coup d'œil, comme celles de l'hôpital, etc. plutòt que de la renvoyer feuilleter des livres aussi volumieux que le journal et le grand livre de négoce.

74.

Le sieur Miran n'est pas encore arrivé ; dans la liquidation et l'arrangement de ses comptes, nous nous conformerons avec le comité à la marché et à tout ce que nous prescrit la Compagnie par cette lettre.

L'impossibilité de régler ici, Messieurs, les comptes de M. M. Miran et Abeille, nous a fait prendre le parti de vous en renvoyer l'examen. En conséquence, vous vous ferez représenter toutes les pièces qui ont rapport à ces comptes, vous les discuterez avec le plus

grand soin, et vous adresserez ensuite, et le plus tôt possible, le résultat de votre travail à la Compagnie, accompagné de toutes les pièces qui concernent cette affaire, et de tous les éclaircissements nécessaires, pour qu'elle puisse juger du mérite des créances de ces Messieurs, et leur rendre la justice qui leur sera dûe. Nous vous prévenons que M. Miran retourne aux Indes par un des vaisseaux de cette expédition.

Nous sommes, etc. Signé : Sancé, Marion, Derabec, de Mery d'Arcy, Risteau.

A Paris, le 17 Février 1766.

75.

Cette commission a été remise au sieur Abeille, mais nous prions M. le Marquis de Sancé d'engager Madame sa mère à avoir un peu de patience par rapport aux circonstances que nous avons marquées précédemment, au surplus nous savons tous les égards que nous lui devons.

75.

Nous vous remettons ci-joint, Messieurs, un état des marchandises que Madame la Marquise de Sancé désire faire venir de l'Inde, elle nous a remis les fonds nécessaires pour l'achat de ces différentes commissions. Conformément à la déliberation de la Compagnie du 22 Décembre 1764, nous vous recommandons d'apporter la plus grande attention à l'exécution des articles que cet état contient, vous nous enverrez au surplus comme à l'ordinaire la facture du prix d'achat et du montant des frais que ces marchandises auront occasionnés, et vous ferez porter sur le connaissement du navire la caisse qui les renfermera.

Nous sommes, etc. Signé : Marion, Delesssart, Dérabec, de Méry d'Arcy, Risteau.

76.

Il a été effectivement remis à la caisse de Mazulipatam par le sieur d'Hervilliers, procureur du roi, pour le compte de la succession du sieur Payot, une somme de 763 Rs. 1 fanon, dont il a été

76.

Les héritiers de feu sieur Payot, employé aux Indes, Messieurs, se sont présentés pour recueillir les deniers provenant de cette succession. Nous leur avons fait voir que suivant un état du greffe de Pou-

fourni une rescription à l'ordre du procureur général sur le trésor de Pondichéry, qui n'a pu être acquittée faute de fonds, et qui passera cette année avec l'état général des successions liquidées.

Quant à la copie des livres que demandent les héritiers par leur mémoire, il n'y en a aucun, et les sauvés sont plus qu'à demi pourris, et ne peuvent être copiés, ce ne sont qu'un fatras de lettres fort inutiles. Si cependant les héritiers les souhaitent, on les leur enverra en réponse en original. Ci-joint au surplus un mémoire du sieur d'Hervilliers, procureur du roi à Mazulipatam, lors de la mort du sieur Payot.

dichéry, de 1759 il ne revenait à cette succession que 342 Rs ; comme cet objet ne s'est point trouvé cadré avec les notes qui leur ont été données, ils ont présenté un mémoire à la Compagnie que nous prenons le parti de vous envoyer, afin que vous puissiez vous procurer les éclaircissements que désirent ces héritiers. Nous vous prévenons que cet employé est mort à Mazulipatam, et que ce sera dans les papiers de ce comptoir que vous pourrez trouver les renseignements sur l'état de sa succession.

Nous sommes, etc. Signé : Sancé, Marion, Derabec, de Mery d'Arcy, Risteau.

A Paris, le 19 Février 1766.

77.

Nous faisons à M. Marion la même prière que nous venons de faire à M. le Marquis de Sancé, et d'être persuadé que nous savons également tout ce que nous lui devons d'é-

Nous vous remettons ci-joint, Messieurs, un état de marchandises que M. Marion désire faire venir de l'Inde. Il nous a remis les fonds nécessaires pour l'achat de ces différentes

gards pour ce qu'il attend de nous et nous demande, dont le sieur Abeille est chargé de l'exécution. marchandises, conformément à la délibération de la Compagnie du 22 Décembre 1764. Nous vous recommandons de porter

la plus grande attention à l'exécution des différents articles que cet état contient. Vous nous enverrez au surplus, comme à l'ordinaire, la facture du prix d'achat et du montant des frais que ces commissions auront occasionnés, et vous ferez porter sur le connaissement du navire la caisse qui les renfermera.

Nous sommes, etc. Signé : Delessart, Behic, Dérabec.

A Paris, le. . . . .

78.

Qui que ce soit de nous, et nous pouvons dire ici, nous étant informés à plusieurs anciens, n'a aucune connaissance de cette conduite de 10 pilotes par le sieur Gréville, il devait au moins dire leurs noms à qui il les a remis en arrivant. Le sieur Abeille, qui, depuis la formation du bureau des classes ou de la marine, en a été toujours chargé, assure n'en avoir jamais eu la moindre connaissance, ni rapport. Au surplus, la Compagnie ne peut être trop en garde, ni trop se refuser à toutes ces sortes de de-

78.

Le sieur Lerrien de Gréville, ci-devant officier des troupes de la Compagnie, a demandé, Messieurs, le paiement de quelques dépenses qu'il a faites à l'occasion de plusieurs pilotes qu'il dit avoir conduits de Mazulipatam à Pondichéry, mais il n'a produit aucune pièce pour justifier ces dépenses, ce qui a empêché la Compagnie de les lui allouer. Comme cependant il est juste de lui en tenir compte, si réellement elles ont existé, la Compagnie vous recommande de vous informer s'il est vrai, comme

mandes. Nous craignons même qu'il ne soit fâcheux pour elle d'avoir commencé à connaitre et à liquider des dettes de l'Inde en France, par les surprises qu'on cherche à nous faire, quoique même sur les lieux, comme par des billets surchargés dans toute l'écriture, depuis la première lettre jusqu'à la dernière de la signature, pour en augmenter la somme, dont nous vous donnerons plusieurs exemples ailleurs.

Nous sommes, etc. Signé : Boyelleau, Lagrenée, Dulaurens l'ainé, Trémisot, Abeille, d'Hervilliers et Yzact.

il l'a allégué qu'il ait été cinq mois à conduire ces pilotes, savoir depuis le 6 Mars 1758 jusqu'au 1er Août suivant, si ces pilotes étaient au nombre de 10, et s'il n'a pas reçu quelque avance pour cet objet. Lorsque vous aurez rassemblé tous ces éclaircissements, vous les enverrez à la Compagnie avec les pièces y relatives, afin qu'elle puisse lui allouer ce qui lui sera légitimement dû pour cet objet.

Nous sommes, etc. Signé : Delessart, Behic, Derabec, de Mery d'Arcy, Risteau.

<hr>

A Pondichéry, le 22 Février 1767.

Messieurs,

La présente est uniquement pour accompagner la facture des 500 balles de marchandises de Bengale venues par la *Concorde*, et que nous faisons passer à la côte Malabare pour être versées sur le *Condé*, qui n'attend que cette opération pour se rendre en droiture en Europe, quoique la saison soit bien avancée, comme ce vaisseau est fort et marche très bien, nous sommes presque assurés qu'il arrivera à temps pour les ventes de cette année.

Nous faisons aussi passer à la côte Malabare une partie de salpètre que nous voudrions mettre sur le *Condé*, mais comme cette opération peut exiger beaucoup de temps par rapport aux poivres qui sont déja sur ce vaisseau, nous laissons M. Picot de la Motte maitre de le faire ou non. Si le *Condé* prend le salpètre, M. Picot vous en fera passer la facture.

Nous sommes, etc. Signé : Lenoir, Law, Duplant, Nicolas, de la Selle, Chevalier, Ferrière.

INVENTAIRE du présent paquet à l'adresse de Messieurs les syndics et directeurs généraux de la Compagnie des Indes, à Paris.

Nᵒ 1 Lettre du Conseil de ce jour.
    2 Facture des marchandises de Bengale chargées sur le *Condé*.
    3 Le présent inventaire.

A Pondichéry, le 22 Février 1767. Signé : Deselolieres.

A Pondichéry, le 28 Février 1767.

MESSIEURS LES SYNDICS ET DIRECTEURS GÉNÉRAUX
DE LA COMPAGNIE DES INDES, A PARIS.

Les occupations dont nous sommes surchargés vu le peu de temps qui nous reste pour l'expédition du *Massiac*, ne nous permettent pas d'entrer ici dans le détail de toutes les opérations qui ont été faites depuis

le départ du d'*Argenson*. Vous en serez d'ailleurs instruits par paquet que M. Boyelleau et son Conseil ont
fait passer à Mahé pour le *Condé,* au contenu desquels
nous sommes cependant fort obligés de nous en rapporter sur bien des articles. En attendant les éclaircissements que nous nous disposons de vous envoyer par le
Massiac, nous allons mettre sous vos yeux ce qui s'est
passé de plus intéressant dépuis le 12 du courant, jour
du retour de M. Law et du Conseil Supérieur à Pondichéry, le tout appuyé de nos délibérations, dont vous
avez ci-jiont copie.

Le présent vous trouvera sans doute instruits, Messieurs, de la conduite indigne qu'ont tenue M. Boyelleau
et le Conseil qui avait été laissé à Pondichéry, contre
M. Law, Commissaire dn Roi, et contre le Conseil Supérieur, qui, par une suite de vos ordres et de ceux de
Sa Majesté, étaient nécessairement obligés de se transporter à Bengale où l'importance des affaires l'ont retenu plus longtemps que M. Law ne comptait Nos paquets envoyés par l'*Ajax* et par voie étrangère vous
auront présenté une scène qui aura dû occasionner
autant de surprise que d'indigation contre M. Boyelleau,
car sans lui rien de pareil ne serait certainement arrivé.
La plus grande union, la tranquillité la plus parfaite
régnaient dans vos colonies; l'arrivée de M. Boyelleau
a été l'époque du trouble et de la désunion ; à quoi
devons-nous attribuer sa conduite? on y reconnait
au premier coup d'œil de la folie, de l'extravagance,
mais en la pénétrant on y découvre du sérieux et
quelque chose d'une conséquence bien dangereuse.

Nous prions la Compagnie de vouloir bien remettre
sous ses yeux les lettres de M. Bcyelleau et de son
Conseil à M. Law et au Conseil Supérieur transporté
au Bengale, et surtout celle du 1er Juillet 1766 ; nous
la prions de lire avec attention toutes les observations
de ces Messieurs, leurs remarques, leurs lettres même

à l'appui qu'ils ont fait passer à la Compagnie. Ces pièces seules suffisent pour les condamner, si elles sont conformes à ce que nous voyons écrit et signé dans tous les régistres du secrétariat; il n'est pas possible que la Compagnie n'y reconnaïsse sous le masque trompeur du bien public un système suivi d'indépendance qui tend à la plus dangereuse anarchie.

Nous avons fait tout ce qui dépendait de nous pour retirer ces Messieurs du précipice où ils s'étaient jetés par la témérité avec laquelle ils ont osé interpréter les lettres de la Compagnie, qui seules suffisaient pour les en garantir si la raison avait eu quelque empire sureux. Quoi de plus propre à les faire rentrer dans leur devoir que notre lettre du 1er Août 1766, suivie de la lettre particulière de M. Law à M. Lagrenée du 31 Octobre 1766, ce sont des pièces auxquelles ils n'ont jamais voulu nous répondre. Nous voyons seulement qu'ils ont dû les envoyer à la Compagnie avec leurs réflexions dont le faux saute aux yeux; les papiers que nous devons envoyer par le *Massiac* le démontreront.

Si aux lettres ci-dessus mentionnées de M. Boyelleau et de son Conseil, on ajoute celles de M. M. Joannis et d'Hervilliers qui étaient du Conseil à Pondichéry, écrites à M. Law et dont copie est ci-jointe, que devions-nous faire, Messieurs? que la Compagnie le décide elle-même. M. Law chargé par sa commission du Roi de maintenir la paix et l'union entre ses sujets, chargé de rendre la justice en qualité de président du Conseil Supérieur, à la tête duquel il se trouvait au Bengale, pouvait-il voir d'un œil tranquille le désordre dont on se plaignait? A quels reproches de votre part le Conseil Supérieur ne se serait-il exposé par un silence que les circonstances auraient pu faire paraître criminel? Nous osons le dire, notre propre sureté nous aurait forcés d'agir si le devoir n'avait pu se faire écouter, aussi, verrez-vous, Messieurs, par les pouvoirs que nous fîmes passer en

Août à M. Lagrenée, que nous n'avons rien négligé des moyens que nous avons crû capables d'arrêter le mal. Nous comptions qu'ils étaient infaillibles sur l'idée que nous nous étions formée de la personne à qui nous nous adressions, mais malheureusement nous avons été trompés. M. Lagrenée arrivé à Pondichéry bien après le commencement de ces troubles, peu instruit de tout ce qui s'était passé, attaché d'ailleurs depuis longtemps à la famille de M. Boyelleau, n'a pas voulu ouvrir let yeux, il avait signé sa lettre du 1er Juillet, un faux poins d'honneur l'a engagé sans doute à ne point se dédire de ce qu'il avait avancé, il a mieux aimé renoncer à ce que lui dictait sa raison que de sacrifier les intérêts de M. Boyelleau.

L'obstination de ees Messieurs que leur silence prouvait assez, détermina enfin le Conseil Supérieur en Décembre dernier à passer une délibératiou par laquelle M. Boyelleau et son Conseil furent interdits du service; en conséquence, le Conseil Supérieur de retour à Pondichéry, a crû devoir commencer par faire mettre aux arrêts M. M. Boyelleau, Lagrenée, Dulaurens, Trémisot, Abeille, d'Hervilliers et Yzact, après quoi nous leur avons fait signifier qu'ils étaient interdits pour cause de désobéissance formelle aux ordres du Roi et de la Compagnie. Vous aurez la bonté de remarquer que les trois derniers de ces Messieurs n'étaient véritablement que sous-marchands, M. Law et le Conseil Supérieur ne les ayant jamais fait recevoir Conseillers.

Tout s'est passé avec la plus grande tranquillité, nous nous flattions même que ces Messieurs qui peut-être ne s'étaient aveuglés que dans la confiance que M. Law et le Conseil Supérieur ne pourraient de longtemps revenir à Pondichéry, rappelés à eux-mêmes par ce retour imprévu, auraient reconnu tout d'un coup leur faute, mais le mal était enraciné. M. Boyelleau d'ailleurs n'est point un homme à plier, il s'est crû pendant quel-

47

que temps indépendant, il a agi en conséquence et ne peut revenir à la subordination, comme vous pourrez vous en convaincre, Messieurs, par ses lettres ; il en couterait trop à son amour propre, il demande quels ordres et quels pouvoirs a M. Law de l'interdire, ne voulant point reconnaitre d'autre Conseil Supérieur que celui auquel il présidait, il accuse M. Law de despotisme, rejette tout sur lui ; quoique certainement il n'ait rien fait jusqu'à présent que par l'autorité du Conseil Supérieur; les discours qu'il tient d'ailleurs et par lesquels il fait entendre à tout le monde qu'ayant l'entière confiance de la Compagnie, il est sûr de culbuter au premier jour M. Law et tout le Conseil auquel il préside, fait trembler les gens du pays, les marchands surtout qui n'ayant aucune connaissance de notre gouvernement, ne pouvant d'ailleurs comprendre qn'un homme ait pu agir aussi despotiquement que l'a fait M. Boyelleau sans avoir des ordres particuliers, ne savent à quoi s'en tenir, ils ont perdu toute confiance.

Le départ de M. Boyelleau est donc absolument nécessaire pour la rétablir, et nous croirions être responsables à la Compagnie si par des ménagements pour son âge et ses infirmités, nous nous mettions dans le cas d'éprouver des obstacles préjudiciables à ses intérêts. M. Boyelleau nous a paru très en état de faire le voyage, aussi, Messieurs, vous verrez par la délibération du 20 du courant, que nous nous sommes déterminés à le faire passer par le *Massiac*, ainsi que M. M. Lagrenée, Dulaurens, Trémisot, Abeille, Yzact et d'Hervilliers. Vous verrez aussi, Messieurs, par cette délibération, un détail des griefs que nous avons contre ces Messieurs, auxquels nous pouvons en ajouter plusieurs par les connaissances que nous prenons tous les jours des papiers que la Compagnie a envoyés, entr'autres, celui de falsifications d'ordres. La Compagnie dans sa lettre du 9 Mars 1765, venue par le *d'Argenson*, chapitre colonie,

Art. 4. des réglements, dit simplement : *le Conseil aura
attention d'envoyer annuellement et successivement
copie de ses régistres de réglements et ordonnances de
police.*

M. Boyelleau et son Conseil dans la lettre qu'ils ont
envoyée au Bengale le 6 Janvier, chapitre Colonie, disent au nom de la Compagnie : *les Conseils auront
l'attention d'envoyer annuellement et successivement
copie des arrêts, réglements et ordonnances de justice,
police, etc. qu'ils seront dans le cas de rendre pour ou
contre les sujets du roi établis aux Indes.* Il y a dans
cette falsification une malignité des plus noires pour
nous compromettre vis-à-vis du chef de la justice et de
la Compagnie.

Obstacles mis dans le Conseil à la liberté dés suffrages et opinions: il est prouvé par les délibérations que
M. Boyelleau a exigé des Conseillers qu'ils donnassent
leurs avis sans sortir de place, sur le sujet peut-être le
plus intéressant qu'ils aient jamais eu à discuter. Discrédit jeté sur les opérations de M. Law vis-à-vis du
Nabab d'Arcatte: témoins les ordres et instructions
donnés à M. Beylié, où entr'auchoses on lit : *Dans la
conversation que le sieur Beylié aura avec le Nabab,
sans rien diminuer ni rabattre des droits et privilèges
de M. Law, il lui fera entendre et tachera de le persuader que notre état actuel n'est pas un intérim, que la
Compagnie n'entend et ne veut pas absolument que le
gouverneur fasse rien de lui-même et seul, mais tout
par ordre et délibération du Conseil, que si le gouverneur parait seul dans les négociations, c'est pour la
facilité des gouvernements avec qui nous avons à traiter, que M. Boyelleau malgré la différence des titres,
n'a pas moins la confiauce de la Compagnie, ni moins
d'autorité en son absence, et n'est pas moins estimable
par ses sentiments et sa probité.*

Tous les griefs dont il s'agit sont prouvés, ces Messieurs prétendent cause d'ignorance du traitement que nous leur faisons. Quels éclarcissements pouvons-nous leur donner de plus que ce que nous leur avons fait passer par notre lettre du 1er Août. Comment peuvent-ils dire n'être pas instruits de ce dont on les accuse, ils avaient d'ailleurs entre leurs mains les lettres de la Compagnie des 4 Octobre et 17 Décembre 1764 qui devaient retenir leurs pas téméraires, ils avaient encore cette lettre de la Compagnie du 9 Mars sur laquelle ils s'appuient si fort, et dans laquelle on voit que bien loin de détruire ce qui était porté dans les instructions soit du Roi, soit de la Compagnie, données à M. Law, la Compagnie renvoie en plusieurs endroits au contenu de ces mêmes instructions. Ils n'en avaient point connaissance, disent-ils, ils devaient donc les respecter et craindre d'autant plus de se hasarder à rien faire qui y fut contraire. Ces Messieurs ne nous ont cependant jamais donné d'autres raisons de leur conduite que cette lettre du 9 Mars 1765, venue par le *d'Argenson*, sentant le faible de leur point d'appui, parce qu'en effet on voit clairement que la Compagnie dans cette lettre suppose les reprises de possession finies, et que l'administration de l'Inde a pris le cours qu'elle doit avoir. Ces Messieurs se sont occupés à chercher de pures chicanes par lesquelles ils prétendent prouver que M. Law et le Conseil auquel il présidait, étaient eux-mèmes persuadés que pendant leur absence la supériorité était à Pondichéry, leurs plus fortes armes à ce qu'il parait par leurs observations et lettres à la Compagnie, ainsi que par quelques explications que nous avons eues avec M. Lagrenée, se réduisent aujourd'hui à dire : *il y a des lettres écrites par M. Law et le Conseil à Chandernagor qui sont timbrées au Conseil Supérieur à Pondichéry.* Cela est vrai, il y en a deux du mois de Décembre 1765, nous venons de les lire, et savons même par l'écriture qu'elles ont été écrites par un employé nouvellement arrivé de Pondichéry. Est-il surprenant que des employés peu instruits, accoutumés d'ailleurs à joindre l'épithéte *snpérieur* au Conseil de Pondichéry, aient timbré ainsi quelques lettres? Peu occupés de faire valoir notre supériorité, nous les avons signées sans y faire attention, M. Law lui-même pourrait bien pendant son séjour au Bengale avoir ajouté l'épithète *supérieur* au Conseil de Pondichéry, tant l'habitude a de force, surtout lorsqu'on ne s'imagine pas avoir des raisons pour être en garde. Mais qu'on lise ces lettres, de quoi s'agit-il? Ce sont des ordres que M. Law et le Conseil à Chandernagor donnent au Conseil à Pondichéry. Cela seul ne prouve-t'il pas que l'épithète supérieur a été mise par inadvertancc? Qu'on lise les lettres de Messieurs de Pondichéry dans ce temps qui étaient la gestion de M. Nicolas, on y reconnaitra des personnes qui loin de penser à donner des ordres, reconnaissent ceux qui partaient de Chandernagor. Le titre ne fait rien, nous nous serions assez peu embarrassés de celui qu'auraient pris Messieurs de Pondichéry, s'ils avaient bien voulu nous obéir sur des objets où nous étions autorisés par le Roi et la Compagnie à leur donner des ordres.

M. Law, dit-on, dans les instructions qu'il a données à M. Plusquellec qu'il envoyait à la côte Malabare, lui donne ordre de s'adresser en son absence au Conseil Supérieur. Voilà M. Boyelleau et son Conseil victorieux, mais voici leur défaite. Ces instructions données par M. Law à M. Plusquellec sont du 3 Mars 1765, faites à Karikal où était le Conseil supérieur. M. Law à la veille de partir pour Sadras où il devait traiter avec Mahamet Alikan pour la restitution de l'emplacement de Pondichéry, et ne pensant à rien moins qu'au Bengale où il ne savait encore de quellé façon et dans quel temps il passerait, donne ordre au sieur Plusquellec de s'adresser au Conseil Supérieur qu'il laissait à Karikal, et

auquel devait présider M. de Surville.   M. Law, n'ayant
pas de Conseil avec lui, y avait-il rien de plus naturel que
d'ordonner de s'adresser au Conseil Supérieur de qui il
savait qu'il serait instruit de tout?   En effet, ce Conseil
Supérieur présidé par une personne, qui, en l'absence
de M. Law, devait être par ses commissions Commissaire
du Roi et commandant général de la nation, n'a rien
fait sans consulter M. Law par la voie de son président,
et cela pendant plus d'un mois et demi que M. Law
a été absent de Karikal, parcequ'en effet ce président
comprenait bien que M. Law, commandant général,
était le véritable président du Conseil Supérieur, et qu'il
ne pouvait être censé absent tant qu'il se trouvait dans
l'étendue de son gouvernement.

Voici encore une des raisons sur lesquelles il parait
que M. Boyelleau et son Conseil se fondent, c'est que
le Conseil d'Etat a renvoyé par arrèt au Conseil Supérieur de Pondichéry l'examen du vaisseau le *Mery*,
mais cela ne dit pas que ce Conseil ne pouvait être
ailleurs qu'à Pondichéry, parceque 1° l'arrèt du Conseil d'Etat a été donné dans un temps où il n'y avait
pas de Conseil à Pondichéry où même on ne savait
trop si on pourrait parvenir à l'y former.

2° M. Law a entre ses mains des pièces postérieures
à l'arrèt dont il est question, savoir, des commissions
et instructions du Roi, des instructions de la Compagnie,
par lesquelles il devait former le Conseil partout où il
pourrait, par lesquelles il pouvait le transporter dans
tel endroit qu'il jugerait à propos, autrement il n'aurait
pas été possible de concilier tout ce qui est dit dans ces
commissions, ordres et instructions.   La commission du
Roi a prévu la difficulté à laquelle il parait qu'on n'avait
pas pris garde dans l'arrèt en Conseil d'Etat, elle y re-
médie même en ne disant point le Conseil Supérieur de
Pondichéry, mais seulement le Conseil Supérieur.

En conséquence de ces pièces ce Conseil Supérieur

a été formé par M. Law aussitôt la reprise de possession de Karikal, et ce Conseil n'étant fondé que sur l'ancien édit de création, ne pouvait être certainement que celui de Pondichéry dont il est question dans l'arrêt du Conseil d'Etat au sujet du *Mery*; en effet, M. Law pouvait trouver des difficultés insurmontables pour la reprise de possession de Pondichéry, du moins comme chef-lieu, pour lors le Conseil Supérieur formé à Karikal y avait été fixé jusqu'à des ordres d'Europe, il en serait parti pour le Bengale avec M. Law, et y serait retourné avec lui. Si le temps et les circonstances l'avaient permis pendant le séjour du Conseil Supérieur à Karikal, on y aurait discuté l'affaire du *Mery*, et il n'est pas douteux que le jugement qui aurait pu survenir serait trouvé en France tout aussi bon que s'il avait été rendu dans l'emplacement de Pondichéry, ce n'est donc pas le lieu même que l'arrêt du Conseil d'Etat concernant le *Mery* a eu en vue.

L'édit entend que cette affaire soit jugée par le Conseil Supérieur de l'Inde, dont à la vérité quelques uns formant le Conseil qui était à Pondichéry étaient membres, mais dont la tête et les principaux membres se trouvaient avec M. Law au Bengale; l'arrêt d'ailleurs ne fixe point le temps où ce jugement devait être rendu, malgré cela pour ne point tarder trop, le Conseil Supérieur chargea en partant de Pondichéry Messieurs du Conseil Supérieur, de travailler à cette affaire, parceque on y pouvait avoir plutôt qu'à Bengale les pièces nécessaires pour l'éclaircir. Dès le mois d'Août suivant le Conseil Supérieur ordonne à Messieurs de Pondichéry d'examiner cette affaire le plus secrètement possible; ces Messieurs étant comme des commissaires nommés pour mettre cette affaire en état d'être jugée au retour de M. Law à Pondichéry, il comptait pour lors qu'il aurait pu s'y rendre en Janvier 1766, mais voyant qu'il était forcé de rester au Bengale, il craignait qu'un plus

long retard n'apportât quelque préjudice, il écrivit à
Messieurs de Pondichéry en Avril 1766 de juger l'affaire, s'ils croyaient qu'il ne convient pas de différer plus
longtemps pour pouvoir terminer d'une manière ou de
l'autre avec les chelibris. Il parait que ces Messieurs
ont été plus vite qu'il n'était nécessaire, ils ont rendu
un jugement qu'il faudra revoir.

Ces Messieurs veulent apparemment profiter de l'expression de M. Law qui, sans penser aux conséquences
qu'ils en pouvaient tirer, leur marquait qu'ils n'ignorent
pas que l'arrêt du Conseil d'Etat pour l'affaire du *Mery*
leur était adressé ; en effet, cet arrêt les regardait comme membres du Conseil Supérieur, ainsi que M. Law
et tous ceux qui composent ce Conseil supérieur dont
la principale partie se trouvait à hors de Pondichéry.
Au surplus, après ce qui s'était passé entre le Conseil à
Pondichéry et celui au Bengale jusqu'à l'arrivée du
d'Argenson, ces Messieurs pouvaient-ils douter de la
façon de penser de M. Law, et croire qu'il eut idée de
leur céder la supériorité ? Lorsqu'on agit de bonne foi
et qu'on cherche le bien on ne se sert pas de pareilles
ruses pour mettre les gens en défaite, elles ne servent
qu'à prouver la faiblesse de la cause de celui qui les
emploie.

Voilà, Messieurs, tout ce que nous avons trouvé de
plus solide dans les lettres et observations de M.
Boyelleau et de son Conseil au soutien de la conduite
qu'ils ont tenue. M. Boyelleau déclarant qu'il n'a reçu
en partant d'Europe ni commissions, ni ordres particu-
iers, nous renvoie encore à toutes les lettres et pièces
venues par le *d'Argenson*, nous les avons lues et rebues,
et certainement nous n'y trouvons rien qui puisse faire
supposer que la Compagnie ait eu l'intention de détruire ce que ses précédentes lettres, ainsi que ce les
commissions, ordres et instructions contiennent en faveur de M. Law, et de le réduire pendant son séjour

au Bengale aux simples fonctions de directeur de Chandernagor, voilà à quoi ont buté M. Boyelleau et son Conseil.

Nous voyons par toutes les pièces venues sur le *d'Argenson* et les vaisseaux qui ont suivi, que la Compagnie supposant les reprises de possession finies et l'administration ayant le cours qu'elle doit avoir, établit les réglements les plus sages et donne des ordres en conséquence pour la perfectionner. Nous nous y conformerons, Messieurs, soyez sûrs, avec la plus grande exactitude, en prenant néanmoins la liberté de vous faire nos représentations, lorsque nous croirons que le bien de votre service l'exigera, elles pourront être très étendues à cause des observations qu'ont dû vous faire passer M. Boyelleau et son Conseil, de sorte qu'accablés comme nous sommes d'un travail accessoire et pressé, occasionné par la quantité prodigieuse de plaintes qui nous sont portées, auxquelles la justice veut qu'on réponde, il n'y a aucune apparence que nous puissions vous les faire passer même par le *Massiac* dont nous pressons le chargement. En voici une cependant que nous ne croyons pas pouvoir renvoyer à autre temps tant parcequ'elle concerne nos opérations au Bengale que parcequ'elle a rapport à M. Law.

La Compagnie par sa lettre du 17 Décembre 1764 au sujet des cargaisons à faire au Bengale, marque positivement à M. Law et au Conseil Supérieur qu'elle les autorise, à défaut de fonds, de prendre de l'argent soit à la grosse, soit autrement. Nous voyons bien que l'intention de la Compagnie était la même, lorsque la lettre du 9 Mars venue par le *d'Argenson*, a été écrite, mais nous remarquons qu'ensuite on a graté des mots, et qu'on a mis à la grosse, et non autrement de sorte que cette lettre contient une contradiction, puisque quelques pages après il est dit encore que nous sommes autorisés à prendre de l'argent, soit à la grosse, soit autrement. Nous pouvons jurer sur notre honneur, Messieurs, que le seul bien du service nous a conduits dans tout ce que nous avons fait, pas un de nous n'est intéressé le moindrement dans toutes les traites que nous avons tirées sur vous, et nous pouvons vous assurer que dans le cas même où M. Boyelleau nous aurait fait passer copie exacte de votre lettre du 9 Mars 1765, la position singulière des affaires au Bengale par rapport aux marchandises nous aurait toujours forcés pour le plus grand bien de la Compagnie de faire ce que nous avons fait.

Dans la lettre du **17 Décembre 1764** venue par l'*Adour*, la Compagnie dit à M. Law : *Nous n'avons rien à changer à la conduite que vous avez à tenir dans le cours de votre mission, les instructions du Roi et celles de la Compagnie que vous avez reçues à votre départ, ne nous laissent rien à désirer, elles ont prévu tous les cas qui pouvaient être à la connaissance de la Compagnie, elles vous laissent maître de vos opérations, parce qu'on est convaincu de vos talents et de votre probité, nous ne pouvons qu'approuver leur contenu, et attendre avec la plus grande impatience les détails que nous vous demandons.*

Le duplicata de cette lettre venue avec M. Boyelleau par le d'*Argenson*, dit à M. Law : *Nous n'avons rien à changer à la conduite que vous avez à tenir dans tout le cours de votre mission, les instructions du Roi et de la Compagnie que vous avez reçues à votre départ, ne nous laissent rien à désirer,* tout le reste est retranché.

· Il ne nous convient point, quand ce ne serait que pour éviter le reproche de flatterie que nous a fait M. Boyelleau, de prétendre ici que M. Law a des droits à cette grande confiance que la Compagnie lui témoignait par lettre du 17 Décembre qu'il a reçue, nous nous contenterons d'observer que si la Compagnie croyait qu'il la méritait à la fin de 1764, lorsqu'elle a été écrite, elle ne pouvait avoir aucune nouvelle de lui qui put mériter qu'on retirât cette confiance au départ du d'*Argenson*, temps auquel nous supposons que le duplicata a été fait, et par conséquent, M. Law a droit de soupçonner qu'il a eu le malheur d'avoir quelque ennemi caché à la Compagnie, qui peut-être pour rendre service à M. Boyelleau, aura fait supprimer ce qu'il y avait de plus à son avantage dans cette lettre. Mais, au reste, M. Boyelleau ne peut pas s'en prévaloir, puisqu'il avait au secrétariat de Pondichéry copie de la première expédition de cette lettre que M. Nicolas et autres Conseillers pouvaient certifier conforme à l'original, puisque d'ailleurs M. Law lui a envoyé l'extrait de cette lettre certifiée véritable par tout le Conseil qui était au Bengale.

Par notre délibération du 13 de ce mois, vous verrez, Messieurs, les raisons qui nous ont engagés à faire recevoir Conseillers M. M. Lenoir, Duplant et de la Selle sans votre bon plaisir, nous espérons que vous voudrez bien approuver le choix que nous avons fait.

Vous avez ci-joint, Messieurs, copie d'une lettre écrite par M. d'Hervilliers par laquelle il reconnait la faute dans laquelle il est tombé. Vous en avez une pareille de M. Dulaurens l'ainé.

La Compagnie a dû voir par nos lettres parties par le *Duc de Praslin* et l'*Adour* ce que nous pensions sur ce qui concerne ses petits comptoirs au Bengale, il s'en faut de beaucoup qu'ils soient aujourd'hui d'une dépense comme ils l'étaient autrefois, on n'y fait que celles de pure nécessité.

Nous avons aussi marqué par ces lettres à la Compagnie ce que nous pensions qu'il conviendrait de faire pour avoir dans notre Colonie de Chandernagor une place de sureté autant que les traités nous le permettent ; l'ancien fort nous a toujours paru l'emplacement le plus propre tant par sa situation que parce que ce terrain appartient à la Compagnie, il est libre et quitte

de tous droits, d'ailleurs il contient des restes de batiments dont on a déja tiré parti pour mettre le peu de
soldats européens qu'il y a et quelques bureaux; il y a
aussi des restants de magasins très bons, et qu'on rele-
vera avec bien moins de frais qu'il en coûterait pour en
construire de nouveaux, on y avait déja même travaillé,
et M. de Surville a pu rendre compte à la Compagnie
du véritable état de choses. Nous croyons toujours que
dans la supposition où la Compagnie ne pourrait avoir
des Anglais la permission de réparer seulement les brè-
ches de l'ancien fort, ou du moins dans celle où les
Anglais n'exigeraient pas de faire raser ce qui reste, il
conviendrait de ne point penser à construire de loge
d'ici quelque temps. Ce vieux fort, tel qu'il est, est
plus propre à nous défendre qu'une loge telle que les
Anglais nous permettraient d'avoir.

Le *chandé* de mairie est d'ailleurs tout occupé, il en
coûterait beaucoup à la Compagnie pour dédommager
les propriétaires des terrains et maisons qu'il faudrait
abattre non seulement pour l'emplacement de la loge
même, mais pour avoir un terrain d'une certaine étendue autour, sans quoi on ne pourrait y être en sureté.

Les langueurs des marchands à remplir leurs contrats,
occasionnées, disent-ils, par le retard qu'on a apporté
à leur faire les avances nécessaires, (ce qui nous met
dans la plus grande surprise, attendu que certainement
il ne manquait point d'argent au trésor de Pondichéry
en 1766) les envois tardifs des marchandises du nord
et du sud qu'il faut mettre au blanchissage, avaient
engagé M. Boyelleau et son Conseil à retenir le *Massiac*
jusqu'au 1er Mars; nous n'avons pas crû devoir changer
ces dispositions, nous voyons même que pour compléter
sa cargaison, il ne pourra être expédié que vers le 6 ou
le 7. Comme ce vaisseau marche très bien, et qu'il
ne doit point toucher aux îles, nous comptons qu'il ne
peut manquer son passage au Cap, et qu'il sera rendu

à Lorient en Août. Il aura du bois rouge, de bois de sapin, environ 300 milliers de cauris nouvellement arrivés des Maldives, et plus de 1200 balles, dont grande partie demi guinées bleues.

Il ne nous reste pour le présent que très peu de fonds qui proviennent des 2000 marcs de piastres que M. Boyelleau et le Conseil avaient destinés pour l'armement de Moka, ainsi s'il avait eu lieu, dans quel état était réduit la colonie, pour laquelle en dépenses réglées, dépenses d'employés, officiers, soldats et cipayis, il faut 18 à 20.000 roupies tous les mois ; mais qu'allons-nous faire pour nos contrats, si dans le courant de Mars il ne nous vient pas de fonds ? La défense de la Compagnie au sujet des emprunts va nous mettre peut-être dans le cas de ne pouvoir avoir de marchandises pour le vaisseau d'Octobre prochain, ou du moins de n'avoir que de mauvais assortiments ; cette affaire a été déja agitée au Conseil, mais nous n'avons pu encore nous déterminer, les Anglais de Madras depuis notre retour font des propositions, nous doutons fort que nos réponses soient bien reçues.

Vous verrez, Messieurs, par nos délibérations, que la misère où se trouvaient les Iles de France et de Bourbon, nous avaient déterminés à y envoyer la *Concorde* avec tout ce que nous aurions pu y mettre de toiles, beurre, huiles, etc. à l'usage des habitants. Le *Condé* aurait eu aussi ordre d'y passer pour prendre les 500 balles venues de Bengale, cette opération n'a pu avoir lieu attendu le mauvais état du vaisseau la *Concorde*, au sujet duquel le capitaine et les officiers ont fait leur déclaration, dont ci-joint copie. Nous avons ici le sénault le *Désir* que nous ne croyons pouvoir mieux employer qu'à soulager l'état déplorable où se trouvent ces îles.

Avec les 500 balles venues de Bengale, la *Concorde* porte encore une partie de salpêtre que nous doutons

fort que le *Condé* puisse prendre, attendu qu'il a déja
tout son poivre ; si ce salpêtre revient, il servira pour
le vaisseau que nous aurons à expédier en Octobre.

Il n'est pas douteux qu'ont ait fait sonner fort haut à
la Compagnie l'état actuel de Pondichéry, en vous représentant cette place bien peuplée et ornée de 4000 maisons. Ne vous y trompez pas, Messieurs, rien n'est
moins solide ; nombre de particuliers que les malheurs
de la colonie avait retenus à l'étranger, se sont rassem-
blés à Pondichéry dans l'espoir d'y trouver des secours
d'autant plus sûrs que leur créance sur la Compagnie
paraissait les rendre nécessaires. Trompés dans leur
attente, et sans ressources désormais de la part de ces
mêmes étrangers, depuis le rétablissement de la nation
ils ont consumé le fruit de leurs épargnes à se loger, et
le peu qu'ils ont pu trouver à emprunter, et quels loge-
ments ! Si vous en exceptez les batiments de la Compagnie et ceux de trois ou quatre particuliers, le reste
est en *caliman* et rien moins qu'à l'abri des ravages
que peuvent occasionner de fortes pluies et les coups
de vent. On en a déja fait la triste expérience et nous
pouvons vous assurer que la solidité toujours coûteuse
à Pondichéry accompagnerait bientôt les commodités
que l'on peut s'y donner, si la liquidation trop attendue
des dettes ne restreignait les habitants, presque tous
créanciers, à des dépenses modiques et par là même
infructueuses. Le travail du comité pour cette même
liquidation eut déja remédié à une partie de ces inconvénients, si le manque de fonds et de marchandises
n'eut pas rendu impossible le paiement des termes déja
échus depuis l'apurement de bon nombre de créances.
Nous espérons, Messieurs, que vous prendrez en considération qui peut seule empirer la confiance, ruiner
cette activité de commerce aujourd'hui éteinte, et nous
faire renaitre de nos propres malheurs.

L'ouvrage des fortifications est encore un point essen-

.tiel d'où dépendent notre sûreté et notre crédit, nous croupirons dans l'abaissement le plus profond tant qu'on ne verra point y travailler sérieusement. Nous vous avons envoyé par la *Gracieuse* le projet de M. Bourcet que M. Boyelleau et son Conseil ont combattu, à ce qu'il nous parait par les papiers qui sont ici ; vous choisirez, Messieurs, mais nous croyons jusqu'à présent, que lorsqu'il s'agit de fortifier une place, il faut un ingénieur et non un homme qui ne s'est jusqu'à présent distingué que par quelque ornement d'architecture. Le fond du projet de M. Bourcet pour la construction des remparts et des revêtements, est fondé sur ce qui est pratiqué journellement chez les Anglais qui s'en trouvent bien.

Nous comptons vous envoyer par le *Massiac* copie d'un nombre de requêtes qui nous ont été présentées sur plusieurs affaires passées du temps de M. Boyelleau, entr'autres sur celle des officiers que nous croyons devoir renvoyer à la Compagnie. Tout ce que nous pouvons dire jusqu'à présent sur cette affaire, est qu'il nous parait que M. Boyelleau et son Conseil ont manqué dans le principe, à l'occasion des drapeaux que M. Boyelleau voulait avoir chez lui, que leur coutait-il, de donner un ordre de par le Roi dans une affaire qui regardait tout un corps, alors qu'ils se sont servi du nom de Sa Majesté dans des occasions bien moins intéressantes ; ils n'ont cependant jamais voulu le donner quoiqu'en dise leur lettre du 22 Mars 1766, et en effet, il n'en est pas question sur le régistre. Nous nous apercevons qu'on en voulait à tout le corps militaire ; il y avait sans doute des abus à réformer, mais on s'y est pris grossièrement ; la haine, le dépit, la vengeance, se font sentir dans toute la conduite qu'on a tenue, on a souvent envenimé des rapports que l'officier commandant était par son poste obligé de faire, pour avoir occasion de perdre bien des jeunes gens qu'une conduite plus modérée eut pu retenir dans le devoir. Nous croyons enfin que M.

Boyelleau qui convient lui-même dans une lettre à M. Law qu'il n'était bon que pour le Conseil et nullement pour l'exécution, aurait dû suspendre ce qui concernait le militaire, jusqu'au retour de M. Law.

En relisant le tableau de situation du comptoir de Chandernagor, nous nous sommes aperçus de plusieurs erreurs essentielles, nous en avons fait un autre dont ci-joint copie, la seconde sera mise sur le *Massiac*.

Nous sommes, etc. Signé : Law, Lenoir, Nicolas, Duplant de Laval, de la Selle, Chevalier et Ferrière.

Inventaire du présent paquet à l'adresse de Messieurs les syndics et directeurs généraux de la Compagnie des Indes, envoyé par le *Condé*.

N° 1 Lettre du 28 Février dernier à l'adresse de Messieurs les syndics et directeurs généraux.

2 Régistre des délibérations du Conseil Supérieur de Pondichéry depuis le 12 Février 1767 au 27 du même mois.

3 Lettres de M.M. d'Hervilliers et Joanis écrites à M. Law à Bengale.

4 Lettre de M. d'Hervilliers à M. Law.

5   do.   de M. Dulaurens l'ainé   do.

6 Attestation des officiers du bataillon.

7 Tableau de situation du comptoir d'Ougly avec un détail de la solde sur feuille volante.

8 Représentations de M. de Champigny, capitaine de la *Concorde*.

9   do.   de M.M. Billiers et Marin, officiers sur le dit vaisseau.

10 2 lettres à l'adresse de Messieurs les syndics et directeurs généraux.

11 Lettre à l'adresse de M. de Mery d'Arcy.

12 ,,   ,,   de M. Derabec.
13 ,,   ,,   de M. Godeheu.
14 Le présent inventaire.

Fait à Pondichéry le 1er Mars 1767.

A Pondichéry, le 1er Mars 1767.

M. de La Vigne Buisson,
Commandant à Lorient.

Monsieur,

Nous ferons partir aujourd'hui par pattemars nos paquets pour Messieurs les syndics et directeurs, qui vous seront portés par le *Condé*. Ce vaisseau est à la côte Malabare où il prend une demi cargaison de poivre, et les 500 balles de marchandises de Bengale que nous lui avons fait passer par la *Concorde*. M. Picot, directeur à Mahé, est chargé de vous envoyer les papiers qui concernent le chargement de ce vaisseau. Nous nous flattons que ce vaisseau sera bientôt suivi du *Massiac* que nous comptons expédier sous peu.

Nous sommes, etc. Signé : Law, Lenoir, F. Nicolas, Duplant de Laval, de la Selle, Chevalier et Ferrière.

A Pondichéry le 28 Février 1767.

Messieurs les Syndics et Directeurs généraux de la Compagnie des Indes, à Paris.

Messieurs,

Nous nous proposons par la présente de traiter l'objet de la liquidation des dettes de la Compagnie

49

dans l'Inde, et d'entrer avec vous dans tous les détails qu'exige cette partie, ainsi que nous vous l'avons promis par la lettre (timbrée comité) que nous avons eu l'honneur de vous écrire par le *d'Argenson*, dont ci-joint le duplicata, qui accompagne les pièces y mentionnées.

Pour éviter toute confusion et pour vous procurer au contraire plus de facilités dans les recherches que les différentes liquidations pourront vous occasionner, nous suivrons dans cette lettre l'ordre des numéros tels qu'ils ont été liquidés. Comme vous serez à même de le voir, Messieurs, par le tableau qu'en a dressé le sieur Trémolières, et que vous trouverez ci-joint, par lequel il vous sera aisé de voir d'un coup d'œil ce que la Compagnie a payé présentement, ce qu'elle aura à payer ici chaque année tant en argent qu'en marchandises, avec les intérêts compris à 4 %, des différentes créances qui sont dans ce cas, celles remboursablas en contrats au denier 25, et celles remboursables en France par M. de Mory, tant en argent comptant qu'en promesses de passer contrat aussi au denier 25.

Outre ce tableau général de liquidation, nous avons fait aussi dresser deux états particuliers, dont l'un contient les rescriptions que le Conseil Supérieur a tirées sur M. de Mory, et payables dans 1, 2, 3 et 4 ans, et l'autre, celles remboursables par le dit sieur en promesses de passer contrat ; ces deux états sont ci-joints.

Comme dans le nombre de ces liquidations, il s'en trouve plusieurs de même nature. nous vous soumettrons nos réflexions sur une seule, pour qu'ensuite de votre décision nous puissions partir d'un point sûr et savoir à quoi nous en tenir, et nous vous prions pour les autres de nous permettre de nous référer à celle que nous aurons traitée, et vous indiquer chaque fois à cet effet les numéros différents.

No 1.

Madame
du Saussay.

Savoir :

Nous n'avons point liquidé les titres de créance que
repéte Madame du Saussay contre la Compagnie, et qui
se montent à 109.770 Rs. vu que le sieur du Saussay,
son mari, en a emporté avec lui en France des copies
dûment collationnées et légalisées, et que la Compagnie
aurait pu prendre des arrangements contraires à ceux
que nous aurions statués ici, et conséquemment, pour
fournir à la dite dame du Saussay les moyens de subsister, nous avons crû convenable de lui faire payer tous
les mois par le trésor une somme de 50 Rs. à valoir
sur les dites créances, après toutefois que M. Boyelleau
s'est rendu caution de rembourser à la Compagnie ce
que la dite dame aurait reçu ici, si les créances du sieur
du Saussay venaient à être liquidées avant que la Compagnie ait eu connaissance des accomptes donnés ici
à la dite dame.

No 2.

_______ _______

Vigoureux du Plessis. La 1er édition de ce numéro a été envoyée à la Compagnie par le d'Argenson, et la seconde est sus le duplicata annoncé ci-dessous.

Pour les titres de créance passés à l'ordre du sieur
Vigoureux du Plessis qui en a demandé le paiement,
nous avons suivi le rapport de Messieurs du comité,
qui, d'après celui du sieur Blin, teneur de livres en
chef de ce comptoir, ont déduit d'un billet du Conseil
de 1.323 Rs. au profit du sieur Lamotte, une somme
de 159 Rs. d'intérèts compris dans le dit billet, dont le
capital ne devait ètre que de 1.164 Rs.

Ce billet du Conseil réduit à 1.164 Rs. ainsi que celui
de 4.000 Rs. avec les intérèts à 5% jusqu'à la prise de
Pondichéry, font la somme de 5.358 Rs. 5.52 remboursée
au sieur du Plessis en une rescription sur M. de Mory,
payable en promesses de passer contrat au denier 25.

Les autres créances du sieur du Plessis, qui sont
deux certificats de non payement du sieur Bonnessay,
officier de cavalerie, montant ensemble à 3.855 Rs. et

réduit à 3.188 Rs. 2^{bt} 32^c, ont été remboursées en cinq portions égales, dont la première a été payée ici par le trésor, et les quatre autres en rescriptions sur M. de Mory, payables à 1, 2, 3 et 4 ans de date.

No 3.

M. Pilavoine, Conseiller honoraire.

Les créances du sieur Pilavoine consistent en une somme de 4.203 Rs. 4.11 provenant d'appointements, qui lui a été payée en trois termes, et en un billet du Conseil de 4.800 Rs. faisant avec les intérèts 5.870 Rs. qui lui ont été remboursées en un billet nouveau au denier 25 comme argent placé au trésor.

No 4.

La dame veuve Février.

Celles de la dame veuve Février ne consistent qu'en un billet de subsistance de 832 Rs. sur lequel elle a reçu en accompte 684 Rs. 14-37 depuis la reprise de possession, de sorte qu'il ne lui reste plus dû que 147 Rs. 1 3 qui lui ont été remboursées en une rescription sur le trésor de Pondichéry payable au 12 Aoùt 1768, attendu que la dite dame avait déja reçu plus des 2/3 du sus dit billet de subsistance.

No 5.

le sieur de la Selle Marichaure, capitaine d'infanterie.

Le titre présenté par le sieur Marichaure, n'était qu'un bordereau de 668 Rs. en faveur de son fils, qui, par le bas àge où il est encore, n'a pu réellement faire aucun service, nous l'avons débouté de sa demande sauf son recours auprès de la Compagnie, vu que nous savons nous-mèmes que de pareils titres ont eu le même sort en France pour des enfants en bas àge de quelques officiers de Lally, à qui le ministre en a refusé le paiement.

Le dit sieur Marichaure père reste débiteur envers la Compagnie de 540 Rs. 14.26 qu'il avait reçues en accompte sur le dit titre depuis la reprise de possession.

Madame Duplant

Les créances de la dame Duplant sont: 1⁰ un certificat de non payement de 581 Rs. 1.56 pour appointements dûs au sieur Duplant, son mari, sur lequel titre la dame Duplant a reçu en accompte depuis la reprise de possession 480 Rs. lequel billet nous n'avons point voulu liquider, vu que le dit certificat aurait pu être liquidé en France par la Compagnie, le sieur Duplant ayant emporté avec lui des copies collationnées de tous ses titres de créance, et ayant donné ordre à son épouse de déposer les originaux au greffe, au moyen de quoi, si la liquidation de ce titre avait eu lieu en France, le sieur et la dame Duplant se trouveraient redevoir à la Compagnie la somme ci-dessus de 480 Rs.

Les autres titres de créance sont comme ci-après, savoir: un reçu du sieur de Passage, ingénieur, de 10.000 briques fournies par le sieur Duplant:

un reçu de M. Dubois, commissaire des guerres, en date du 15 Novembre 1760, de 210 *marcals* de nély;

un ordre de M. de Leyrit du 2 Janvier 1761, pour fournir chaque jour une 1/2 mesure de riz à 50 macouas et lascars;

un billet de M. Lagrenée du 4 Janvier 1761 pour fournir 30 mesures de riz aux gens de M. Denis;

un reçu de M. Denis du 8 Janvier 1761 de 6 *marcals* de nély.

Nous n'avons point voulu prendre sur nous de payer à la dite dame les 5 articles ci-dessus, vu qu'il n'en est fait aucune mention sur nos livres; en conséquence, Messieurs, nous avons renvoyé à votre décision le payement de ces sortes de créances, nous vous prions de les prendre en considération, et surtout les fournitures de riz et nély, car vous ne devez pas ignorer que de pareils secours nous furent bien essentiels, et augmentèrent de valeur en proportion que notre situation critique augmentait.

Le montant de cette succession consiste en un billet
du Conseil Supérieur du 9 Août 1765, montant à
59.550 Rs. et avec les intérêts à 5% depuis le 3 Octobre 1776 jusqu'au 15 Janvier 1781 à 69.326 Rs. 0 60,
laquelle somme a été remboursée en plusieurs nouveaux
billets portant intérêt de 4 %, comme ci-après :

un billet au profit de la dame veu-
ve de Gazonoille de   17.489 Rs. 8 30
un autre billet en faveur du sieur
Louis de Gazonoille de   7.223 „ 0 5
un autre en faveur du sieur Hecquet
pour partie de la portion appartenant
tant à lui qu'à ses enfants de   4.228 „ 9 18
   un ditto comme dessus de   3.685 „ 14 27
Ces deux derniers payables en Fran-
ce en promesses de passer contrat.

Un autre billet en faveur de M. le
procureur du roi faisant pour les héritiers absents de la succession Aymard
de   33.699 „ 0 36
Un autre billet en faveur du dit pro-
cureur du roi, pour les pauvres, de   3.000 „ 0 0
                                           ──────────────────
                            Total 69.326 „ 0 36

Il y a encore 10 billets de caisse montant ensemble
à 98 Rs. provenant de la dite succession Aymard, qui
ont été payés en marchandises de magasin au prix de
ventes au comptant.

No 20.

Des titres que le sieur Droguet, ci-devant chirurgien
en second à l'hôpital, a présentés, il n'y a eu que le
bordereau du sieur Hit, enseigne, de 30 Rs. 7 16, et
passé à son ordre, qui lui ait été payé avant son départ
pour France par le d'*Argenson*.

L'autre titre de 464 Rs. n'étant qu'un simple certificat
du sieur Guyonnet, directeur de l'Hopital, non revêtu

du visa de M. de Leyrit ou du Conseil Supérieur, nous avons crû devoir débouter le dit sieur Droguet de sa demande et le renvoyer à votre décision non seulement pour la raison déduite ci-dessus, mais aussi parceque le certificat porte tant pour appointements que pour subsistance, article qui nous a paru abusif.

No 65.

e sieur Faure⁰ officier. Même observation qu'au No 2.

Les prétentions du sieur Faure, ainsi que vous le pourrez voir, Messieurs, montant, déduction faite de celles ordonnées sur les appointements militaires, à la somme de 1.801 Rs. 2 26 qui lui a été remboursée en 5 portions égales, dont une lui a été payée avant le départ du d'*Argenson* sur lequel il devait s'embarquer, et les 4 autres en rescriptions par M. de Mory à 1, 2, 3 et 4 ans de date.

Par un nouvel examen que nous avons fait faire depuis cette époque des décomptes des officiers, nous avons trouvé que le sieur Faure ne doit supporter les déductions que pour les mois qu'il a été en campagne, et non depuis le 1er Mai 1758 que nous les avions faites ci-devant. En conséquence il lui restera encore dû une somme de 177 Rs. 5 53, ainsi qu'il est détaillé dans le nouveau rapport ci-joint du sieur Blin de Grincourt, teneur de livres, joint à notre arrêté N° 493 fo 83. recto.

No 203.

sieur Rinkaband invalide de Ficher. ème observation qu'au No 2.

Le titre présenté par le sieur Rinkaband lui a été payé en 3 termes, dont un par le trésor, et les 2 autres en rescriptions par M. de Mory à 1 et 2 ans de date, comme bon de soldat. Les 24 Rs. billet de caisse, lui ont été payées aussi en marchandises, quoiqu'il ait dit les avoir reçues du sieur Heydmann pour son prêt à lui dû, attendu que nous n'avons aucune preuve de la vérité du dit Rinkaband. Cet homme étant près de s'embarquer sur le *d'Argenson*, et ses titres du comité n'étant pas encore liquidés, il lui a été donné par M. Boyelleau une ordonnance de 24 Rs. pour prendre au magasin des marchandises en attendant que la rescription lui en fut délivrée. Comme cette rescription n'a pas été encore présentée jusqu'à ce jour, nous vous prions de l'arrêter quand on vous la présentera, afin d'éviter de la payer deux fois.

No 212.

Le sieur de St. Pol, volontaire.

Quoique le sieur de St. Pol n'ait présenté aucun titre, nous lui avons fait payer 25 Rs. 0 : 27. qui lui étaient dûes suivant les livres jusqu'au 15 Janvier 1761.

No 232.

Le sieur Desgrais, habitant.

Les créances du sieur Desgrais consistent en 9 bordereaux de soldat passés à son ordre, montant net, y compris un billet de caisse de 5 Rs. et déduction faite des accomptes qu'il a reçus depuis la reprise de possession, à 435 Rs. 0. 30. qui lui ont été remboursées en trois termes égaux, dont un a été payé ici par le trésor et les deux autres en rescriptions par M. de Mory à 1 à 2 ans de date.

No 358.

Le sieur Guihu, officier de cavalerie.
Même observation qu'au No 2.

Le sieur Guihu, ci-devant officier de cavalerie, repassé en France par le *d'Argenson*, répète sur la Compagnie les créances ci-après, savoir :

17 billets de caisse montant à 3.205 Rs. donnés au sieur Guihu pour appointements, suivant un certificat du sieur Tobin, trésorier de l'armée   3.205

11 billets pour un cheval vendu au Sieur Bonnessay, suivant un certificat du dit sieur   800

Rs. 4.005

19 billets pour prix d'un cheval
appartenant au sieur Guihu, qui
a été tué, et dont on lui a ainsi tenu compte 500 0 0
18 billets pour une selle vendue à M. de Bussy 118 0 0

4.623. Rs

65 billets de caisse montant à

Un certificat de non paiement de ses appointements et fournitures de fourrage, du 1er
Juillet 1759 au 1er Février 1760   1.717

Un bordereau d'appointements du 1er Février 1760, signé des sieurs de Pons, capitaine,
et Chamboran, major   1.084

Une ordonnance sur la caisse courante de
500 Rs. pour 200 cartouches fournies par le
sieur Morel, passée à l'ordre du dit sieur
Guihu   500

Plus, le sieur Guihu réclame ses appointements de Novembre et Décembre 1760, et
15 jours de Janvier 1761, ainsi que ses fournitures de fourrage depuis Juin 1760 à Octobre
suivant,   Pour mémoire,

plus une somme de 941 Rs. dûe par le jeune Hennis, officier, dont le paiement lui a été
transporté sur un billet de 1000 Rs. dûes par
la Compagnie au sieur Langlade qui l'a passé
au dit sieur Guihu   941

Ces sommes ont été liquidées comme suit:

les 65 billets de caisse, avec l'ordonnance de 500 Rs.
en faveur du sieur Morel, ont été remboursées au sieur
Guihu en une rescription sur M. de Mory, payable en
promesses de passer contrat.

Quoiqu'il paraisse par le certificat du sieur Tobin,
que de ces 65 billets de caisse, il y en a 17 montant à
3.205 Rs. qui ont été donnés au sieur Guihu pour ses
appointements, nous avons crû les devoir mettre dans

la classe des autres billets, vu que nos livres ne font pas mention de cette sorte de payements, nous nous en remettons d'ailleurs à ce qui plaira à la Compagnie de décider à cet égard.

Le billet d'appointements de 1.717 Rs. a été réduit à 1 000 Rs. 2 32 et remboursé en 5 portions égales, dont la 1re a été payée ici par le trésor, et les 4 autres en rescriptions sur M. de Mory à 1, 2, 3 et 4 ans de date.

Nous avons renvoyé le sieur Guihu à se pourvoir auprès du sieur de Pons pour le paiement du billet de 1.084 Rs. attendu que cette somme est comprise dans le certificat de non payement délivré au dit sieur de Pons le 9 Janvier 1761.

Il en est de même des pièces de fourrage que répète le sieur Guihu depuis Juin 1760 jusqu'à Octobre suivant, attendu que le dit sieur de Pons en a été payé.

Pour les appointemets de Novembre et Décembre 1760, et des 15 premiers jours de Janvier 1761, nous avons jugé à propos de débouter de sa demande le dit sieur Guihu jusqu'à la décision de la Compagnie, attendu que les appointements de cette époque ont été retenues à toute la cavalerie blanche pour les accomptes qu'elle a pu recevoir dans les terres, et dont on ignore le montant.

Quant à la demande de 941 Rs. dûes par le sieur Hennis, nous avons renvoyé le sieur Guihu à se pourvoir contre la succession du dit sieur Hennis.

No 7.

Chinaia Malabar.

Le nommé Chinaia, marchand de la Compagnie, réclame une somme de 30.908 Rs. qui lui est dûe.

Quant aux créances des malabares et gens du pays, nous les avons séparés en deux classes, savoir :

Les billets du Conseil pour l'argent donné pour les besoins de la nation, et ceux pour l'argent placé au trésor, ou pour fournitures faites.

Les premiers ont été remboursés en 3 termes, dont le 1/3 de chaque terme en argent, et les deux autres 1/3 en marchandises du magasin aux prix des ventes au comptant, et les intérêts à 4 % seront ajoutés pour les termes payables à 1 à 2 ans.

Les seconds ont été remboursés en quatre termes, dont le 1/4 de chaque terme en argent, et les trois autres quarts en marchandises du magasin avec les dits intérêts à 4 % pour les termes payables à 1, 2 et 3 ans de date.

En conséquence de cette décision, les créances du dit Chinaia ont été liquidées comme suit.

Deux billets du Conseil faisant, avec les intérêts réglés à 6 % jusqu'à la prise de Pondichéry, une somme de 4.955 Rs. 7 16 provenant d'emprunts faits sur les Malabars, et remboursés par tiers.

Trois billets du Conseil provenant de fournitures, faisant y compris les intérêts à 5 % avec 2 billets de caisse de 25 Rs. une somme de 25.647 Rs. 9 24, remboursés par quarts.

Plus le dit Chinaia produit un certificat de M. de Leyrit, par lequel il appert qu'il a été enlevé chez le demandeur 18 pièces de serviettes et 10 pièces de nappes pour la table de M. de Lally, lesquelles montent à   132 Rs.

Plus d'autres marchandises qu'il dit avoir
été enlevées de force chez lui, tant par les
gardes de M. de Lally et de Leyrit, que par
le nommé Souba, brahame du magasin, et
qui se montent à   118 ,, 4 0
                                      ——————
                                        250 ,, 4 0

Nous avons renvoyé le dit Chinaia par devant vous, Messieurs, pour le remboursement de cette somme de 250 Rs. vu que nous n'en avons aucune notion sur nos livres. Cependant nous prions la Compagnie de considérer que ces sortes de violences et marchandises prises de force, sont à la connaissance de tout le monde, et que la totalité de ces objets ne pouvant être par elle-même que de peu de valeur, il nous semble que la Compagnie pourrait le prendre en considération, et nous autoriser à en faire le payement soit en argent ou en marchandises. D'ailleurs cette sorte de satisfaction, si la Compagnie l'accorde, excitera le zèle et ranimera d'autant la confiance des gens du pays.

No 8.

Colandé chetty.

Les créances du nommé Colandé chetty, marchand de la Compagnie, sont de même nature que celles du nommé Chinaia, son frère.

Elles consistent en 2 billets du Conseil montant avec les intérêts réglés à 5 % à 5.847 Rs. 4-4, et remboursées par tiers, comme provenant d'emprunts faits sur les Malabars.

Plus une somme de 66 Rs. 7 12 pour des marchandises enlevées de force chez le dit Colandé.

No 9.

Le sieur Prieur, officier, et le Frère Patrice capucin.

Le titre présenté par les sieurs Prieur et Frère Patrice, est un billet de 1.600 Rs. placées au trésor à 8 % le 24 Mai 1748, pour le compte de Marie, fille naturelle de M. Miran, le dit titre passé à l'ordre des demandeurs pour autant que leur devait le nommé Servean, veuf sans enfants, et donataire en toute propriété, de la dite Marie du Rozaire, en premières noces.

Quoique ce billet du Conseil provienne d'argent réellement placé au trésor en faveur d'une mineure, nous n'avons pu nous empêcher de le comprendre dans la classe générale des autres billets du Conseil appartenant aux européens, provenant tant de l'argent ou de

billets de caisse placés au trésor, que de fournitures
de marchandises ; en conséquence ce billet de 1.600 Rs,
au moyen des déductions faites pour divers accomptes
payés, a été finalement liquidé à 1.753 Rs. 6 30, y compris les intérêts à 5 %, et remboursé en un nouveau
billet portant intérêt à 4 %, et partagé entre les sieurs
Prieur et Frère Patrice, comme suit :

au sieur Prieur	742 Rs.	1 9
au Frère Patrice	1011	5 21
Rs. 1743		6 30

Mais les dits sieur Prieur et Frère Patrice, n'ayant
eu ce titre que pour nantissement, et ayant encore
pour sureté de leur créance une hypothèque sur les
biens appartenant au dit Servean, dont le billet doit
échoir dans le courant d'Août prochain, ils n'ont point
voulu recevoir le dit billet nouveau, de sorte que cette
créance restera en souffrance, jusqu'à ce qu'ils se
soient accommodés avec le dit Servean.

No 10.

Mouttou Panapachetty.

Les créances du nommé Mouttou Panapachetty consistent en 2 billets du Conseil, faisant avec les intérêts
à 5 % 4.392 Rs. 12 3 qui ont été remboursées par tiers
comme provenant d'emprunts faits sur les Malabars.

Plus un autre billet de 220 Rs. 4 4 remboursé en
4 termes, comme provenant de fournitures.

Plus pour 27 pièces demi guinées écrues montant
à 101 Rs, prises de force par des gardes, et renvoyées à
la Compagnie pour en obtenir le remboursement.

No 11.

Le nommé Mus-
sy, habitant.

Le nommé Mussy a produit divers titres de créance,
savoir : un billet du Conseil de 200 Rs. provenant de
l'emprunt national,

Un autre de M. Courtin de 30 Rs. pour aider à la levée des Camatys.

Un état de fourniture d'arrack montant à 5.880 Rs, arrêté par M. Cornet, garde magasin, et visé de M. de Leyrit.

Un arrêté du compte d'arrack et d'argent fournis pour le service de l'armée, montant à 1669 Rs. 6 0, visé de M. M. Dubois et de Leyrit.

et 24 billets de caisse montant ensemble à 709 Rs.

Les deux premiers billets faisant ensemble 230 Rs, ont été remboursés en argent par tiers.

L'état de fourniture d'arrack arrêté par M. Cornet, et les 24 billets de caisse faisant ensemble 6.589 Rs. 4 0. ont été remboursés en un billet nouveau portant intérêts à 4 %.

Quant à l'état de fourniture d'arrack et d'argent donné pour les besoins de l'armée, montant à 1659 Rs. 6 0, nous avons renvoyé, Messieurs, le nommé Mussy à votre décision pour en avoir le remboursement, nos livres ne faisant aucune mention de cet article, et d'ailleurs cet état n'étant pas revêtu par lui-même de signatures suffisantes, ne nous a pas paru pouvoir faire titre contre la Compagnie.

No 12.

le sieur Moscoff, arménien.

Nous avons débouté le sieur Moscoff de toutes les prétentions qu'il réclame, et qui montent suivant son compte à 12.847 Rs 7 0, n'ayant pu produire aucun titre en forme, et n'ayant aucune notion des comptes des dépenses de l'expédition de Ganjam.

Il est constant que la Compagnie doit réellement une bonne partie de cette somme au dit Moscoff, ce qu'elle sera à même de voir d'après les comptes que nous savons que lui a rendus M. Moracin. C'est pourquoi nous la prions de prendre en considération la demande de cet arménien, qui, après avoir servi fidèlement la

Compagnie à Ganjam, et lui avoir prêté presque tout son bien, a subi 40 mois de prison à Négapatam pour en tirer les titres ci-dessus qu'on supposait qu'il avait contre la Compagnie, et se trouve aujourd'hui dans une situation si critique, que plusieurs d'entre nous, témoins de ses services réels, lui donnons de nos propres deniers pour le faire subsister.

No 14.

le nommé La Chapelle, sergent.

Les créances du nommé La Chapelle consistent en un bordereau de 192 Rs 2 28. auxquelles on a ajouté la paye des 15 premiers jours de Janvier, ce qui fait la somme de 201 Rs 0 36 qui a été remboursée en argent par tiers.

No 15.

Le nommé Ramapatté, orfèvre malabar.

Celle du nommé Ramapatté est un billet du Conseil de 1.000 Rs. auquel il a été ajouté les intérêts à 5 % depuis le 20 Décembre 1758, ce qui fait 1.103 Rs 7 22. remboursées par quarts en argent et en marchandises, comme provenant d'emprunts faits sur les Malabars

No 16.

Le sieur Magny, ci-devant écrivain de l'armée.

La première créance du sieur Magny est une somme de 1.180 Rs. à lui dues pour ses appointements, et remboursées par tiers en argent.

La seconde est une somme de 735 Rs. pour loyers de maison, remboursés en un billet nouveau portant intérêts à 4 %.

No 17.

Le nommé Candapa, courtier.

Le nommé Candapa Modely, ci-devant premier *doba-che* de M. de Leyrit, actuellement courtier de la Compagnie, a produit les titres ci-après :

Un billet du Conseil de   2.000 - 0 - 0
Un autre   do   do   1.278 - 5 4
Un reçu de M. Duplant, trésorier de   50.000 - 0 - 0
Un certificat de M. Dubois disant que
le dit Candapa a entretenu pendant 7
mois la compagnie de 50 cipayes, ce qui
fait à 353 Rs. par mois la somme de   2.571 - 0 - 0

                    Rs.   55.849 - 5 - 4

Le billet du 2.000 Rs. provenant d'emprunts faits sur les malabars, a été liquidé à 1.141 4 35 auxquelles on a ajouté un mois de paye d'une compagnie de cipayes, ce qui fait 1494 Rs. 4 35 qui ont été remboursées par tiers tant en argent qu'en marchandises.

Le billet de 1.278 Rs. 5 4 liquidé à 1387 6 24 a été remboursé par quarts en argent et marchandises, comme provenant de billets de caisse placés au trésor.

Quant au reçu de M. Duplant, trésorier, de 50.000 Rs, nous avons jugé convenable de renvoyer cet article à votre décision, attendu qu'il appert par les livres que cette somme a été rémise sous forme de contribution.

Nous avons également renvoyé par devant vous le certificat de M. Dubois de 2.571 Rs. sur lequel nous n'avons payé qu'un seul mois montant à 353 Rs. qui se trouvent sur nos livres.

Il en est de même de la fourniture de bœufs, cabris, néby et autres choses dont le dit Candapa ne produit aucun titre.

Nous vous prions, Messieurs, de prendre ces trois derniers articles en considération, et de nous faire part de vos intentions.

No 19.

Le sieur Martin, employé de Mahé.

Comme nous n'avons aucune connaissance des livres de Mahé dont M. Soïret a emporté avec lui les originaux, nous n'avons pu liquider que provisoirement les créances du sieur Martin, n'ayant pu vérifier celles provenant des appointements ou des fournitures, et en conséquence nous lui avons donné un nouveau billet à 4 % de 1.435 Rs 7 32, jusqu'à ce que votre réponse nous mette à même de le liquider comme les autres créanciers, et pour lors nous nous croirons autorisés à lui allouer ses appointements en un seul payement, ce qui fait la même chose que s'il en était payé actuellement par tiers.

No 24.

sieur Bourin pour le ur Visage Chirgieu.

Nous avons renvoyé par devant vous, Messieurs, cet article, attendu qu'il n'a été présenté aucun titre en forme, les originaux ayant été perdus suivant la déclaration du dit sieur Visage.

No 22.

------

sieur Bourin employé.

La créance du sieur Bourgain est une somme de 200 Rs. 11 2, provenant de ses appointements, qui lui a été payée par tiers.

No 23.

------

sieur Droustemployé de ée.

Celle du sieur Drouston est une somme de 1.942 Rs. 12 11 comme dessus et payée de même.

No 24.

------

dame la Vve de onville.

Madame la Vve. de Cazonville a produit divers titres de créances comme suit :

3 billets du Conseil montant ensemble avec les intérêts réglés à 5 % à 5.888 8 3 qui ont été remboursées en un billet nouveau à 4 %.

Une somme de 1.048 Rs. 6 16 dûes à la dite dame tant pour appointements que pour subsistance dûs à son mari et à son fils, qui a été remboursée par tiers en argent.

Un autre somme de 1.136 Rs. 14 32 pour le compte du sieur Bellegarde employé, et payée par tiers en argent, comme provenant d'appointements.

No 25.

Le sieur Garandel, officier.

Les titres du sieur Garandel, officier, consistent en une ordonnance de M. de Leyrit de 416 Rs. pour 13 mois de subsistance dûe au sieur Henry, premier aide-major, chirurgien de l'hôpital. La dite ordonnance appartient au dit sieur Garandel comme légataire universel de Henry.

Plus un bordereau de 30 Rs. 7 16 pour les appointements des 15 premiers jours de Janvier 1761, dûs au sieur Garandel comme enseigne aux grenadiers.

Les dites deux sommes faisant un total de 446 Rs. 7 16, et liquidées à 331 Rs. 7 31, et payées par tiers en argent.

Les déductions militaires n'ont pu avoir lieu pour le sieur Garandel, attendu que l'on sera toujours à même de les faire sur les autres bordereaux qui se présenteront soit ici ou en France, et pour lors il lui sera tenu compte du supplément de campagne accordé par la Compagnie pendant les 4 mois du blocus de Pondichérry.

No 26.

Le sieur Gordon, employé surnuméraire.

Les créances du sieur Gordon consistent en une somme de 296 Rs. 7 23 à lui dûes pour ses appointements jusqu'au 15 Janvier 1761, et payées en argent par tiers.

No 27.

Le nommé Pierre Meslé dit Pimpons, sergent d'artillerie.

Celles du nommé Pimpons consistent en un bordereau de 205 Rs. 1 30 auquelles on a ajouté pour la paye des 15 premiers jours de Janvier 1761, 8 Rs. 5 32, ce qui fait la somme de 213 Rs. 7 7 qui a été payée en argent par tiers.

Celles du nommé Veillet consistent comme suit : un billet du Conseil de 70 Rs. 11 20 pour autant donné pour l'emprunt national.

Un billet de M. Courtin de 20 Rs. pour camatys.

Ces deux sommes faisant celle de 90 Rs. 11 20 qui a été payée par tiers en argent.

Un certificat pour loyers de maison de 97 Rs. 8.

Une ordonnance de M. de Leyrit de 170 Rs. pour nourriture d'officiers.

Ces deux sommes faisant celle de 237 Rs. 8 qui a été liquidée à 131 Rs. 14 16 et remboursée en un billet nouveau à 4 %.

Vingt billets de caisse montant ensemble à 994 Rs. payées en marchandises du magasin, en 4 termes.

Un reçu de M. Dubois de 100 Rs. à titre d'emprun[t] que nous remettons à votre décision, n'ayant pas jugé à propos de le payer ici, vu que nous n'en n'avons aucune connaissance sur nos livres, et qu'il n'est signé seulement que de M. Dubois.

No 29.

Les prétentions du sieur Kenguen consistent en une somme de 204 Rs. 0 16 à lui dùe pour ses appointements jusqu'au 15 Janvier 1761, et payée en argent par tiers.

No 30.

Le nommé Adivera chetty a présenté les titres suivants :

Un billet du Conseil de	Rs. 1.451 5 32
Un do. do.	1.153 0 24
Un do. do.	2.000 0 0
	Rs. 4.604 0 56

Les deux premiers faisant avec les intérêts réglés à
5 % la somme de 2.827 Rs. 1 62 qui ont été remboursées par quart en argent et en marchandises, comme
billets de caisse placés au trésor.

L'autre de 2.000 Rs. faisant avec les intérêts à 5 %
2.060 Rs. 9 35, a été payé par tiers en argent et en
marchandises, comme emprunt fait sur les Malabares.

No 31.

Le sieur Dulau-
rens, cadet, em-
ployé.

Les créances du sieur Dulaurens, cadet, consistent
comme suit :

1° une somme de 1.137 Rs. 6 18 à lui dùe pour ses
appointements jusqu'au 15 Janvier 1761.

2° une somme de 584 Rs 5 0 provenant d'appointements dùs au sieur Desjardins, officier de marine, et
passée à l'ordre du dit sieur Dulaurens.

3° une somme de 2.666 Rs. 1 0 provenant d'appointements dùs aux sieurs Le Reuil, Du Clozel, et Le Fèvre,
officiers, et passée à l'ordre du dit sieur.

Les deux premières sommes faisant ensemble celle
de 1.722 Rs. 7 60 qui a été payée par tiers en argent,
comme appointements civils.

Celle de 2.666 Rs. 1 0 liquidée à celle de 2.494 Rs. 4 30,
a été payée en argent en 5 termes, comme appointements militaires.

Nous observons à la Compagnie que nous n'avons
point fait les déductions ordonnées sur les appointements des sieurs Le Reuil et Le Févre, attendu que la
Compagnie sera à même de les faire supporter sur les
autres borderaux, lors de leur présentation.

Nous n'avons pas fait également celles de sieur Du
Clozel, vu que nous avons supposé qu'il les avait déja
supportées sur les autres bordereux liquidés en France.

Celles du sieur Magnien consistent en

11 billets de caisse montant à · Rs.	179	0 0
1 billet du Conseil pour avances faites à Mazulipatam pour la remonte de l'artillerie	2.045	8 0
1 certificat de non payement pour fourniture de 140 tondoux montant à	1.680	0 0
1 billet du Conseil pour appointements	580	15 2
1 certificat de non payement do.	145	0 0

Rs. 4.630   7 2

Les billets de caisse de 179 Rs. et celui du Conseil de 2.045 Rs. 8 faisant avec les intérêts réglés à 5 % 2.292 Rs. 10 27 et liquidés à 1.713 Rs. 7 29 ont été remboursés en un billet nouveau à 4 %, lequel a été changé depuis en une rescription de pareille valeur sur M. de Mory, payable en promesses de passer contrat au dit intérêt de 4 %.

Les deux billets d'appointements auxquels on a ajouté ceux des 15 premiers jours de Janvier 1761, et liquidés à 460 Rs. 6 21 ont été payés par tiers en argent.

Quant au billet du Conseil de 1680 Rs. pour fournitures de 140 tondoux, nous en avons renvoyé le payement à votre décision, n'en ayant aucune connaissance sur nos livres, et d'ailleurs la signature seule du sieur Gallard ne devrant pas faire titre contre la Compagnie.

Le titre de cette caste est un bitlet du Conseil de 28.773 Rs. 1 32 auxquelles il a été ajouté les intérêts à 5 %, ce qui fait 30.389 Rs. 6 60 qui ont été payées par tiers en argent et en marchandises, comme provenant d'emprunts faits sur les Malabars.

Le nommé Joseph de Kbras, habitant.

Le dit kbras n'a produit que 6 billets de caisse montant à 454 Rs. qui lui ont été payées en marchandises du magasin en 4 termes.

No 35.

Le sieur Manceau, lieutenant de prévoté.

Les prétentions du sieur Manceau consistent en une somme de 2.567 Rs. pour ses appointements jusqu'au 15 Janvier 1761, laquelle somme a été liquidée à celle du 2.083 Rs. 3 25 et payée en argent en 5 termes comme appointements militaires.

No 36.

Moutaya Chetty Poumalé.

Le titre présenté par le nommé Moutaya chetty Poumalé est un billet du Conseil de 500 Rs. auxquelles on a ajouté les intérêts de 5 %, ce qui fait 515 Rs. 1 42 qui ont été payées par tiers en argent et en marchandises comme emprunts faits sur les Malabars.

No 39.

Le sieur Louyer, employé.

Les prétentions du sieur Louyer consistent en une somme de 357 Rs. 6 16 à lui dûe pour ses appointements jusqu'au 15 Janvier 1761, laquelle somme a été liquidée à celle de 212 Rs. 12 7 et payée par tiers en argent comme appointements civils.

No 40.

Le nommé Silet, habitant.

Celles du nommé Silet sont 11 billets de caisse montant à 94 Rs. payées, vu la modicité de la somme en un seul payement, en marchandises.

No 41.

Le nommé Piter Magermam, adjudant canonnier.

Celles du nommé Piter Magermam consistent en une somme de 527 4 à lui dûe pour sa paye jusqu'au 15 Janvier 1761, laquelle somme a été liquidée à 298 Rs. 1 32 et payée par tiers en argent.

<table>
<tr><td>nommé Taila-
Chetty, Mala-
r.</td><td>

Les créances du nommé Tailapa chetty consistent en
1 billet du Conseil supérieur du 10 Octobre
1757, montant à   4.323 5
1 autre billet du Conseil du 15 Octobre 1760 de   1.200
1   do   do   du 10 Mars 1759 de 3.400

</td></tr>
</table>

Rs. 8.923 5

Les billets de 4.323 Rs. 5 et de 3.400 faisant avec les
intérêts réglés à 5 % la somme de 8.407 Rs. 0 4, ont
été payés par quart en argent et en marchandises, comme provenant de billets de caisse placés au trésor, et
de fourniture de marchandises.

L'autre billet de 1200 Rs. faisant avec les intérêts
aussi réglés à 5 % la somme de 1236 Rs. 2 32, a été
payé par tiers en argent et en marchandises, comme
emprunts faits sur les Malabars.

No 43.

———

Les prétentions du sieur de la Haye consistent en
une somme de 748 Rs. 9 22 qui lui revient net pour
ses appointements jusqu'au 1er Septembre 1760, déduction faite de celles ordonnées sur les appointements
militaires, et de ce que le dit sieur de la Haye a reçu
en accompte depuis le rétablissement de la nation,
ayant été payé le 18 Février 1761 des appointements
qui lui revenaient jusqu'au 15 Janvier précédent, laquelle
somme de 748 Rs. 9 22 lui a été payée en 5 termes,
dont le premier de 193 Rs. 5 19 et les 4 autres de
138 Rs. 13 chacun en rescriptions sur le trésor de
Pondichéry à 1, 2, 3 et 4 ans de date.

Il appert par les livres qu'il a été payé à M. de
Trinquere le 9 Janvier 1761, pour compte du sieur de
la Haye, une somme de 500 Rs. à lui accordée sous
forme de gratification comme garçon major, de laquelle
somme le dit sieur de Trinquere n'a pas tenu compte
au dit sieur de la Haye. Nous vous prions, Messieurs,

de retenir cette somme en France sur ce qui peut être payé ici au dit sieur de la Haye.

No 44.

Le nommé Lettoré, habitant.

Le nommé Lettoré a présenté 7 billets de caisse montant à 85 Rs. qui lui ont été payées en marchandises du magasin en un seul payement, vu la modicité de la somme.

No 46.

Le nommé Patin, habitant.

Les titres du nommé Patin consistent en 1 billet du Conseil de 163 Rs. 10 10 pour argenterie fournie pour les besoins de la place.

Un reçu de M. Dubois de 100 Rs. pour les besoins de la colonie.

Un billet pour loyers de maison de 67 1/2 Rs.

Un billet de caisse montant à 78 Rs.

Un billet du Conseil de 218 Rs. 10 20 pour argent fourni pour les besoins de la place, le dit billet au profit du sieur Ruelle, et passé à l'ordre du dit Patin.

Un reçu de M. Dubois de 200 Rs. passé par le dit sieur Ruelle à l'ordre du dit Patin.

Lesquels titres montant ensemble à 327 Rs. 12 30, ont été liquidés comme suit :

Les deux billets du Conseil de 163 Rs. 10 10 et de 218 Rs. 10 20, faisant ensemble 382 Rs. 4 30 ont été remboursés en argent par tiers comme emprunt national.

Les billets de caisse et de loyers de maison faisant 145 Rs. 8, ont été remboursés en marchandises du magasin en un seul payement.

Quant aux 2 reçus de M. Dubois faisant ensemble 300 Rs. nous avons renvoyé le dit Patin à votre décision pour les mêmes raisons que nous vous avons faites à l'article du nommé Veillet No 28.

Les créances du nommé Panche Quintual,
consistent en.

10 billets de caisse montant à   923 Rs.

1 certificat de non payement en faveur
du sieur Marin, officier de vaisseau de la
côte, ayant fait le service sur l'escadre, pour
appointements à lui dûs, montant à 329
Rs. 0 48, et passé à l'ordre du dit Panche
Quintual   329 0 48

——————————

Rs. 1252 0 48

Cette somme de 1252 Rs. 48 a été liquidée à celle
de 334 Rs. en vertu des accomptes donnés au dit
Panche depuis le rétablissement de la nation, et a été
remboursée en un contrat à 4 %.

Comme la Compagnie ne nous a point fait part de
ses intentions sur les appointements des officiers de
marine, et que nous ignorons s'ils doivent supporter quelques déductions, nons avons mieux aimé les allouer en
un contrat à 4 % pour ne pas nous compromettre vis-
à-vis d'elle, et pour lors de sa réponse revenir sur ces
sortes de liquidations et tenir compte aux parties inté-
ressées du préjudice que le retard pourrait leur occasionner.

——————

Le titre présenté par le sieur Déranger, second ingénieur à Pondichéry, est une lettre de change de 1.243 Rs.
tirée le 30 Novembre 1759 par le sieur Anquetil de
Briancourt, résident à Surat, en faveur de la dame Vve
Biquant, actuellement épouse du dit sieur Déranger, à
l'ordre du Conseil Supérieur de Pondichéry.

Cette lettre de change réduite à la somme de 723 Rs.
en vertu des accomptes reçus par la dite dame depuis
la reprise de possession, a été liquidée en un billet
nouveau à 4 %.

Nous vous prions, Messieurs, de considérer que ce titre est un bien de mineur, puisqu'il provient de la succession du feu sieur Biquant mort à Surat.

No 49.

Pitchacoupa, Malabar.

Pitchacoupa a présenté au nom de divers Malabars un billet du Conseil de 2790 Rs. auxquelles on a ajouté les intérêts à 5 % jusqu'à la prise de Pondichéry, ce qui fait 3.029 Rs. 1-29 laquelle somme a été payée par quart en argent et marchandises, comme fonds prove- de fonds placés au trésor.

No 50.

Le sieur Borée officier ingénieur

Les créances du sieur Borée consistent en une somme de 2.402 Rs. 9-10 pour ses appointements jusqu'au 15 Janvier 1761, qui lui a été payée en argent en cinq termes.

Le sieur Borée réclame de plus une ordonnance de 192 Rs. 12 et 600 Rs. pour l'entretien de son palanquin pour 22 mois depuis le 1er Mars 1759 jusqu'au 31 Décembre 1760.

Nous l'avons renvoyé par devant vous, Messieurs, pour obtenir le remboursement de cette somme ignorant pourquoi il a été accordé un palanquin au sieur Borée qui n'était qu'officier ingénieur en sous-ordre.

Nous l'avons également renvoyé par devant vous pour les appointements qu'il prétend lui être dûs depuis le 16 Janvier 1761 jusqu'au 30 Juin suivant, et qu'il fait monter à 657 Rs. 1-56, vu que nous savons que la Compagnie n'a payé aucun appointement depuis le 15 Janvier 1761.

No 394.

Le sieur Antoine Courrier, tuteur des mineurs.

Celles appartenant aux mineurs Desmoulins sont deux billets du Conseil de 3.500 Rs. chacun, en date du 20 Novembre 1758, auxquelles on a ajouté les intérêts

de 5 % jusqu'à la prise de Pondichéry, et qui se
montent à 752 Rs. 7-20, ce qui forme un nouveau
capital de 7.753 Rs. 7-20, qui a été liquidé à la somme
de 7.597 Rs. 7-20 en vertu des accomptes ci-devant
donnés aux dits mineurs depuis la reprise de possession,
et qui a été remboursée comme suit :

Une rescription sur le trésor payable à vue	197	7	20
Un billet nouveau à 4 % en faveur de la mineure Marie Josephine Desmoulins	3.700	0	0
Un autre billet en faveur du mineur Louis Nicolas Desmoulins	3.700	0	0
	Rs. 7.597	7	20

No 397.

nommé Mou-
yen, Malabar.

Le nommé Moutayen, malabar, a présenté 19 billets
de caisse montant à 1.502 Rs. qui ont payées en marchandises du magasin en quatre termes.

No 409.

sieur Blin de
rincourt, teneur
livres en chef.

Les créance du sieur Blin de Grincourt consistent
en un billet de caisse de 25 Rs. qui ont été payées en
marchandises en un seul payement, et en une somme
de 34 Rs. 5-16 pour les appointements des 15 premiers
jours de Janvier 1761, qui lui ont été payées en argent.

No 13.

sieur Bour-
in, pour le
r Russel, ci-
ant Major des
ntaires Bour-

Celles appartenant au sieur Russel sont :

Un billet du Conseil de 1170 Rs. provenant d'appointements dûs au dit sieur Russel.

Un billet du Conseil de 320 Rs. passé à l'ordre du
sieur Russel, provenant d'appointements dûs au sieur
Delic.

Un autre billet du Conseil de 400 Rs. provenant d'appointements dûs au sieur Lamel de Sivry, et passé
aussi à l'ordre du dit sieur Russel.

Un autre de 323 Rs. 9-23 provenant d'ici en faveur du sieur l'Heureux, et passé comme dessus.

9 billets de caisse montant à 259 Rs. faisant partie du prix d'un cheval vendu par le sieur Russel à la Compagnie 600 Rs, lesquelles lui ont été payées en billets de caisse suivant un certificat du sieur Cheureau, trésorier de l'armée.

Une ordonnance de 9 Rs. sur Arombatté pour 12 cadenas fournis à l'artillerie.

Plus 3 certificats de M. M. le Brun, Lenois et Dubois par lesquels il appert que le dit sieur Russel n'a reçu aucun décompte d'appointements et subsistance depuis le 1er Mai 1760 jusqu'au 15 Janvier 1761, n'ayant été porté sur aucun extrait de revue ou ordonnance particulière, et ayant fait le service dans la place depuis le 6 Octobre 1760.

Les titres ont été liquidés comme suit :

Le billet du Conseil de 1170 Rs. auxquelles on a ajouté les intérêts à 5 % jusqu'à la prise de Pondichéry, a été payé en un billet nouveau à 4 %.

Les 3 billets d'appointements montant ensemble à 1043 Rs. 9-23, liquidés à 653 Rs. 9-23 ont été payés en argent par tiers comme appointements civils.

Les 9 billets de caisse montant ensemble à 230 Rs. ont été remboursés en marchandises du magasin en 4 termes.

Quant à l'ordonnance de 9 Rs. sur Arombatté, nous avons débouté le sieur Russel de sa demande, cette ordonnance n'étant signée seulement que du sieur Signoret, et ne pouvant ni ne devant faire titre contre la Compagnie.

Nous avons renvoyé par devant vous, Messieurs, le sieur Russel pour le payement des appointements et subsistance qui lui paraissent dûs suivant les 3 certificats ci-dessus désignés.

caste des Pa-
s.

Les deux titres présentés par la caste des Palis, montant ensemble y compris les intérèts à 5 % à 8.361 Rs. 3-43 ont été payés par tiers en argent et en marchandises, comme emprunts faits sur les Malabars.

No 52.

nommé Co-
na Modély.

Celui du nommé Comana Modély montant y compris les intérèts à 5 % à 1655 Rs. 3-13 a été remboursé par tiers en argent et marchandises, comme emprunts sur les Malabars.

No 53.

Les nommés
Cradrecamé, Vi-
pin Moutar,
archand mala-
bar.

Celui des nommés Cradrecamé, Virapin Moutar, est un titre de 2.575 Rs. 9-24.

Remboursé sans intérèts par quart en argent et marchandises, comme provenant de fournitures

No 54.

Le sieur Damoy,
Employé au bu-
reau de la guer-
re.

Le sieur Damoy a présenté 4 titres de créances, comme suit :

Uu bordereau de 177 Rs. 3 pour sa paye en qualité de cadet, jusqu'au 1er Mars 1760.

Deux certificats de non paiement, montant ensemble à 480 Rs. pour ses appointements comme employé au bureau de la guerre, jusqu'au 15 Janvier 1761.

Et un billet du Conseil de 500 Rs. en faveur d'Arombatté, passé à l'ordre du sieur Damoy.

Les trois titres provenant d'appointements, et montant à 1157 Rs. 5 ont été payés en argent par tiers.

Le remboursement du billet du Conseil a été renvoyé lors de l'examen des comptes d'Arombatté.

No 55.

Le nommé St
Martin, canon-
nier.

La demande du nommé St. Martin consiste en une somme de 114 Rs. 5-2 à lui dùe pour sa paye jusqu'au 15 Janvier 1761, laquelle lui a été payée en marchandises du magasin en un seul paiement.

Quant aux bordereaux des soldats et petites sommes de 200 Rs. environ, nous avons crû convenable de les payer en argent en 2 termes, ou en marchandises en un seul paiement, au choix des demandeurs.

No 56.

Le nommé Caro, habitant.

Celle du nommé Caro consiste en une somme de 93 Rs. 2-5 à lui dûe pour sa paye de terre, comme homme de marine y ayant fait le service, cette somme a été payée comme dessus en un seul paiement en marchandises.

No 57.

La Veuve St Nom.

Celle de la veuve St. Nom consiste en une somme de 127 Rs. 9-2 provenant de la paye dûe à son mari jusqu'au 31 Décembre 1760, laquelle somme lui a été payée en argent en 2 termes.

No 58.

Le sieur Caban, chirurgien de l'armée.

Les prétentions du sieur Caban consistent en une somme de 1.721 Rs. 3-38 pour ses appointements jusqu'au 15 Janvier 1761, et en une autre somme de 290 Rs. 8-21 provenant d'un billet du Conseil du 13 Juin 1760 donné au sieur Laurain, employé, et passé à l'ordre du sieur Caban.

Ces deux sommes faisant ensemble la somme de 2.009 Rs. liquidées à celle de 1.348 Rs. 9-12, ont été payées en argent par tiers comme appointements civils.

No 59.

Le nommé La Cuisine, Caporal.

La somme de 78 Rs. 8 20 paraissant dûe suivant les livres au nommé La Cuisine pour sa paye jusqu'au 15 Janvier 1761, lui a été payée en marchandises en un seul payement.

sieur Gravi-
employé mes·

La demande du sieur Gravier consiste en une somme
de 784 Rs. à lui dûe pour ses appointements jusqu'au
15 Janvier 1761, et qui lui a été payée en argent par tiers.

No 420.

nommé Pier-
La Motte,
aitre forgeron.

Comme le nommé Pierre La Motte a déclaré avoir
perdu ses bordereaux totalement mangés par les carias,
nous avons fait faire de recherches sur nos livres, et
avons trouvé qu'il lui était dû pour salaires jusqu'au
15 Janvier 1761, la somme de 205 pagodes courantes
ou de 656 Rs. qui lui a été payée par tiers en argent,
dont le premier tiers ici, et les deux autres en rescription
sur M. de Mory à 1 et 2 ans de date.

NO 421.

e sieur Michem-
le, capitaine du
hanois.

Les prétentions du sieur Michemble consistent 1e en
une somme de 1.540 Rs. 4-34 provenant d'appointements
dûs au sieur Clerot, chirurgien, jusqu'au 31 Décembre
1760, dont les titres ont été passés à l'ordre du sieur
Michemble, laquelle somme a été liquidée à celle de
1.229 Rs. 1-24 et payée en argent par tiers, dont un ici
et les deux autres en rescriptions sur M. de Mory à
1 et 2 ans de date.

2e 13 billets de caisse montant ensemble à 58 Rs. et
qui ont été payées en marchandises en un seul payement.

Nous avons renvoyé par devant vous, Messieurs, le
sieur Michemble pour le payement d'une somme de
918 Rs. 6-18 mentionnée en un certificat de non pay-
ment en faveur du nommé Savanois, sergent d'ordonnance de M. Dune et passé à l'ordre du dit sieur Michemble, attendu que le dit billet aurait pu être liquidé
en France par la Compagnie à qui il en a déja été présenté une expédition, comme il est dit dans le rapport
de Messieurs du Comité.

Plus le sieur Michemble réclame une somme de
94 Rs. qu'il dit avoir perdue sur un billet d'appointe-

ments de 474 Rs. 4-40, dont il avait été ci-devant payé en marchandises, de laquelle demande nous avons jugé convenable de le débouter.

No 422.

Le sieur Michemble pour le sieur Alexandre, Capitaine du Chanois.

Le sieur Michemble réclame au nom du sieur Alexandre, une somme de 1.000 Rs. 1-48 pour ses appointements jusqu'au 15 Janvier 1761 laquelle somme a été liquidée à celle de 800 Rs. 5-16 et payée en argent par tiers, dont le premier par le trésor de Pondichéry, et les deux autres en rescriptions sur M. de Mory à 1 et 2 ans de date.

No 38.

Le sieur Sçaumon, chirurgien.

Les créances du sieur Sçaumon consistent dans 2 billets du Conseil faisant ensemble la somme de 14.639 Rs. 1-4, donnés au dit sieur par la succession Maurice Guerre.

Cinq titres provenant tant d'argent prêté que d'appointements et subsistance, montant ensemble à 1.188 Rs.

La somme de 14.639 Rs. 1-4 a été liquidée à celle de 16.403 Rs. 9-2 et remboursée en un billet nouveau à 4 % comme provenant de fournitures.

Celle de 1.204 Rs. réduite à celle de 536 Rs. 15-14 a été payée en argent par quart.

No 62.

Le nommé Chankrayen.

Le titre du nommé Chankrayen est un billet du Conseil de 600 Rs. provenant de l'emprunt fait sur les Malabars, auquel on a ajouté les intérêts à 5 % depuis le 13 Juin 1760 jusqu'au 15 Janvier 1761, ce qui fait la somme de 617 Rs. 10-26 qui a été payée par tiers en argent et en marchandises.

No 63.

La caste des Brahmes.

Le titre présenté par la caste des Brahmes est un billet du Conseil de 3.946 Rs. 12-32 auquel on a ajouté les intérêts à 5 %, depuis le premier Décembre 1759 jusqu'au 15 Janvier 1761, ce qui fait la somme de 4.168 Rs. 12-88 qui a été payée par tiers en argent et en marchandises, comme emprunt fait sur les Malabars.

No 64.

nommé Sou-
brahme.

Celui du nommé Souba est un billet de 300 Rs. provenant comme dessus, et payé de même avec les dits intérêts.

No 66.

nommé Vin-
ra Onames.

Celui du nommé Vingata est un billet de 200 Rs. auquel on a ajouté les dits intérêts, ce qui a formé un capital de 204 Rs. 13-30 sur lequel il avait déja reçu en accompte 145 Rs. 1-2, de sorte que le restant montant à 59 Rs. 12-28 lui a été payé en marchandises en un seul payement.

No 67.

sieur Pilavoi-
fils, employé.

La demande du sieur Pilavoine consiste en une somme de 234 Rs. 5-38 a lui due pour ses appointements jusqu'au 15 Janvier 1761, sur laquelle il a reçu en accompte celle de 114 Rs. 10-6 en marchandises, et le restant qui se monte à 120 Rs. 2-17 lui a été payé en argent en un seul payement, vu la modicité de la somme.

No 68.

caste des Mou-

Le titre présenté par la caste des Mouchis est un billet du Conseil de 1412 Rs. 6-60 auquel on a ajouté les intérêts à 5 %, ce qui a formé un capital de 1492 Rs. 3-1 qui a été payé par tiers en argent et en marchandises, comme emprunt fait sur les Malabars.

No 70.

veuve Marie
r.

La demande de la veuve Noyer consiste en une somme de 323 Rs. 4-14 provenant de la paye due à feu son mari, adjudant canonnier, jusqu'au 15 Janvier 1761, laquelle somme a été liquidée à celle de 257 Rs. 4-14 et payée en argent par tiers.

———

Le sieur Germain, employé;

Les créances du sieur Germain, employé du comptoir de Mazulipatam consistent:

1º en 3 billets du Conseil de Mazulipatam, visés par le Conseil Supérieur de Pondichéry, montant ensemble à 13.841 Rs. 14-30, provenant de vivres fournis pendant le blocus de Mazulipatam.

2º en un billet du Conseil de 1078 Rs. 2-37 dues au dit sieur Germain pour ses appointements jusqu'au 1er Octobre 1760.

3º en 4 billets de caisse montant ensemble à 85 Rs.

Le sieur Germain réclame de plus une somme de 169 Rs. 6 pour ses appointements d'Octobre, Novembre, Décembre 1760 et les 15 premiers jours de Janvier 1761, dont il n'a pu avoir de certificat de non payement dans le temps, étant parti pour Madras avec les autres prisonniers en Novembre 1760.

Les trois billets du Conseil de 13.841 Rs. 14-30 ont été remboursés sans intérêts, comme provenant de fournitures, en un billet nouveau à 4 %.

Celui de 1078 Rs. 2-27 pour appointements et subsistance, a été réduit à 886 Rs. 2-37 attendu que nous avons soustrait la somme de 192 Rs. portée pour subsistance, article qui nous a paru abusif, laquelle somme de 886 Rs. 2-37 a été payée en argent par tiers.

Les billets de caisse montant à 85 Rs. ont été payés en marchandises du magasin en un seul payement, vu la modicité de la somme.

Quant à la demande de 169 Rs. 6 pour ses appointements des 3 derniers mois 1760, et 15 jours de Janvier 1761, nous en avons débouté le dit sieur

Germain, vu qu'il doit avoir reçu pendant ce temps la subsistance des anglais.

Le sieur Germain n'a pas voulu recevoir son traitement pour deux raisons : 1º il réclame les intérèts des 3 billets du Conseil de Mazulipatam, et déclare avoir donné réellement de l'argent au sieur Hulot, qui a crù bien faire en employant cet argent à fournir des vivres à Mazulipatam pendant le blocus où l'on manquait de choses les plus urgentes.

2º il réclame aussi ses appointements des 3 derniers mois 1760, et les 15 premiers jours de Janvier 1761, ou au moins ceux d'Octobre et de Novembre 1760, époque où il est parti à Madras avec les autres prisonniers.

Nous prions la Compagnie de faire droit au sieur Germain s'il est fondé dans sa demande.

No 72.

sienr Le Cor, cier.

Les prétentions du sieur Le Cor consistent en :

1º une somme de 2.154 Rs. 5-56 pour ce qui lui revient net de ses appointements, tant en qualité d'enseigne qu'en qualité de cavalerie, jusqu'au 1er Juin 1760, déduction faite de celles ordonnées sur les appointements militaires ;

2º en une autre somme de 1.968 Rs. 6-60 pour ce qui revient net d'appointements au sieur d'Herguerty, capitaine de cavalerie jusqu'au 15 Janvier 1761, passé à l'ordre du dit sieur Le Cor ;

3º en une autre somme de 300 Rs. provenant d'une ordonnance en faveur du sieur Saraire, officier des volontaires portugais, pour ses appointements, passée à l'ordre du dit sieur Le Cor, sur laquelle ordonnance nous n'avons fait aucune déduction, vu que comme corps étrangers, les dits volontaires portugais avaient un traitement particulier.

Les dites trois sommes faisant ensemble celle de

5.523 Rs. 5-20, ont été payées en argent en 5 termes comme appointements militaires ;

4° en 2 billets de caisse montant ensemble à 200 Rs. qui ont été payées en 4 termes en marchandises du magasin.

Outre les 2 billets de caisse, le sieur Le Cor en a produit un autre No. 26561, qui se trouve avoir été altéré et falsifié ; comme la Compagnie ne nous a pas communiqué ses intentions au sujet des billets de caisse qui se trouveraient comme celui ci-dessus avoir été falsifiés et portés à une plus haute somme qu'ils ne doivent l'ètre, nous avons jugé convenable de débouter le sieur Le Cor du payement de ce billet que nous regardons comme fausse monnaie, dont il ne demande que la première valeur. Nous vous prisons, Messieurs, en réponse, de nous marquer si ces sortes de billets reconnus falsifiés, doivent être regardés comme nuls, ou si, lors de la recherche faite à leur sujet, nous pouvons et devons payer leur véritable valeur, ce qui se reconnait par les temoins qui sont en dépôt au bureau des livres, pour en tenir compte ensuite à ceux qui se trouvent en avoir de la liquidation des dits billets de caisse.

Le dit sieur Le Cor a fait de plus trois autres demandes, la première, d'être payée de ses appointements depuis le 1er Juin 1760 jusqu'au 15 Janvier 1761, et qu'il fait monter à 1.692 Rs. Nous l'avons renvoyé pour le payement de cette somme à se pourvoir auprés du sieur Le Mintier, capitaine de sa compagnie, attendu que le dit sieur Le Mintier ayant emporté avec lui ses états de service, il aurait pu être liquidé en France de ce qui pouvait revenir à sa compagnie.

Sa seconde demande est une somme du 500 Rs. pour un cheval vendu à M. d'Heguerty, suivant un certificat du dit sieur. Comme ce certificat ne peut et ne doit faire titre contre la Compagnie, nous avons renvoyé le dit sieur Le Cor à se pourvoir auprès du sieur d'Heguerty.

La 3eme demande est faite par le dit sieur Le Cor au nom du sieur Haygle dont il est procureur, et consiste en une somme de 358 Rs. 4 que le dit sieur Haygle réclame pour ses appointements de Décembre 1760 et les 15 premiers jours de Janvier 1761.

Nous avons également renvoyé le dit sieur Haygle à se pourvoir contre qui il appartiendra pour le remboursement de cette somme, attendu que les états de revue du mois de Décembre 1760 et des 15 premiers jours de Janvier 1761 de l'escadron des hussards dont le dit sieur Haygle était pour lors officier, n'ont pas été présentés pour être payés, et que ce qui peut être dû pour ce temps au dit escadron, a été vraisemblablement retenu, comme au reste de la cavalerie blanche, en nantissement des avances qu'ils pourraient avoir reçues dans les terres, dont on ignore jusqu'à présent le montant.

No 73.

pouras et Rama, brahmes.

Les titres présentés par les nommés Bapouras et Rama, brahmes consistent en

7 billets du Conseil montant à 64.890 Rs. provenant de divers emprunts faits sur les Malabars,

1 état d'une compagnie de cipayes entretenus 7 mois 10 jours à 353 Rs. par mois,

Ce qui fait ensemble 2.588 Rs. 10 23

On a ajouté les intérêts à 5% aux dits billets du Conseil, ce qui forme un nouveau capital de 68.465 14 11

Auquel capital il a été ajouté seulement 1 mois d'entretien de cipayes, les six autres mois 10 jours n'étant pas portés sur nos livres . . . . 353 ,, ,,

____

68.818 14 11

Laquelle somme de 68.818 Rs. 14-11 a été liquidée à celle de 68.018 Rs. 14-11 en vertu d'accomptes reçus par eux depuis la reprise de possession. et payée par tiers, tant en argent qu'en marchandises.

No 74.

Le sieur Callando, officier.

Les prétentions du sieur Callando consistent en une somme de 2.978 Rs. 4-23 qui lui revient net pour ses appointements à lui dûs jusqu'au 15 Janvier 1761, déduction faite de celles ordonnées par la Compagnie sur les appointements militaires, et de ce que le dit sieur Callando a reçu en accomptes depuis la reprise de possession.

No 75.

M. de Lagrenée, Conseiller.

Celles de M. de Lagrenée consistent en 10 billets de caisse montant ensemble à 485 Rs. qui ont été payées en marchandises en 4 termes.

No 77.

Le nommé La France, ancien sergeut major.

La demande du nommé La France consiste en une somme de 261 Rs. 3-2 pour sa paye à lui dûe jusqu'au 15 Janvier 1761, et qui lui a été payée en argent par tiers.

No 76.

Le sieur Louis Le Bon, employé.

Le sieur Le Bon a produit un billlet de caisse de 100 Rs. qui lui ont été payées en marchandises en un seul payement.

No 78.

Le nommé Montbrizon sergent.

Celle du nommé Montbrizon consiste en une somme de 119 Rs. 3-37 pour sa paye à lui dûe jusqu'au 15 Janvier 1761, et qui lui ont été payées en marchandises en un seul payement·

Le dit Montbrizon a produit de plus un décompte de Mazulipatam signé de M. Montagnies de La Roque pour lors major de la garnison, et visé de M. Denis, lequel décompte monte à 264 Rs.

Comme le sieur de La Roque n'a produit jusqu'à présent aucun des livres qu'il a pu tenir pendant sa majorité, que les décomptes de Mazulipatam ne sont nullement portés sur les livres, nous avons crû convenable de débouter de sa demande le dit Montbrizon, du moins jusqu'à la ratification de votre part, avec d'autant plus de raison que le dit Montbrizon ayant été prisonnier des anglais pendant tout le temps qu'il réclame la paye mentionnée sur le dit décompte, et ayant dû être nourri dans les prisons anglaises, il ne peut ni ne doit, suivant nous, lui être alloué aucune autre paye, ces sortes de dépenses devant certainement être comprises dans les sommes exhorbitantes que réclame l'Angleterre à la France pour la nourriture et l'entretien des prisonniers aux Indes.

No 79.

Le nommé Vitry, sergeut.

Les créances du nommé Vitry consistent en :

1º sa paye à lui dûe jusqu'au 15 Janvier 1761
montant à   Rs. 336 2 44

2º Un bordereau du nommé Tremoulin,
passé à l'ordre du dit Vitry de   Rs. 59 3 9

3º Un autre bordereau du sieur La
Sueur, passé à l'ordre du dit Vitry de   82 5 59

Rs. 478 4 46

La dite somme de 478 Rs. 4-46 réduite à celle de 293 Rs. 12-10 en vertu d'accomptes reçus par le dit Vitry depuis la reprise de possession, a été payée en argent par tiers.

Le nommé Rayapin Malabar.

Le nommé Rayapin a produit 29 billets de caisse montant à 5288 Rs. réduits à 5100 Rs, et payés en marchandises un 4 termes. Cette réduction provient d'un billet No 12.975 qui se trouve falsifié et porté à 100 Rs. au lieu de 5.

No 86.

Les mineurs Desjardins.

Le sieur de Solminiac, comme tuteur des mineurs Desjardins, a produit les titres suivants :

Un billet de loyers de maison de 2550 Rs. réduit à 2270 Rs. en vertu d'accomptes reçus depuis la reprise de possession, et liquidé en 2 billets nouveaux à 4 % par égales portions.

Une somme de 816 Rs. pour subsistance dûe à la dame Desjardins jusqu'au 15 Janvier 1761, et payée en argent par tiers.

Et 3 billets de caisse montant ensemble à 2190 Rs. et payés en marchandises du magasin en 4 termes.

No 88.

Le nommé Denis Chiquane, habitant.

Les titres du nommé Denis Chiquane sont 5 bordereaux de soldats passés à son ordre, montant ensemble à 279 Rs. 4 et réduits à 209 Rs. 1 en vertu d'accomptes reçus depuis la reprise de possession, et remboursées en marchandises du magasin en un seul payement.

No 92.

Le sieur François Burry, négociant et armateur particulier d'Inde en Inde.

Nous avons crû, Messieurs excepter le sieur Burry, ainsi qu'il le demande par sa requête, de la loi générale, en liquidant ses créances, à l'instar de gens du pays arménien, vu sa qualité de négociant et armateur particulier, qu'il est naturel du pays, qu'il n'a jamais eu de liaison avec l'Europe, et qu'il a rendu des services essentiels à la nation dans des temps critiques en faisant des avances considérables, soit en argent, soit en mar-

chandises, qui lui ont été remboursées, faute d'argent
en billets du Conseil. En conséquence ses prétentions ont été liquidées comme suit :
4 billets du Conseil faisant avec les intérêts reglés à
4 % jusqu'au 15 Janvier 1761   Rs.   18.863-7-8
1 billet du Conseil pour fourniture de
    marchandises   4.340
1 billet pour loyers de maison   315

                          Rs.   23.518-7-8

Laquelle somme de Rs. 23.518-7-8 lui a été remboursée par quart en argent et en marchandises,
argent ou billets de caisse placés au trésor.

2 billets du sieur de Moracin et du sieur Lortin pour
l'emprunt national et levée des Camatis, montant à
350 Rs. qui lui ont été payées en argent par tiers.

Et 103 billets de caisse montant à 4.815 Rs. et remboursés en marchandises en 4 termes.

Nous avons renvoyé, Messieurs, par devant vous, le dit
sieur Burry pour 1.289 bouteilles de vin fourni par lui
le 15 Novembre 1760, 10 marcals de Nély et 5 de riz,
fournis le 8 Janvier 1761, desquels articles, comme
nous l'avons déjà dit plus haut, nos livres ne font nulle
mention.

No 96.

nommé Paris
la Franchise
rgent.

La demande du nommé la Franchise consiste en
une somme de Rs. 218-5-16 pour sa paye à lui due
jusqu'au 31 Juin 1760, laquelle somme a été réduite à
154-5-16 en vertu d'accomptes reçus depuis la reprise
de possession, et payée en marchandises en un seul
terme.

No 102.

nommée Su-
ane   Grore,
uve Hilias.

Celle de la nommée Suzane Grore consiste en une
somme de Rs. 78-7 pour la paye due à son mari nom-

mé Hilias, dit La Rue, jusqu'au 1er Septembre 1760, laquelle somme lui a été payée en marchandises en une seule fois.

De plus, elle a produit un décompte de Mazulipatam, signé de M. de La Roque, duquel nous l'avons déboutée, étant dans le même cas que Montbrizon sergent, n° 78.

No 185

Le nommé d'E-biard, adjudant canonnier.

Celle du nommé d'Ebiard consiste en une somme de Rs. 257 2 pour sa paye de Gingy, depuis le 1er Septembre 1760 jusqu'au 31 Mars 1761. Nous l'avons débouté de cette demande, n'ayant aucune connaissance sur nos livres des dépenses de Gingy, et lui avons seulement accordé la paye de Pondichéry qui monte jusqu'au 15 Janvier 1761 à Rs. 165-3-3 qui lui a été payée en marchandises du magasin en une seule fois.

No 259.

Le nommé Roussillon, sergent.

Celle du nommé Roussillon consiste en un bordereau de Rs. 22-6-32 pour sa paye à lui due jusqu'au 1er Mars 1760, qui lui a été remboursée en argent en un seul payement.

Il a présenté de plus 2 certificats des sieurs d'Haumartin et Faure, ci-devant officiers à Gingy, par lesquels il lui est dû sa paye jusqu'au 11 Mars 1761.

Nous avons débouté de sa demande le sieur Roussillon, vu qu'il ne parait lui être rien dû depuis le 1er Mars 1760, suivant les livres de M. de Trinquère.

No 410.

Le sieur Hecquet, employé repassé en France par le d'Argenson.

Le sieur Blin de Grincourt, procureur du sieur Hecquet, a présenté 31 billets de caisse montant à 730 Rs. qui ont été payées en marchandises en 4 termes.

Lenoir.

M. Lenoir en qualité de procureur des héritiers de feu de M. de Leyrit, des armateurs du vaisseau le *Diligent*, et du sieur Macé, l'ainé, chirurgien Major à Mahé, a produit les titres suivants :

Pour les héritiers de feu M. de Leyrit, un billet du Conseil du 30 Août 1756, faisant avec les intérêts ci-dessus, un capital de 1791 Rs. 11-35, et remboursé en pareil contrat à 4 %, lequel provient d'une rescription tirée par les subrécargues de Moka sur le Conseil de Pondichéry.

Pour le sieur Macé, un billet du 12 Août 1759, faisant avec les intérêts à 5 % 4.353 Rs. 5-12 remboursé aussi en un nouveau billet à 4 %,... lequel provient d'une lettre de change tirée par le sieur Pitre de Perdrio, de Bassora, sur le Conseil de Pondichéry, en faveur du sieur Yzact Surgeon, qni l'a passé à l'ordre du sieur Macé.

No 424.

dame veuve urel.

La dame veuve Burel a produit les titres suivants : un certificat de non payement de 198 Rs. 6-25 pour autant à elle dù jusqu'au 15 Janvier 1761, pour sa gratification pour inspecter les tailleurs chargés de l'habillement des troupes, laquelle lui a été payée en argent par tiers.

Un billet de loyers de maison de 334 Rs. 6-16 remboursé en un billet nouveau à 4 %.

Et 22 billets de caisse montant à 1446 Rs. qui ont été réduits à 1.251 Rs. en vertu d'accomptes reçus par elle depuis la reprise de possession, et remboursés en marchandises en 4 termes.

De plus, la dite dame Burel réclame une année de subsistance qui lui est due jusqu'au 15 Janvier 1761, et pour laquelle nous l'avons renvoyée lors de l'examen des comptes d'Arombatté, desquels comptes ces sortes de dépenses font partie.

No 426.

Le sieur Fraisse, Maréchal de logis.

La demande du sieur Fraisse consiste en 3 billets de caisse montant à 275 Rs. qui lui ont été remboursées en marchandises en un seul payement, vu la modicité de la somme et son départ pour le Sud,

No 430.

M. Abeille, Conseiller.

Les titres présentés par M. Abeille consistent en

1º un reçu du sieur St. Marceau, trésorier à Mahé, de 1284 Rs. provenant de la société des poivres auquel on a ajouté les intérêts à 5 %, depuis le 1er Novembre 1755 jusqu'au 15 Janvier 1761, ce qui forme un nouveau capital de 1.554 Rs. 2 32 qui a été remboursé en un billet nouveau à 4 %.

2º en un état d'avances par lui faites pour journées d'ouvrier du Magasin de la marine, dont il était ci-devant chargé du détail, lequel monte à 339 Rs. 1 34 qui lui ont été allouées en argent en un seul payement, vu la modicité de la somme et la situation actuelle où il se trouve.

3º un état de 220 billets de caisse remis au trésor le 12 Janvier 1761, suivant le certificat de M. Duplant de Laval, Conseiller, trésorier, au pied du dit état, montant à 105. Rs. desquelles le sieur Abeille n'a pu avoir dans le temps de billet du Conseil.

Cette somme a été réduite à 9.366 Rs. 1 20 en vertu d'accomptes donnés depuis la reprise de possession, et remboursée en marchandises du magasin en 4 termes.

No 433.

Les mineurs Burot.

Le sieur Reymond en qualité de procureur des dits mineurs, présente un billet de M. Courtin de 20 Rs. pour levée de camatys, lequel billet a été payé en argent.

Plus un billet de caisse nº 25101 qui se trouve avoir été altéré et porté à 200 Rs. au lieu de 50 qui doit être sa véritable valeur, duquel billet le dit sieur Reymond a été débouté.

No 447.

sieur Fraissé, réchal de lo-s.

Le sieur Fraissé a fait une demande de 1.024 Rs. pour ses appointements à lui dûs jusqu'au 1er Janvier 1761, desquels il n'a pu avoir de certificat dans le temps des sieurs de La Tour et Desgras, sous les ordres de qui il a successivement servi.

Comme il conte d'après les livres que les dit sieurs de La Tour et Desgras ont été payés en certificat de non payement de la solde qui revenait à leurs comptes, nous avons renvoyé le dit sieur Fraisse à se pourvoir auprès des dits sieurs de La Tour et Desgras pour être payé de ce qui peut lui être dû.

No 452.

M. Dulaurens aîné, Conseil-er.

La demande de M. Dulaurens consiste en
5 billets de caisse montant à   91 Rs.
et en ses appointements des 15 premiers
jours de Janvier 1761, montant à   29-3-16

Rs. 120-3-16

La dite somme réduite à 22 Rs. 1-46 en vertu d'accomptes reçus depuis la reprise de possession, lui a été payée en argent.

No 457.

Le nommé l'E-veque, habitant.

Celle du nommé l'Evêque consiste en 3 bordereaux de soldats passés à son ordre, et montant ensemble à 271 Rs. 2, laquelle somme a été réduite à celle de 239 Rs. 2 en vertu d'accomptes donnés depuis la reprise de possession, et remboursée en marchandises du magasin en un seul payement.

Le nommé du Verger.

Celle du nommé du Verger consiste en une somme de 652 Rs. qui lui revient net pour sa paye à lui due jusqu'au 15 Janvier 1761, déduction faite de ce qu'il a reçu en accompte depuis la reprise de possession, laquelle somme lui a été payée en argent par tiers.

No 82.

Le mineur Boylot.

Le sieur Alvarès en qualité du mineur Boylot, a produit les titres suivants :

Un billet du Conseil du 22 Janvier 1759 de 1.550 Rs. 6, provenant d'un billet de change tiré de Karikal par le sieur Porcher commandant au dit lieu, sur le Conseil de Pondichéry, en faveur du feu sieur Boylot, chirurgien, à laquelle somme on a ajouté les intérêts à 5 % jusqu'au 15 Janvier 1761, ce qui forme un nouveau capital de 1.703 Rs. 4-25 qui ont été remboursées en un billet nouveau à 4 %.

Plus un certificat d'apointements dûs au dit feu sieur Boylot, père, jusqu'au 22 Mars 1760, et montant à 405 Rs. 3-41, qui a été réduit à 285 Rs. 3-41, en vertu d'accomptes reçus depuis la reprise de possession par le mineur Boylot, et payé en argent par tiers.

No 83.

Le nommé Rougeaux, sergent.

Le titre présenté par le nommé Rougeaux est un décompte de Mazulipatam signé de M. de La Roque, et montant à 119 Rs. 7, duquel certificat nous avons débouté le dit Rougeaux étant dans le même cas que le nommé Montbrizon, n° 78.

No 84.

Le nommé St Anselme, caporal invalide.

La demande du nommé St. Anselme consiste en une somme de 191 Rs. 5-37 qui lui reviennent pour sa paye à lui dûe jusqu'au 15 Janvier 1761, tout en qualité de caporal invalide que comme piqueur sur les travaux, laquelle somme lui a été payée en argent par tiers.

Le sieur de Sylva répète une somme de 301 Rs. 6-16
pour solde de ses appointements de ville jusqu'au
15 Janvier 1761.   301-6-16

Plus celle de 1.050 Rs. comprise dans une
ordonnance de M. de Leyrit pour les appoint-
tements de campagne dûs au dit sieur de
Sylva depuis le 1er Août 1760, jusqu'au
31 Janvier 1761, le dit sieur ayant été envoyé
chez les Maïssourins.   1.050 ,, ,,

                                    Rs. 1.351-6-16

Nous avons jugé à propos de débouter le sieur de
Sylva de ses appointements de campagne, attendu que
l'ordonnance n'est seulement signée de M. de Leyrit, et
que d'ailleurs les dits appointements de campagne sont
incompatibles avec ceux de ville. Nous ne lui avons
alloué que les appointements de ville s'élevant sur les
livres à 560 Rs. 10-5 qui ont été réduits à 242 Rs. 12-11
en vertu d'accomptes reçus depuis la reprise de possession, et ont été payés en argent par tiers.

La demande faite par Yvon Gravier est une somme
de 752 Rs. pour sa paye à lui dûe jusqu'au 15 Janvier
1761 comme gardien des magasins de marine, laquelle
somme a été réduite à 335 Rs. 3-3 en vertu d'accomptes au dit Yvon depuis le rétablissement de la nation,
et lui a été payée en argent par tiers.

Les créances du nommé Odayen Peritamby Chetty
consistent dans les titres suivants :
Un billet du Conseil de 2.525 Rs. 3 auquel on a ajouté
les intérèts à 5 % depuis le 1er Mai 1759 jusqu'au
15 Janvier 1761, ce qui forme un nouveau capital de

2741 Rs. 5 qui a été remboursé par quart en argent et en marchandises, comme provenant de billets de caisse remis au trésor.

Un autre billet de 1200 Rs. auquel on a aussi ajouté les dits intérèts depuis le 20 Juin 1760, ce qui fait une somme de 1234 Rs. 1-16 qui a été remboursée en argent et en marchandises par tiers, comme emprunt fait sur les Malabars.

No 91.

Le nommé Marquis, capitaine de Chanois.

La demande du nommé Marquis est une somme de 502 Rs. pour appointements à lui dûs jusqu'au 31 Mai 1759, réduite à 392 Rs. en vertu d'accomptes reçus depuis la reprise de possession, et payée en argent par tiers.

No 93.

Le nommé Dupré, habitant.

Le nommé Dupré demande le payement d'un titre de créance passé à son ordre par le nommé Maisonneuve, s'élevant à 114 Rs, nous avons débouté le dit Dupré de sa demande, vu la nullité du dit titre que nous appuyons des raisons suivantes :

Il ne doit être dû au dit Maisonneuve que 31 Rs. 2-32 pour le mois de Janvier et les 7 premiers jours de Février 1759   31-2-32

les 82 Rs. 5 restant pour ce qui serait dû depuis le 8 Février 1759 jusqu'au 25 Septembre suivant, ne peuvent être allouées au dit Maisonneuve, vu que pendant ce temps il était prisonnier de guerre chez les anglais   82 5

                        Rs. 114

Quant à la somme ci-dessus de 31 Rs. 2-32 que nous n'avons pas allouée au dit Dupré, elle servira à acquitter d'autant les 507 Rs. que le dit Maisonneuve a reçus en accompte de M. Tobin.

Les créances du sieur Gallais consistent dans les titres suivants :

Un billet du Conseil du 9 Janvier 1760 au profit du sieur Courville, passé à l'ordre du sieur Gallais 499 3 7

Un autre billet du dit jour au profit de M. L'Aimable passé comme ci-dessus   307 3 7

Un autre do du 7 Juillet 1760 au profit du sieur Sabre, passé   do   300

____

Rs. 1106 6 14

Un autre billet du 16 Septembre 1760 au profit du sieur Brulé, passé   do   2000

Un autre de 10 Octobre 1760 au profit du sieur Gallais   3768

Un bordereau signé de M. de Cenaty pour appointements dûs au dit sieur jusqu'au 15 Janvier 1761   438 6

2 billets de caisse faisant   55

____

Rs. 7368 4 14

Les billets des sieurs Courville, L'Aimable et Brulé, faisant ensemble la somme de 2806 10 14 ont été remboursés en un billet nouveau à 4 %.

Celui de 3768 Rs. et le bordereau de 438 Rs. 6 faisant ensemble la somme de 4206 Rs. 6 ont été liquidés à celle de 4096 Rs. 6 en vertu d'accomptes reçus depuis la reprise de possession, et payés en argent par tiers comme appointements civils.

Celui de 300 Rs. au profit du sieur Sabre a été payé en argent en 5 termes comme appointements militaires.

Quant aux 2 billets de caisse de 55 Rs. nous les regardons comme nuls, vu qu'ils ont été ci-devant falsifiés et portés à 100 et 200 Rs.

Nous observons à la Compagnie au sujet de cette liquidation que le dit sieur Gallais n'a produit aucun original des 5 billets du Conseil ci-dessus, vu que la majeure partie de ses papiers ayant été perdue lors de l'incendie de sa maison par les anglais à la prise de Pondichéry, les dits billets du Conseil ont été de ce nombre, ainsi qu'il appert par le certificat du sieur Gallais, au bas duquel est celui du trésorier général, qui constate avoir reçu au trésor les sommes pour lesquelles les sus dits 5 billets du Conseil ont été délivrés.

No 95.

Le nommé La Doratte, canonnier.

La paye du nommé La Dorate qui monte jusqu'au 15 Janvier 1761 à 112 Rs. 4 6 a été liquidée à la somme de 35 Rs. 5 38 en vertu d'accomptes donnés depuis la reprise de possession, et payée en marchandises en une seule fois.

No 97.

Le nommé Auger, habitant.

Le nommé Auger repète deux bordereaux du nommé Villedanet Fiftre passés à son ordre, et montant à 60 Rs. 4 38 pour compléter sa paye jusqu'au 15 Janvier 1761, laquelle a été payée en argent en une seule fois au dit Auger, vu sa situation.

No 98.

Le sieur Williesme officier.

Le sieur Williesme réclame une somme de 1572 Rs. 4 34 qui lui revient net pour ses appointements tant de Mazulipatam que de Ponnichèry depuis le 1er Avril 1759 jusqu'au 15 Janvier 1761, déduction faite de celles ordonnées sur les appointements militaires, et de celles que le dit sieur Williesme a reçues en accomptes, tant en argent qu'en marchandises depuis la prise de possession, laquelle somme de 1.572 Rs. 4 34 lui a été payée en argent en 5 termes.

Nous observons à la Compagnie que dans cette somme de 1.572 Rs. 4 34 est comprise la déduction de celle de 192 Rs. pour subsistance portée dans le décompte de Mazulipatam, vu que nous regardons comme très abusif d'accorder en même temps des appointements et une subsistance.

Outre la somme ci-dessus le sieur Williesme réclame encore celle de 3.125 Rs. provenant d'anciens appointements du mois d'Août 1751, de Mai et Juin 1752, de ½ mois d'Août, Septembre, Octobre et Novembre 1757, de ½ mois de Mai, Juin, Juillet et Août 1758, de mois entier de Décembre 1758 et ½ mois de Janvier, Février et Mars 1759, de laquelle somme de 3.125 Rs. mentionnée en 4 bordereaux, dont un signé de M. Brenier, visé de M. Dupleix, le 3ᵐᵉ signé de M. de La Roque, et le dernier de M. de Moirfosse. Nous avons débouté le dit sieur Williesme, et l'avons renvoyé à vous, Messieurs, pour en avoir le payement, attendu que nos livres ne font nulle mention de ces sortes d'appointements.

NO 99.

nommé Gui-sergent inva-de.

Le nommé Guize réclame une somme de 110 Rs. 2 14 pour sa paye à lui dûe jusqu'au 15 Janvier 1761, laquelle somme lui a été payée en argent en 2 termes.

No 100.

nommé Manu-Nonis, adju-nt canonnier.

Le nommé Manuel Nonis réclame également une somme de 137 Rs. 5 18 pour sa paye à lui dûe jusqu'au 15 Janvier 1761, laquelle somme lui a été payée en argent en 2 fois.

No 101.

veuve Eveil-d.

Le titre présenté par la veuve Eveillard est un certificat de non payement de subsistance de 600 Rs. payable par Arumbatté, et pour laquelle somme nous l'avons renvoyée lors de la liquidation du dit Arumbatté.

La veuve Eveillard reste toujours devoir à la Compagnie 180 Rs. qu'elle a reçues pour subsistance depuis la reprise de possession, et qui lui seront déduites lor du payement des 600 Rs. ci-dessus.

Le nommé du Boël, sergent d'artillerie.

La demande de nommé du Boël consiste en une somme de 100 Rs. 2 6 qui revient net pour sa paye à lui dûe jusqu'au 15 Janvier 1761, déduction faite de ce qu'il a reçu en accompte depuis la reprise de possession, laquelle somme lui a été payée en argent en 2 fois.

No 104.

Le nommé Gaillardot, habitant.

Le titre présenté par le nommé Gaillardot, n'étant qu'une simple ordondance de M. de Leyrit de 1.400 Rs. payables sur les revenus des fermes de Trikoilur de l'année 1758, pour autant avancé par lui aux dits fermiers, et n'ayant nulle connaissauce sur nos livres de cet article, nous avons débouté le dit Gaillardot, sauf à lui de se pourvoir contre qui il appartiendra.

No 105.

Le nommé Rangapa, fils de Vingadachalom.

La demande du nommé Rangapa est un billet du Conseil de 6.000 Rs. auquel on a ajouté les intérèts à 5 %% depuis le 8 Juin 1760 jusqu'au 15 Janvier 1761, ce qui forme un capital de 6.180 Rs. 13 13 qui a été payé par tiers tant en argent qu'en marchandises, comme provenant d'emprunt fait sur les Malabars.

No 106.

Le nommé Ambala chetty.

Les titres présentés par le nommé Ambala chetty sont 2 billets du Conseil, faisant avec les intérêts à 5 %% la somme de 1.621 Rs. 13 37 qui a été payée par tiers en argent et en marchandises, comme emprunt fait sur les Malabars.

No 107.

La caste Chetty.

Celui présenté par la caste Chetty composée des nommés Narayna chetty, Tanapachetty et autres, est un billet de 7.532 Rs. 12 32 auquel on a ajouté le intérêts de 5 % depuis les diverses époques que les différents

Malabars mentionnés au dos du dit billet ont remis leur contingent jusqu'au 15 Janvier 1761, ce qui forme un capital de 7.737 Rs. 15 33 qui a été payé tant en argent qu'en marchandises par tiers, comme emprunt fait sur les Malabars.

Le nommè Tanapachetty a produit un billet du Conseil de 1.200 Rs. qui étant compris dans celui ci-dessus, est regardé comme nul.

No 108.

caste des Ele-iens.

Celui de la caste des Elevaniens est aussi un billet du Conseil, faisant avec les intérèts à 5 %, la somme de 2.197 Rs. 8 18 qui a été payée comme dessus provenant du même sujet.

No 109.

nommé Topa-etty.

Celui du nommé Topachetty est un billet du Conseil faisant avec les intérèts à 5 % un capital de 1.925 Rs. 8 18 remboursé par quart en argent et en marchandises, comme provenant de fournitures.

No 110.

nommés Chi-kachy et Mouk-etty,

Celui des nommés Chinakachy et Moukchetty est un billet du Conseil faisant avec les intérêts à 5 % la somme de 662 Rs. 1 10 remboursée par tiers en argent et en marchandises, comme emprunt fait sur les Malabars.

---

nommés Na-ty, Govindou, nozi et Rama-teur.

Les nommés Naraty, Govindou, etc. ont présenté un billet du Conseil de 789 Rs. 8 10 auquel on a ajouté les intérêts à 5 % depuis le 1er Décembre 1759 jusqu'au 15 Janvier 1761, ce qui forme un nouveau capital de 833 Rs. 14 32 qui a été payé par tiers tant en argent qu'en marchandlses, comme emprunt fait sur les Malabars.

Le nommé Du Bourg, adjudant canonnier.

Les prétentions du nommé Du Bourg, adjudant canonnier consistent comme ci-après :

1º en une somme de 505 Rs. 8 21 à lui dùe pour sa paye comme canonnier du fort jusqu'au 15 Janvier 1761. 505 8 21

2º en une somme de 205 3 17 pour sa paye en qualité de sergent d'artillerie 205 3 17

3º en une autre somme de 361 Rs. motivée dans une ordonnance de M. de La Selle adressée au dit Du Bourg, pour avoir logé M. de Keami, officier du régiment de Lally 361 „ „

Rs. 1.071 11 38

Laquelle somme de 1.071 Rs. 11 38 a été réduite à celle de 947 Rs. 3 17 en vertu d'accomptes donnés tant avant la prise de Pondichéry que depuis la reprise de possession, et payée en argent par tiers.

Plus le sieur Du Bourg demande à être payé de ce qui peut lui être dû par le sieur Degras, major de la cavalerie, pour l'avoir logé pendant les mois de Juin, Juillet, Août, Septembre, Octobre, Novembre et Décembre 1758 et Janvier 1759, suivant 3 certificats du sieur Degras, pour le montant desquels nous avons débouté le dit Du Bourg, sauf à lui à se pourvoir contre le dit sieur Degras, auquel la Compagnie ne devait aucun logement, ou autre qui il appartiendra.

No 113.

Le sieur de Solminiac, capitaine de port.

Le sieur de Solminiac repête les sommes ci-après :

Un billet de M.M. de Moracin et Courtin, provenant de l'emprunt national de Rs. 400 „ „

Ses appointements depuis le 1er Août 1758 au 15 Janvier 1761. 2.832 „ „

Ceux du sieur Ferraud, employé, motivés dans un certificat de non payement, passé à l'ordre de M. Fécamp, son gendre 397 „ „

Ceux du dit sieur Fécamp pour les 15 premiers jours de Janvier 1761   35 1 „

Ceux des sieurs Jean et Etienne, ses enfants, volontaires, jusqu'au 15 Janvier 1761.   108 1 38

Les avances par lui faites aux équipages de différents bâtiments et aux lascars du port, suivant 26 états particuliers   4.000 „ „

Rs.   7.772 2 38

Laquelle somme de 7.772 2 38 réduite à celle de Rs. 7.484 1 29 en vertu de ce que devait le dit sieur de Solminiac pour effets à lui délivrés en 1760, et de ce que le sieur Fécamp a reçu en accompte du certificat d'appointements du sieur Finaud, a été payé en argent par tiers.

Plus 311 billets de caisse montant ensemble à 9.857 Rs. lesquels ont été réduits à 9.769 Rs. en vertu d'accomptes reçus depuis la reprise de possession par .e dit sieur de Solminiac, et remboursés en 4 termes.

Ensuite 4 billets du Conseil faisant avec les intérêts à 5 % la somme de   Rs.   4.608 7 30

Un billet de loyers de maison   423 1 48

Pour le frêt d'un bateau suivant un certificat de M. Panon   114 6 60

Rs.   5.147 1 10

Laquelle somme de Rs. 5.147 1 10 réduite à eelle de Rs. 4 147 1 10 en vertu de 1.000 Rs. d'intérêts qui paraissent avoir été payées deux fois suivant les livres de 1758 à 1759, sur le capital d'un billet du Conseil de 6.000 Rs. du 25 Octobre 1756, a été remboursée en un billet nouveau à 4 %.

Nous avons renvoyé le dit sieur de Solminiac à l'examen des comptes de la ferme de Varadarajolou pour un billet du Conseil de 3.000 Rs. en date du 26 Avril 1758, qui en fait partie.

Quant aux bestiaux, volailles, vin, riz et nèly fournis par le dit sieur de Solminiac pendant le blocus de Pondicbéry, suivant 5 reçus de M. M. Dubois, Denis et Panon, nous l'avons renvoyé à se pourvoir auprès de la Compagnie pour en avoir le payement.

No 114.

Le sieur Roucais Violette, officier des vaisseaux de la côte.

Les prétentions du sieur Roucais Violette consistent comme ci-après :

(1) Un billet du Conseil du 15 Avril 1760 de Rs. 2894 3 pour argent donné à Merguy pour les réparations du vaisseau le *Harlem*, auquel on a ajouté les intérêts à 5 % jusqu'au 15 Janvier 1761, ce qui forme un nouveau capital de Rs. 2.980 3 16, lequel a été remboursé en un billet nouveau à 4 %.

(2) Une ordonnance de subsistance de 316 Rs. réduite à Rs. 30 9 8 en vertu de ce que le dit sieur Violette devait au magasin pour effets à lui délivrés en 1760, et de la subsistance que la dame Violette, son épouse, a reçue depuis la reprise de possession. La dite somme de Rs. 30 9 8 a été remboursée en marchandises en un seul payement, au lieu que la dite ordonnance aurait été payée en argent en 3 termes, si le dit sieur Violette n'eut pas reçu de si forts acomptes.

Le sieur Violette a produit de plus un reçu du sieur Longchamp du vaisseau le *Harlem* de diverses armes fournies pour le service du dit vaisseau à Merguy, pour le montant duquel reçu nous avons débouté le dit sieur Violette, sauf à lui se pourvoir contre qui il appartiendra, attendu que la signature seule du sieur Longchamp ne peut faire titre contre la Compagnie.

No 122.

Le sieur Monneron, sous-marchand.

Les créances du sieur Monneron sont : 78 billets de caisse montant à 2646 Rs. dont 1800 Rs. provenant de ses appointements de Ganjam lui ont été payées en argent par tiers, et les 846 Rs. restant, en marchandises du magasin en 4 termes.

Plus un billet du Conseil de 1000 Rs. en faveur du sieur David, arménien, et passé à l'ordre du sieur Monneron, auquel on a ajouté les intérêts de 5 % depuis le 28 Novembre 1759 jusqu'au 15 Janvier 1761, ce qui forme un capital de 1056 Rs. 12 25 lequel a été payé sur le pied des gens du pays et arméniens, comme emprunt national.

No 123.

nommé La Ca-
le, sergent in-
ide.

La paye dûe au nommé La Carotte jusqu'au 1er Mars 1760, montant à 57 Rs. 2 12 a été réduite à 44 Rs. 3 44 en vertu d'accomptes reçus par le dit La Carotte depuis la reprise de possession, et lui a été payée en marchandises en une seule fois.

No 126.

veuve Cham-
e.

La veuve Champagne a produit un reçu de 25 Rs. signé seulement de M. Dubois à titre d'emprunt pour les besoins de la colonie, duquel reçu nous avons débouté la dite veuve Champagne, sauf à elle à avoir recours sur la succession du feu sieur Dubois, attendu que cet article n'est nullement porté sur nos livres.

No 127.

veuve Gail-
d.

La créance de la veuve Gaillard consiste en un reçu de M. Dubois de 1500 Rs. de billets de caisse remis par le nommé Gaillard, interprète de M. de Soupire, selon l'ordre qu'il en avait eu de M. de Lally.

Nous avons débouté la dite veuve Gaillard de sa demande des dites 1500 Rs. attendu que nos livres n'en font aucune mention, et que d'ailleurs cette somme parait plûtôt une amende qu'un prêt volontaire fait à la Compagnie.

No 131.

Le nommé Roussette de St Pourprix, sergent.

La paye dûe au nommé St Pourprix est de 201 Rs. 0 21 jusqu'au 15 Janvier 1761, et lui a été payée en argent par tiers.

Le nommé L'Assurance, sergent invalide.

La demande du nommé L'Assurance est une somme de 80 Rs. 4 46 pour sa paye de Pondichéry à lui dûe jusqu'au 15 Janvier 1761, et lui a été payée en marchandises du magasin en une seule fois.

Il a de plus produit un décompte de Mazulipatam signé de M. de La Roque, montant à 120 Rs. duquel nous l'avons débouté, étant dans le même cas que Montbrizon, sergent, No 78.

No 133.

Le nommé Rivry, dit Bras d'or, sergent invalide.

Le titre du nommé Rivry consiste en un bordereau signé de M. de Cénaty de 184 Rs. 7 36 pour sa paye à lui dûe jusqu'au 31 Décembre 1760, auquel on a ajouté les 15 premiers jours de Janvier 1761, ce qui fait 189 Rs. 6 2 laquelle somme a été réduite à 40 Rs. 5 26 en vertu d'acomptes donnés depuis la reprise de possession, et payée en argent en 2 termes.

Le nommé Rivry a produit de plus un second bordereau signé de M. de Cénaty de 28 Rs. pour compléter sa paye jusqu'au 1er Juin 1761, duquel bordereau nous l'avons totalement débouté, attendu que c'est un double emploi.

No 134.

La nommée Suzanne de Souza, veuve de Simon Brun, maitre de port à Marsapour.

La nommée Suzanne de Souza réclame une somme de 420 Rs. pour autant dû à son mari depuis le 30 Novembre 1758 jusqu'au 31 Janvier 1760, laquelle somme a été réduite à celle de 355 Rs. en vertu d'acomptes reçus par elle depuis la reprise de possession, et payée en argent par tiers.

No 136.

nommé Rondelet, sergent.

Le nommé Rondelet réclame une somme de 70 Rs. pour sa paye à lui dûe jusqu'au 1er Novembre 1759, laquelle somme lui a été payée en argent en 2 termes.

No 138.

nommé Lafond, sergent d'artillerie.

Le nommé Lafond, sergent d'artillerie, a produit les titres suivants :

Un billet du Conseil du 31 Octobre 1760 de 877 Rs. en faveur du sieur Magnien, passé à l'ordre du dit Lafond, provenant de fourniture de bois pour la remonte de l'artillerie de Mazulipatam, sur lequel l'on a déduit 83 Rs. reçues pour sa subsistance par le dit Lafond depuis la reprise de possession, de sorte qu'il ne lui reste plus dû que 789 Rs. qui lui ont été remboursées en un billet nouveau à 4 %.

Le dit Lafond demande en outre ce qui peut lui revenir pour sa paye à lui due jusqu'au 15 Janvier 1761, et qui se monte à .... Rs. 107 4 60

plus le montant d'un bordereau du nommé La Rigueur, passé à son ordre et montant à .... 125 ,, ,,

Rs. 232 4 60

La dite somme de Rs. 232 4-60 a été réduite à celle de Rs. 153 7 28 en vertu de ce que les dits Lafond et La Rigueur devaient au magasin pour effets délivrés en 1760, et a été payée au dit Lafond en argent en deux termes.

No 143

veuve Bonnenouvelle.

La veuve Bonnenouvelle réclame une somme de Rs. 66 10 20 mentionnée en un bordereau signé de M. Noirfosse, major de l'armée du Decan, pour autant dû à son mari, prisonnier de guerre, pour les 20 derniers jours de Décembre 1758, et depuis le 1er Janvier 1759, jusqu'au 1er Novembre suivant, duquel borde-

reau nous avons débouté la dite veuve Bonnenouvelle,
attendu que nos livres ne font aucune mention de cet
article, sauf à elle à se pourvoir contre qui il appartiendra.

No 149.

Le nommé Adam.
maitre tonnelier,

Les créances du nommé Adam consistent comme suit:
Pour appointements et subsistance de Mazulipatam
depuis le 1er Décembre 1758 jusqu'au 1er
Janvier 1761   Rs.   905 „ „
Pour deux bordereaux des nommés
Boufflers et Kaister passés à son ordre   199 4 „

Rs.   1.104 4 „

La dite somme de Rs. 1104 4 a été réduite à celle
de Rs. 874 14 37 en vertu des acomptes reçus par le
dit Adam depuis la reprise de possession, et de 120 Rs,
de subsistance portée sur un des titres qu'il a produit,
attendu, comme nous l'avons déjà observé, qu'il nous
a paru abusif d'accorder en même temps des appointements et une subsistance, laquelle somme de Rs.
874 14 37 a été remboursée au dit Adam en marchandises du magasin en un seul payement, au lieu de
l'être en argent par tiers, pour faciliter la liquidation de
plusieurs successions, et entr'autres celle du feu sieur
Plusquellet à qui le dit Adam est redevable.

No 153.

La nommée Josine Blondin.

. La nommée Josine Blondel réclame une somme
de Rs. 109 5 50 pour paye due à son mari nommé
Blondel, caporal invalide, jusqu'au 15 Janvier 1761,
laquelle somme réduite à celle de Rs. 85 5 53 en vertu d'acomptes reçus depuis la reprise de possession a
été payée en argent en 2 termes.

No 158.

Nous avons débouté le nommé Guibert de la demande qu'il a faite de Rs. 119 6 mentionnée dans un décompte de Mazulipatam signé de M. de La Roque, vu qu'il est dans le même cas de celui de Montbrison, sergent, No 78.

No 159.

_nommé Jan-
in._

Le nommé Jonguin répète une somme de Rs. 135 1 16 pour sa paye à lui dûe jusqu'au 15 Janvier 1761, qui lui a été payée en argent et en 2 termes.

No 162.

_nommé La-
nd, soldat de
lly, invalide
e la place._

Le nommé Lafond réclame aussi une somme de Rs. 79 1 32 dont Rs. 38 5 pour sa paye à lui dûe jusqu'au 31 Décembre 1760, et Rs. 40 4 provenant d'un bordereau du nommé Bertins caporal, qui lui en a fait présent, laquelle somme de 79 1 32 lui a été payée en argent en 2 termes.

No 163.

_nommé La
essource, ser-
nt._

Il est dû au nommé La Ressource pour sa paye jusqu'au 15 Janvier 1761 la somme de Rs. 121 6 35 qui lui a été payée en argent et en 2 termes.

Il a demandé de plus le payement de 119 Rs. 7 provenant d'un décompte de Mazulipatam signé de M. de La Roque, duquel décompte nous l'avons débouté, étant dans le même cas que Montbrison, no 78.

No 165.

_nommé Sé-
tien d'Autray,
canonnier invali-
de et aveugle._

Il est dû comme dessus au nommé Sébastien d'Autray pour sa paye jusqu'au 15 Janvier 1761, la somme de 36 Rs. 4 7 qui lui a été allouée en argent en un seul paiement, vu sa situation.

Il a produit de plus un décompte de Mazulipatam de 76 Rs. 5 10, duquel nous l'avons débouté, étant de même nature que celui ci-dessus.

No 166.

Le nommé de Beaune, sergent.

Le nommé de Beaune a produit un décompte de Mazulipatam de 102 Rs. duquel nous l'avons débouté, étant de même nature que celui ci-dessus.

No 167.

Pierre David et son fils, canonniers.

La créance de ces deux soldats est de 136 Rs. 6 18 pour leur paye à eux dûe jusqu'au 15 Janvier 1761, qui leur a été remboursée en marchandises du magasin en un seul payement au désir du dit Pierre David.

No 168.

Le nommé Claude Renaudin, habitant.

Le nommé Renaudin répète une somme de 44 Rs. 3 pour sa paye à lui dûe jusqu'au 31 Décembre 1760, laquelle lui a été remboursée en argent en un seul payement, vu la triste situation où il est réduit.

No 170.

Le nommé Morand, caporal invalide.

Le nommé Morand répète aussi une somme de 109 Rs. 12 28 pour sa paye à lui dûe jusqu'au 15 Janvier 1761, laquelle somme lui a été payée en marchandises en une seule fois.

No 171.

Le nommé Pierre Barjou, sergent de marine.

La demande du nommé Pierre Barjou consiste en un décompte signé de M. Abeille, commissaire de la marine, montant à 168 Rs. pour sa paye à lui dûe jusqu'au 15 Janvier 1761.   168 ,, ,,

un décompte de M. Delbred, passé à l'ordre du dit Barjou.   42 14 37

Rs. 210 14 37

Laquelle somme de 210 Rs. 14 37 réduite à celle de 104 Rs. eu vertu des acomptes reçus par les dits Barjou et Delbred depuis le rétablissement de la nation, lui a été remboursée en marchandises en un seul payement.

No 174.

nommé St
'enne, soldat
valide.

Le nommé St. Etienne répète une somme de 58 Rs.
1 32 pour sa paye à lui dùe jusqu'au 15 Octobre 1760,
qui lui a été remboursée en marchandises en une seule
fois.

No 175.

nommé St
nçois piqueur
les travaux.

La demande du nommé St. François consiste en un
décompte comme piqueur sur les travaux de 40 pagodes,
depuis le 1er Mars 1760 jusqu'au 31 Décembre suivant,
faisant en roupies   128 „ „
et en un bordereau pour sa paye de caporal
invalide jusqu'au 31 Décembre 1760, faisant
avec celle des 15 premiers jours de Janvier
1761 qui a été ajoutée, la somme de   109 5 37
                                               ____
                                        Rs. 237 5 37
laquelle somme de 237 Rs. 5 37 réduite à celle de
192 Rs. 7 5 en vertu d'acomptes reçus depuis la reprise de possession, lui a été remboursée en marchandises
en un seul payement.

No 181.

sieur Durup
e Domballe, vo-
ntaire.

Le sieur Durup de Domballe a produit les titres
suivants :

Une ordonnance de 584 Rs. pour subsistance dùe au
sieur Jollivet, officier de marine, prisonnier à Mazuli-
tam depuis le 7 Juillet 1759 jusqu'au 15 Janvier 1761,
la dite ordonnance passée à l'ordre du dit sieur Durup
a été réduite à la somme de 267 Rs. 7 10) en vertu
d'acomptes reçus par le dit sieur depuis la reprise de
possession, et lui a été payée en argent par tiers.

Le sieur Durup produit de plus un décompte de
Mazulipatam en son nom, signé de M. de La Roque, et
montant à 210 Rs. duquel certificat nous l'avons débouté
pour les raisons énoncées à l'article de Montbrizon, n° 78.

No 183.

Le nommé Char-
tois, soldat inva-
lide.

La demande de M. Chartois consiste en une somme de Rs. 94 7 3 pour sa paye à lui dùe jusqu'au 15 Janvier 1761, qui lui a été payée en argent en 2 termes.

No 211.

M. Trémisot,
Conseiller·

M. Trémisot, Conseiller, a produit 44 billets de caisse montant ensemble à 815 Rs. qui ont été réduits à 335 Rs. en vertu d'acomptes reçus depuis la reprise de possession par la dame Paradis sa mère, et qui lui ont été remboursées en marchandises du magasin en un seul payement pour le mettre à même d'acquitter d'autant ce que le sieur Trémisot est redevable au dit magasin.

No 218.

Le sieur Joannis
Sinan, négociant
arménien, et la
dame Elias, sa
belle-mère.

Les prétentions du sieur Joannis Sinan, négociant arménien, et de la dame Elias, sa belle-mère, consistent comme suit :

Un billet d'argenterie montant à Rs. 305 12 pour 15 4 1 ½ faisant suivant les instructions de la Compagnie la somme de　　　　　　　　　Rs.　401 ,, 10

Un billet du Conseil du 28 Février 1760 en faveur du sieur Purin, provenant des gages du bateau *l'Expérimenté*, passé à l'ordre du sieur Joannis Sinan　　　　1.302 ,, ,,

　　　　　　　　　　　　　Rs.　1.703 ,, 20

laquelle somme lui a été payée en argent en 3 termes.

5 billets du Conseil faisant avec les intérêts réglés à 5 %/0 jusqu'au 15 Janvier 1761 la somme de Rs. 16820 12 35, laquelle somme a été réduite à celle de Rs. 14.580 12 35 en vertu d'acomptes reçus depuis la reprise de possession, et payée comme les gens du pays par tiers, tant en argent qu'en marchandises.

2 billets du Conseil pour Madame Elias faisant pour les pauvres lépreux, montant à 4716 Rs. auxquels on a

ajouté les intérêts de 5 % jusqu'à la prise de Pondichéry, ce qui forme un capital de Rs. 5.120-3-15 qui a
été remboursé en un billet nouveau à 4 %

Et 231 billets de caisse montant ensemble à 3.367 Rs.
qui ont été remboursés en 4 termes.

No 268.

veuve Jeanne
Roche, mère
feu Petit du
n, sergent.
La demande formée par la veuve Jeanne La Roche,
est une somme de Rs. 46-12-32 pour la paye dûe à feu
Petit du Clisson, son fils, jusqu'au 1er Mars 1760, laquelle lui a été payée en argent en une seule fois, vu sa
misère actuelle.

No 366.

dame veuve
er.
La dame veuve Meder réclame au nom des sieurs
Meder, officier, ses enfants, dont elle a la procuration,
les sommes suivantes :

Pour le sieur Meder l'ainé, lieutenant, une somme
de Rs. 1.038-5-57 pour solde des appointements à lui dûs
jusqu'au 15 Janvier 1761, déduction faite de celles ordonnées par la Compagnie sur les appointements de
campagne, et de ce que le dit sieur Meder a reçu en
acomptes tant en argent qu'en marchandises, depuis
la reprise de possession.

Pour feu sieur Louis Meder, sous-lieutenant, une
somme de 604 Rs. 2 portée dans un billet de Mazulipatam pour appointements et loyers à lui dûs jusqu'en
Mars 1759.

Pour le sieur Meder dit Beausire, enseigne, une
somme de Rs. 704 1 3° pour solde des appointements
à lui dûs jusqu'au 15 Janvier 1761, déduction faite de
celles ordonnées par la Compagnie sur les appointements de campagne, et de ce que le dit sieur Meder
a reçu en acompte depuis la reprise de possession.

Lesquelles trois sommes ci-dessus forment un total
de Rs. 2.347 1 57 qui a été réduit à Rs. 1957-1-57 en

acomptes reçus par la dame veuve Meder depuis le
rétablissement de la nation, et lui a été payé en argent
en 5 termes comme appointements militaires.

Dans le nombre des titres présentés par la dame
veuve Meder, ceux ci-après, n'ont pas été payés, les
regardant comme de nulle valeur.

Le premier est un bordereau de Rs. 264-3 en faveur
du sieur Louis Méder de laquelle somme nous avons
débouté la dite veuve Méder, vu qu'il appert par les
livres que le dit sieur Méder en a été payé en un certificat de non payement, lequel certificat n'étant pas représenté, le bordereau ne peut et ne doit être alloué.

Le second est une demande de 10 $\frac{1}{2}$ mois d'appointements dûs au sieur Louis Méder, en vertu d'un certificat du sieur Lebrun, trésorier militaire, par lequel
il conte que le dit sieur n'a reçu aucun appointement,
ni a été porté sur aucun état de revue depuis le 28
Février 1760, ayant été depuis cette époque absent et
prisonnier de guerre, duquel certificat nous avons aussi
débouté la dite dame Méder pour les seules raisons
énoncées au dit certificat.

—— ——

No 373.

Le sieur Phanto-
me, officier.

M. Yzact, Conseiller, procureur du roi, faisant en
cette qualité pour la sucession Fraizal à qui la mère du
sieur Phantone se trouve être redevable, réclame ce
qui peut être dû par la Compagnie au dit sieur Phan-
tome des titres et bordereaux desquels il se trouve nanti.

Le certificat de non payement pour appointements
dûs au sieur Phantone, enseigne d'artillerie jusqu'au
28 Février 1760 qu'il a été fait prisonnier, monte net
à Rs. 238-1-37 déduction faite de celles ordonnées sur
les appointements de campagne, de ce que le dit sieur
a aussi reçu en acomptes depuis la reprise de possession, et de ce que M. Yzact a touché également en

acomptes depuis cette époque, pour raison de ce que se trouve devoir la veuve Phantone à la dite succession Fraizal, laquelle somme de Rs. 238-1-37 a été payée au dit sieur Yran, procureur du roi, en argent en 5 termes, comme appointements militaires.

Le dit sieur Yzact a produit de plus un certificat du sieur Lebrun, que nous avons regardé comme de nulle valeur, étant de même nature que celui ci-contre du sieur Louis Meder, Nᵒ 366.

No 378.

eur Bouché, é, capitaine raisseaux de 'le.

Les prétentions du sieur Bouché l'ainé consiste dans les titres ci-après :

2 billets du comptoir de Mahé faisant avec les intérêts à 5 °/₀ jnsqu'au 15 Janvier 1761 la quantité de 10.899 fanons 13 biches, monnaie de Mahé, et en roupies de Pondichéry celle de   2.179-4-9

Un billet du Conseil supérieur de Pondichéry du 30 Juin 1758 de   5.599-3-23

Sur lequel il a été déduit le capital et le bénéfice de son permis du vaisseau *l'Indien* qui fait partie du dit billet du Conseil, attendu que le dit vaisseau fut pris par les anglais 4.309-8-30

reste 1.289-10-32

à quelle somme l'on a ajouté les intérêts de 5 °/₀ depuis le 1ᵉʳ Juillet 1758 jusqu'au 15 Janvier 1761   163 13 8 1453-8-0

Rs.   3632-12-9

laquelle somme de Rs. 3.632-12-9 a été remboursée en un billet nouveau à 4 °/₀.

Le sieur Bouché a produit de plus 272 billets de caisse montant ensemble à 7.326 Rs, lesquels ont été réduits à 7.126 Rs. en vertu de deux des dits billets, N° 25.565 et 25.493, qui se sont trouvés falsifiés et portés à 200 Rs. au lieu de 50 leur première valeur, et ont été payés en marchandises en 4 termes.

Nous observons à la Compagnie au sujet de la déduction de Rs. 4.309-1-21 que nous avons faite du billet du Conseil de 5.599 3 23 que le sieur Bouché a dit verbalement que lors de son retour à Pondichéry, il sollicita M. de Leyrit pour lui tenir compte de cette somme qu'il venait de perdre dans un temps où il ignorait encore la guerre, et que par la suite le dit sieur de Leyrit voulant récompenser ses services de l'escadre, le fit comprendre sur le dit billet du Conseil à titre de gratification et d'indemnité.

No 387.

Le sieur de La Roque capitaine d'infanterie.

Les prétentions du sieur de La Roque consistent en une somme de Rs. 3,603-11-10 pour solde de ses appointements à lui dûs, et de ceux de son fils en qualité de volontaire, jusqu'au 15 Janvier 1761, déduction faite de celles ordonnées par la Compagnie sur les appointements de campagne, et de ce que le dit sieur de La Roque a reçu en acomptes depuis la reprise de possession,

La dite somme de 3.603 Rs. 11-10 portée d'abord à celle de 3.503 Rs. par erreur de soustraction, au préjudice du dit sieur de La Roque, lui a été payée sur ce pied en 5 termes, dont chacun est de 700 Rs. 11-34. L'erreur ayant été ensuite reconnue, et le dit sieur de La Roque ayant passé à l'ordre de ses créanciers les rescriptions qu'il avait déjà reçues, il lui a été tenu compte de cette erreur qui se monte à 100 Rs. en lui fournissant une nouvelle rescription de la même valeur sur le trésor de Pondichéry, payable au 5ème et dernier terme.

Celles du sieur Langlade demandées par le sieur Magnien son procureur, consistent en un billet du Conseil du 13 Janvier 1759, provenant d'un remboursement fait aux armateurs du vaisseau le *Faquira* pour cauris vendus à la Compagnie, et montant à 1.124 Rs. 4 auxquelles on a ajouté les intérêts de 5 % jusqu'à la prise de Pondichéry, ce qui forme un nouveau capital de 1.236 Rs. 14-27 lequel a été remboursé en une nouvelle rescription sur M. de Mory, payable en promesses de passer contrat au dernier 25.

Plus une somme de 752 Rs. pour subsistance dûe au dit sieur Langlade jusqu'au 15 Janvier 1761, en vertu de ce qu'il devait pour effets de magasin à lui délivrés en 1760, et qui lui a été payée en argent par tiers.

Les titres présentés par la veuve le Bon au nom et comme tutrice des enfants mineurs, héritiers sous bénéfice d'inventaire, de feu leur père, consistent comme suit :

3 billets du Conseil provenant d'argent et billets de caisse placés au trésor, faisant avec les intérêts à 5 % jusqu'à la prise de Pondichéry 4.338-11-11

2 billets de loyer de maison . . . . . 1.953 „ „

Rs. 6.291-11-11

Laquelle somme de 6291 Rs. 11-11 a été réduite à celle de 5.097 Rs. 8-14 en vertu d'acomptes reçus par la dame veuve le Bon, tant en argent qu'en marchandises, et lui a été remboursée en un billet nouveau à 4 %.

Plus une somme de 1.382 Rs. 14-37 dûe à feu son mari tant pour ses appointements que pour sa gratification, comme interprète de la langue malabare jusqu'au 15 Janvier 1761, laquelle somme a été réduite à celle de 1.318 Rs. 7-19 tant en vertu d'une erreur de 10 Rs. au préjudice de la Compagnie, que de ce que devait le dit sieur le Bon pour effets à lui délivrés en 1760, et a été payée à la veuve le Bon.

La dite dame le Bon a produit en outre 25 billets de caisse montant ensemble à 475 Rs. qui lui ont été payées en marchandises de magasin en 4 termes.

No 469.

Le sieur de Cénaty, capitaine d'infanteterie.

Le sieur de Cénaty a produit un billet pour l'emprunt national de M. M. de Moracin et Courtin de 100 Rs. sur lequel il n'en a été donné que 50, suivant le reçu paraphé de M. Courtin, laquelle somme de 50 Rs. a été remboursée au sieur de Cénaty en argent et en uu seul paiement.

No 473.

Le sieur Perrier, officier des vaisseaux de côte.

M. Yzact, Conseiller, procureur général du Roi, faisant en cette qualité pour la succession Fraizal, à qui le sieur Perrier est redevable de 46 Rs. 4-49, réclame la dite somme sur celle de 142 provenant d'un titre dont il est nanti.

Ce titre est un certificat du sieur Guyonnet, directeur de l'hôpital, montant à la dite somme de 44 pagodes 9 ou 142 Rs. pour appointements dùs au nommé Bigarre, écrivain du dit hôpital, jusqu'au 1er Janvier 1761, lequel est passé à l'ordre du dit sieur Perrier.

Cette somme de 44 pagodes 9 ou 142 Rs. a été réduite à celle de 34 pagodes ou 110 Rs. en vertu de 10 pagodes portées sur le dit certificat, lesquelles se trouvant comprises dans un certificat de non payement délivré au dit sieur Guyonnet pour ses dépenses d'hôpital de Novembre et Décembre 1760, laquelle somme de 110 Rs. a été payée en argent par tiers.

Les mineurs Pat-
té.

M. Yzact faisant en sa qualité de procureur général
du roi pour les mineurs Patté, présente 2 billets du
Conseil, faisant avec les intérêts à 5 % réglés depuis
les 18 Juin et 3 Décembre 1759 jusqu'au 15 Janvier 1761,
la somme de 6.426 Rs. 10-26, de laquelle il en a été
payé en argent celle de 626-10-26 tant pour payer les
frais alimentaires dûs que pour subvenir à ceux actuels,
et les 5800 restant. ont été remboursées en un billet
nouveau à 4 %.

No 475.

La succession
Fraizai.

M. Yzact faisant en sa qualité de procureur général
du roi, réclame au nom de la succession Fraysal, le
payement de 50 billets de caisse montant ensemble à
610 Rs. qui ont été remboursés en marchandises du
magasin en 4 termes.

No 476.

Le nommé Ri-
chardin.

M. Yzact, en sa dite qualité faisant pour les mineurs
Gigan à qui le nommé Richardin est redevable de sommes plus fortes que celles motivées dans les titres qu'il
produit appartenant au dit Richardin et qui sont :

2 états de provisions de bouche fournies par le dit
Richardin pour la table du vaisseau le *Harlem* et le
Ruby, montant à 897 Rs, laquelle somme a été réduite
à celle de 662 Rs. 4-38, tant en vertu des acomptes
reçus par le dit Richardin depuis la reprise de possession, que de ce qui a été payé pour son compte à M
Yzact, et a été remboursée en un billet nouveau à 4 %
en faveur des dits mineurs Gigan.

De plus, est un billet de M. Courtin de 20 Rs. pour
la levée des camatys, lequel a été pavé en argent.

Le sieur Clairer,
chef des bureaux
de m. Dubois

Les créances du sieur Clairu consistent en :

1º une somme de 4.307 Rs. 5-68 qui lui est dûe pour solde, ainsi qu'il appert par la copie du journal de la caisse de l'armée dont il était chargé. La dite copie certifiée de M. Tobin est visée de M. M. Dubois et de Leyrit, laquelle somme a été remboursée comme suit :

Rs. 1.940-0-9   en un billet nouveau à 4 % en faveur de M. le procureur du roi, pour autant que doit le dit sieur Clairu à la caisse des mineurs.

„ 2.366-5-53   en une rescription sur M. de Mory, payable en promesses de passer contrat au dernier 25 en faveur du sieur Clairu

———————————

Rs. 4.306-5-62

———————————

2º en une somme de 4.650 Rs. dûe au dit sieur Claire tant pour solde de ses appointements de directeur en chef des vivres et hôpitaux de l'armée, que pour la ferme des bœufs dont il avait l'entreprise, et le *colou* qu'il a fourni à la cavalerie, la somme de 4.650 Rs. a été réduite à celle de 4.139 Rs. tant en vertu de ce qu'il reste devoir au magasin pour effets à lui délivrés en 1760, que pour les acomptes qu'il a reçus depuis la reprise de possession, et lui a été payée eu argent par tiers.

3º en une somme de 4.446 Rs. pour fourniture de 13.338 bouteilles d'arract paria faite par lui à la troupe en Mai et Juin 1760.

Nous vous renvoyons, Messieurs, cet article pour que vous en accordiez le payement, attendu qu'l n'est pas porté sur nos livres, et que le dit sieur Clairu qui ne nous présente aucun compte arrêté que sa simple déclaration, a un compte ouvert où il est débité de 1.200 Rs. pour raison de la dite fourniture.

La demande de M. Boyelleau consiste en une somme
de 561 Rs. 5 pour ses appointements à lui dûs depuis
le 1er Août 1760 jusqu'au 15 Janvier 1761, laquelle somme lui a été payée en argent par tiers.

No 490.

Le sieur de La Motte a produit un certificat de ses
appointements de Mazulipatam à lui dûs depuis le
31 Juin 1758 jusqu'au 31 Janvier 1760, lequel montant
à 919 Rs. 9-24 a été liquidé en France, et dont l'époque
de payement a été différé jusqu'à ce que le sieur de La
Motte puisse prouver authentiquement avoir déposé l'original du dit titre au greffe de Pondichéry ou autre,
ainsi qu'il appert par une copie collationnée de la liquidation faite en France pour la Compagnie des créances
du dit sieur de La Motte, laquelle lui a été envoyée par
le sieur Dumont du Corrier, son procureur à Paris.

La dite somme de 919 Rs. 9-24 a été réduite à celle
de 268 Rs. 6-24 tant en vertu de ce que restait devoir
le sieur de La Motte pour effets à lui délivrés en 1760,
que des acomptes qu'il a reçus tant en argent qu'en
marchandises depuis la reprise de possession, et lui a
été remboursée en argent en un seul payement, vu la
nature des affaires où il s'est trouvé.

No 150.

Les prétentions de M. Yzact consistent en une somme de 1 200 Rs. 3-26 provenant d'appointements civils,
laquelle a été réduite à celle de 829 Rs. 1-26 en vertu
d'acomptes reçus depuis la reprise de possession, et lui
a été remboursée, vu sa modicité, en un seul payement
en argent.

Plus 6 billets de caisse montant à 625 Rs. qui ont été
remboursés en marchandises en 4 termes.

M. d'Hervilliers,
conseiller

.

Celles de M. d'Hervilliers consistent en une somme de 4844 Rs. 1-24, provenant d'appointements civils, laquelle a été réduite à celle de 423 Rs. 2-40, en vertu d'acomptes ci-devant reçus depuis la reprise de possession, et lui a été payée en une rescription sur M. de Mory, payable à vue. Dans cette déduction est aussi comprise celle de 192 Rs. portée pour subsistance sur un état d'appointements de Mazulipatam, attendu, comme il l'a déja été dit plus haut, que c'est un abus formel d'accorder une subsistance avec des appointements.

No 377.

Le sieur Toul-
mouche, chirur.
gien de l'armée

Le sieur Toulmouche réclame ses appointements qui lui sont dûs depuis Juin 1758 jusqu'à la prise de Chétupet, comme chirurgien, desquels il n'a pu avoir dans le temps de certificat de non payement.

Cet article n'étant nullement porté sur nos livres, nous en avons fait faire la recherche dans les papiers de feu M. Dubois par les sieurs Reymont, sous marchand, et Clairet, ci-devent chef des bureaux du sieur Dubois, chargés tous deux par le Conseil d'inventorier les dits papiers. Les dits sieurs Reymont et Clairet nous ont remis en conséquence un certificat par lequel il parait être dû au sieur Toulmouche ses appointements de chirurgien depuis le 1er Mars 1759 jusqu'au 1er Février 176o, ce qui ferait pour 11 mois à 100 Rs. par mois, la somme de 1.100 Rs.

Nous n'avons pas voulu prendre sur nous de payer cette somme, malgré qu'elle paraisse constatée par les papiers de M. Dubois, et nous prions en conséquence la Compagnie de prendre en considération la demande du sieur Toulmouche qui a déja fait des démarches infructueuses à ce sujet, lors de son retour en Europe.

sieur Le Gou,
s marchand.

Comme le sieur Le Gou ne put dans le temps avoir de titre de ce que la Compagnie lui devait tant pour ses appointement que pour loyers, nous en avons fait faire la recherche sur les livres, d'après lesquels il paraît lui être dû pour appointements.   Rs. 2 442 7 16
pour loyers   „ 1.300 3 „
                                 ——————————
                                          Rs. 3.743 2 16

Le dit sieur Le Gou se trouvant débiteur d'une somme de 2.667 Rs. 6 tant pour sa gestion du magasin des marchandises de l'Inde, que pour les acomptes qu'il a reçus lors de la reprise de possession, nous en avons fait la déduction sur là dite somme de 3.743 Rs. 2 16 qui se trouve par là réduite à celle de 1.075 Rs. 4 16, laquelle lui a été payée en un billet nouveau à 4 %.

No 472.   ——— ———

sieur de Noual

M. le procureur du roi faisant pour la succession Fraizal et la caisse des mineurs à qui le sieur de Noual est débiteur de sommes assez fortes, réclame en sa dite qualité le payement des titres ci-après dont il se trouve nanti, lesquels ne font pas à beaucoup près ce que doit le sieur de Noual.

Les titres dont est question consistent en 1º une ordonnance de M. de Leyrit de 1.360 Rs. 4 pour avances faites par le sieur de Noual aux topas, habitants, qui ont monté la garde pendant le siège de Pondichéry, laquelle somme de 1.360 Rs. 4 a été réduite à celle de 1.000 Rs. 4 en vertu de ce qui a été payé depuis la reprise de possession à M. le procureur du roi pour compte du sieur de Noual, et payée en argent par tiers ;

2º un billet du Conseil de 2.272 Rs. en date du 12 Novembre 1760, en faveur de feu Boulanger, pour la prise de son brigantin, la *Marie Françoise*, fretée à la

Compagnie à Mazulipatam pour apporter des vivres à Pondichéry, du bois de teck et fourniture de pain, le dit billet transporté par la veuve Manière Boulanger et le sieur Reymont, son mari en seconde noce, au procureur du roi, acceptant pour compte du dit sieur de Noual pour prix de deux terrains et débris de maison de ce dernier, adjugés à l'encan public au dit sieur Reymont.

De cette somme de 2.272 Rs. il a été distrait celle de 747 Rs. 9 24 qui a été remboursée en marchandises à M. le procureur du roi, et qui doit servir à payer ce que le sieur de Noual reste devoir tant à la succession Fraizal qu'au procureur du roi pour l'appoint donné par lui en billets de caisse au sieur Reymont, lots de l'acquisition qu'il a faite des terrains et débris de maison ci-dessus énoncés.

Le restant des 1.524 Rs. 6 16 a été remboursé en un billet nouveau à 4 % au profit des mineurs à qui le sieur de Noual est débiteur de plus fortes sommes.

Nous prions la Compagnie de suspendre la liquidation des autres titres de créance du dit sieur de Noual qui lui seront surement présentés, et de nous en faire le renvoi, attendu qu'il se trouve débiteur envers la Compagnie de 3.468 Rs. 7 34 pour acomptes à lui donnés depuis la reprise de possession, et de 4.845 pagodes 3. 42 pour lots et ventes des années 1756 1757, 1758 et 1759, et que nous savons d'ailleurs qu'il a beaucoup de dettes dans l'Inde. C'est le seul moyen de satisfaire les créanciers du sieur de Noual de la conduite duquel nous n'avons pas à nous louer.

Si nous n'avons pas retenu les titres ci-dessus pour acquitter d'autant ce que le dit sieur de Noual doit à la Compagnie, c'est que M. le procureur du roi s'en est trouvé nanti avant la reprise de possession, et qu'il ne pouvait savoir s'il devait ou non à la Compagnie.

succession de
sieur Langlois
St. Hilaire.

M. le procureur du roi réclame en sa dite qualité le payement de plusieurs titres de créance appartenant au feu sieur Langlois de St. Hilaire, dont la succession se trouve surchargée de dettes.

Ces titres consistent en une somme de 817 Rs. 1 32 provenant tant d'appointements à lui dûs, que de bordereaux passés à son ordre, laquelle somme a été réduite à celle de 420 Rs. 5 1, en vertu d'acomptes ci-devant donnés à feu sieur Langlois de St. Hilaire, depuis la reprise de possession, et a été payée en argent par tiers.

M. le procureur du roi a produit de plus un certificat de non payement de 800 Rs. en faveur des sieur Hiy de Manne, passé à l'ordre du dit feu Langlois, et pour le payement duquel nous l'avons renvoyé à se pourvoir auprès du sieur de Pons, attendu qu'il appert par le dit certificat que la dite somme de 800 Rs. provient d'une autre de 10.000 payée au dit sieur de Pons en un certificat de non payement.

No 493.

------

sieur Faure,
cier

Nous prions la Compagnie de relire l'article du sieur Faure, officier, n° 65 f° 3 recto, par lequel elle sera à même de voir d'où vient ce supplément d'appointements de 177 Rs. 5 53 qui lui a été remboursé en une rescription sur le trésor de Pondichéry, payable au 7 Octobre 1770.

Voilà, Messieurs, la dernière liquidation que nous avons faite jusqu'à ce jour, et nous allons terminer la présente lettre par quelques réflexions que nous avons cru nécessaires.

Nous avons suivi autant que nous avons pu l'ordre des numéros, mais certaines circonstances nous ont engagés à nous en écarter en faveur de quelques personnes, tels que soldats ou habitants, à qui il n'était dû que de petites sommes, ou autres personnes dont la nature des affaires exigeait une prompte liquidation, condescendance à laquelle nous espérons que la Compagnie ne saura pas mauvais gré.

Par le tableau que nous avons annoncé au commencement de la présente, la Compagnie verra les noms de ses créanciers avec lesquels elle s'est libérée jusqu'à présent, et pour la mettre à même de savoir ceux avec qui elle a encore à traiter, nous avons fait dresser un état de tous ceux qui ont déposé jusqu'à ce jour leurs requêtes au comité, avec leurs différents titres, dont il leur a été donné un reçu par le sieur Dulaurens, secrétaire du Conseil et de cette partie ; le tout jusqu'au nº 496 compris, sont ceux ci-dessus, qui ont été liquidés, et qui, conséquemment n'y sont pas compris, lequel état est ci-joint.

Nous sommes, etc. Signé : A. Boyelleau, Lagrenée, Dulaurens, Trèmisot, Abeille, d'Hervilliers, Yzact.

Inventaire, des pièces contenues dans le présent paquet, timbré comité, à l'adresse de Messieurs les Syndics et directeurs généraux de la Compagnie des Indes.

Nº 1 Lettre du Conseil supérieur de Pondichéry, en date du 20 Février 1767, timbrée liquidation des dettes.

2 Tableau général de liquidation contenant 183 numéros différents.

3 Etat des rescriptions tirées sur M. de Mory, caissier général de la Compagnie à Paris, et payables à 1, 2, 3 et 4 ans de date.

4 Etat de celles payables en promesses de passer contrat au dernier 25.

5 Un paquet contenant 174 requêtes n° 1 à 174,
avec les copies des titres, des rapports du comité et arrêtés du Conseil.

6 Le présent inventaire.

7 Note des requêtes déposées depuis le 12 Août 1766
au bureau du comité établi pour l'examen des
dettes, et dont la liquidation n'a pu encore être
faite jusqu'à ce jour, 10 Février.

8 Note des rescriptions comprises sur le tableau
général de liquidation, qui n'ont pu être déli-
vrées, faute de fonds au trésor.

A Pondichéry, le 28 Février 1767.

A Pondichéry, le 16 Mars 1767.

Messieurs les Syndics et Directeurs généraux
de la Compagnie des Indes a Paris.

Messieurs,

Nous vous avons rendu compte de nos opérations
depuis le jour de notre arrivée à Pondichéry par notre
lettre du 29 Février dernier, envoyée par le *Condé*,
dont ci-joint le duplicata.

Malgré le travail pénible dont nous nous trouvons
chargés, et que nous ne pouvons cependant différer,
puisqu'il s'agit de vous donner les éclarcissements nécessaires sur l'espèce de révolution que l'arrivée du sieur
Boyelleau avait causée dans l'Inde, nous allons par
celle-ci prendre toutes les affaires en général, et les
traiter sous forme de supplément aux lettres qui vous
ont été envoyées par le *d'Argenson*.

Vaisseaux et Commerce d'Europe.

Nous comptons que le *Condé*, chargé de poivre et
de 500 balles venues de Bengale, dont ci-joint la factu-

re particulière, partira de la côte malabare à peu près vers ce temps ; nous croyons qu'il pourra vous porter aussi du coton filé que le sieur Picot de La Motte attendait de Surat ; nous avons chargé ce chef du soin de l'expédition de ce batiment, auquel nous aurions voulu prescrire la seule relàche de St Hélène, mais la difficulté qu'on trouve souvent, à ce que disent les capitaines, à y avoir des vivres nous a engagés à laisser le sieur Chaigneau maître d'aller à St. Pol de Louanda.

Nous vous expédions aujourd'hui le *Massiac* avec une cargaison composée de 1203 balles de diverses toiles et mouchoirs, bois de sapin, bois rouge, cauris et rotin, montant suivant la facture ci-joint à 50.6.908 Rs.

Par les instructions ci-jointes données au sieur Haumont, vous verrez, Messieurs, que nous avons pris toutes les précautions possibles pour assurer le passage du Cap à ce vaissean contre les difficultés trop ordinaires des capitaines fondées sur leurs propres intérêts. Ce vaisseau étant fort et un des meilleurs voi.iers de la Compagnie, ne peut manquer de gagner son voyage, à moins de ces évènements que nous ne pouvons prévoir.

Le sieur Haumont nous ayant demandé quelques avances, vu la quantité de passagers qu'il a à bord, nous lui avons accordé une somme de 1800 Rs. et de plus une pipe de vin de Madère, et 2 1/2 garces de nély, dont il doit tenir compte à la Compagnie à son retour en Europe. Ci-joint en sont les trois états au bas desquels sont les reçus du capitaine.

Vous avez ci-joint, Messieurs, un cahier No 6 contenant nos observations générales sur tous les effets que nous avons reçus d'Europe, nous prions la Compagnie de vouloir bien y faire attention, ainsi qu'à quelques demandes que nous lui avons faites par notre dernière du Bengale.

Nous craignons beaucoup que la Compagnie n'ait pas exécuté les promptes expéditions qu'elle comptait faire

en Septembre dernier, selon ce qu'elle nous avait
annoncé. Le batiment qui devait passer à Mahé, n'a-
vait point encore paru le 25 Février ; si nous tardons à
recevoir des fonds, nous allons nous trouver dans le
plus grand embarras pour la fabrique des toiles, soit à
cette côte, soit à Yanaon. Des avances dès les mois de
Février et Mars sont absolument nécessaires, ou il faut
renoncer à des cargaisons telles qu'il conviendrait d'envoyer. Nos marchands sont pauvres et n'ont pas le
moindre crédit, nous n'en avons pas nous-mèmes.

Quelque raison que M. Boyelleau et son Conseil aient
pu vous donner au soutien des difficultés qu'ils prétendent avoir essuyées au sujet des marchandises, nous
voyons clairement qu'il y a eu de leur part la plus
grande négligence dans la distribution des fonds dont
ils regorgeaient ici dès le mois de Février 1766, ils en
pouvaient faire passer à Yanaon par le canal des anglais
qui faisaient des offres avantageuses ; le refus fondé sur
la frivolité même a été cause qu'ils ont été forcés bien
après, d'en passer par des opérations coûteuses pour le
change des roupies en pagodes ; par là, les fonds sont
parvenus trop tard à Yanaon, toute l'activité du sieur
Panon qui certainement est un des meilleurs employés
que la Compagnie ait à son service, est devenue inutile ;
la Compagnie qui ne pourra qu'ètre très satisfaite des
toiles de Yanaon chargées sur le *Massiac*, regrettera
sans doute le restant, à la place duquel M. Boyelleau
et son Conseil ont jugé à propos de prendre des toiles
à droite et à gauche, fort inférieures, et parmi lesquelles il n'est pas possible qu'il n'y ait des rebuts.

Commerce d'Inde en Inde.

Si la frégate le *Duc de Choiseul* avait paru, elle eut
probablement fait le voyage de Moka, M. Boyelleau et
son Conseil étant décidés à cette opération sans égard
aux risques qu'ils savaient qu'il y avait à courir. Nous

sommes dans les plus grandes inquiétudes sur ce bâtiment dont nous n'avons aucune nouvelle.

La Compagnie verra par plusieurs délibérations prises à Bengale, fondées sur la nécessité d'un envoi de café de Moka, sur l'impossibilité de faire faire ce voyage à la *Concorde*, sur notre incertitude au sujet du *Duc de Choiseul*, enfin sur les lettres même de M. Boyelleau et de son Conseil, elle verra, disons-nous, le parti que nous avons pris de passer un contrat, dont ci-joint copie, avec des marchands particuliers anglais. M. Boyelleau et son Conseil ont beaucoup crié contre cette opération, nous voyons même qu'ils ont fait à ce sujet bien des réflexions qu'ils ont envoyées à la Compagnie ; nous la prions de lire ce que nous y répondons dans le cahier No 8 ci-joint à cette expédition, nous ne doutons pas qu'elle ne s'aperçoive bien vite de toute la futilité des raisons alléguées par M. Boyelleau et son Conseil.

Nous n'avons de vaisseau pour le présent dans l'Inde que la *Concorde* qui doit revenir ici avec le plus de poivre qu'il sera possible du lui donner; nous prendrons vraisemblablement le parti de l'envoyer au Gange pour y être réparé, à moins que par les lettres qui viendront de Surate, nous ne voyons jour à terminer promptement l'affaire des chélibis en rendant ce bâtiment.

Nous avons ici la quèche, la *Réforme* qui nous sert le long de la côte pour le transport des grains et autres effets; nous avons aussi le sénault, le *Désir*, que nous allons faire partir pour les îles avec les effets les plus nécessaires pour remédier au pressant besoin où sont les habitants.

Nos Messieurs du Bengale sont dans le plus grand besoin de bots pour l'entrée et la sortie des vaisseaux, le seul qu'ils aient et que la nécessité nous avait forcés de prendre à l'arrivée de M. Law au Gange, est aujourd'hui hors d'état de service, on n'en trouve même pas de bons à acheter, on a ordonné d'en construire deux à Yanaon auxquels on travaillera le plus promptement possible ; en attendant qu'ils soient prèts, nous serons peut-être forcés de faire passer la quèche, la *Réforme* à Bengale. Messieurs de Chandernagor ont deux bons péniches qui servent pour le transport des fonds à Dacca, ainsi que pour la sortie des vaisseaux dans la belle saison, mais qui ne peuvent soutenir le moindre gros temps en rade de Balassor.

Nous avons cherché autant qu'il était en nous, à favoriser le commerce particulier de vos colonies dans tout ce qui nous a paru pouvoir se concilier avec les intérêts de la Compagnie, nous pouvons dire jusqu'à présent qu'il est bien languissant, le travail, la patience sont les seuls moyens qu'on puisse employer, nous espérons que moyennant quelques circonstances heureuses, ils parviendront au but que nous désirins. Nous attendons le retour de 3 ou 4 batiments qui ont été armés à Bengale par divers particuliers pour la Chine, Manille, Batavia et autres lieux. Le peu de pratique de nos marins qui sont comme novices dans le métier après tant d'années d'inaction, n'est pas la moindre cause du peu de succès que nous avons eu jusqu'à présent.

L'armement des Maldirves a été si contrarié et par M. Boyelleau et par les vents, que nous ne pouvons en avoir un cette année. La Compagnie verra par notre délibération du 17 Février dernier, que nous nous sommes déterminés à prendre les cauris du sieur le Termillier, et nous croyons avoir fait en cela un bien meilleur marché que celui de M. Boyelleau avec le sieur Jean Dumont, nous prions la Compagnie de faire attention à nos observations à ce sujet contenues dans le cahier No 8 ; sans cette opération nous nous trouverions aujourd'hui de quoi subvenir à nos dépenses, et de quoi faire quelques avances aux marchands, au lieu que par le bilan ci-joint du trésor, la Compagnie verra la détresse où nous sommes.

MAHÉ.

La *Concorde* a porté à Mahé tout ce qu'il nous a été possible de lui envoyer de riz ; les troubles qui règnent aujourd'hui à cette côte rendent très difficile l'approvisionnement de ce comptoir, qu'il serait plus avantageux à la Compagnie de tirer de dessus les lieux même. Le dénuement de nos magasins ne nous a pas permis de remplir leurs états de demandes, nous vous les faisons passer, Messieurs, et vous engageons à y satisfaire dans la double vue de procurer les choses de première nécessité à ceux qui y sont chargés de vos affaires, et d'avoir une défaite avantageuse de l'excédent de leurs besoins. M. Picot ne vous laissera sans doute rien ignorer de sa position actuelle, de ses ressources, et de tout ce qui peut améliorer l'une, et augmenter les autres.

KARIKAL.

Nous n'avons rien de bien essentiel à vous mander de Karikal, nous avons lieu de craindre que les bonnes intentions connues du chef de ce comptoir, n'aient été un peu limitées par les ordres de M. Boyelleau ; l'examen que nous comptons faire d'un mémoire qu'il nous a envoyé à ce sujet, nous mettra à même de nous éclaircir nos doutes.

Au reste ce comptoir aurait fourni plus de marchandises, si les moyens de se les procurer avaient été proportionnés aux besoins.

MAZULIPATAM.

Les marchandises de Mazulipatam se sont trouvées cette année beaucoup inférieures en qualité aux montres proposées par les marchands, malgré tous les soins que nous mande avoir pris à ce sujet M. Mangin, chef de cet établissement. Ce défaut sur lequel il serait de conséquence de se relâcher, les lui a fait rebuter pour la plupart, et a obligé le ci-devant Conseil de s'en procurer avec les particuliers, ses délibérations des 29 Janvier et 11 Février dernier rendent raison de ces achats forcés.

YANAON.

Le comptoir de Yanaon a rempli les demandes du ci-devant Conseil à sa satisfantion, et nous ne pouvons douter que des éloges au chef qui, toujours occupé des intérêts qui lui sont confiés, a trouvé le moyen par un projet de saline auquel nous avons applaudi, de couvrir dans deux ans la moitié des dépenses fixes de son établissement.

SURATE.

La correspondance du sieur Anquetil de Briancourt nous apprend qu'une fois l'affaire du Faz Islam terminée, nous pourrons tout attendre pour le rétablissement de notre loge et du pavillon. Les chélibis sollicitent toujours la reddition de leur vaisseau, nous comptons incessamment juger définitivement cette affaire que M. Boyelleau et son Conseil ont terminée, mais que nous pensons être sujette à révision.

En nous mandant la mort de M. Boucard, ci-devant employé à Surate, il nous assure que la Compngnie n'a rien à perdre de sa créance de 24.400 Rs. 12 sur le dit sieur, l'arrêté de son compte étant signé de sa main.

Nous pensons que lorsque la confiance altérée par la prise du Faz Islam sera rétablie, la Compagnie ne pourra trouver que beaucoup d'avantages à renouer le commerce de Surate.

BENGALE.

Nous nous référons, Messieurs, pour cet endroit à la lettre que nous avons eu l'honneur de vous écrire quelques jours avant notre départ, nous avons appris depuis

que le vaisseau l'*Ajax* a dû mettre à la voile d'Ingely
le 2 Février, et nous comptons que le vaisseau le *Castries*
n'aura pas beaucoup tardé à le suivre.

Nous avons laissé ce pays dans une grande tranquillité. Le départ de Lord Clive pourra cependant causer
des changements dans la conduite non seulement des
radjahs, mais même des puissances voisines du Bengale,
toutes jalouses de la puissance anglaise, et qui peut-être
n'ont été retenues que par la crainte que ce seul nom
de Clive avait imprimée dans tous les esprits. Le Gouverneur qui lui a succédé, nommé M. Werelot, n'est
point un militaire ; il est très estimé dans sa nation,
nous avons même lieu de croire qu'il est assez porté à
prendre des arrangements convenables pour éviter
toutes les tracasseries auxquelles nous avons été assujettis; malgré cela il est bien nécessaire que la Compagnie fasse porter les plaintes les plus fortes auprès des
directeurs de la Compagnie en Angleterre, et qu'elle
obtienne les ordres les plus positifs à tous leurs employés dans l'Inde de nous laisser faire notre commerce
librement, et de ne point soutenir les prétentions du
Nabab dans tout ce qui pourrait attaquer nos privilèges ; ceci a rapport aux nouveaux réglements que le
Nabab voudrait introduire, qui sous prétexte d'empècher qu'on ne fraude les droits, nous mettront dans le
plus grand embarras pour la sûreté de nos marchandises et effets qui vont et viennent par eau dans toutes
les parties du Bengale. Cette affaire suscitée peu de
temps avant le départ de M. Law, n'a pu être terminée
à cause de la maladie de Lord Clive, tout ce que nous
avons pu obtenir s'est réduit à une suspension jusqu'àprès le départ des vaisseaux.

COLONIE.

Nous avons touché légèrement dans notre lettre du
28 Février ce qui regarde les batiments particuliers de

cette colonie, une connaissance plus étendue nous engage aujourd'hui à prier la Compagnie d'y faire la plus sérieuse attention. Nous ne verrons Pondichéry sortir de la triste léthargie dans laquelle il est enseveli, que lorsque la liquidation et le remboursement des créances auront ranimé cette activité que l'on n'y connait plus, et que la Compagnie travaillera sérieusement à la sûreté d'une place qui est encore à la discrétion de l'ennemi, quelqu'il soit.

Le premier arrèt de police que nous ayons rendu à notre arrivée, a arrèté la déprédation des briques que l'on tirait des anciens bàtiments de la Compagnie, nous avons pensé qu'il lui était plus avantageux d'en faire le déblayement à ses frais, par le double avantage de leur modicité et de la grande quantité des matériaux qu'elle se préparerait pour l'avenir. Nous avons en même temps suspendu la réédification des bâtiments que quelques particuliers concessionnaires ou autres faisaient élever sur des terrains trop voisins des fortifications projetées et des murs de la ville, pour éviter le dédommagement toujours dispendieux, au cas que ces bâtiments fussent rasés par des considérations relatives à la sûreté de la place.

Grand nombre de familles malabares expulsées de leurs terrains par M. Boyelleau et son Conseil, s'établissaient dans le jardin de l'hopital, d'après la concession qui leur en avait été faite. Nous avons pareillement fait suspendre leurs travaux, persuadés qu'il n'entrait pas dans les vues de la Compagnie qu'un terrain nécessaire à la convalescence des malades, put être aliéné de son domaine. Nous comptons pareillement y faire rentrer le jardin de l'hopital d'Oulgaret que l'on a concédé au sieur Dulaurens, ci-devant secrétaire du Conseil.

Nous aurions souhaité pouvoir envoyer à la Compagnie le recensement général de tous les européens répandus dans tous les comptoirs de l'Inde, mais n'ayant point trouvé ici les matériaux propres à former cet ouvrage, nous nous mettrons en état de le lui faire passer le plus tôt possible.

Nous avons crû devoir acquiescer aux représentations des Pères Capuçins qui nous ont demandé de barriques de vin et un quartaut d'eau-de-vie qui, selon un usage constamment suivi, on leur accordait chaque année pour les besoins de leur communauté, ils les ont reçues à compter de cette année comme gratification.

Les Pères Jésuites, aujourd'hui sans ressources et même sans honoraires, n'avaient subsisté depuis le rétablissement qu'à la faveur d'une subsistance de 100 Rs. accordée par mois à leur maison. Le secours retranché par une délibération générale de M. Boyelleau et de son Conseil, dans laquelle ils ne sont même pas nommés, les avait réduits à la misère la plus grande: nous avons pensé que le roi dans ses instructions à M. Law, les ayant laissés en possesion de leur mission, et que n'ayant aucun fonds déterminé sur lequel ils puissent vivre, nous avons pensé, disons-nous que la Compagnie ne trouverait pas mauvais qu'on leur rendit la subsistance qui leur avait été retirée, acompte néanmoins de ce qui peut leur être dû tant à Pondichéry qu'à Bengale. Notre délibération à ce sujet est du 25 Février dernier.

M. Duez de Fontenay, envoyé par vous, Messieurs, pour servir sur le vaisseau la *Paix* en qualité de second lieutenant pratique de la Mer Rouge, nous ayant représenté que, vu le manque du voyage de Moka, il était réduit au plus extrême besoin, nous lui avons assigné une subsistance de 30 Rs. par mois, persuadés que l'intention de la Compagnie est qu'il jouisse des prérogatives attachées à la commission dont il a été chargé.

Vous verrez, Messieurs, par les délibérations des 25, 28 Février, 5 et 7 Mars, en conséquence desquelles est l'état des subsistances ci-joint, accordées depuis notre retour de Bengale, qu'il ne nous a pas été possible d'épargner cette dépense à la Compagnie.

Nous n'avons pas crû que M. Boyelleau et son Conseil en se permettant d'arracher des maris à leurs femmes, pussent encore sacrifier celles-ci et leurs familles à des ressentiments particuliers en leur refusant des secours qu'ils n'ont pas eu honte de demander pour eux-mêmes ; nous les avons donnés aux uns et aux autres, persuadés que la récrimination doit se taire, quand l'humanité parle ; au reste, Messieurs, ces subsistances ne sont que des acomptes sur leurs créances vis-à-vis de la Compagnie.

Nous vous renvoyons, Messieurs, au paquet timbré " Comité " sous la lettre C, pour y prendre connaissance des liquidations faites depuis l'établissement de cette chambre, il est l'ouvrage du ci-devant Conseil, et nous comptons le continuer après le départ du *Massiac*, en nous conformant à vos intentions.

Les rescriptions tant sur la caisse que sur les magasins, adjugées aux créanciers pour l'extinction de leurs créances, sont encore dans nos mains ; l'épuisement du trésor, la cherté et la mauvaise qualité des marchandises, nous font craindre le discrédit de ces papiers, si nous les délivrons dans des circonstances si défavorables.

Nous nous permettons un mot en faveur de Candappa, courtier, qui par le poste qu'il occupe, nous parait mériter quelques égards. Une créance de 500.000 Rs. sur la Compagnie fait l'objet d'un mémoire qu'il a l'honneur de vous envoyer; nous vous prions, Messieurs, de le prendre en considération, tant par rapport à la chose elle-même, que par les conséquences d'un discrédit inévitable pour lui, et qui peut influer sur vos propres affaires vis-à-vis des gens du pays.

Dans la foule de plaintes et de requêtes qui nous ont

été adressées par les habitants et autres de cette colonie contre M. Boyelleau, nous en prenons quelques unes qui vous feront connaitre à quel point un chef peut s'oublier quand il ne suit d'autres lois que celles de ses intérêts que lui dictent ses passions, il ne nous est pas possible de suffire aux informations que la plupart exigent, et nous y donnerons nos soins après l'expédition du *Massiac*.

Nous vous envoyons ci-joint, Messieurs, les papiers de M. Yzact et de M. de La Roque, qui concernent les subsistances payées aux français par les anglais, jusqu'au rétablissement de la nation. Sans entrer dans l'examen de cette affaire que nous ne pourrions même qu'entamer nous vous prions de la discuter vis-à-vis de M. Yzact qui pourra mieux que nous vous donner les éclaircissements qui lui sont relatifs.

M. le Termillier nous ayant représenté que sa créance sur la Compagnie souffrait beaucoup d'un prétendu billet signé de lui, par lequel il consentait à ne point repéter son vaisseau coulé devant Chandernagor en cas de prise du dit comptoir, nous avons fait faire les plus exactes recherches de ce billlet qui ne s'est point trouvé, et lui en avons donné acte.

FORTIFICATIONS.

Nous souhaiterions bien être dans l'heureuse nécessité de vous entretenir, Messieurs, des progrès des fortifications de Pondlchéry : la sureté de vos magasins et le retour des fabricants qui n'attendent que le moment de leur réédification, sont des objets dont vous sentez trop l'utilité pour que nous ne flattions pas d'avoir bientôt à traiter cette matière dans notre correspondance. Nos travaux se bornent à donner le dernier coup de main aux ouvrages de l'ancien gouvernement, à quelques réparations nécessaires à l'entretien des bâtiments construits, et à quelques petits ouvrages indispensables.

L'enceinte de la ville est presque entièrement déblayée, et par les ordres que nous avons donnés à notre retour de Bengale, nous avons conservé à la Compagnie une immense quantité de briques tirées des décombres, et qu'on lui faisait perdre sous ombre de faciliter, d'accélérer le déblayement. Au reste nous pouvons assurer que le grand nombre de briques que M. Boyelleau et autres ont tirées pour leurs batiments particuliers, a été le prétexte de la permission générale accordée aux habitants.

M. Bourcet ayant jugé à propos de faire quelques changements au projet des fortifications qu'il vous a envoyé, nous nous référons à son mémoire ci-joint, sans nous permettre de nous ériger comme le ci-devant Conseil, en juges dans une partie que la Compagnie a confiée aux talents d'un homme du métier.

Nous pensons que les observations suivantes puisées dans le susdit mémoire, ne lui déplairont pas, elles portent l'empreinte de cet esprit d'économie que la Compagnie nous recommande, et qui ne saurait être mieux placée que dans une circonstance où il s'agit de faire aller de pair l'objet intéressant de la réédification des fortifications, avec la modicité des dépenses.

En réfléchissant sur ce qui a pu être écrit à la Compagaie pour ou contre le projet de M. Bourcet, nous ajouterons ici qu'un rempart autour de la ville nous parait de la plus grande nécessité: 1º parceque nous serons plus à même de nous enfermer promptement, en commençant par élever le rempart avec les terres provenant de l'agrandissement du fossé, n'étant point à même d'avoir aujourd'hui de la chaux autant que nous voudrions pour travailler tout de suite à la maçonnerie sans être interrompus, nous trouvant assujettis pour ce qui regarde cet article à mille difficultés que les anglais pourront nous susciter ;

2º que sans rempart et en relevant les courtines comme elles étaient ci-devant, sur la même épaisseur qui était de six pieds, il nous parait, sans parler de la quantité de briques que ces murs consommeront, qu'il est très facile de les détruire, et d'y faire un passage, que par conséquent cette place ne sera jamais en état de soutenir un siège régulier. On dira à cela que Pondichéry a soutenu un long siège en 1748, que les anglais ont été obligés de lever, et qu'il aurait pu en soutenir un pareil en 1761, si les vivres n'eussent pas manqué. Mais il faut convenir que le siège de 1748 n'était rien moins que régulier, et que les anglais ne pouvant alors compter sur leurs noirs, n'avaient pas les forces nécessaires pour pousser leurs attaques avec vigueur, mais, aujourd'hui le cas est différent, devant compter sur leurs cipayes pour beaucoup ; l'expérience nous apprend que ces gens en corps, qui autrefois n'étaient bons que dans la plaine, s'aguérissent par l'exacte discipline qu'on leur fait observer, et pourront bientôt servir à l'attaque d'une place, tout comme des européens. Les anglais nous attaquant alors avec 15 ou 20.000 hommes, dont la plus grande partie gens du pays, comment pourrons-nous tenir si notre place n'est pas autrement fortifiée que par le passé ? Que deviendra le simple mur de la courtine, sur lequel nous ne pourrons, nous ne disons pas y placer des canons, mais y mettre un seul homme pour opposer un feu direct à celui de leurs batteries qui y feront brèche ?

3º Nous trouvons en outre qu'un bon rempart épargnera beaucoup de dépenses à la Compagnie n'exigeant qu'un très mince revêtement, c'est ainsi que nous voyons aujourd'hui les anglais travailler et avec succès. Ils ont éprouvé que les ouvrages en terre et revêtus d'un très mince mur, sont très solides, ils nous paraissent aussi d'une bien meilleure défense que les gros murs qui ne peuvent jeter la Compagnie que dans des dépenses énormes, et retarder de beaucoup la perfection de l'enceinte de Pondichéry. Au surplus, le mémoire ou lettre que le sieur Bourcet envoie à la Compagnie, et dont nous avons pris lecture, vous donnera à ce sujet les éclaircissements nécessaires paraissant très détaillés.

Nous sommes persuadés que la Compagnie sentant comme nous la nécessité de nous enfermer promptement, trouvera son projet meilleur qu'aucun autre, puisque les fortifications seront bien plus tôt faites qu'elles ne seraient en suivant les idées de M. Boyelleau et de son Conseil, et coûteront moins.

Nous finirons cet article en vous assurant que si M. Bourcet n'a pas été encore à même de mettre au jour les talents que nous lui croyons, il a au moins le mérite d'une patience et d'une conciliation sans exemple. Continuellement en butte aux traits injurieux de M. Boyelleau et de son Conseil, il ne leur a opposé que son silence ; enfin une modération si rare pourrait devenir victime de la calomnie la plus noire, si la communication qui lui a été donnée des pièces écrites contre lui, ne l'eut mis à portée d'en confondre les auteurs.

EMPLOYÉS.

Vous verrez, Messieurs, par notre délibération du 20 Février, et par notre lettre du 28 Février, dont ci-joint le duplicata, les raisons qui nous ont forcés à faire passer auprès de vous M.M. Boyelleau, Langrenée, Trémisot, Abeille et Yzact. Ils sont à bord du *Massiac* avec ordre au capitaine de les présenter à M. de la Vigne Buisson, ou tout autre commandant du port de Lorient, qui à cet égard agira selon les ordres que vous jugerez à propos d'envoyer. M. M. Dulaurens et d'Hervilliers étaient aussi nommés pour partir, vous verrez par notre délibération du 11 Mars dernier, les raisons qui nous ont engagés à leur permettre de rester.

Nous ne répéterons point ici tout ce que nous avons déja dit dans nos précédentes sur la conduite de M. Boyelleau et de son Conseil ; nous aurions crû manquer à notre devoir, et exposer vos colonies à une chûte totale, si par des ménagements dont certainement nous aurions été les dupes, nous n'avions pris le parti de faire un exemple qui puisse rétablir la subordination contre laquelle on s'est élevé si témérairement. Comment d'ailleurs pouvoir permettre à M. Boyelleau surtout de rester ici, lui qui sans faire paraitre aucun ordre, ose avancer qu'il a été envoyé pour contrecarrer le gouverneur, et qui a fait signer la même chose à tout son Conseil ? Quelle sureté pour nos opérations, si un tel homme restait dans l'Inde, car enfin c'est le Conseil même qu'on attaque en la personne de M. Law qui ne fait rien sans le Conseil ?

Vous avez, Messieurs, une liasse à part sous le n° 8, qui a son inventaire particulier, vous y trouverez nos répliques aux observations de M. Boyelleau et de son Conseil sur notre lettre du 1er Août 1766, sur l'ordre de par le Roi qui l'accompagnait, et sur la lettre de M. Law à M. Lagrenée du 31 Octobre dernier. Vous trouverez aussi dans cette liasse les remarques sur plusieurs délibérations de M. Boyelleau et de son Conseil. Nous nous proposions de faire un relevé général de tout ce qui a été fait et écrit par ces Messieurs, où, à dire vrai, nous ne voyons qu'un tissu de contradictions, de faussetés et d'horreurs, le temps ne nous a pas permis cet ouvrage qui d'ailleurs ne nous parait pas absolument nécessaire après les pièces que nous vous faisons passer. Nous les soumettons à votre examen, à votre justice ; pénétrés nous-mêmes de la force des raisons sur lesquelles notre conduite est appuyée, nous croyons, Messieurs, qu'elles ne peuvent manquer de faire sur vous l'effet nécessaire pour vous porter à donner votre approbation à tout ce que nous avons fait.

Vous avez dans la caisse des expéditions copie collationnée des lettres de M.M. Joannis et d'Hervilliers, copie de la rétractation de ce dernier, ainsi que de celle de M. Dulaurens. Nous observons à la Compagnie que le sieur d'Hervilliers nous ayant demandé a changer le mot système porté dans sa rétractation en celui d'opinion, nous le lui avons permis.

Vous avez ci-joint un paquet timbré Bengale qui contient les duplicatas de nos expéditions du 22 Août 1766, qui étaient destinées pour le d'*Argenson*, mais qui n'ont pu parvenir ici qu'après le départ du vaisseau.

Nous vous envoyons l'état général des employés qui sont dans l'Inde, sur lequel nous observons que la nécessité nous a souvent forcés, surtout dans le Bengale, à mettre sur ce tableau des personnes auxquelles nous n'aurions pas pensé. Il s'en faut beaucoup que les employés de Bengale soient en général aussi en état de travailler que ceux de Pondichéry, les maladies fréquentes sont un obstacle à l'assiduité ; la proximité des étrangers en sont un autre.

Nous vous prions, Messieurs, de prendre en considération ceux des employés rayés du tableau par M. Boyelleau, que nous avons apostillés d'une étoile, des mariages mal assortis ont été la cause de leur disgrâce, l'extrême nécessité qui les leur a fait contracter ne peut-elle les excuser ? Au reste, nous aurons soin d'empêcher ces sortes de mariages.

Nous avons passé une délibération dans le Bengale pour renvoyer en France Daurichard l'ainé qui, pendant l'absence de la nation, s'était malheureusement associé avec des gens du commun qui ont contribué à le déranger ; nous avons crû que le seul moyen de faire revenir ce jeune homme, était de lui faire quitter l'Inde, nous ignorons encore cependant si Messieurs de Chandernagor l'auront fait embarquer. Son frère cadet est ici, nous espérons qu'il nous mettra par sa conduite dans le cas d'écrire en sa faveur.

La quantité d'écritures de toutes espèces dont ce comptoir est chargé, nous a mis dans la nécessité de payer par ordonnance plusieurs jeunes gens qui ne sont passés dans l'Inde que dans l'espérance d'être reçus employés, le sieur Eloy est du nombre, il a travaillé quelque temps gratis. Il en reste encore plusieurs qui travaillent sans rien recevoir, il leur faut pour vivre, ou qu'ils s'endettent, ou qu'ils soient à charge à des familles.

Ce serait sans doute ici le lieu de traiter une matière qui, quoique étrangère à ce comptoir, lui devient propre aujourd'hui pour n'avoir pas été discutée dans les lettres de Chandernagor. Nous parlons du greffe de la dite colonie que ses malheurs et les pertes excessives de ses habitants ont empêché jusqu'ici de mettre à jour, malgré les connaissances supérieures du sieur Sainfray de Villiers que nous avions preposé à cet ouvrage, en qualité de greffier, lors de notre arrivée à Bengale. Pour lui donner toute l'étendue dont elle est susceptible, nous croyons devoir la séparer de cette lettre, et la porter dans un mémoire ci-joint auquel nous vous prions de vous référer.

OFFICIERS.

Nous sentons, Messieurs, tout l'embarras que la conduite imprudente de M. Boyelleau et son Conseil va vous causer par cette foule de plaintes qui vous seront portées sur une affaire qu'on aurait pu examiner ici et terminer à votre satisfaction. Comment ces Messieurs ont-ils pu se flatter que le renvoi de tous les officiers sur des accusations graves et non prouvées, passerait comme une chose ordinaire et sans conséquence ?

Plusieurs de ces officiers appartiennent à des familles respectables. Verront-elles tranquillement leur sang tâché par des imputations contre lesquelles les moyens de justification n'ont pas même été accordés? Aussi, Messieurs, nous avons crû nécessaire d'adhérer à la demande qui nous a été faite de plusieurs pièces ou extraits des régistres de M. Boyelleau et de son Conseil concernant cette affaire, dont le principe est entièrement dû, comme nous l'avons déja dit, à l'entètement mal placé et à l'aigreur avec lesquels M. Boyelleau a débuté; nous vous faisons passer dans une liasse particulière copie de toutes les requêtes qui nous ont été présentées.

A l'égard du sieur de St Paul, la conduite que cet officier a tenue, ne nous ayant pas paru, même aux termes des délibérations de M. Boyelleau et de son Conseil, mériter le traitement qu'il a essuyé, se trouvant d'ailleurs justifié de toute imputation grave par la réponse ci-jointe du sieur de Cenaty à sa requète, nous avons crû ne pouvoir nous refuser de lui rendre la liberté dont il a été privé si longtemps et si mal à propos.

Nous avons accordé passage sur le *Massiac* au sieur Partenay, ci-devant officier, que nous ne croyons pas devoir remettre dans le service attendu les plaintes qui nous sont parvenues sur la conduite qu'il a tenue.

Le sieur de Colombel nous ayant demandé son passage, on le lui a accordé.

Des raisons de famille nous ont engagés d'accorder un congé de 18 mois à M. d'Arboulin, sous-aide major de cette garnison pour aller mettre ordre en France à ses affaires.

AFFAIRES GÉNÉRALES.

Nous ne pouvons nous dispenser d'accompagner de quelques observations la correspondance de M. Boyelleau et de son Conseil avec les comptoirs étrangers, les princes du pays et autres particuliers. Ces Messieurs y peignent à chaque ligne de ces traits qui ont jusqu'ici caractérisé leur génie turbulent et leurs procédés inconséquents. Les limites étroites de Pondichéry offraient sans doute un champ trop étroit au cours de leur mauvaise humeur, il fallait que les nations étrangères en sentissent l'impression. Jetez les yeux, Messieurs, sur leur correspondance avec le Conseil de Tranquebar ; s'ils eussent moins écouté cette fougue impétueuse toujours inséparable de leurs démarches, ils auraient pu par des informations prises prudemment, épargner l'algarade qu'ils lui ont faite avec aussi peu de décence que de raison, l'accuser en termes peu ménagés d'avoir voulu d'un dessein prémédité controfaire nos roupies au discrédit de la nation, de manquer au droit des gens, et enfin protester contre lui. Voilà leur premier pas ; aller ensuite aux informations pour s'assurer de la réalité du droit de battre monnaie, que les danois prétendent avoir depuis 12 ans, au risque d'une rétractation toujours honteuse à faire, c'est ce qu'ils ont fait. Ces démarches aussi peu réfléchies l'une que l'autre ne pouvaient qu'altérer l'union si nécessaire au bien des affaires, et attirer enfin, comme il est arrivé, les justes récriminations de ce Conseil.

Nous ne nous arrêterons point à la correspondance de ces Messieurs avec le Conseil de Négapatam, leur mercuriale faite à tout à un Conseil de justice, dont ils ignorent les lois et les principes, leurs soupçons sur la partialité qu'y fait régner l'autorité du gouverneur, leurs plaintes à la haute régence de Batavia, et le déshonneur d'un particulier qu'ils osent faire rejaillir sur une nation entière, sont des objets auxquels nous ne nous permettrons pas de toucher, les abandonnant à vos réflexions.

De pareils écarts heureusement sans suite jusqu'ici, nous affecteraient médiocrement si nous n'étions dans

la juste appréhension de tout ce qui peut arriver de
ceux auxquels M. Boyelleau s'est porté personnellement
dans sa correspondance avec Ayderalikan. Peut-il ignorer l'esprit, que disons-nous, la lettre même des traités
faits avec Mametalikan? Peut-il au mépris de ses mêmes traités, fournir des armes et promettre des munitions à l'ennemi, capital de celui dont nous tenons nos
privilèges, et par l'autorité duquel nous pouvons les
perdre en cas d'infraction de ces mêmes traités? Pense
t-il que les ambiguités, ou pour nous servir de ses termes, que les amphibologies dont il s'enveloppe, le ren-
dront indéchiffrable à des yeux intéressés à la pénétrer?
tandis qu'il est convenu que Mametalykan met tout en
usage pour intercepter ses lettres. Objectera-t-il qu'Ayderalikan maitre de la côte Malabare exige des ménagements par rapport au comptoir de Mahé qu'il peut anéantir? Nous les connaissons ces ménagements, nous
en sentons la nécessité, et nous pensons qu'avec plus
de circonspection que n'en a mise M. Boyelleau dans
ses procédés, il n'était pas difficile de les garder, en
s'astreignant aux termes du traité, nous étions en règle,
et l'heureuse prolixité du sieur Boyelleau eut fait le
reste vis-à-vis d'Ayderalikan.

Il parait que la sincérité avec laquelle s'explique le
sieur Beylié chargé par M. Law de veiller à nos intérêts
auprès du Nabab, n'a pas été du goût de M. Boyelleau
et de son Conseil. Les instructions qu'ils lui ont données manifestent leurs singulières prétentions, et ne
contribuaient à rien moins qu'à détruire l'ouvrage de
M. Law, ainsique le crédit qui doit être inséparable de
la personne d'un commandant général, si la prudence
du sieur Beylié ne lui eut fait apercevoir les conséquences des insinuations déplacées qu'il lui était enjoint de
donner au Nabab, ainsi que l'apologie du mérite et des
qualités personnelles du sieur Boyelleau, et de la connaissance des ressorts de notre administration qui ne

saurait être trop cachée aux gens du pays.

Nous voyons plusieurs lettres écrites par des français, officiers et autres, qui sont passés à Ceylan au commencement de 1765, avec le détachement formé des soldats qu'avait M. Huguel, par lesquelles lettres il paraitrait que ce détachement voulait revenir sous le pavillon. Nous voyons aussi qu'il a été assez mal répondu sur cet article par M. Boyelleau et son Conseil, sous prétexte que c'était une affaire qui regardait M. Law. Ce Conseil ne lui en a cependant jamais rien écrit. Plusieurs soldats de ce détachement sont déja revenus, nous verrons sous peu de jours ce qu'il conviendra de faire pour avoir le reste, et pour attirer nombre de français qui sont répandus dans les terres ; au reste, ce sont les gens sur lesquels certainement il n'est pas possible de compter pour une garnison comme celle-ci, nous profiterons des occasions que nous aurons pour les faire passer aux îles.

A lire les lettres de M. Boyelleau et de son Conseil, ne dirait-on pas que tout devait être en combustion de ces côtés-ci ; nous ne voyons cependant aucune apparence de troubles bien considérables, les esprits ne sont pas tranquilles il est vrai, ce sont de côté et d'autre des projets provenant naturellement de la jalousie qu'on a contre la puissance anglaise ; mais avec tout cela, il n'y a rien de décidé, les anglais ont fait la paix avec Nizamaly moyennant la cession qu'ils ont obtenue des quatre cerkars, ils auront un corps de troupes blanches et noires à son service.

Ayderalikam ne demanderait pas mieux que de remuer, mais les circonstances ne sont pas encore favorables ; il est aujourd'hui à Séringapatam, capitale du Mysore, fort satisfait des conquêtes qu'il a faites à la côte malabare, et des richesses immenses qu'il a amassées, il s'y était rendu sur ce qu'il avait appris que Nizamaly, les Mahrattes et les Anglais se préparaient à marcher contre lui, aujourd'hui on parle d'un accommodement qu'il a fait avec Nizamaly ; les Mahrattes cependant continuent, dit-on, leurs préparatifs pour l'attaquer. S'il s'approchait de ces cotés, il courrait grand risque de perdre ce qu'il possède ailleurs, et de ne trouver ici que des coups, car tout grand guerrier qu'il est, le seul bon sens nous dit que tant qu'il sera sans un corps d'armée européenne, les anglais seront trop forts pour lui, à moins que toutes les puissances ensemble ne se réunissent contre eux. Peut-être s'attendait-il à des secours de M. Boyelleau, en effet la conduite qui a été tenue semblait les annoncer, mais il ne nous est pas permis de donner dans de pareils projets, les traités arrètent ainsi que les ordres de la Compagnie. A quoi aboutirait en effet une démarche hardie de notre part, ou plutòt téméraire, sinon à nous écraser de tous cotés ? La jalousie réveillée de uos voisins ne manquerait pas de nous susciter des affaires dans le Bengale, qui nous réduiraient bientòt à leur demander gràce, dans quelque embarras qu'on put les mettre ici. Les anglais se fortifient à Mazulipatam.

Les commissions de M. le Marquis de Parois n'ont pu ètre remplies faute d'ouvriers intelligents et capables de les rendre avec la précision que l'on exigeait, au reste nous prendrons d'autres mesures pour remplir l'intention de la Compagnie à ce sujet.

Nous terminerons notre lettre par quelques réflexions puisées dans la conduite du sieur Boyelleau. Aussitôt qu'il s'est vu condamné à aller rendre compte en Europe d'une conduite que sa conscience lui reproche trop tard, la grandeur du péril l'a effrayé, il n'y a sorte de moyens qu'il n'ait employés pour implorer la clémence du Conseil, et obtenir la gràce de ne point ètre embarqué ; la justice nous rendant sourds à ses supplications, il a eu recours à des certificats de chirurgiens qu'il nous a produits sur le mauvais état de sa santé, mais l'on sait assez de quelle valeur doivent être ces sortes de pièces mendiées, qui dans ces pays ci Surtout s'obtiennent avec tant de facilité. Celui du chirurgien du *d'Argenson* suffirait seul pour annuler les autres ; en effet par la manière dont il a été donné au sieur Boyelleau dès le moment de son débarquement à Pondichéry, ne semble-t-il pas une pièce dont il se munissait d'avance pour se mettre à l'abri du châtiment qu'il prévoyait sans doute déja que sa mauvaise conduite projetée devait lui attirer un jour, autrement qu'en avait-il besoin? et que penser d'un homme, qui en débarquant, commence par prendre des précautions pour ne jamais être exqosé à repasser en Europe, c'est chercher à s'assurer l'impunité du mal que l'on médite, et sa conduite subséquente prouve assez que tel a été son but. Aussi, Messieurs, n'y avons-nous eu aucun égard, l'exemple sévère que nous faisons aujourd'hui de la personne de M. Boyelleau et de son Conseil, était trop nécessaire dans les conjectures présentes pour ramener l'esprit de discipline et de subordination dont il ne restait presque plus de vestige dans cette malheureuse colonie. D'ailleurs, nous avons lieu d'être persuadés que le prétexte qu'il prend de sa mauvaise santé, est absolument de nulle valeur, et qu'il est en état de faire ce voyage sans aucun risque. S'il accuse notre humanité, la loi de justice la justifie, et son propre exemple à l'égard du sieur Faure le condamne.

Le nommé Philipert, maître de port, vous prie, Messieurs, de procurer le passage à sa femme et à ses enfants établis à Lorient; c'est un homme que ses connaissances dans cette partie nous rendent nécessaire, et qui d'ailleurs par son zèle et ses services depuis 12 ans, mérite cette faveur de votre part.

Nous avons fourni à M. Haùmont, Capitaine du *Massiac,* une lettre de crédit auprès du Gouverneur de S^t. Pol de Louando, et une autre auprès de celui de S^t. Hélène, au cas qu'il s'en serve, nous espérons que vous voudrez bien y faire honneur.

Nous sommes, etc, signé : Law Lenoir, F. Nicolas, Duplant, de La Selle, Chevalier, Ferrière.

A Pondichéry, le 14 Mars 1767.

MESSIEURS LES SYNDICS ET DIRECTEURS GÉNÉRAUX

DE LA COMPAGNIE DES INDES A PARIS.

Messieurs,

Instruits comme vous l'êtes sans doute à présent de tous les troubles que le sieur Boyelleau a causés dans cette colonie renaissante, vous serez peut-être surpris de n'avoir reçu que par voie de la correspondance du Conseil qu'il présidait le fameux jugement du 14 Juin 1766 qui constate l'excès de l'orgueilleux aveuglement de ce Conseil. Nous en avions expédié du Bengale deux copies, ainsi que de i'arrêt que le Conseil supérieur à Chandernagor a crû devoir lancer contre cette séditieuse production le 7 Août suivant, mais les deux bâtiments qui portaient ces expéditions, ayant manqué leur voyage, nous n'avons pu les faire parvenir à la côte avant le départ du *d'Argenson*, au moyen de quoi vous n'aurez eu connaissance de ces pièces jusqu'à présent que par les copies apostillées que nous voyons par les registres de Pondichéry qui vous ont été envoyés par Messieurs du Conseil ci-devant supérieur. Comme cette affaire nous est absolument personnelle, nous avons l'honneur de vous adresser encore ci-joint une copie de notre premier arrêt du 7 Août, avec celle des nouvelles pièces du Conseil de justice. qui sont un ré-quisitoire du procureur général du roi sur la non exé-cution de notre arrêt, dont le Conseil lui a donné acte en remettant à juger à notre retour à Pondichéry, le tout en date du 15 Janvier dernier à Chandernagor, un arrèt du Consétl supérieur de retour à Pondichéry, du 20 Février dernier sur le réquisitoire du même jour du procureur général, et un autre du 10 du présent mois, par lequel il a été arrèté entr'autres choses, que copies de toutes les pièces seront envoyées en Europe avec Messieurs du ci-devant Conseil, pour ètre statué ainsi que de droit sur les dites pièces et les informations qu'il vous plaira prendre ou réquérir. Si vous jugez à propos de poursuivre juridiquement ce procès où vous êtes partie principale à cause des atteutats multipliés contre vos ordres et instructions, vous serez par cet envoi à même de faire remettre à M. le Chancelier ou aux commissaires nommés, toute la procédure que le Conseil de jusiice a crû devoir faire provisoirement dans l'Inde, à moins que vous ne trouviez plus convenable d'assoupir cette affaire s'il est possible. Nous nous llattons que toute notre conduite vous prouvera l'envie que nous avions de la prévenir.

Nous sommes, etc Signé : Law, Lenoir, F. Nicolas, Duplant, de La Selle, Chevalier, Ferrière.

Pondichéry, le 16 Mars 1767.

Messieurs,

Il s'est trouvé sur la facture du chargement du *Mas-siac* une erreur de Rs. 1.236 3 provenant de 80 pièces d'organdis que l'on a omis d'y porter. Nos paquets étant fermés, nous vous envoyons ce-joint la note de cette erreur que nous réleverons dans le duplicata de la dite facture à la première occasion.

Nous sommes, etc. signé : Law, Lenoir, F. Nicolas, Duplant, de La Selle, Chevalier, Ferrière.

A Pondichéry, le 16 Mars 1767.

M. DE LA VIGNE BUISSON.

Monsieur,

La présente est pour vous adresser le *Massiac* que nous expédions ce jour avec un chargement de bois rouge, de cauris et de diverses marchandises de la côte. Nous vous en envoyons ci-joint la connaissement ainsi que toutes les pièces relatives à l'armement de ce vaisseau. Ses qualités supérieures nous rassurent contre les évènements que l'on pourrait craindre de son départ un peu tardif, plusieurs raisons essentielles pour les intérêts de la Compagnie nous l'ont fait différer jusqu'à ce jour, nous comptons cependant qu'il vous parviendra dans le courant de mois d'Août.

Des considérations fort graves nous ayant obligés à faire passer en Europe M.M. Boyelleau, Lagrenée, Trémisot, Abcille et Yzact pour rendre compte de leur conduite à la Compagnie, M. Haumont a ordre de les remettre à votre consignation, nous vous prions, Monsieur, de les retenir à Lorient jusqu'à ce que la Compagnie informée de leur arrivée, vous ait fait passer ses ordres à leur sujet.

Nous sommes, etc. Signé : Law, Lenoir, F. Nicolas, Duplant, de la Selle, Chevalier et Ferrière.

INVENTAIRE de l'expédition du Conseil Supérieur par le *Massiac*.

N° 1 Lettre du Conseil de ce jour.

  2 Duplicata de celle du 28 Février envoyée par la *Concorde* au *Condé*.

  3 Duplicata de la facture des marchandises du Bengale embarquées sur le *Condé*.

Nº 4 Instructions données au sieur Haumont capitaine
du *Massiac*.

5 Etat des passagers du *Massiac*.

6 Mémoire d'observations sur les effets venus d'Europe.

7 Contrat passé avec des armateurs anglais pour
une cargaison de café de Moka.

8 Cahiers d'observations en réponse aux réflexions
de Messieurs du ci-devant Conseil.

9 Bilan du trésor de Pondichéry.

10 Etat des demandes du comptoir de Mahé.

11 Etat des subsistances accordées par le Conseil
Supérieur depuis son retour du Bengale à
Pondichéry.

12 Une liasse contenant les requêtes des habitants
malabars, présentées au Conseil supérieur contre M. Boyelleau.

13 Une liasse contenant les papiers de M. M. Yzact
et de La Roque concernant les subsistances
qu'ils donnaient aux prisonniers de guerre
français.

14 Mémoire de M. Bourcet concernant les fortifications.

15 Observations sur le greffe de Chandernagor.

16 Réponse du sieur de Cénaty, major des troupes
à Pondichéry, à la sommation à lui faite par
M. de Sᵗ. Paul.

17 Liasse contenant les lettres de M. M. Joannis et
d'Hervilliers et la rétractation de M. Dulaurens.

18 Facture générale du *Massiac*.

19 Connaissement des marchandises du dit vaisseau.

20 Facture des effets provenant des magasins de
Pondichéry, chargés sur le *Massiac*.

21 Paquet contenant les dernières expéditions du
ci-devant Conseil.

Nº 22 Duplicata de l'état des demandes pour l'artillerie
du comptoir de Pondichéry.

23 Duplicata des demandes pour la salle d'armes du
comptoir de Pondichéry.

24 Régistres de baptème, mariages et décés de
l'Eglise paroissiale de notre Dame des Anges
de Pondichéry.

25 Procès-verbal des moins trouvés dans les effets
débarqués du *Massiac*.

26 Procès-verbal de visite de 24 quarts de farine
trouvés gatée.

27 Régistre des troupes entrées au service de ce
comptoir.

28 Etat de signalement des soldats.

29 Autre déclaration de M. de Cépaty pour répondre aux sommations des sieurs Faure, Phan-
thome, et généralement de tous les officiers.

30 Papiers concernaut la demoiselle Brugé, nièce
du sieur Verlet.

31 Lettres écrites par M. Boyelleau et autres du
ci-devant Conseil à M. Law et à Messieurs du
Conseil supérieur à Pondichéry, depuis le retour de Bengale.

32 Réponses et ordres du Conseil supérieur à M.
Boyelleau et son Conseil.

33 Copie des certificats du chirurgien de l'hopital,
de ceux des vaisseaux et des chirurgiens particuliers.

34 Liasse sous inventaire contenant les états de la
caisse.

35 do. do. „ les obligations
de divers particuliers pour les sommes reçues
au trésor, et qu'ile doivent rembourser à la
Compagnie.

36 Copie du régistre du greffe servan aux actes de
dépôt sur la Compagnie.

37 Un paquet à l'adresse de Messieurs les syndics et directeurs, timbré Bengale.

38 Correspondance respective de Pondichéry et Surat.

39   do.   do.   ,, et Mahé

40   do   do.   ,, et Karikal.

41   do   do.   ,, avec le sieur Beylié.

42   do.   do.   ,, et Mazulipatam.

43   do.   do.   ,, et Yanaon.

44   do. du ci-devant Conseil avec Chandernagor.

45   do. respective de Pondichéry avec les gens du pays.

46 Instructions données par M. Boyelleau et son Conseil à M. Beylié.

47 Copie des délibérations de Conseil supérieur depuis le 12 Février, jour de l'arrivée de M. Lagrenée, à ce jour.

48 Duplicata de la lettre du 22 Février à Messieurs les syndics et directeurs généraux.

49 Inventaire de livres généraux.

50 Liasse contenant les états de vente au comptant des magasins depuis le mois d'Août 1766 jusqu'à Février 1767.

51 Extrait du tableau des officiers.

52 Paquet à l'adresse des syndics et directeurs généraux, timbré Conseil de justice.

53 Paquet à l'adresse de M. le Duc de Duras.

54 Tableau de situation du comptoir d'Ougly depuis la sortie des livres cotés A du 30 Juin 1766 jusqu'au 31 Décembre suivant.

55 Tableau général des employés des différents comptoirs de l'Inde.

56 Tableau de la distribution des bureaux de Pondichéry.

57 Paquet timbré Comité.

58 2 paquets à l'adresse de M. Ste. Catherine.

59 1   do.   de M. Law à l'adresse de Messieurs les syndics et directeurs.

60 1   do.   de M. Bourcet à l'adresse de Messieurs les syndics et directeurs.

61 24 lettres particulières à l'adresse de Messieurs les syndics et directeurs.

62 24 lettres particulières pour Paris.

63 Paquets à l'adresse de Messieurs les syndics et directeurs généraux.

64 Paquet à l'adresse de M. Deslabec.

65 Une boite longue contenant des plans à l'adresse de Messieurs les syndics et directeurs généraux, marquée C D I plans P B.

à Pondichéry, le 16 Mars 1767.

Observations sur les différentes délibérations arrêtée s par Messieurs du Conseil de Pondichéry en l'absence de M. Law, à partir du Samedi, 13 Septembre 1766.

DÉLIBÉRATION.

La partie de cauris montant à 95.492 Rs. que faut d'argent nous avions fait passer en Janvier 1760 à Négapatam, pour y mettre le sieur Dumont en état de nous y procurer les secours dont nous avions alors besoin pour les affaires et la conservation et le salut de la place, y étant restée

OBSERVATIONS.

Cette délibération quelque étudiée qu'elle soit pour surprendre la Compagnie, ne l'éblouira pas au point de ne pas découvrir comme nous les prétextes spécieux qu'on y allègne pour persuader que c'est l'avantage et l'utilité de la Compagnie qui l'ont dictée. Il saute aux yeux que l'on

et y étant encore invendue, les hollandais méjugeant de notre besoin, n'ayant jamais offert de les prendre qu'à plus de 60% de perte, ayant toujours regardé cet objet comme une sureté et un nantissement du crédit qu'ils pouvaient faire au dit sieur Dumont, et le dit sieur ayant même été obligé tout . . . . (le 15 Juillet dernier) d'engager plus particulièrement que jamais les cauris au sieur Filiétas, Conseiller à Négapatam, pour une somme d'environ 70.000 Rs. qu'il lui doit, puisqu'il l'a obligé de lui en remettre les clefs des magasins, et de lui en passer un papier par lequel il lui hypothèque spécialement les cauris avec la liberté de les vendre à la fin du mois, en l'en avertissant seulement 15 jours d'avance, et le Conseil ayant fait à celui de Négapatam la réclamation pure et simple des cauris, ignorant ce dernier engagement, et voyant par la réponse de ce Conseil, et par une lettre du sieur Filiétas au sieur Dumont,

a sacrifié dans cette affaire ses intérêts pour rendre service au sieur Jean Dumont quand ses liaisons particulières et intimes avec M. Boyellean ne suffiraient pas pour le démontrer, il n'y a pas de répliques aux arguments suivants:

1° Il est faux que la partie des cauris se monte à 95 000 Rs. puisqu'elle n'a été passée au sieur Dumont que pour 86.106 Rs. ainsi qu'il est prouvé par la lettre du Conseil à Jean Dumont du 9 Janvier 1760 par le vaisseau l'*Hermione* et dans le compte de la Compagnie avec le sieur Dumont, qu'elle a envoyé par le d'*Argenson*, pour être examiné par Messieurs de Pondichéry ;

2° La raison allégéée pour acheter ces cauris du sieur Jean Dumont est que les hollandais n'ont jamais voulu les prendre en payement, à moins de 60 % de perte. Qu'est ce que cela faisait à la Compagnie, puisque les cauris ne lui appartenaient plus, et qu'ils avaient été donnés

que cet hollandais, inquiet de son remboursemet, est déterminé à faire vendre ces cauris par voie de justice, voyant dans cet évènement une perte réelle pour la Compagnie, et ayant besoin absolument de cette marchandise pour l'assortiment de nos envois en Europe, le vaisseau de Bengale qui a été aux Maldives, et du quel nous comptions en acheter en passant ici à l'ordinaire, et suivant les ordres que nous avons lieu de croire qu'il a eus de ses armateurs, ne paraissant pas, et ayant au contraire vraisemblablement dépassé puisqu'il a été rencontré le 31 du mois passé sous Ceylan par le *Condé* auquel il a dit qu'il venait à la côte.

Persuadés d'ailleurs que les dettes et les engagements du sieur Dumont avec les hollandais de Négapatam ne sont que pour les opérations dont il a été chargé lors de la gestion de son agence pour la Compagnie à Négapatam, dont il a à nous rendre en payement à Jean Dumont? ne lui sont-ils pas passés en effet dans le compte que la Compagnie a envoyé pour la somme de 86.106 Rs? ils appartenaient à Jean Dumont la perte ou le profit ne devait plus regarder que lui, sans aucune prétention de la part de la Compagnie. Comment peut-il avancer que si on ne les eût pas achetés, la Compagnie aurait en une perte réelle à supporter.

3° La délibération dit de plus que les hollandais avaient toujours regardé cette partie de cauris comme une sûreté et nantissement du crédit qu'ils pourraient faire au sieur Dumont, cela peut être. Il était même naturel que les hollandais prissent leur sûreté pour leur créance sur le sieur Dumont; mais si celui-ci a contracté des dettes avce les hollandais, et a engagé ses marchandises en cautionnement, est-ce à la Compagnie à les retirer, surtout en les payant à un prix aussi excessif que celui qui a été

compte, et pour lesquelles il a déjà formé des demandes considérables en France à la Compagnie même, dont elle nous a renvoyé l'examen et la discussion.

Il a été délibéré et arrêté de donner au dit sieur Dumont 70.000 Rs. pour aller dégager et retirer nos cauris de Négapatam, laquelle somme toutefois lui sera passée en compte courant avec la Compagnie, et celui qu'il a pour les cauris en particulier, sera balancé et liquidé par la quantité de cauris qu'il nous remettra.

du mois précédent par le qu'il venait à la côte.

Il a été en même temps délibéré et arrêté pour accélérer le transport de ces cauris, et en épargner les frais qui seraient considérables par petits bateaux, la partie en étant de près de 600 milliers, d'envoyer pour en prendre charge à Négapatam, le d'*Argenson* auquel nous les destinons pour cargaison, et dont le grenier est tout prêt à accordé pour cette partie de cauries, malgré leur mauvaise qualité et leur vétusté qui en a détruit tout l'émail, au moins pour une bonne partie? La Compagnie en jugera elle-même à l'arrivée de la marchandise en Europe.

4º Un autre motif sur lequel on se fonde pour autoriser cette affaire, est la prétendue crainte que le vaisseau de Bengale qui avait été aux Maldives, et dont on comptait acheter la cargaison en tout ou partie, *ne paraissant pas encore, avait vraisemblablement dépassé, puisqu'il avait été rencontré le 31 Condé, auquel il avait dit*

Nous ne pouvons pas nous empêcher de remarquer cet enchainement de contradictions qui se trouvent dans ce raisonnement. Comment imaginer que le vaisseau avait dépassé, puisque le capitaine avait fait dire qu'il venait à la côte, et que Messieurs de Pondichéry étaient informés qu'il en avait l'ordre de ses armateurs? Tout le mon-

prendre le surplus de son chargement.

Fait et arrêté en la chambre du Conseil supérieur de Pondichéry le 13 Septembre 1766. Signé : A. Boyelleau, Lagrenée, Trémisot, Abeille, d'Hervillier, Dulaurens l'ainé et Yzact.

de sait que les vaisseaux dans cette saison, sont souvent retenus très longtemps par les calmes sous Ceylan, et c'est en effet ce qui a retardé celui-ci, et l'a empêché d'arriver plus tôt à Pondichéry: mais sans nous arrêter à cette difficulté qui s'offre naturellement, voici une autre objection plus forte. Comment Messieurs de Pondichéry peuvent-ils donner pour raison d'avoir acheté les cauris de M. Dumont? Cette crainte que le vaisseau de Bengale n'arrivàt pas, après avoir avancé, comme ils le font plus bas, qu'ils regardaient ces cauris comme appartenant à la Compagnie, ce qui prouve assez ces expressions : *il a été délibéré et arrêté de donner au dit sieur Dumont 70.000 Rs. pour aller dégager nos cauris de Négapatam.* Si ces Messieurs eussent été persuadés, comme ils veulent le donner à entendre, que ces cauris eussent été véritablement le bien de la Compagnie, pourquoi donner pour raison qui les a engagés à les retirer, la crainte que le vaisseau de Bengale n'arrivàt pas? N'est-il pas tout simple de les reprendre s'ils sont à elle et d'en charger ses vaisseaux? Ne paraissaient-ils pas au contraire faire douter qu'ils agissent de bonne foi, puisqu'ils font croire par là que si le vaisseau de Bengale était arrivé à temps, ils n'eussent plus pensé aux cauris du sieur Dumont? Mais passons à des preuves bien plus fortes encore.

Si ces cauris étaient véritablement à la Compagnie, pourquoi les avoir achetés, et être convenu avec le sieur Jean Dumont d'un prix de 20 % plus cher que ceux que l'on pouvait se procurer sur le vaisseau des Maldives, suivant l'offre que le capitaine en a faite lui-même, en descendant à terre, et assez à temps encore pour rompre le marché avec le sieur Dumont? Il semble qu'on eût pù les retirer tout uniquement en payant la somme pour laquelle ils eussent été engagés chez les hollandais, mais ils ne pouvaient pas l'être au moins pour la Compagnie, puisque encore une fois, ils étaient déja passés par elle en compte à Jean Dumont.

La déclaration que M. Termillier, capitaine du dit vaisseau des Maldives, nous a donnée, et que nous joignons ici, fait foi des offres qu'il a faites à M. Boyelleau de lui vendre ses cauris pour la somme de 3 Rs. 1 a. cauris tout neufs et fraichement arrivés. M. Boyelleau les a refusés, préférant prendre ceux de M. Dumont, tout mauvais qu'ils étaient, au prix de 3 Rs. 14 annas, ce qui fait une différence exacte de 20 %, et cause à la Compagnie une perte de 12.982 Rs. sur la quantité, indépendamment de la différence dans la qualité. Encore, comment ce marché s'est-il conclu et arrêté ? Le sieur Dumont envoie la montre de ses cauris au Conseil, et certainement on le connait assez pour lui rendre la justice de croire qu il n'avait pas choisi les plus mauvais. Cependant sur sa foi on accepte toute la partie sans envoyer un député de la part du Conseil, pour vérifier si elle était conforme à la montre ; pas un employé même n'est nommé pour assister au poids et à la vérification, le *d'Argenson* a ordre de les charger à Négapatam, l'écrivain et les officiers ont ordre de prendre à bord les cauris du sieur Dumont, sans même leur remettre la montre pour juger si la qualité y répondait, ce qui fut exécuté. Le mal pour la Compagnie, si l'on en doit croire le public, est que la plus grande partie de ces cauris est très défectueuse, et l'on nous a assuré qu'il y en avait plus d'un 1/3 dont elle ne pourrait trouver la défaite. Nous lni envoyons sur le *Massiac* une partie des cauris nouvellement venus de Maldives, la Compagnie jugera de la différence de la qualité et du prix.

Vous noterez de plus que ceux qui ont été envoyés par le *d'Argenson*, ont été choisis comme les meilleurs sur toute la partie, et ce qu'il y a de plus mauvais est rejeté dans les magasins de Pondichéry, comme étant d'aucun débouché en Europe. Ce dernier objet fait plus d'un 5ème, l'on sera obligé d'en chercher la défaite à Bengale où il y a apparence que la Compagnie aura de la perte à supporter. Au retour du *d'Argenson* de Négapatam à Pondichéry, n'était-on pas à lieu de faire mettre à terre tous les cauris qu'il avait apportés, pour en vérifier la qualité, mais, comme si l'on eut craint de trouver Jean Dumont en défaut, l'on ne les a pas même examinés par égard à la liaison entre M. Boyelleau et le dit Dumont. Parmi toutes les preuves que l'on en pourrait donner, nous choisirons celle de la lettre du mois d'Octobre de Messieurs du Conseil à la Compagnie, par laquelle ils épousent si chaudement ses intérèts, en osant blàmer la Compagnie de ce qu'elle a conclu le contrat passé entre M. M. Mervein et Mévé, ajoutant que si la Compagnie le trouvait avantageux, c'était à Jean Dumont qu'il fallait s'adresser. La çorrespondance indécente qu'ils ont entretenue à son sujet avec le Gouverneur et le Conseil Hollandais à Négapatam, en est une autre preuve. M. Boyelleau a trouvé mauvais que la justice ait voulu le contraindre à payer ses dettes, il en a fait un crime au Conseil de Négapatam, réclamant le sieur Dumont comme agent de la Compagnie, et menaçant le Gouverneur que la France en porterait ses plaintes aux Etats-Généraux. Cette correspondance vous est envoyée, Messieurs, et vous déciderez combien elle est ridicule.

Samedi 20 Septembre 1766.

A Messieurs du Conseil Supérieur.

Messieurs,

Quoique les longues lettres et expéditions que nous avons reçues hier par terre de Messieurs du Conseil de Chandernagor, ne traitent que d'un seul objet, il me parait assez important de vous demander à chacun votre avis par écrit sur trois points principaux qui me paraissent en résulter, et je ne crois pas forcer en exigeant que vous me donniez vos avis à l'instant et sans déplacer, puisqu'il y a près de 24 heures que nous avons fait la lecture de ces lettres, et qu'elles ont fait hier matin la matière de nos réflexions réciproques pendant près de 3 heures de conversation, les trois points capitaux sont suivant mes idées de décider si :

1° vous croyez l'autorité supérieure résidant dans la personne de M. Law seul, comme il me parait qu'il a voulu l'établir par une première de ses lettres en date du 25 Avril 1766, ou appuyé même du Conseil

Si ces lettres et expéditions étaient si longues, c'était une raison de plus à M. Boyelleau de donner du temps à Messieurs du Conseil pour y réfléchir mûrement, surtout la matière étant trop importante pour rien décider à la légère contre un Conseil, à qui tous les arguments sont favorables pour établir de son coté la supériorité qu'on a osé lui disputer, et qui fait tant de bruit, et qui cause tant de bouleversements. Mais, M. Boyelleau, de peur de donner à ces Messieurs le temps d'une réflexion qui eût pû être capable de les empêcher de donner dans des travers aussi énormes, leur dit : *"je ne crois pas forcer en exigeant que vous me donniez vos avis à l'instant et sans déplacer."* Où M. Boyelleau a-t-il vu que l'on pouvait ainsi exiger des membres d'un Conseil qu'ils donnent leur avis sur *le champ et sans déplacer.*

résidant à Chandernagor, Quoi! la réflexion est-elle
comme il a bien voulu s'y ~ bannie des Conseils, et se-
réduire par la lettre qui ra-t-il permis de prononcer
m'oblige à vous en faire la sans aucun examen? La
question. Compagnie ne dit-elle par
formellemet dans ses règle-
ments que lorsqu'un Conseiller trouvera la matière
trop embarrassante et trop délicate pour donner son
avis, il lui sera libre de demander 24 heures de
réflexion? Quel droit et quelle autorité a donc
M. Boyelleau pour gêner ainsi les opinions, ou
occasionner qu'elles soient données à la légère? N'est-
ce-pas ici que l'on peut lui appliquer à juste titre les
reproches iniques qu'il fait à tout moment à M. Law de
vouloir s'ériger en despote, et de tenir le Conseil asser-
vi à ses volontés? N'est-ce pas ici le lieu d'appliquer
au Conseil de Pondichéry les reproches qu'ils font à celui de Chandernagor d'adhérer à ses sentiments par la
flatterie la plus basse? Jamais il n'a exigé qu'on donnât
son avis à l'instant et sans déplacer, il ne l'eût pas osé,
et nous disons plus, il n'eût pas été obéi. Concluons
donc ici que c'est M. Boyelleau qui est le tyran et le
despote du Conseil, et que ce sont les membres qui le
composaient, qui ont adhéré à ses tyranniques prétentions par flatterie la plus basse (pour tourner leurs propres expressions contre eux-mêmes), ou par la faiblesse
et la mollesse la plus indigne dans des hommes à la tête
d'une administration dont ils doivent défendre l'ordre et
la manutention.

Si M. Law eut eu l'ambition qu'on lui prête de s'arroger l'autorité supérieure, ou de vouloir la tenir dans
ses seules mains, il lui eut été certainement facile de
se satisfaire. En effet qui l'obligeait à son départ de
Pondichéry d'y laisser un Conseil après lui? Il était
bien le maitre d'en emmener tous les membres avec
lui, et de ne nommer à la place qu'un simple comman-

dant sous ses ordres, et en quelque façon comme chef de ce comptoir. Celui-ci eut-il aussi disputé la supériorité parce qu'il aurait commandé dans Pondichéry? et aurait-il également prétendu que M. Law perdait ses droits de commissaire, Gouverneur et Commandant général, parcequ'il s'en allait au Bengale. L'on sait assez de quel ridicule il se fut couvert, pour ne pas dire qu'on l'eut taxé d'un excès de folie, c'est cependant aujourd'hui le cas de Messieurs de Pondichéry.

M. Law pour le bon ordre et pour établir une administration capable de gérer les affaires en son absence, afin que rien ne languit, et que le rétablissement de la nation s'accrût et prit des forces, se voyant obligé de partir pour le Bengale où il prévoyait être dans le cas de faire un long séjour, ainsi qu'il lui était enjoint par les instructions du roi, laisse M. Nicolas pour commander sous ses ordres, et pour aider M. Nicolas qui, seul, se fut trouvé surchargé, il lui adjoint un Conseil capable de le soulager et de l'assister dans son travail, et pour l'uniformité et plus de promptitude dans les affaires, il abandonne au commandant et au Conseil qu'il laisse à Pondichéry, les comptoirs de la côte Malabare et Coromandel, afin que dans les difficultés qui pourraient se rencontrer dans tous ces endroits, les différents chefs pussent être à portée de demander des ordres afin de se conduire en conséquence dans leur gestion.

Cette marche est simple, unie et conforme à la raison. Voilà donc pour ces arrangements, les comptoirs subalternes subordonnés au Conseil de Pondichéry établi en l'absence de M. Law, et celui-ci en possession de donner des ordres. Mais qui peut, excepté M. Boyelleau et ses adhérents, induire de là que ce même Conseil de Pondichéry ne devait pas se trouver de son coté assujetti à rendre compte de ses opérations à M. Law et au Conseil qu'il avait emmené avec lui au Bengale?

Toute âme impartiale ne jugera-t-elle pas que ce Conseil laissé à Pondichéry n'était qu'une administration par intérim, et que la supériorité de l'Inde ne devait être rendue à cette place, que lorsque M. Law, après avoir fini toutes les opérations dont il était chargé dans les différentes parties de l'Inde, se trouvant de retour à Pondichéry, eut été à lieu de rétablir l'ancienne forme d'administration, c'est-à-dire fixant pour lors la supériorité dans le chef-lieu de la nation qui redevenait en même temps celui de sa résidence ordinaire et naturelle. Veut-on à l'appui de ce que nous avançons les ordres même de la Compagnie? qu'on lise l'article de ses instructions à M. Law, folio 18.

Le Conseil dont il a été parlé à l'occasion du camp retranché, restera chargé d'exécuter les instructions que le sieur Law lui laissera à son départ ; ce Conseil sera composé de 5 personnes, donc le Conseil que M. Law laissait après lui à Pondichéry n'était, comme nous l'avons dit, qu'une administration par intérim pour gouverner sous ses ordres, donc la supériorité ne pouvait résider en lui, donc ses prétentions sont injustes, et son obstination à les soutenir, punissable.

Dans un paragraphe d'une lettre de la nouvelle administration à M. Law, en date du 17 Décembre 1764, venue par l'*Adour*, la Compagnie s'explique d'une manière qui ne laisse aucun dout sur les pouvoirs qu'elle prétend accorder à M. Law, et sur le droit qu'il a de commander partout, sans en excepter assurément le Conseil de Pondichéry. Voici quels sont ses termes :

" Nous n'avons rien à changer dans la conduite que
" vous avez à tenir dans tout le cours de votre mission,
" les instructions du roi, et celles de la Compagnie que
" vous avez reçues à votre départ, ne laissent rien à
" désirer, elles ont prévu tous les cas qui pouvaient être
" à la connaissance de la Compagnie, elles vous laissent

"maitre de vos opérations, parce qu'on est convaincu
"de vos talents et de votre probité ; nous ne pouvons
"qu'approuver leur contenu, et attendre avec la plus
"grande impatience les détails que nous vous deman-
"dons."

Que peut-on vouloir de plus clair et de plus positif? la Compagnie laisse M. Law *maitre de ses opérations*, elle n'a donc pas entendu que le Conseil de Pondichéry lui fut supérieur, autrement elle fut entrée en contradiction avec elle même. En effet, comment peut-on être maitre de ses opérations, si on est subordonné à un pouvoir supérieur fondé à en arrêter ou charger le cours? Mais, Messieurs, qu'il nous soit permis de nous arrêter ici un moment sur les suites pernicieuses auxquelles de pareilles prétentions de la part de Messieurs de Pondichéry, ont été capables de nous exposer. Pour peu que les anglais eussent été disposés à nous chicaner, ne pouvaient-ils pas récuser les pouvoirs de M. Law en qualité de commissaire du roi, fondés sur ce que le Conseil de Pondichéry se prétendant supérieur, et avoir par conséquent toute l'autorité, les lui disputait à lui-même? N'eussent-ils pas pu s'appuyer sur cette raison pour annuler ce qui a été fait, ou pour refuser de transiger désormais avec lui pour toutes les affaires qui étaient encore en litige, et qui restaient à terminer. L'on dira qu'ils avaient des ordres de leur gouvernement, soit, mais eussent-ils remis nos établissements à M. Law, s'il n'avait pas eu de son coté les pouvoirs nécessaires de la part du roi pour les recevoir? Cependant, Messieurs de Pondichéry ont osé les disputer ces pouvoirs, à plus forte raison une nation étrangère, d'ailleurs si jalouse de notre retour aux Indes, eût pu en faire autant, s'appuyant sur les exemples dangereux que leur en donnaient Messieurs de Pondichéry. Les autres princes de l'Inde pouvaient avec encore plus de raison, méconnaitre M. Law, et refuser d'entrer en accommodement avec lui, sous prétexte que ses transactions ne pourraient avoir de force et de solidité, qu'autant qu'elles seraient confirmées par un Conseil qui, se disant supérieur, devait en conséquence avoir le droit d'infirmer ou d'approuver tout ce que M. Law pourrait faire. Il n'en fallait pas d'avantage pour discréditer le Commissaire du Roi, Commandant Général de la nation, et lui faire manquer généralement l'objet de sa mission. Tels sont les dangers que nous ont fait courir les vues ambitieuses de Messieurs de Pondichéry, qui les ont aveuglés au point de ne plus connaitre pour arbitre de leur conduite que toutes les vues qui pouvaient les mener à satisfaire cette soif du commandement, dont ils paraissent avoir été si tourmentés. Quel malheur pour la Compagnie qu'une assemblée de cerveaux échauffés ait causé sa ruine dans le même moment que nous travaillions de toutes nos forces à poser partout les premiers fondements de ses établissements, et à relever son commerce ! Quoi de plus affreux, de plus capable de tout culbuter, et annuler tout ce qu'avait fait M. Law, que l'article huitième des instructions que M. Boyelleau donne à M. Beylié le 9 Juillet 1766, elles sont signées de tout son Conseil, et ne tendent qu'à discréditer le Commissaire en renversant ses pouvoirs ! Lisez le, Messieurs, cet article, et jugez du motif qui a pu le dicter. Le voici mot à mot :

« Dans la conversation que M. Beylié aura avec le Na-
« bab, sans rien diminuer ni rabattre des droits et pri-
« viléges de M. Law, il lui fera entendre et tâchera de
« le persuader que notre état actuel n'est point un inté-
« rim, que la Compagnie n'entend et ne veut pas abso-
« lument que le Gouverneur fasse rien de lui-même et
« seul, mais tout par ordre et délibération du Conseil,
« que si le Gouverneur parait seul dans les négociations,
« c'est pour la facilité des gouvernements avec qui nous

« avons à traiter, que M. Boyelleau, malgré la différence
« des titres, n'a pas moins la confiance de la Compa-
« gnie, ni moins d'autorité en son absence, et n'est pas
« moins estimable par ses sentiments et sa probité.»

Le venin se découvre quoique caché sous ce style e
ces expressions entortillés ; l'on ne veut point rabattre
des droits et privilèges de M. Law, en même temps l'on
recommande de faire entendre au Nabab, qu'il n'est
revêtu d'aucune autorité, et qu'il n'a droit d'agir que
sous celle du Conseil. M. Boyelleau lui-même fait tous
ses efforts pour s'égaler personnellement à M. Law, et
faire croire que son crédit est le même. A quoi peuvent tendre de pareilles insinuations, nous le demandons? n'est-ce pas mettre le Nabab dans une perplexité
avec lui-même. et lui occasionner des doutes sur la
validité des actes et des traités qu'il a passés avec
M. Law? de quelle utilité d'ailleurs, pouvait être au bien
des affaires de rendre compte au prince de la forme de
notre administration qui doit toujours être en quelque
façon pour nous un secret d'Etat vis-à-vis des gens du
pays, à cause des conséquences fâcheuses qui en pourraient résuiter? Décidez, Messieurs, sur cette saine
politique de M. Boyelleau, ou plutôt sur sa méchanceté
que sa plume, conduite par l'ambition la plus criminelle, a si bien tracée. Le grand argument de ces Messieurs sur lequel ils se fondent le plus pour soutenir leur
supériorité, c'est que plusieurs lettres de la Compagnie
sont adressées au Conseil supérieur. Il faut croire que
c'est être bien ingénieux à se faire un point d'appui,
ou plutôt, c'est être bien dénué de bonnes raisons que
d'en apporter de si faibles, pour peu qu'ils ne se fussent
pas enivrés par les fumées d'une ambition qui semble
avoir attaqué leur cerveau. N'eussent-ils pas dû voir
que la Compagnie en timbrant ainsi ses lettres, se con-
formait sans dessein à l'usage ancien, sans pouvoir prévoir que ce seul intitulé serait capable d'occasionner

tant de discorde et de désordre? D'ailleurs leur jugement n'eut-il pas dù leur dicter que, lorsque la Compagnie adressait ses lettres au Conseil supérieur, elle
supposait que M. Law, pouvant avoir rempli le cours
de sa mission, était de retour à Pondichéry où ayant
rétabli la forme de l'administration, il avait fixé le Conseil supérieur à la tête duquel il était censé présider.
D'après cette supposition de la part de la Compagnie
il était naturel qu'elle timbrât ses lettres comme elle
l'a fait. Par les évènements il s'est trouvé que M. Law
était encore au Bengale, en concluera-t'on que ces Messieurs ont eu raison d'en tirer les conséquences d'où ils
sont partis pour tout boulverser; des esprits conciliants
ne s'y fussent jamais arrêté. L'on savait que M. Law
devait arriver de jour en jour à Pondichéry, il le marquait par toutes ses lettres, pourquoi ne pas attendre
tranquillement son retour, en suivant le plan dont
M. Nicolas ne s'était jamais écarté? L'amour du bien
public le dictait, et plus encore la prudence, mais elle
ne fut jamais consultée, l'ambition et l'esprit de vertige
ont prévalu, et on pensait occasionner la ruine totale
de tous les commencements heureux du rétablissement
de la nation et des affaires de la Compagnie.

Outre ces arguments qui établissent sans réplique la
supériorité en faveur du Conseil qui accompagnait
M. Law, tous les exemples sont encore pour nous.
Citons-en deux, nous les prenons de l'Ile de France.
M. de la Bourdonnais, alors qu'il y était gouverneur
seulement sans avoir comme M. Law la qualité de Commissaire du Roi, fut appelé à Bombay pour les affaires
de la Compagnie, il continua de là à donner ses ordres
au Conseil de l'Ile de France dont il se regardait toujours comme le Président, il se faisait autoriser par les
délibérations du Conseil de l'Ile de Bourbon qui n'était
cependant reconnu que comme Conseil provincial, et
qui se regardait lui-même comme tel avant d'avoir le

président des deux iles à sa tête. Le Conseil de l'Ile de France refuse de reconnaître les ordres de M. de la Bourdonnais absent, et de Messieurs de Bourbon ; cette affaire fit grand bruit, elle fut portée en Europe, le Conseil de l'Ile de France fut condamné par la Compagnie. La même chose est arrivée du temps de M. David Nous avons cité ces exemples à Messieurs de Pondichéry, ils nous ont dit pour toutè réponse que les affaires des îles n'avaient rien de commun avec celle de l'Inde, et que les abus ne faisaient pas loi.

2o

De ce premier point il résultera que vous me disiez votre avis, si nous devons recevoir et obéir à l'ordre de par le roi, qui est joint à la susdite lettre.

Ayant établi comme nous venons de le faire d'une manière sans réplique, l'autorité de M. Law en qualité de Commissaire du Roi, Commandant général de la nation, et président de la nation, et président de tous les Conseils, ayant également et de la même manière prouvé la supériorité dans le Conseil transporté à Chandernagor, nous laissons au bon sens à prononcer si ces Messieurs devaient obéir aux ordres du roi, et s'ils n'eussent pas même dû rougir de honte et pâlir de crainte, en mettant un pareil point en délibération. Soyez les juges, Messieurs, et que la sévérité de votre justice en cette occasion déracine pour jamais cet esprit de cabale et, nous osons le dire, de rébellion, qui vient de nous mettre pour la seconde fois sur les bords du précipice.

3o

Et enfin dans quel esprit nous devons répondre à

C'est en effet à la Compagnie qu'ils renvoient la

cette lettre, en détails où nous contenter d'en accuser simplement réception, en remettant de faire part de nos réflexions, et d'en envoyer la décision à la Compagnie?

décision sur leur désobéissance qui leur apprendra la réponse qu'ils y auraient dû faire.

4°

Je ne vous cacherai point, Messieurs, que c'est comme ayant l'honneur de me trouver à votre tête, pour me mettre à l'abri du reproche de séduction d'avoir mendié et surpris vos avis, et enfin à l'abri d'une rétractation pareille à celle qu'à faite M. Nicolas au Conseil de Chandernagor, dont, malgré tout le respect que j'ai pour sa probité, et l'hommage que je lui rends par devoir et avec plaisir, dont dis-je, je me flatte que la faiblesse et la simplicité dans cette occasion ne me feront pas plus de tort auprès de la Compagnie qu'auprès de vous, Messieurs, et dans votre esprit, puisque vous ne pouvez me refuser le témoignage de conduite que j'ai tenue, tant vis-à-vis de vous qu'à l'égard de M. Nicolas, pour la composition des lettres qu'il a

Ce commencement est un tissu de galimatias trop inintelligibles pour pouvoir y appliquer aucun sens, on dirait seulement qu'il cherche à se mettre à l'abri du reproche de séduction d'avoir mendié et surpris des avis, au moment même qu'il s'en rend coupable en exigeant que les membres du Conseil donnent un avis *à l'instant et sans déplacer.* Est-ce ainsi qu'il compte trouver son apologie sur les accusations qu'il semble si fort craindre, parceque sans doute il les lisait écrites dans sa conscience?

L'éloge qu'il ne peut refuser à M. Nicolas sur sa probité, est un hommage que la vertu lui arrache, mais que la méchanceté lui fait bientôt ternir, en taxant en même temps cet honnête homme de simplicité et de faiblesse sur ce

signées, et dont il s'est rétracté ;

Que lorsqu'il fut question de les composer en réponse des premières du Conseil de Chandernagor et de M Law, de concert avec vous, M. M. Lagrenée, Abeille, Dulaurens, votre secrétaire et moi, fûmes chargés de les faire, sans nous concilier sur aucune de nos idées et réflexions que nous avons réunies par écrit, nous avons choisi et compilé celles qui nous ont paru les plus justes et les plus convenables à tous égards, dont nous avons formé une nouvelle minute qui a été lue et discutée avec vous en Conseil général;

Que j'ai dit à M. Nicolas que comme il allait passer avec ces lettres dans le Gange, pour ne pas l'exposer à la mauvais humeur qu'en pourrait avoir M. Law et autres, nous n'exigerions pas de sa complaisance de les signer, à quoi il me répondit qu'il les signerait, les trouvant justes et raisonnables, appuyées sur les ordres de la Com-

que, à son retour à Chandernagor, il a reconnu son erreur sur toutes les pièces qu'il avait signées étant à Pondichéry, moins par conviction, comme il l'a avoué lui-même, que parceque l'embarras de ses affaires (étant au moment de son départ pour le Bengale) l'empêchait de s'occuper de ce qui se passait au Conseil où il se trouvait obligé de signer souvent sur la foi de ses confrères. Ce que nous disons ici est une répétition de ce que M. Nicolas confesse lui-même dans sa déclaration, dont copie a été envoyée du Bengale à la Compagnie ; et pour toutes les autres raisons que M. Nicolas a alléguées en sa faveur, il réfère la Compagnie à un mémoire qu'il se propose de lui envoyer de sa part par cette expédition. Est-ce un crime à faire à un homme vertueux que de revenir de son erreur, il est de l'humanité d'en commettre, mais c'est de la grandeur d'âme de les reconnaitre. La morale de M. Boyelleau ne connut

pagnie, nous nous réunimes pour l'en remercier, et un d'entre nous lui dit que pour sortir d'embarras où il se pourrait trouver, et des sollicitations qui pourraient lui être faites à cette occasion par M. Law ou autres, il n'aurait qu'à répondre, qu'ayant signé à Pondichéry, il s'y tenait, n'avait pas autre chose à dire, et se retirer chaque fois qu'il en serait question, ce que nous avons tous approuvé et appuyé de nos réflexions.

Qu'enfin, vous ne me refuserez pas le témoignage que je prouve bien le système que j'ai toujours soutenu, qu'un gouverneur ou chef de l'administration ne pourrait et ne devrait ne jamais faire sans la communication et la participation du Conseil, puisque malgré l'état de maladie où je suis encore et depuis mon arrivee, et le surcroit de travail dont nous sommes accablés, où nous nous trouvons tous, vous comme moi, il n'a été, je crois, fait aucune affaire, pris aucune délibération, fait aucune lettre, que la matière n'en ait été discutée au Conseil, et les minutes aussi discutées au

jamais ces beaux sentiments, autrement il les eut suivis comme M. Nicolas, et ne se trouverait pas aujourd'hui plongé dans un abime que l'ambition et l'entêtement ont creusé sous ses pieds.

M. Boyelleau croit-il ici jeter de la poudre aux yeux du public, par cet exorde prompeux et travaillé tout à sa louange? Il a toujours soutenu, dit-il, qu'un gouverneur ou chef d'administration ne devrait et pourrait fort bien *ne jamais rien faire sans la communication et la participation du Conseil*. Qui en a jamais douté, et qui a jamais contesté cette contestation, depuis surtout que les ordres de la Compagnie sont si formels?

Mais M. Boyelleau qui en parait si bien instruit, est donc bien coupable de les suivre si mal? Comment en effet justifiera t-il

Conseil ; que je n'ai reçu aucune lettre des gens du pays, et même de quelque français, comme le sieur Beylié, que je ne vous aie communiqué, et les réponses que j'y ai faites, que je dépose les unes comme les autres à votre secrétariat.

Je crois même pouvoir dire avoir poussé le scrupule à cet égard, et l'attention jusqu'à n'avoir point donné d'ordres à la police de la place des troupes etc, sans les avoir écrits sous vos yeux sur la tab.e du Conseil même, et vous en avoir fait la lecture tout de suite, ou lorsque j'ai été dans le cas de donner ces ordres momentannés sans être auprès de vous, que je ne vous en aie fait part verbalement le lendemain, ou à la première assemblée.

Je ne demande pas, Messieurs, de louanges, je n'ai fait que mon devoir vis-à-vis de vous, et ce que l'honnête homme, la probité, l'homme conciliant le vrai bien et les vrais intérêts de la Compagnie, m'ont dicté et permis.

qu'il a toujours consulté son Conseil, et qu'il n'a rien fait sans sa participation, lorsque les membres mêmes du Conseil se récrient contre sa tyrannie, ses menaces, et lorsqu'on voit si clairement la violence avec laquelle il gênait les avis et les suffrages ? Que l'on lise à ce sujet la lettre de M. d'Hervilliers au Conseil du 22 Février 1767, qu'on lise également celle de M. Dulaurens en date du 25 Février.

Combien d'autres actes des plus iniques n'a-t-il pas faits de sa propre autorité, et dont on ne voit aucun vestige sur le registre des délibérations ? Il n'y a pour s'en assurer qu'à lire toutes les requêtes portées contre lui, et dont nous envoyons copie à la Compagnie. Mais que répondra M. Boyelleau à un ministre d'Etat dont il ose ouvrir les paquets ? Ci-joint ceux de M. Bertin adressés à M. Law, venus de l'Ile de France par la *Réforme*, au mois de Septembre dernier, ils étaient contresignés Bertin. Mais

Ainsi pour abréger, votre silence me suffira pour cette dernière période de la présente ; si cependant quelqu'un de vous, Messieurs, a quelque reproche à me faire, et quelques griefs à établir contre moi, ma gestion, mes [sentiments, c'est ici la place et le moment. Je le demande et l'exige autant qu'il est en moi, et pour vous en laisser la liberté, je me retirerai après que vous m'aurez donné vos avis par écrit sur les trois points que j'ai établis au commencement, qui me paraissent d'une plus facile décision, et ne demandent pas plus de temps et de réflexions que celles que nous avons faites hier ensemble à ce sujet.

Ci-joint mon avis cacheté dont je vous ferai l'ouverture après que vous aurez bien voulu me donner les vôtres.

A Pondichéry, ce 20 Septembre 1766. Signé : A Boyelleau.

Nota. Nous passons ici les avis particuliers d'un chacun, auxquels la Com-

M. Boyelleau parvenu désormais au point de se croire tout permis, ne connait plus de bornes, il foule ici aux pieds les choses les plus sacrées, il viole la foi publique, outrage un ministre respectable, et cherche à fouiller dans ses écrits pour chercher à y découvrir des secrets qui ne doivent être exposés aux yeux soit du Conseil, soit de la Compagnie, que par la personne à qui ils sont adressés. Il a osé calomnier ce même ministre en public, et dans le fort de ses extravagantes folies, il n'a pas plus épargné les autres.

Ce sont des faits tout faciles à prouver, nous vous les rapportons pour vous faire connaitre son imprudence et le fond de son génie extravagant qui n'est propre qu'à compromettre les intérêts de la Compagnie, en lui attirant des affaires désagréables. Nous ne parlons aussi des paquets en question, que pour développer à vos yeux combien il s'en faut qu'il ait agi en tout de

pagnie peut avoir recours dans la délibération.

En voici l'arrêté ;

Sur la pluralité, et même la réunion de tous les avis ci-dessus, il a été délibéré et arrêté de ne pas recevoir l'ordre de par le roi de Messieurs du Conseil de Chandernagor, et de ne répondre à leur lettre du 1er Août que par un simple mot pour en accuser réception.

Fait et arrêté en la Chambre du Conseil Supérieur de Pondichéry, les dits jour et an que dessus. Signé : A Boyelleau, Lagrenée, Abeille, Yzact, Dulaurens l'ainé, Trémisot, d'Hervilliers.

l'avis de son Conseil. Aucune délibération en effet ne constate cet acte criminel, et quand il y en aurait une, cela ne ferait qu'augmenter le nombre des complices de sa faute sans la justifier, puisqu'il est certain qu'il n'est jamais permis d'ouvrir des lettres même particulières, sans des raisons d'Etat, à plus forte raison celle d'un Ministre. L'on sait assez les peines qu'inflige la loi pour de pareils attentats, c'est elle qui prononcera par votre bouche. Nous était-il possible, Messieurs, après tous ces faits, et bien d'autres que vous apprendrez par la suite, de conserver plus longtemps un homme de cette trempe à votre service, et de lui permettre de rester dans un pays où son génie turbulent et ses intrigues parmi les gens du pays, n'eussent pû que discréditer la Compagnie, et porter un préjudice notable à ses intérêts? publiant d'ailleurs de vive voix et par écrit, qu'il n'est venu dans l'Inde que pour contrecarrer le gouverneur. En vain allègue t-il sa mauvaise santé comme une raison pour ne pas partir pour l'Europe, en vain produit-il un certificat de chirurgien, nous savons assez combien facilement s'obtiennent ces sortes de pièces mendiées, et combien peu celui-ci doit être fondé. Si M. Boyelleau était malade au point qu'il veut nous le faire croire, par quelle grâce miraculeuse pourrait-il soutenir le travail qu'il n'a cessé et ne cesse tous les jours de faire, en écrivant du matin au soir des volumes d'injures et de sottises? Vous en jugerez, Messieurs, par les immenses expéditions qu'il vous a fait passer par le d'*Argenson,* et par celles qu'il vous envoie encore par le *Massiac,* presque tout est de sa composition, son style en fait foi.

Du Samedi, 20 Septembre 1766.

A Messieurs du Conseil supérieur.

Messieurs,

Le sieur Monneron me paraissant par ses écrits et rapports, que la facilité que son commerce avec les anglais lui a procurée de faire aller et passer ses lettres par la voie de leur *tapals,* ou poste de pions, me paraissant, dis-je, le boute-feu de tout ce qui se passe entre Messieurs du Conseil de Chandernagor, Law, et nous, je demande qu'il soit dépaysé et envoyé à Mahé.

J'ai pour preuves de ses rapports, 1º ce que nous marque M. Law par sa lettre du 25 Avril, au sujet du despotisme que je lui ai reproché, et que vous

Sur les griefs à la charge du sieur Monneron dans la présente délibération, nous n'avons rien négligé pour en découvrir la vérité, et c'est avec un vrai plaisir que nous nous trouvons en état de le justifier. Voici au reste ce qu'il répond lui-même mot à mot pour sa défense.

" Quand bien même le sieur Monneron aurait eu la facilité de faire parvenir des lettres au Bengale par la voie anglaise, doit-on supposer pour cela qu'il est le boute-feu de tout ce qui s'est passé entre Messieurs du Conseil de Chandernagor et Messieurs du

ne lui reprocherez pas moins que moi, reproche que je n'ai jamais fait qu'au Conseil, et pour répondre aux citations et aux objections qu'on me faisait à mon arrivée, du nom de M. Law, ce que j'ai toujours cependant accompagné de la louange que je lui ai donnée auprès de Messieurs les syndics et direeteurs de la Compagnie à Paris, qu'il était au dessus de la récompense de la part de la nation, pendant ses premières opérations au Bengale, après la perte de Chandernagor, mais que je ne croyais pas pour cela qu'il fallut en faire un despote pour et dans toutes les autres affaires, ce qui m'a paru être le sentiment de ces Messieurs à Paris.

2° Malgré la façon ambigue et obscure dont Messieurs du Conseil de Chandernagor nous parlent dans leur lettre du 29 Avril, au sujet de ce que nous avons manqué de leur faire passer des fonds en lettres de change, il est facile de voir qu'ils nous reprochent de Conseil de Pondichéry? M. Boyelleau ne met pas la chose en doute, il en est sûr, il reconnaissait dans les lettres de Messieurs de Chandernagor le style du sieur Monneron, et cite comme preuve que Messieurs du Conseil de Chandernagor se servent dans une lettre du 25 Avril 1766 des mèmes termes que le dit sieur n'a pu employer que le 14 Mai, jour de la date de sa lettre. Ce reproche tombe donc de lui-même, et les conséquences que M. Bolleau en tire de l'esprit dangereux et propre à troubler la tranquillité de la colonie, sont aussi peu fondées. M. Monneron a pris le parti du sieur Beylié au Conseil contre M. Boyelleau, parceque seul il l'accusait de manquer à son devoir, et faisait naitre des soupçons injurieux sur sa probité et sur sa conduite vis-à-vis du Nabab. Il semble à M. Boyelleau que celui qui a assez de hardiesse pour défendre un ami absent et attaqué injustement, est capable de tout,

l'avoir cherché trop tard, qui est mot pour mot celui que le sieur Monneron que vous aviez chargé de prendre des informations à ce sujet, vous a fait en annonçant qu'il ne pouvait avoir lieu, en commençant même son discours par vous dire " *voilà ce que c'est de s'y être pris trop tard.*

Comment et par quel autre que lui, M. Law et le Conseil de Chandernagor ont ils pu être instruits de ces détails ?

3° par ce que Messieurs du Conseil de Chandernagor nous marquent par leur lettre du 1er Août au sujet des propos qu'on peut tenir ici au sujet de M. Law.

Le zèle qu'a témoigné M. Monneron pour un simple particulier tel que le sieur Beylié, en me manquant plusieurs fois consécutives en plein Conseil, malgré votre présence et le silence que je lui imposais, me donne lieu, il me semble, de le croire capable de tout en faveur d'un protecteur, tel qu'un Gouverneur, dont il est en ou-

conséquemment de se porter aux excès les plus condamnables, et de mettre par ses intrigues toute la colonie en combustion, aussi conclut-il à le dépayser et l'envoyer à Mahé. Cet exposé violent de M. Boyelleau n'a pas eu de suite, parceque M. Lagrenée rendant plus particulièrement ses sentiments, s'en est rendu garant, et a osé défier de prouver ce que l'on avançait contre lui. La générosité et l'assurance de M. Lagrenée auraient dû engager Messieurs du Conseil à soustraire une pièce aussi injurieuse et aussi peu fondée, mais il en eut trop coûté à l'amour propre de M. Boyelleau d'avoir travaillé en vain, si son exposé en tête supprimé, et Messieurs du Conseil de Pondichéry ont mieux aimé donner atteinte à la réputation du sieur Monneron, que de heurter les sentiments de M. Boyelleau. Ce n'est pas le seul exemple de leur déférence, ou pour mieux dire, de leur faiblesse.

tre le procureur pour toutes ses affaires et ses intérêts.
Enfin, Messieurs, telles sont mes idées, et je crois nécessaire pour notre tranquillité et les intérêts de la Compagnie, de dépayser le dit sieur Monneron, et pour ce, de le faire passer à Mahé par la première occasion, c'est sur quoi, je vous prie au surplus de me donner vos avis par écrit.

A Pondichéry, le 20 Septembre 1766.

Signé : A. Boyelleau.

Quelques fortes que soient les présomptions sur la vérité de l'exposé ci-dessus, n'étant pas cependant appuyées de preuves suffisantes pour rien prononcer, et d'ailleurs pour éviter de la part du Conseil de Chandernagor jusqu'à l'ombre du reproche de partialité, dans les circonstances où nous nous trouvons à l'égard l'un de l'autre, et d'avoir saisi cette occasion pour faire de la peine à M. Law, nuire à ses intérêts et les déranger en déplaçant celui qui en est chargé en son absence, il a été délibéré et arrêté de ne rien témoigner au sieur Monneron.

Fait et arrêté en la Chambre du Conseil Supérieur de Pondichéry, les jour et an que dessus. Signé: Boyelleau, Lagrenée, Trémisot, Abeille, Dulaurens l'ainé, Yzact.

Du Mardi, 11 Novembre 1766.

Tout ce corps de cette délibération ne traitant que la manière dont on a procédé à l'ouverture des paquets venus de Chandernagor à l'adresse de M. Lagrenée, c'est un détail assez peu important. Il n'en est pas de même de l'autre où il est dit :

Lecture faite des dites   C'est ici où l'on voit
dernières pièces et ordres,   s'élever à la plus haute

toutes les imputations répendues dans ces écrits à l'exécution de ces ordres, ne tendent à rien moins qu'à bouleverser de fond en comble une colonie naissante, à détruire la paix, l'ordre et la subordination qui y régnent, et à renverser la grande œuvre du rétablissement de la Compagnie confiée à nos soins, et à causer les plus grands malheurs en armant pour ainsi dire les sujets du roi et de la Compagnie, et surtout les militaires contre le Conseil préposé pour les gouverner et les contenir dans leurs devoirs. Il a été unanimement arrêté de les regarder comme non avenues, de n'y faire aucune réponse au Conseil de Chandernagor, et d'en envoyer copie à la Compagnie avec les remarques et les observations nécessaires.

Fait et arrêté en la chambre du Conseil supérieur de Pondichéry les dits jour et an que dessus. Signé Boyelleau, Lagrenée, Trémisot, Dulaurens l'ainé, Abeille, d'Hervilliers, Yzact.

période l'ambition la plus orgueilleuse, la vanité la plus insupportable, et enfin l'insubordination la plus effrénée des ordres intimés au nom du roi par la personne qu'il a choisie pour lui confier ses pouvoirs et son autorité, ils sont foulés aux pieds, ceux de la Compagnie sont méprisés, aucun frein désormais n'est capable d'arrêter l'audace et le désordre, le masque est levé, l'on s'est avancé avec témérité, l'on met du déshonneur de reculer, et plutôt que de reconnaitre ses erreurs, l'on tombe dans le crime de désobéissance et dans la rébellion. Le prétexte de M. Boyelleau et de son Conseil pour refuser d'obéir, est que " ces ordres ne ten-
" daient à rien moins qu'à
" bouleverser de fond en
" comble une colonie nais-
" sante, à détruire la paix,
" l'ordre et la subordina-
" tion, et enfin à causer
" les plus grands malheurs
" en armant les sujets du
" roi et de la Compagnie."
C'est ce qu'il faut maintenant examiner. Un sim-

ple exposé des faits suffira
pour développer la vérité qui va confondre la noirceur
et la fausseté de tous ces raisonnements par lesquels
on cherche à surprendre la Compagnie.

Pendant que nous sommes occupés au Bengale au
rétablissement de ses affaires, et à faire fleurir son
commerce, nous avons, Messieurs, le chagrin par les
gémissements de tout le public, que Pondichéry à peine
naissant, est sur le penchant de sa ruine. Un homme.
nouvellement débarqué, sans commission et sans pouvoirs, travaillait à en renverser les fondements. Son
esprit turbulent et dangereux n'était guidé que par le
caprice et la fantaisie ; une soumission aveugle, mais
inconcevable, à laquelle il avait assujetti les personnes
qui auraient dû s'élever contre lui, l'avait déjà rendu
maitre de tous les suffrages, il pouvait tout, et ne voulait
que le mal : la preuve en est par la fermentation qu'il
a excitée, et qui régnait encore à notre arrivée dans
tous les corps qui composaient la colonie ; le militaire
était révolté sous le jong qu'on lui imposait, la plume
ne gémissait pas moins, quoique peut-être plus en
silence, l'habitant saisi et effrayé de toutes ces scènes
qu'il voyait devant ses yeux, ne se croyait pas en sureté,
et craignait tout pour ses biens, son honneur et celui
de sa famille. Avaient-ils tort, Messieurs, en voyant la
manière scandaleuse dont on a trainé à l'hôpital comme
une fille perdue, une demoiselle Dongé, par la seule
raison que son frère mousse sur un vaisseau d'Europe,
s'était embarqué furtivement pour se rendre au Bengale?
L'on en rend cette fille responsable par la perte de son
honneur et de sa réputation, en lui infligeant une peine
qui n'est réservée qu'aux filles publiques, et condamnées
par la police. Vous avez la preuve, Messieurs, de tous
ces excès dans les requêtes et plaintes que nous vous
envoyons. Vous y verrez de plus une pauvre femme,
grosse, que l'on fait avorter pour la punir du malheur

qu'elle a eu de perdre un de ses enfants en bas âge,
qui avait péri en tombant dans un puits. Nous apprenions que d'un autre côté toutes les troupes désertaient
par un mécontentement général depuis la cassation de
leurs officiers, que plus de cent soldats avaient déjà
quitté la nation pour aller chercher un sort plus doux
sous l'étendard des maures. Mahomed Aly, Nabab de
Trichinopoly, menacait de faire avancer son armée vers
Pondichéry, nous accusant d'être de connivance avec
son ennemi, le roi de Mysore, chez qui se retiraient
tous ces déserteurs. Il en fit écrire une lettre au
Bengale à M. Law ; satisfait de sa réponse, il s'apaisa et
renonça à exécuter ses menaces. Tous les officiers
compris dans la cassation étaient condamnés à repasser
en Europe, ainsi que M. de Petitval, Conseiller. De
quel crime étaient-ils donc coupables? la chose est
possible, mais nous l'ignorons, Messieurs de Pondichéry
toujours enflés de leurs vaines idées de supériorité,
n'ayant pas daigné nous en instruire, ce que nous
apprenions ne nous passait que par les plaintes et les
gémissements du public, et par les étrangers qui nous
tournaient en ridicule. Comment donc pouvions-nous
fermer les yeux sur de pareilles scènes, surtout voyant
par les lettres de quelques Conseillers même la conduite que tenait M. Boyelleau, ainsi que son Conseil ?
Nous ne pouvions condamner les officiers, ni souffrir
qu'ils fussent punis, sans être instruits des griefs
et des fautes dont ils étaient accusés. C'eut été nous
exposer à nous rendre complices d'une injustice,
ainsi qu'aux reproches de tout un public, si loin de
nous servir de notre autorité nous fussions restés
dans l'inaction et dans un silence qui eut été inter-
peté comme un consentement et une approbation ta-
cites. C'est donc pour nous en mettre à l'abri, autant
que pour remplir notre devoir, que M. Law en qualité
de Commissaire du roi, conjointement avec le Conseil

qui l'accompagnait, a signifié un ordre à Messieurs
de Pondichéry, au nom de Sa Majesté et de la Compagnie, de suspendre le départ de toutes les personnes condamnées à passer en Europe, jusqu'à son retour à Pondichéry qui devait être prochain, se reser-
vant avec le Conseil l'examen de toutes ces affaires,
sauf à faire droit à un chacun suivant les lois de la
raison et de l'équité. Et, comme l'on craignait l'esprit
d'insubordination de Mr. Boyelleau, l'on prit en conséquence toutes les mesures les plus sages, et qui semblaient
en même temps les plus sûres, pour le forcer à obéir,
ou en cas de refus, pour retirer de ses mains une autorité dont il faisait un usage si pernicieux. A cet
effet nous adressons nos paquets et nos ordres à M.
Lagrenée qui a démenti la confiance que nous avions
en lui, sur la bonne opinion que nous en avions conçue. Il en a abusé, Messieurs, et loin de les mettre
à exécution, comme son honneur, le bien des affaires,
et le salut de la colonie auraient dû l'y engager, il les dé-
posa en plein Conseil entre les mains du sieur Boyelleau contre lequel its étaient particulièrement lancés,
et se joignit à lui pour les taxer d'abus, de nullité, et
les condamner comme dangereux. C'est ainsi qu'il a
trahi son devoir par ménagement pour un homme et
pour une famille, à qui il est dévoué depuis longtemps
pour des raisons que nous passons sous silence. Qu'on
nous montre donc maintenant ce qu'ils avaient de dangereux ces ordres, ils n'enjoignaient autre chose que
de suspendre pour un temps le départ pour l'Europe
de plusieurs officiers et d'autres personnes qui d'ailleurs, étaient toutes aux arrêts et en prison, et qu'il
était facile de continuer à y garder jusqu'à l'arrivée de
M. Law, qui se réservait conjointement avec le Conseil
l'examen de leurs affaires, et le droit de prononcer.
Comment une conduite aussi modérée et aussi sage
pouvait-elle occasionner le bouleversement de la colonie,

causer les plus grands malheurs, en armant les sujets
du Roi et de la Compagnie, et surtout le militaire,
contre le Conseil? C'est cependant ce qu'osent assurer
ces Messieurs avec autant de légèreté que de hardiesse,
et c'est sur cela qu'ils fondent les motifs de cet indigne
arrêté, mais malgré eux, la vérité perce et découvre
les ressorts de toute leur conduite, dont l'orgueil et
l'amour-propre sont toute la base. Ils n'ont pu souffrir qu'on attaquât une autorité qu'ils s'étaient arrogée
pour en abuser, et jeter le désordre partout, ils niaien
à M. Law et à son Conseil le droit de se réserver l'examen d'aucune affaire passée à leur tribunal, prétendant
n'en devoir de compte dans l'Inde qu'à eux seuls. Ils
osent avancer dans leurs écrits que la commission du
roi n'avait de valeur que vis-à-vis des anglais, et que
les français n'étaient pas sujets à la reconnaitre. Souf-
frirez-vous, Messieurs, qu'on se joue impunément des
ordres les plus sacrés? quoi? ne s'agira-t-il pour s'y
soustraire que de les déclarer nuls et pernicieux par
quatre ou cinq lignes d'écriture? En ce cas, que devient l'autorité? Comment pourra-t'-elle se faire respecter et agir dans un éloignement de 6000 lieues qui
nous met hors de portée de remédier à temps aux
maux que l'insubordination peut occasionner? Nous
vous en demandons la justice la plus exemplaire contre
les auteurs, n'épargnez point la sévérité, elle est nécessaire pour l'exemple, et pour entretenir une règle et
une discipline, d'où seule dépendent toute la sureté et
le succès de vos affaires.

Voici le point sur lequel roule le jugement de cette
affaire. M. Law, en qualité de commissaire du roi et
de Commandant général de la nation, a-t-il le droit de
donner des ordres au nom de Sa Majesté? M. Boyelleau
a déjà décidé de la question, puisque lui-même s'en est
servi si souvent pour favoriser sa tyrannie, ce point
accordé, comment doivent être traitées toutes les per-

sonnes qui osent désobéir à des ordres que le roi est
censé donner lui-même, lorsqu'ils sont signifiés par son
représentant? Ne se rendent-elles pas criminelles de
désobéissance, et n'encourent-elles pas la peine qui y
est attachée? Il est assez prouvé aujourd'hui, Messieurs,
que c'est le cas présent de M. Boyelleau et de son Conseil. C'est donc pour venger l'autorité de Sa Majesté,
violée par l'attentat le plus énorme et le plus condamna-
ble, pour soutenir la discipline et de chatier l'insubordination, afin de servir d'exemple à tous ceux qui par la
suite pourraient se laisser à ce dangereux principe,
dans l'espérance de l'impunité, que nous avons interdit
M. Boyelleau et son Conseil, et que nous les renvoyons
à votre tribunal pour ajouter encore à cette peine celle
qui vous paraitra convenable. Tout notre chagrin est
de n'avoir pû agir comme nous le faisons aujourd'hui,
assez à temps pour prévenir l'embarquement de toutes
les personnes que vous porte le *d'Argenson*. Leurs
cris vont percer jusqu'à vos oreilles, celles du ministre
peut-être, et tout Paris va retentir du bruit de leurs
plaintes. S'ils sont déclarés innocents, que dira le
public de les avoir renvoyés? Que répondre à un ministre jaloux de l'autorité royale qu'il est de son devoir
de protéger, et qui demandera justice d'un pareil attentat? Vous aurez à offrir pour victimes ceux qui en sont
les auteurs, mais les impressions qui restent sur les
esprits ne peuvent (nous le craignons) que tourner au
préjudice de la Compagnie, nous ne pouvons envisager
toutes ces suites qu'avec crainte et saisissement. Il est
certain qu'il y a beaucoup d'étourderie de la part des
officiers, surtout des plus jeunes, mais il s'en faut de
beaucoup qu'ils aient tort sous tous les points. Le
commencement de cette affaire parait entièrement contre le sieur Boyelleau et son Conseil, toutes les pièces
vous sont envoyées par cette expédition, et pour vous
mettre en état de juger, nous vous faisons passer toutes

les accusations contre les officiers, et la réponse qu'ils y ont faite eux-mêmes, après en avoir obtenu communication sur les requêtes qu'ils nous ont présentées à cet effet.

Pour ce qui nous regarde particulièrement, nous espérons que la Compagnie ne pourra que nous rendre justice sur notre façon d'agir, nous avons cherché dès le commencement à apporter tous les remèdes que l'éloignement des lieux a pû nous permettre, en nous servant des seules armes que nous avions à notre usage, armes bien fortes contre des sujets qui auraient eu pour les ordres de leur prince et de leurs supérieurs toute la soumission qu'ils auraient dû avoir, mais il n'en ont fait aucun cas, et c'est pour ce crime de désobéissance qu'ils sont condamnés aujourd'hui à aller eux-mêmes pour vous en rendre compte.

Du jeudi, 8 Janvier 1767.

Le Conseil s'étant assemble hier matin à 8 heures pour faire l'ouverture d'un paquet à son adresse, venu de Yanaon, ce premier en renfermait un autre du Conseil de Chandernagor à la même adresse, dont il a été pareillement fait ouverture. La première lettre, datée du 5 Décembre, nous annonçait le duplicata d'une du 28 Novembre, dont la première ne nous est point parvenue, et dont en suit la teneur :

A Chandernagor, le 28 Novembre 1766.

Cette délibération qui n'a pour objet que de contrôler l'opération que nous avons faite pour procurer et assurer à la Compagnie une riche cargaison de café de Moka pour la prochaine expédition, est une suite de l'acharnement de Messieurs de Pondichéry à blamer continuellement tout ce que nous avons fait de plus utile et de plus avantageux pour son service, mais heureusement ils ne sont point nos juges, c'est de la Compagnie que nous attendons la flatteuse approbation que nous croyons

Nous vous prévenons, Messieurs, par la présente que nous avons accédé à des propositions qui nous ont paru avantageuses, faites par plusieurs négociants de Calcutta qui s'offrent de nous fournir à Pondichéry une cargaison de café de Moka d'environ 500 tonneaux, nous nous y sommes portés d'autant plus volontiers, que le sieur Champigny nous a déclaré que la *Concorde* ne pouvait aller à Mahé sans un radoub, et qu'ignorant d'ailleurs certaines circonstances qui ont rapport à l'évènement que vous aviez projeté, nous ne pouvons vous donner des ordres positifs à son sujet; la cargaison contractée vous parviendra en Juillet ou Août.

En conséquence d'une délibération prise pour les terrains de cette colonie, nous vous prions d'enjoindre à tout particulier ou autres, de venir réclamer ou de faire réclamer par procureur, les terrains qui peuvent leur appartenir ici, et dans le plus court

avoir méritée par toute notre conduite et notre zèle à ses intérêts, l'un et l'autre sont appuyés sur des faits. Ce ne sont point de vaines assurances et des promesses vagues que nous avons à lui offrir ; les riches cargaisons qui sont parties l'année dernière, et celle-ci du Bengale, sont du réel, les ressources que nous lui avons procurées, son crédit que nous avons relevé à un degré auquel il ne montât jamais dans les temps les plus heureux, une demi année de fonds d'avances qu'elle se trouve avoir aujourd'hui dans ses coffres pour faire les contrats pour ses marchandises de l'année prochaine, les dettes qu'à force d'intrigues et en faisant mouvoir toutes sortes de ressorts, nous avons trouvé moyen de réduire aux anciens capitaux, en abolissant tous les intérêts jusqu'au jour des reprises de possession, ce qui fait un objet pour elle de plusieurs millions que les créanciers pouvaient bien exiger, et nous forcer à payer dans un pays où nous som-

espace de temps qu'il sera possible.

Nous sommes, etc. Signé : Law, Renault, Sainfray, Rouland, Chevalier, Ferrière et Fromaget.

La lecture de cette lettre nous a d'autant plus frappés, que par celle du 8 Novembre, ce Conseil nous marquait expressément :

« Nous supposons que « dans le projet que vous « avez fait d'envoyer à Mo- « ka la *Concorde*, vous avez « été certains qu'il n'y avait « aucun risque à faire cou- « rir à ce vaisseau en le « faisant paraitre dans des « mers et des lieux où les « chelibés ont tout pou- « voir, vous auriez bien dû « nous en instruire, et « nous rassurer sur des « craintes qui ne nous en- « couragent point à cher- « cher le fret que vous dé- « sirez que nous procuras- « sions au vaisseau. Mais « comment ébruîter une « opération contre laquelle « ils pourront prendre tou- « tes les précautions néces- « saires, nous ne disons « pas pour la faire man-

mes dans la plus grande dépendance. Voilà, Messieurs, l'étalage de notre gestion, que la critique la plus sévère, la plus mordante et la plus envenimée y donne atteinte, si elle peut; nous l'abandonner à ses traits. Ce tableau vrai et naturel que nous exposons ici, n'est point pour mendier des éloges ; la satisfaction d'avoir rempli notre devoir autant qu'il a été en notre pouvoir, nous suffit, et nous ne voulons pas d'autre récompense. Que Messieurs de Pondichéry opposent ici en parallèle leurs hauts faits, et jugez, Messieurs, qui a le plus mérité. Que l'on compare de plus l'union et l'harmonie qui régnaient dans tous les esprits au Bengale, cette cordialité et cette affection avec lesquelles chacun se portait et travaillait au bien public, et à y contribuer suivant l'étendue de ses pouvoirs et de ses connaissances, que l'on compare, disons-nous, tous ces faits avec les plaintes contre la véxation, la tyrannie, la dureté, et la mauvaise

« quer, mais pour causer
« à la Compagnie une per-
« te considérable, et pour
« la plonger de nouveau
« dans des discussions liti-
« gieuses dont à coup sûr
« elle ne se tirerait pas
« bien. C'est à quoi nous
« vous prions de réfléchir
« sérieusement. Il nous
« à été fait ici une propo-
« sition qui n'a pas encore
« acquis tout-à-fait le point
« de maturité, mais qui ne
« manquera pas de l'ac-
« quérir sous peu, par
« laquelle nous nous flat-
« tons de procurer à la
« Compagnie une cargaison
« de 5 à 600 tonneaux de
« café, payables en lettres de
« change. Cela nous paraît
« plus convenable dans les
« circonstances présentes,
« où il est fort incertain
« que les vaisseaux puis-
« sent paraître soit à Moka
« ou Surat. Vous pouvez
« compter que si nous
« réussissons dans ce dont
« nous venons de vous par-
« ler, vous en serez ins-
« truits par la voie la plus
« prompte. Si cependant
« vous avez quelques certi-
« tudes de réussite dont il

administration, dont tous
les échos de Pondichéry
retentissent! En faveur de
qui déciderez-vous, Mes-
sieurs? Y a-t-il eu du
Bengale une seule plainte
contre M. Law et son Con-
seil? A t-on refusé la justice? Enfin la voix publique a-t-elle poussé le moindre gémissement, qu'on
nous en cite un seul trait?
A Pondichéry au contraire,
nous n'y avons trouvé que
désordres, que combusti-
ons, rage et désespoir dans
tous les cœurs, que crainte
et saisissement dans tous les
esprits, que des personnes
condamnées et flétries sur
des imputations souvent
fausses, et des calomnies
que l'autorité faisait triompher. Toutes ces requêtes
qui nous ont été présentées,
et que nous vous faisons
passer, en font foi, et la
joie et les exclamations
avec lesquelles nous avons
été reçus en débarquant,
prouvent assez les maux
que tous les habitants et
tous les corps avaient à
souffrir. L'on nous a regardés comme les libérateurs
de la tyrannie et de l'ini-

« est fâcheux que vous ne
« nous ayez pas instruits,
« nous y donnerons volon-
« tiers la main.»

Quelle certitude de réus-
site plus forte pouvions-
nous leur donner, que de
leur marquer dans notre
lettre du 18 Septembre que
Messieurs de Chanderna-
gor ont reçue les premiers
jours de d'Octobre, quoi-
qu'ils ne nous en accusent
réception que le 8 Novem-
bre, *" Nous vous deman-
dons de faire passer ici la
Concorde et les marchan-
dises pour Mahé, parceque
n'ayant que ce seul vais-
seau pour faire le voyage
de Moka que la Compa-
gnie a tant à cœur, et
qu'elle nous recommande,
nous lui tiendrons toutes
les marchandises et subrécargues prêts à être embarqués, en pressant pour la
suite de cette opération
qui vous paraîtra un peu
forcée, mais à laquelle
les circonstances et l'économie dans les affaires ous
obligent. Il est nécessaire
que vous preniez et que
vous envoyez les premières
500 balles que vous aurez*

67

quité, ce sont les expressions et les titres que tout
le monde s'efforçait de
nous donner à l'envie. Sur
cette peinture d'après la
vérté, prononcez, Méssi-
eurs. A qui donnez-vous
votre suffrage? M. Boyel-
leau souffle de tous cotés
la discorde, la haine, l'envie, ce souffle empoisonné
se communique à tous les
membres de son Conseil ;
rendus ses esclaves, ils
pensent comme lui, agis-
sent comme lui, plus
d'ordre, plus de discipline,
tout est détruit, les liens
de la société sont rompus.

Du coté de M. Law on
ne voit que clémence, souvent même trop de bonté ;
la justice et l'équité suivent
ses pas, il les distribue à
tout le monde sans distinction, et le Conseil qui est
avec lui, ne s'occupe qu'à
entretenir et à nourrir ces
heureux sentiments et ces
nobles dispositions. Qu'on
interroge la voix publique
sur tous ces faits, et que
son témoignage soit notre
juge, nous nous y soumet-
tons d'avance. M. Boyel-
leau et son Conseil jaloux

*prêtes, et que vous expé-
diez le vaisseau d'assez
bonne heure pour être ici,
comme autrefois du 25 à
la fin de Décembre.*

Et quand par notre lettre
du 11 Octobre dont ils
nous accusent réception le
5 Décembre, nous leur
avons dit que nous ne pouvions accepter la proposition de l'armateur anglais,
comme étant désavanta-
geuse à la Compagnie,
quand même nous n'eus-
sions pas pris des arrangements pour lui procurer
les cafés qu'elles demande,
mais que ces arrange-
ments pris, les marchan-
dises une fois assurées, il
serait préjudiciable à la
Compagnie de lui faire
accepter ces propositions,
pourrait-on apporter au-
cun doute sur la certitude
du succès que nous nous
promettions? Et enfin,
après nous avoir promis de
donner la main à notre
opération, comment et sur
quel fondement Messieurs
de Chandernagor ont-ils
pu prendre sur eux d'arrêter des engagements que
nous leur avons marqué

d'un parallèle si fort en
notre faveur, et que la
vérité leur exposait malgré
eux, enragés des succès
heureux dont toutes nos
entreprises au Bengale
étaient couronnées, n'ont
plus écouté que le démon
de l'envie pour nous tra-
verser, ils ont saisi toutes
les occasions, et c'était
pour arrêter tout le bien
que nous faisions à la Compagnie, ou au moins pour
nous priver de tout éloge
de sa part, qu'ils ont prétendu à une supériorité
qui, si elle leur était cédée
de notre part, nous rame-
nait sous le joug, et nous
eut forcés de nous con-
duire selon leurs docu-
ments, leurs erreurs, et
leurs faux principes. Les
pièges qu'ils nous ont ten-
dus dans leurs lettres, et
les fausses interprétations
qu'ils ont données au sens
des vôtres, en sont des
preuves trop sensibles. Si
nous y enssions eu égard,
nous fussions tombés dans
une foule de contradic-
tions, d'incertitudes et de
doutes, d'où fussent résul-
tés un préjudice notable

ne point convenir aux vrais intérêts de la Compagnie? Dans ces circonstances nous croyons devoir à nous-mêmes et à la Compagnie de protester contre une pareille conduite aussi contraire à l'autorité confiée au Conseil supérieur de Pondichéry, aux vrais intérêts de la Compagnie, à nous-mêmes pour éviter les reproches, les prises à partie, et les recours en nos propres et privés noms, que pourrait exercer la Compagnie contre nous, si nous paraissions donner le moindre consentement par notre silence seul à la Compagnie, pour la mettre à même d'exercer ses prises à partie et recours contre ceux qui ont ainsi entamé et conclu une opération aussi désavantageuse, contre nos ordres, l'esprit des lettres de la Compagnie, et les arrangements plus favorables que nous avions pris.

Mais pour démontrer à la Compagnie, juge de notre conduite, que le seul bien de ses affaires, la seule vue de ses intérêts, ne point convenir aux dans vos affaires, et une perte réelle dans le commerce.

Ils nous font un crime de vous avoir assuré une riche cargaison de Moka pour l'année prochaine, tandis que par toutes leurs lettres ils ne cessent de nous faire les plus vives représentations sur la nécessité qu'il y a de vous en procurer. Les vôtres également, Messieurs, nous faisaient sentir assez combien vous le désiriez, quel autre moyen nous restait-il pour remplir vos vues, sinon de contracter, comme nous l'avons fait, avec des armateurs particuliers? Est-ce parcequ'ils sont anglais que l'on nous en fait un crime? Mais tout le monde sait qu'au Bengale aujourd'hui, on ne peut s'adresser qu'à eux pour faire des entreprises de conséquence ; nous n'avions aucun vaisseau propre pour l'envoyer faire ce voyage de Moka que le *Mery* seul, aujourd'hui la *Concorde*, qui était dans le Gange à notre disposition, mais n'était pas en état d'aller à Moka, sans

nous ont déterminés à projeter le voyage de Moka d'ici-même, conformément à ses ordres, par la lettre du 13 Février 1766, d'y destiner la *Concorde*, et enfin, qu'aucune animosité particulière, aucun intérêt personnel, aucun esprit de contradiction, n'est entré dans le refus que nous avons fait d'accéder aux propositions de l'armateur anglais, et encore aujourd'hui à l'armement conclu à Calcutta, dont nous font part Messieurs du Conseil de Chandernagor, nous déduirons ici tous les avantages qui nous paraissent devoir résulter infailliblement de notre projet, et tous les inconvénients au contraire qui peuvent s'ensuivre de celui de Messieurs de Chandernagor.

1° Toute Compagnie qui subit des pertes énormes, ne peut que se relever que par de gros risques. De ce principe, il s'ensuit que la nôtre doit faire autant que possible son commerce sur ses propres fonds dont elle gagne la grosse, elle ne doit pas même les

y faire un radoub considérable qui eut coûté à la Compagnie 15 ou 20 000 Roupies, c'est ce qui est prouvé par la déclaration que nous en donne dans le temps M. de Champigny, capitaine, que nous fîmes venir au Conseil pour le consulter, il nous en a donné une autre semblable en dernier lieu, signée de tous ses officiers, lorsqu'au lieu de l'envoyer à Mahé, nous projetâmes de l'envoyer aux îles pour y attendre le *Condé*. Devions-nous faire une dépense aussi forte sur un vaisseau qui ne nous appartient pas, et que les Chélibis à Surat ne cessent de réclamer, étant instruits surtout par Messieurs de Pondichéry eux mêmes qui avaient jugé cette affaire, et avaient décidé en faveur de ces marchands, c'est l'avis qu'ils nous en donnent par leur lettre du 25 Juin 1766. Mais, supposons que malgré toutes ces justes considérations, nous eussions passé outre, et que nous l'eussions mis en état d'en faire assurer pour gagner les primes d'assurance, parceque les moindres bénéfices annulés sont les seuls moyens de se relever promptement.

2° Il est constant que presque toutes les marchandises qui se portent à Moka, se tirent de la côte Coromandel, une petite partie de la côte Malabare, et que ces marchandises s'y vendent à bénéfice, surtout les ayant fait fabriquer à l'avance, comme se font celles de la Compagnie. C'est donc un bénéfice que l'armement projeté à Pondichéry devait donner à la Compagnie, et dont elle se trouve frustrée, tandis que par le séjour de ces marchandises dans ses magasins, elle court les risques d'avaries et de perte, et que ses fonds demeurent infructueux.

3° Il est certain que ses subrécargues achètent le café sur les propres fonds de la Compagnie qui se trouvent déjà bénéficiés, les auront au prix de la place de Betelfaqui, c'est

treprendre ce vayage, où étaient les sûretés qu'il ne serait pas arrêté à Moka où les Chélibis ont un crédit singulier auprès du gouvernement? qu'il ne serait pas attaqué dans le golfe par ces mêmes hommes? les anglais eux-mêmes se fussent fait fête de leur prêter la main, ils y sont intéressés, et M. Spencer, ci-devant gouverneur à Bombay, avait dit publiquement que si ce vaisseau paraissait dans ses parages, il se croyait obligé de prêter main forte aux Chélibis, en qualité de protecteur du commerce des sujets du Mogol. Ce discours a été rapporté par M. Martin, employé à votre service, ami particulier de M. Spencer qui était alors à Bombay.

Messieurs de Pondichéry nous font connaitre également leurs justes appréhensions dans la même lettre du 15 Juin 1766, en voici l'extrait :

« Vous verrez sur une « feuille separée le juge- « ment définitif de la *Con-*

donc 40 % de gagné pour la Compagnie qu'on ne peut nous contester, sans parler de la différence des qualités, à laquelle des subrécargues honorés de la confiance de la Compagnie en cette partie, excités par l'amour de la patrie et de la Compagnie, par l'amour de leur propre réputation, et même de leurs propres intérêts, apporteraient toute leur attention, et qu'il importera fort peu à un armateur étranger, et surtout un anglais, qu'elle soit bonne ou mauvaise, assuré qu'il est que telle qu'elle soit, elle sera prise, et qu'aucun des motifs cités en nos subrécargnes, ne peut toucher, que l'intérêt national, au contraire doit engager à nous servir le plus mal possible.

4° Il est de toute nécessité que la Compagnie ait des cafés de Moka, et il n'est que trop fâcheux qu'elle n'ait pu s'en procurer cette année.

Les anglais sentent comme nous cette nécessité, ce qui ne peut point leur « corde, outre cette circonstance, nous avons « des avis que les anglais « de Bombay, sous le nom « du Gouverneur de Surat, « sont déterminés à arrêter « tous les vaisseaux fran- « çais qui paraitiront dans « le Golfe Persique, la Mer « Rouge, en représailles, et « jusqu'à la restitution de « ce bâtiment.

Que peut-on de plus positif que cet article et cet avis pour nous prouver l'imprudence qu'il y aurait d'exposer ce vaisseau dans ces parages ? donc, nous avons agi sagement de ne l'y avoir pas envoyé, la conclusion nous parait aussi simple que juste.

Un peu plus bas et dans la même lettre ils disent : « Nous pensons que dans « toutes ces circonstances, « il ne conviendrait pas « d'exécuter le projet que « vous nous proposez d'ex- « pédier ce bâtiment avec « une cargaison pour l'Eu- « rope, que peut-être d'ail- « leurs sa construction et « sa situation actuelle ne « le permettraient pas sans « des dépenses excessives,

inspirer ce machiavélisme qui fait le principe de leur conduite. Peut-être au moment de voir entre nos mains cette chère cargaison de Moka, nous en priveront-ils encore, en offrant 1 ou 2 % de plus à l'armateur de leur nation, et quel recours notre situation nous donnerait-elle alors, malgé tout le bon droit possible ?

5⁰ Il est de fait, et c'est M. Lagrenée qui nous l'assure pour en avoir été témoins cinq fois consécutives, et c'est de fait, disons-nous, que les cafés achetés à Betelfaqui par les anglais, sont ordinairement de 10 % inférieurs en qualité à ceux qu'achètent nos subrécargues. D'ailleurs ces cafés, se contractant par des particuliers anglais, et non par les préposés de la Compagnie d'Angleterre, sont plus chers au moins de 2 à 3 %, vu que les premiers ne jouissent pas des privilèges que les Compagnies ont obtenus pour ce qui regarde les cafés, nouvelle différence pour la Compagnie d'environ 12 %.

« pour le mettre en état de « l'entreprendre avec sûre- « té.»

Ce paragraphe qui est lié au précédent et qui le suit immédiatement, est inconséquent. En effet, les risques que ce vaisseau avait à courir dans le golfe de Perse, ne sont pas une raison pour imaginer qu'il y avait les mêmes à craindre dans la route pour l'Europe, et ce qui prouve la fausseté du raisonnement, c'est que nous le faisons naviguer en sûreté dans toutes les parties de l'Inde, excepté dans le golfe persique. Mais nous rapportons cet article pour faire connaitre combien ces Messieurs étaient éloignés d'approuver que nous eussions fait des dépenses fortes à ce bâtiment. Pourquoi donc nous blàment-ils ensuite de ne les avoir pas faites, lorsqu'il s'agit du voyage de Moka? Il semble que celui d'Europe eut bien été aussi avantageux à la Compagnie, s'il eut pu se faire. Quelle contradiction de la part de ces Messieurs, mais leurs écritures en sont rem-

6⁰ Ne comptons-nous pour rien l'honneur de faire paraitre un pavillon français dans ces mers et dans une ville aussi fameuse ? Le coup mortel au contraire que porteront à la Compagnie les anglais, en répendant qu'ils nous ont défendu d'y aller, que c'est par grâce qu'ils veulent bien nous vendre à 40 % les cafés qu'ils auront de trop, l'avantage d'y soutenir nos privilèges, de renouveler par nous-mêmes un commerce qui mérite toute l'attention de la Compagnie, puisqu'elle en a désigné les subrécargues, appliqué les fonds, et fixé l'étendue.

7⁰ Enfin, la Compagnie nous demande environ 500 balles de café. Quelle nécessité y a-t-il à lui en contracter plus de 3600 qu'annonce un chargement de 500 tonneaux ?

Nous avons peine à démêler les motifs qui ont pu déterminer une opération aussi avantageuse pour les anglais, et si désavantageuse au contraire à la Compagnie et à la nation.

plies à chaque ligne. C'est l'effet du mensonge et de la méchanceté.

Voici encore une autre de leur lettre à l'appui de ce que nous venons de dire, c'est celle que ces Messieurs vous écrivent en date du 15 Octobre 1766 par le d'*Argenson* à l'article du commerce d'Inde en Inde, où il est dit :

« La frégate le *Duc de*
« *Choiseul* ne paraissant
« pas, et ayant fort lieu
« de craindre qu'elle ne vi-
« enne pas assez à temps
« pour le voyage de Moka,
« nous y suppléerons par
« la *Concorde*, ci-devant le
« *Fezsalam*, c'est à la der-
« nière extrémité cepen-
« dant que nous nous en
« servirons pour éviter tou-
« te insulte et représailles
« de la part de ses vieux
« propriétaires ; les Cheli-
« bis qui, appuyés des an-
« glais, ne manqueront pas
« de chercher à se venger.»

Remarquez bien ces dernières paroles, Messieurs, et voyez vous-mêmes de combien de craintes ces Messieurs se trouvent agités pour exposer ce vaisseau

Voudrait-on persuader à la Compagnie que du Bengale seul dépendent toutes les ressources, que du Bengale seul elle doit attendre le succès du rétablissement? Nous rendrons justice aux avantages du Gange sans les envier, mais il est constant que l'armement proposé est évidemment opposé à ces deux vues, et que le nôtre au contraire, fondé sur l'expérience et la pratique annuelle depuis 40 ans, permettrait ces deux effets.

La crainte du crédit des Chélibis que le sieur Anquetil a cherché à réaliser pour suivre son système, et se rendre nécessaire, a-t-il pû l'emporter sur l'esprit de Messieurs de Chandernagor sur la propre assurance que nous leur avons donnée et répétée de suivre? Ils rendaient donc bien peu de justice à nos lumières et à nos sentiments envers la Compagnie.

Le crédit n'est rien moins que tel qu'on veut nous le faire accroire, et M. Lagrenée est trop au fait du local de Moka, pour ne pas dans les mers de Surat, cependant aussitôt qu'ils apprennent que nous avons conclu notre marché pour le café, et qu'il est décidé que la *Concorde* ne peut pas faire ce voyage, ils se bandent contre nous, désapprouvent hautement nos opérations, crient, tempêtent, protestent, et conjurent la Compagnie de nous prendre à parti, pour avoir fait son bien. Ils oublient tous les chagrins, les inquiétudes, qu'ils nous ont témoignés et décident maintenant avec hardiesse qu'il n'y en avait point, et qu'il devait nous suffire pour en être assurés, qu'ils nous eussent eux-mêmes demandé ce vaisseau, et qu'ils l'eussent destiné pour Moka, comme s'il ne nous appartenait pas autant qu'à eux de veiller à la sûreté du bien de la Compagnie.

Ils vont encore plus loin dans leurs observations à la Compagnie sur la lettre du Conseil de Chandernagor à celui de Pondichéry, en date du 8 Novembre 1766. Leur passion leur faisant perdre la mémoire

en connaitre l'étendue, et ne pas en apprécier le danger beaucoup mieux que le sieur Anquetil et que le Conseil de Chandernagor.

Tels sont les motifs et les raisons sur lesquels, après un mûr examen et une discussion fort étendue, le Conseil supérieur a délibéré et arrêté de continuer et mettre à exécution le projet arrêté par notre délibération du 22 Septembre, folio 16, d'envoyer à Moka la *Concorde*, si elle arrive, ou la frégate le *Duc de Choiseul*, ou tel autre batiment qui nous viendra, avec marchandises que nous avons de prêtes tant ici qu'à Mahé pour la Compagnie, et les fonds destinés par la Compagnie même pour cette opération, protestant tant en notre nom qu'au nom de la Compagnie des Indes de France que le Conseil Supérieur représente immédiatement, contre le marché conclu par le Conseil de Chandernagor, dont il est parlé dans leur lettre du 28 Novembre transcrite en tête de la présente délibération, et contre toutes

sur tout le contenu de leur lettre au sujet des dangers qu'il y avait à courir en faisant paraitre ce vaisseau à Moka, ils ont l'imprudence de vous écrire :

« Nous n'avons jamais « témoigné aucune crainte « de la part des Chélibis « de Surat, ce que nous en « avons marqué au Conseil « de Chandernagor par no- « tre lettre du 18 Juin 1766, « n'était que comme ces « propos vagues qu'on don- « ne pour ce qu'ils valent.»

Voilà bien en vérité accommoder la chose ! c'est-à-dire qu'il n'y a donc aucun fond à faire sur les lettres de ces Messieurs, et que l'on ne doit faire aucun état de tout ce qu'ils marquent, *ce sont des propos vagues que l'on donne pour ce qu'ils valent.*

Par toutes ces contradictions de leur part, Messieurs, par toutes ces inconséquences, par cet esprit envenimé et décidé à vouloir absolument condamner toutes ces opérations, vous pouvez voir quel cas l'on doit faire de tous leurs propos et de leurs écrits, on n'y

les pertes et dommages qui pourraient résulter de ce double voyage, rendant responsables en leur propre et privé nom envers la Compagnie les auteurs du dit marché, renvoyant au surplus à la Compagnie à prononcer sur cette affaire contre laquelle nous ne pouvons qu'opposer nos réflexions et nos protestations.

Fait et arrêté en la Chambre du Conseil Supérieur de Pondichéry les dit jour et an que dessus.

Signé : A Boyelleau, Lagrenée, Abeille, Trémisot, d'Hervilliers, Dulaurens l'ainé, et Yzact.

voit que de l'animosité et de la méchanceté qui ne triompheront jamais sur la vérité qui nous guide, ni sur la droiture de nos intentions.

Entrons maintenant dans l'examen des conditions du marché, et voyons s'il est aussi désavantageux à la Compagnie que ces Messieurs veulent vous le persuader. Voyons si au contraire nous ne lui assurerons pas un bénéfice certain et considérable sans courir aucun risque, sans avance d'argent, et sans craindre d'évènements.

Vous verrez par la copie du contrat passé entre les anglais et nous, qu'ils s'obligent à nous délivrer la cargaison dans nos magasins à Pondichéry, que le café sera de la même qualité que celui que les subrécargues de la Compagnie anglaise ont coutume de lui fournir, bien nettoyé de la poussière et bien net. Après cette convention nous en avons arrêté le prix à 35 Rs. le mans Bengale de 76lvs, ce qui fait 22 sols la livre, la roupie à 48 sols.

En 1756 la dernière cargaison que la Compagnie a reçue de Moka par la *Danaé*, lui revenait à 17 sols la livre, sans y comprendre les frais d'armement, la valeur du vaisseau, qui fait des fonds morts sur lesquels on doit compter les intérêts, la commission du subrécargue de 5 %, et enfin l'assurance qui doit toujours être mise en ligne de compte dans le commerce, quoi-

que l'armateur la gagne lui-même. Nous avons estimé
que tous ces frais réunis et ajoutés au prix d'achat,
font une augmentation de 20 %/o au moins. Suivant ce
calcul, la livre de café coûtait donc à la Compagnie,
rendue à Pondichéry, plus de 20 sols, nous la payons
22, c'est donc 2 sols qu'il coûte de plus; mais pour
balancer ce surplus, que la Compagnie fasse attention
qu'elle ne fait aucune avance, et que ce même argent
qu'elle aurait été obligée d'employer à cette opération,
travaille d'un autre coté, et est employé avantageusement dans les autres branches de son commerce, de
sorte qu'en rapprochant tous ces objets et ces avantages, nous voyons à très peu de chose près que le café
de notre contrat ne reviendra pas plus cher à la Compagnie que si elle l'eut acheté par elle-même sur les
lieux. Où est donc présentement le désavantage pour
la Compagnie? D'ailleurs nous sentions qu'il lui en
fallait absolument, et qu'il était de la dernière conséquence de lui en procurer pour la consommation du
royaume, ainsi que pour augmenter son crédit en Europe, en faisant paraitre à Lorient des vaisseaux chargés et des marchandises pour les ventes. Cette seule
considération eut été capable de nous déterminer à
conclure le marché, qnand bien même la Compagnie
eut dû avoir un bénéfice médiocre, mais nous sommes
persuadés qu'elle en aura un très grand. Tout le monde nous assure qu'elle ne vendra pas ce café moins de
50 sols la livre, et il lui en coûte 22. Il est donc
clair que le profit est très grand, et que nous avons fait
une très bonne opération, donc ces Messieurs ont eu
tort de nous blâmer et de se bander comme ils font à
ce sujet contre nous.

Au reste, Messieurs, c'est de votre décision que nous
attendons toute justice.

ORDRE
DE PAR LE ROI ET LA COMPAGNIE DES INDES
ENVOYÉ PAR M. LAW ET MESSIEURS DU CONSEIL
A CHANDERNAGOR, A MESSIEURS DU
CONSEIL A PONDICHÉRY.

1.

De par le roi.

2.

Et la Compagnie des Indes.

OBSERVATIONS	RÉPONSES

<table>
<tr><td>

OBSERVATIONS

DE MESSIEURS DU CONSEIL

A PONDICHÉRY AU SUJET

DE L'ORDRE CI-CONTRE

DU 1er OCTOBRE 1766.

</td><td>

RÉPONSES

DE M LAW ET DU CONSEIL

SUPÉRIEUR AUX OBSER-

VATIONS.

</td></tr>
</table>

1

Nous n'ajoutons rien aux abondantes réflexions que nous avons déjà faites sur l'emploi abusif de cet auguste nom.

1.

Sur le registre des ordres généraux de la Compagnie au verso du folio 2, est intimé un ordre de par le roi, signé Boyelleau, à l'inspecteur de la douane de la Compagnie, dont les droits même sont suspendus jusqu'à ce jour, d'arrêter les barriques de vin, caisses, etc. Nous croyons que le nom de Sa Majesté était bien plus nécessaire à la tête d'un ordre donné en conséquence d'un sujet aussi intéressant que celui dont il est question dans notre lettre du 1er Août, et fondé sur quantité de plaintes portées à M. Law sur des lettres de M. M. d'Hervilliers et Joannis, ayant séance au Conseil qui était à Pondichéry. Nous croyons aussi que l'ordre de par le roi, était bien plus nécessaire, lorsque M. Boyelleau a forcé le major des troupes à porter les drapeaux chez lui.

2.

Jamais la Compagnie n'a entendu que le Conseil supérieur même à Pondichéry, osât suspendre le cours de la justice dans la moindre affaire dans les

2.

Après la lettre de M. d'Hervilliers qui était lui-même dans le Conseil à Pondichéry, par laquelle il se repent si fort de tout ce qui s'est passé, après

3.

Nous, Jean Law de Lauriston, écuyer Chevalier de
l'ordre royal et militaire de St. Louis, Colonel d'infanterie, Commissaire du roi, Gouverneur et commandant général des Etablissements français dans l'Inde, et
président de tous les Conseils y établis.

sièges inférieurs, au contraire elle enjoint par toutes ses lettres de la rendre prompte, brève et d'exécuter les jugements sans aucune considération des temps et des lieux.

la lettre de M. Joannis qui était aussi dans le Conseil, M. Law, commissaire du Roi, commandant général, et président du Conseil supérieur, pouvait-il se dispenser d'envoyer, conjointement avec le Conseil, un ordre de par le Roi et la Compagnie pour suspendre la procédure contre les officiers, et M. du Petival, Conseiller? Son devoir l'y forcait, il encourait par son silence l'indignation du Roi et de la Compagnie. D'ailleurs, par la lettre du 1er Août qui accompagnait l'ordre, il est dit que la suspension ne regarde que ces deux affaires.

3

3

Tous ces titres et qualités que nous respections infiniment, qui honorent celui qui en est revétu, n'ont rien de commun avec le but que se sont proposés les auteurs de l'ordre insolite qui va suivre. La qualité de commissaire du Roi, n'étant que pour la reprise de possession.

Quand même M. Law n'aurait eu par devers lui que sa commission de commissaire du Roi, M. Boyelleau et les autres Messieurs du Conseil savaient que M. Law avait des instructions de Sa Majesté relatives à son commissariat, et qu'elles roulaient même sur d'autres objets que ceux de la simple reprise de possession, puisque les lettres de la Compagnie qu'ils avaient entre les mains, en font mention; ils en ignorent le contenu, mais M. Law n'était obligé de les leur communiquer qu'autant qu'il aurait crû nécessaire pour le bien des affaires. Ces Messieurs ne devaient-ils pas respecter les instructions du Roi? Dans l'incertitude où ils étaient, comment ont-ils pu fixer

des bornes à son commissariat, et pour le temps et
pour les objets? Comment peuvent-ils avancer qu'ils
n'étaient pas obligés de lui obéir en sa qualité de
commissaire du Roi? Ce titre seul ne comprend-
il pas le droit de commander? A ne parler ici
que de ce qui regarde scrupuleusement les reprises
de possession, M. Law ne pouvait-il pas avoir besoin
des lettres de la Compagnie qui pouvaient l'éclairer,
le décider sur des objets de dispute, soit vis-à-vis des
anglais, soit vis-à-vis des gens du pays; on les lui a
refusées net, cependant. N'avait-il pas le droit de donner
des ordres par rapport à tous les militaires de l'Inde,
selon que les affaires des reprises de possession auraient paru l'exiger? Comment donc ces Messieurs
pouvaient-ils prétendre qu'on n'était pas obligé de lui
obéir en sa qualité de commissaire? Comment M. Law
pouvait-il remplir sa mission, non seulement vis-à-vis
des anglais et des gens du pays, si sa propre nation
dans l'Inde était en droit de refuser ses ordres? Ceci,
au reste, n'est qu'une contradiction de la part de ces
Messieurs, car on verra par l'article de leurs remarques sur notre lettre du 1er Août, qu'ils reconnaissent
qu'ils étaient obligés d'obéir à M. Law, du moins en
sa qualité de commissaire du roi pour les reprises de
possession. Effrayés de ce qu'ils ont osé avancer dans
leur lettre en apostille du 1er Juillet 1766, on voit des
gens qui cherchent des faux-fuyants pour se dérober à
la punition que mérite leur témérité; ils avaient d'abord
déclaré que M. Law n'était pas commissaire du roi,
même à compter du changement de l'administration de
la Compagnie, et ce sont en effet les seuls sentiments
qu'ils ont fait connaitre à M. Law et à nous, depuis
l'arrivée du d'*Argenson*, aussi avons-nous été bien surpris de trouver ici qu'ils reconnaissent du moins M.
Law pour commissaire du roi. L'article de notre lettre
du 1er Août les a épouvantés, ils n'ont pas jugé à propos d'y répondre

4.

En vertu des pouvoirs à nous donnés pas Sà Majesté, et pour nous conformer spécialement à ce qui est dit dans nos commissions et instructions.

5.

Et nous le Conseil Supérieur, actuellement résidant à Chandernagor.

4.

Nous n'avons point eu connaissance des instructions de M. Law, et nous ne connaissons que ses commissions, mais nous sommes certains que Sa Majesté ne lui a point permis de s'opposer au cours de la justice en suivant son libre arbitre, sans connaissance de cause, et qu'il n'a point la voix prépondérante en matière telle que l'affaire du sieur Petival, ou celle des officiers.

5

Le roi seul pouvant changer le siège de ses cours. Comment se peut-il que le Conseil Supérieur soit tantôt résidant à Chandernagor, tantôt à Pondichéry, en un mot qu'il suive le séjour du commissaire du roi, du commandant général? N'est-ce pas renverser les formes essentielles sans lesquelles le bon ordre n'existe plus, les substituer au pouvoir arbitraire, pour qui l'autorité du prince n'est qu'un ins-

4.

Ces instructions sont du roi et de la Compagnie, M. Boyelleau savait qu'elles existaient, il devait les respecter, l'incertitude de ce qu'elles pouvaient contenir devait le retenir. Par les commissions et les instructions, M. Law est chargé de maintenir l'ordre, dès l'arrivée parmi les sujets de Sa Majesté; il n'a d'ailleurs rien fait de son libre arbitre, et n'a agi que conjointement avec le Conseil supérieur qu'il présidait.

5

Le roi seul peut changer le siège de ses cours, mais à 6000 lieues del a patrie, il peut arriver bien des évènements où une cour, un Conseil supérieur d'administration peut être forcé de se transporter pour un temps hors du lieu fixé pour son siège, sans attendre un ordre de Sa Majesté. M. Law était maître de ses opérations, pour ce qui concernait son commissariat, il a crû devoir avoir avec lui au Bengale le Con-

6.

En conséquence des motifs spécifiés dans notre délibération de ce jour,

7.

Faisons par ces présentes exprès commandement au
sieur Boyelleau, commandant par intérim à Pondichéry,

trument qu'il ose employer ou rejeter suivant ses intérêts.

seil supérieur d'administration; d'ailleurs il était forcé de l'avoir avec lui pour plus de sûreté dans ses opérations, et pour obéir aux ordres de la Compagnie qui veut que le Conseil Supérieur soit consulté pour tout ce qui la concerne, et qui déclare que le commandant et le Conseil que M. Law aura laissés à Pondichéry à son départ pour le Bengale, seront tenus de suivre ses ordres et ses instructions. Si M. Law n'avait pas eu le Conseil Supérieur avec lui, il eut fallu donc que ce Conseil Supérieur restant à Pondichéry, lui eut été soumis, il eut fallu que M. Law eut été ce que M. Boyelleau veut nommer despote, c'est un titre que M. Law est bien éloigné de rechercher, il y a trop de risques à un particulier comme lui de le porter. Si on soutient que le Conseil supérieur restant à Pondichéry, devait avoir l'autorité sur M. Law, quelle sûreté pouvait-il avoir pour les opérations dont il était chargées, vis-à-vis des anglais, du Nabab, des marchands, des créanciers, tant par les instructions du roi que par celles de la Compagnie? Le Conseil Supérieur aurait pu d un seul mot tout annuler.

6.

Si ces motifs ne sont que les faux raisonnements que Messieurs de Chandernagor répètent dans toutes leurs lettres, ils dénotent la fausseté de leurs prétentions.

7.

Ces termes "exprès commandement", consacrés au

7.

Sa Majesté a bien voulu confier son autorité au Con-

et aux Conseillers composant le Conseil en la dite ville,
de susprendre toute poursuite contre les officiers militaires et tout autre, nommément contre le sieur Petitval,
Conseiller, jusqu'à notre retour en la dite ville de Pondichéry, défendons expressément aux dits sieur Boyelleau et Conseillers, composant le Conseil à Pondichéry,
de faire embarquer de force pour l'Europe, aucun des
dits officiers, et le sieur Petitval, ni aucun autre, jusqu'à
ce temps, nous réservant la connaissance et le jugement
des divers griefs, accusations et innovations, survenus
depuis notre départ de Pondichéry.

style des lettres de jussice sont insolites, déplacés et attentatoires à l'autorité royale, dans la bouche d'un tribunal même supérieur. Serait-ce ignorance chez Messieurs du Conseil de Chandernagor, elle serait bien peu. . . . . à leur système de supériorité? Nous aimons mieux croire qu'ils s'égarent dans les conséquences, comme ils se sont abusés dans les principes.

seil supérieur, du reste, dans nos lettres, dans nos ordres, nous espérons qu'elle verra clairement par toute notre conduite, que cela s'est fait par inadvertance, au lieu que nous sommes assurés qu'elle verra tout aussi clairement par la conduite de M. Boyelleau et des Conseillers qui étaient avec lui, qu'ils se sont étudiés à trouver des moyens pour autoriser leur désobéissance aux ordres de Sa Majesté et de la Compagnie.

8.

8.

Nous avions toujours pensé que des actes qui émanaient de l'autorité du roi, ne pouvaient être annulés que par une volonté expresse du roi, légalement manifestée, mais aujourd'hui qu'un tribunal qu'une fausse idée de supériorité éblouit ose annuler des actes judiciaires et prétendre ouvertement au droit de révision et de correction, qui n'ap-

La supériorité du Conseil qui était à Pondichéry pendant le séjour de M. Law au Bengale, étant renversée, puisque ce Conseil était obligé de suivre ses ordres et instructions, tout ce beau raisonnement tombe de lui-même, ces citations si savantes tournent à la confusion de ceux qui les ont faites.

partient qu'au juge souverain, c'est vraiment un attentat auquel nous pouvons appliquer ces augustes paroles du premier Parlement de France: le cours ordinaire de la justice est interrompu, les formes essentielles violées, les coupables enhardis, les juges avilis, intimidés, traver-

sés, et même réduits à l'inaction, que nous voyons s'élever avec une domination arbitraire qui ne reconnait ni lois ni magistrats.

9.

Supposons pour un instant le Conseil de Chandernagor au dessus même d'une cour souveraine à cause de la présence du commissaire du roi, (car un pareil ordre annonce évidemment cette prétention de leur part), nous leur opposerions l'ordonnance générale de Clotaire, qui veut que les ordres qui auraient été surpris de lui pour opposer son autorité à celle de la loi, soient de nulle valeur, et ordonne

9.

L'autorité du Conseil supérieur qui était avec M. Law à Chandernagor, est fondée sur les ordres du roi et de la Compagnie, sur sa formation à Karikal, son transport à Pondichéry, et de là au Bengale avec le commissaire du roi, commandant général, commissionné par le roi, président du Conseil supérieur, sur les nouvelles commissions du roi, entre les mains des membres de ce Conseil.

que toute autorité conforme à la justice et à la loi, soit à tous égards inébranlable, et ne puisse être postérieurement éteinte par autre autorité suscitée contre la loi. Ainsi parlaient encore les Charles le Chauve, le Philippe de Valois.

10.

Nous leur répondrions d'après Charles V, vos lettres sont injustes, subreptices et iniques, ainsi, nous les regardons comme obtenues et impétrées par im-

10.

C'est à M. Boyelleau et à ses adhérents à prouver comment ces ordres, ces commissions, sont injustes, subreptices, impétrés par importunité. Le Conseil

portunité, inadvertance, et contre vos propres consciences. Nous répondrions avec Charles VII, vos lettres sont inciviles et déraisonnables, et n'y pouvons obéir, nonobstant celles, nous ferons justice, raison, punition et correction de crimes.

11.

Se retrancheraient-ils à un système d'égalité, nous les confondrions par cet axiome incontestable par-niparens non habet imperimu.

12.

Les innovations prétendues faites à Pondichéry depuis le départ de M. Law, ne sont autre chose que la réforme et le retranchement des abus énormes qui s'étaient élevés dans les derniers temps, et dont l'air contagieux n'était pas encore dissipé, abus que M. Law, lui-même, dit dans sa lettre du 8 Mars 1766, avoir remarqué à son apparition momentanée à la cô-

Supérieur ne peut retorquer l'argument, puisque le président même du Conseil qui était à Pondichéry, n'a aucune commission, même de consulter, il n'a pas même prêté serment de fidélité, aussi s'est-il crû sans doute dispensé de servir fidèlement.

12.

C'est à la Compagnie à décider, sur toutes les plaintes portées, s'il y a eu d'autres innovations faites à Pondichéry que celles qui devaient être faites. Mais, n'est-il pas singulier que M. Boyelleau veuille blâmer le départ précipité de M. Law pour le Bengale, départ que la Compagnie recommandait comme la chose la plus pressée, et que ce commandant regar-

te, abus qu'il recommande d'extirper en profitant de l'intérim de M. Boyelleau, abus qu'il aurait peut-être dû lui-même réformer avant de passer au Bengale si précipitamment, abus enfin que la Compagnie, dans toutes ses lettres, ne cesse de prescrire et de nous ordonner la prompte guérison des maux qu'ils ont causés.

dait comme le point le plus essentiel de sa mission vis-à-vis de la Compagnie, pour lui faire avoir des cargaisons. M. Boyelleau est comme ces gens qui ne voient absolument que le cercle étroit qui les environne, et ne s'intéressent qu'à ce qui les touche de plus près. M. Boyelleau, après tant d'années de service, devait-il ignorer que le Bengale est ce qu'il y a de plus intéressant pour le commerce de la Compagnie? Non sans doute, mais lorsqu'on veut tout critiquer, il ne faut pas faire attention à ce qu'on sait. D'ailleurs, M. Boyelleau et les Messieurs de son Conseil n'ont jamais eu qu'une connaissance très superficielle du Bengale, qui même aujourd'hui est absolument fausse par les changements qui sont arrivés. Quels intérêts pouvaient-ils prendre aux affaires d'un pays qui leur est tout-à-fait inconnu.

13.

Ces termes "nous réservant la connaissance et le jugement", ne conviennent point même dans la bouche d'un tribunal même supérieur; ils forment l'essence des lettres d'évocation qui ne peuvent émaner que du trône même; encore les rois en-

A entendre M. Boyelleau et son Conseil, ne dirait-on pas que l'édit du roi.... primo occupanti, le Conseil supérieur transporté avec M. Law au Bengale, a toujours crû que ces pièces précieuses ne pouvaient être employées que par les personnes autori-

joignent-ils aux magistrats de ne les enteriner qu'avec connaissance de cause, chargeant leur conscience de l'abus qu'on ferait de leur bonté ; pour les impétrer ici, un présidial, un Conseil subordonné, sans édit particulier, qui convient de sa propre insuffisance, en empruntant le cachet du commissaire du roi, ose évoquer à sa connaissance et à celle du commissaire du roi, des jugements et des arrêts d'une cour souveraine munie de son édit de création et des sceaux du prince. Quelle anarchie ! Quel renversement des lois ! Quel abus des titres et des termes !

sées par leurs commissions, surtout l'orsqu'il se trouve présent dans l'Inde un commandant commissionné par le roi, président du Conseil Supérieur, qui, quoiqu'ayant son siège fixe à Pondichéry, est véritablement le Conseil Supérieur de l'Inde Française ; il a tonjours crû que le commandant laissé à Pondichéry, ne pouvait se servir de ces pièces qu'avec permission de ce président, commissionné du roi. M. Law pouvait emporter avec lui ces pièces, et les aurait certainement emportées, s'il s'était imaginé qu'on put en abuser, il ne les a laissées à Pondichéry que pour ne leur point faire courir de risques, et

parcequ'il comptait retourner bientôt à Pondichéry. Un simple commandant par intérim qui n'a pas prêté serment de fidélité, qui n'a pas même une commission de Conseiller, puisque toutes les anciennes ont été annulées, ose se servir des sceaux de Sa Majesté sans la permission du commandant général de la nation, président du Conseil Supérieur, commissionné par Sa Majesté, qui se trouve présent dans l'Inde, et qui s'est absenté de Pondichéry que pour employer les ordres de Sa Majesté et de la Compagnie. Il ose se servir de ces sceaux contre ce même commandant auquel il lui est ordonné par le roi et la Compagnie d'obéir, et dont lui

14

Enjoignons aux sieur Boyelleau et Conseillers au dit
Conseil à Pondichéry, de se conformer aux ordres et
défenses ci-dessus, et de maintenir la paix et la tranquillité à Pondichéry.

et son Conseil doivent suivre les instructions. C'est bien ici que l'on peut dire avec raison, quelle anarchie ! Quel renversement des lois !

14

Tel est l'effet ordinaire des principes abusifs, de les trouver continuellement en contradiction avec eux-mêmes et le devoir. Il n'appartient sans toute qu'au Conseil de Chandernagor de concilier le moyen de maintenir la paix et la tranquillité, avec les ordres de suspendre toute poursuite, et la défense de faire embarquer des séditieux et des perturbateurs du repos public, des révolutionnaires ; quant à nous, nous ne savons que suivre les ordonnances et en appliquer la sévérité, suivant l'exigence et la gravité des cas.

14

Pour répondre à cet article, nous prions la Compagnie de vouloir bien faire attention aux lettres de M.M. d'Hervilliers et Joannis qui étaient au Conseil à Pondichéry, elle décidera si en presence de pareilles pièces et nombre d'autres plaintes, M. Law et le Conseil supérieur n'étaient pas en droit et même obligés d'ordonner la suspension de procédure contre les officiers et le sieur Petival, ainsi que leur départ. Au reste, Messieurs de Pondichéry pour leur sûreté, pouvaient s'assurer des personnes dont ils avaient lieu de se plaindre, soit par les arrêts, soit par la prison,

précaution qu'ils paraissent avoir prise avec assez de rigueur.

15

Notre conduite différente serait un violement du serment que nous avons fait, et dont nous ne pouvons nous excuser sans crime.

16

Le tout sous peine de désobéissance formelle aux ordres du roi et de la Compagnie.

17

D'être responsables en leurs propres et privés noms.

18.

Même de punition plus sévère.

16

En supposant le système
de Messieurs du Bengale
fondé, c'est tout ce qu'ils auraient dù dire en fait de
commissatoire.

17

Mais ce qu'ils ajoutent est
une usurpation des droits,
une extension forcée, une interprétation des peines de
la prétendue désobéissance, indécente même, hors de
propos et d'application. Car, est-ce la Compagnie qui
demandera d'elle-même ces dépens et dommages intérêts?
Elle n'est sùrement pas lésée par le renvoi de ses serviteurs prévaricateurs et insubordonnés. Serait-ce le
particulier qui poursuivrait ces dommages intérêts?
Admettant pour un instant que le Conseil de Pondichéry,
supérieur ou non, ait mal jugé, il n'en résulterait pas le
moindre dommage intérêts contre lui, il faudrait juger
d'abord qu'il ait jugé contre les lois, et puni dans les
biens et la fortune, car si en jugeant contre les lois, il a
flétri l'homme, la compensation de l'intérèt avec cet
homme que demanderait l'innocent, serait déshonorante,
et la justice supérieure et souveraine s'écrieait personnellement contre de pareils juges.

18.	**18.**
Nous ne connaissons point de peine plus sèvère que ne serait le remords de nos consciences, si nous avions le malheur de prévariquer dans nos char-ges. Les rois eux-mêmes	M. Boyelleau et son Conseil reconnaissent dans cet article M. Law, quoi-que transporté à Chander-nagor, comme président du Conseil supérieur.

n'ont jamais usé de pareille menace, en parlant à leurs
cours et aux juges, et en vérité, il est incompréhensible
que M. Law et le Conseil prétendu supérieur de Chandernagor s'y avillissent à ce point dans la personne d'un

20

Pour quoi nous avons donné ces présentes signées de
nous, Commissaire du roi, président, et de nous, Conseillers au Conseil Supérieur, établi pour le présent à
Chandernagor, lesquelles sont contresignées par nos
secrétaires, et auxquelles nous avons fait apposer les
cachets, tant des armes de la Compagnie que de celles
du commissaire du roi, en notre hôtel à Chandernagor,
l'an 1766, le premier jour d'Août. Signé : Law de Lauriston, Renault, F. Nicolas, de la Brêtêche, Sinfray,
Roland, Chevalier, Fromaget, Conseillers pour l'administration civile.

Conseil, dont le premier a l'honneur d'être membre et président, et les autres d'être membres et confrères.

19.

C'est la seconde fois que nous voyons nn Commissaire du roi expliquer tyranniquement le terme de communicatoire de désobéissance, dont le prince lui-même se réserve l'interprétation et l'application, aux juges légitimes et compétents par eux établis. Aurions-nous à craindre les mêmes conséquences que nous avons déjà éprouvées, et dont nous ressentons encore les plaies? C'est à la Compagnie à apporter le remède, avant que le mal ait empiré.

19.

S'il nous fallait répondre à toutes les sottises et injures dont les écrits de ces Messieurs sont semés si gratuitement, cela nous mènerait trop loin, nous aimons mieux garder le silence, et abandonner aux auteurs la honte de les avoir produits. Ceci servira de réplique à l'article, et à nombre d'autres de même genre.

20.

Voilà la prééminence de M. Law divinisée par un Conseil qui se prétend supérieur. Sans cette signature du commissaire du Roi, sans ce cachet de M Law, et le contreseing de son secrétaire particulier, la cour, prétendue supérieure de Chandernagor, aurait donc regardé comme invalides et nulles ces prétendues lettres de jussice.

21.

Voilà donc cette cour soi-
disant qui abandonne le
sanctuaire de la justice, le
lieu destiné à prononcer
ses arrêts, transporte son
siége, ses pouvoirs à l'Hotel de son président et sacrifie la liberté des suffrages à l'adulation et à la faveur. Sur quoi sont donc
fondées vos craintes et vos
alarmes, illustres cours souveraines de la France, lorsque Sa Majesté qui vous
préside, indivisiblement à
toutes, par l'influence et
l'émanation de sa propre
autorité qu'il vous a confiée, au nom de laquelle
vous prononciez vos arrêts
et vos jugements, vous appelle au pied de son trône?
En vain vous craignez que
la justice, hors de son tem-
ple, ne soit intimidée et
réduite au silence. Le soi-
disant Conseil supérieur de
Chandernagor, dont les
droits sont par conséquent
égaux aux votres, comme
juge, et qui en outre comme administrateur jouit de
prérogatives plus étendus,
ne craint point de sembla-

21.

De tout temps le Conseil
s'est tenu à Chandernagor
à l'hotel de la Direction,
qui par là pouvait bien se
nommer l'hotel du Conseil,
il s'est même presque toujours tenu à l'hotel du gouvernement. A l'arrivée de
M. Law au Bengale, il n'y
avait aucune maison à la
Compagnie, M. Law eut à
en louer une pour se loger,
où se tenait le Conseil,
toujours dans la salle, parceque c'était l'endroit le
plus commode, on y met-
tait des pions pour écarter
ceux qui auraient pu en
approcher. Le Conseil se
tient aujourd'hui au gou-
vernement, dans une cham-
bre qui lui est uniquement
réservée. Y aurait-il quelque chose de surprenant
qu'un secrétaire se trom-
pât, et eut « écrit eu notre
hôtel » au lieu de la Chambre du Conseil supérieur?
Mais, M. Boyelleau, si soi-
gneux d'observer les règles,
que répondra-t-il lorsqu'on
lui dira que dans le temps
même qu'il y avait à Pon-
dichéry une chambre uni-

bles dangers. Il souscrit aveuglément dans l'hotel de son président à un acte violent et contraire aux lois, il reconnait humblement l'invalidité de son autorité sans celle de son président.

quement destinée pour le Conseil, il le fait assembler chez lui-même plusieurs fois? Etait-ce pour sacrifier la liberté des suffrages à l'adulation et à la faveur? L'exclamation pourrait avoir place ici à juste titre. Nous aimons mieux croire cependant que la force de la vérité se faisait quelquefois sentir à M. Boyelleau qui, persuadé intérieurement qu'il ne présidait qu'un Conseil subalterne, s'en croyait moins sujet aux formalités. M. Boyelleau fait entendre que M. Law sacrifiait la liberté des suffrages, on en jugera par les délibérations prises de son temps, on n'y verra certainement point qu'il ait été jamais assez hardi pour forcer les Conseillers à opiner tout d'un coup et sans sortir de place, ce que M. Boyelleau a fait plusieurs fois, entr'autres le 20 Septembre, lorsqu'il s'agissait de délibérer sur une affaire aussi importante qu'il ne fut jamais.

22.

Quel concert, hélas! dirons-nous avec un Parlement de France, que celui qui ferait d'un magistrat particulier, dépositaire comme tous les autres de l'autorité confiée solidairement à tous, un despote dangereux, en concentrant l'autorité des Conseils supérieurs ou provinciaux dans la personne de celui qui les préside. Il faut qu'il soit instruit de tout, rien ne se pourra commencer, continuer, s'achever, s'il n'en est prévenu, s'il ne l'approuve, s'il ne l'autorise, s'il ne persiste à l'approuver, à l'autoriser.

24.

Par le Conseil, signé, Sainfray.

23.

Les termes vagues de
bien du service, de main-
tien de l'autorité, de grandes et importantes considérations, dont ce président sera seul l'interprète et le juge,
seront dans sa bouche des motifs imposants auxquels
il faut obéir. Lui seul est supposé avoir des lumières,
plus de zèle, plus d'amour pour la justice, que les Conseils entiers. Non, un pareil mouvement n'est pas
l'ouvrage de la sagesse, du roi, ni de la Compagnie.

<table>
<tr><td>24.</td><td>24.</td></tr>
</table>

L'omission de Supérieur par le sieur Sainfray, est un effet de la force de la coutume et du droit, qui est toujours transcendante, malgré les innovations, les fausses prétentions, et les interprétations qu'on emploie pour la combattre et l'anéantir.

M. Boyelleau s'est aussi laissé aller, ainsi que M. Sainfray, à la force du droit, car il a oublié dans le régistre de faire mettre "du Conseil supérieur" à la clôture de ses observations, ainsi, par la force du droit, selon lui, il ne trouvait aucun Conseil supérieur, soit à Pondichéry, soit à Chandernagor.

Fait en la chambre du Conseil à Pondichéry, le 1er Octobre 1766. Signé:
A. Boyelleau, Lagrenée, Trémisot, Abeille, Dnlaurens l'ainé, d'Hervilliers, Yzact.

Copie de la lettre du Conseil supérieur a Chandernagor, présidé par M. Law, en date du 1er Aout 1766, a Messieurs du Conseil a Pondichéry.

1.

Messieurs du Conseil établi par M. Law à Pondichéry, pour gérer les affaires en son absence.

2.

Il est bien triste que par un entêtement mal placé, vous nous forciez à passer en dispute un temps précieux, et à sacrifier les affaires les plus essentielles à

OBSERVATIONS DE MES-
SIEURS DU CONSEIL A PON-
DICHÉRY, PRÉSIDÉ PAR M.
BOYELLEAU, A LA LETTRE
CI-CONTRE, EN DATE DU
10 OCTOBRE 1766.

RÉPONSES AUX OBSERVA-
TIONS CI-CONTRE, DU 16
MARS 1767.

1.

Ce titre mis à dessein est bien différent de celui dont le Roi et la Compagnie nous ont honorés, aussi peut-on le regarder comme une puérilité méprisable, et les termes "d'établi par et en son absence" prouvent que M. Law se prétend un droit de créer des Conseils, et de gérer seul les affaires de la Compagnie. Approuvera-t-elle l'accession du Conseil de Chandernagor?

1.

M. Law était en droit à son arrivée dans l'Inde de former le Conseil supérieur, à plus forte raison, celui qu'il laissait à Pondichéry, composé seulement de trois membres détachés du Conseil supérieur. En suivant l'esprit des ordres et des instructions de la Compagnie, ce Conseil était chargé de suivre les instructions de M. Law, et par conséquent, n'était véritablement que pour gérer les affaires, non de l'Inde entière, puisque M. Law y était présent, mais de Pondichéry et des comptoirs que M. Law laissait sous les ordres de ce Conseil. Il devait aussi rendre compte exactement à M. Law de toutes les opérations importantes, comme ont fait M. Nicolas et son Conseil, d'ailleurs M. Law ne faisait rien par lui-même, il avait avec lui le Conseil supérieur.

2.

Il n'est point étranger aux affaires et aux intérêts de la Compagnie de tenir tous ses sujets dans la subor-

une mauvaise humeur qu'il parait que vous avez contractée depuis l'arrivée du d'*Argenson*.

M. Law était bien loin de penser qu'il dût un jour faire valoir son autorité et celle du Conseil auquel il préside, contre des personnes qu'il devrait supposer plus portées à l'aider dans ses opérations, qu'à le traverser et qui d'ailleurs, ayant connaissance des commissions dont il est porteur, ayant pris lecture des ordres et instructions qui lui ont été remis en partant, ainsi que de plusieurs lettres qu'il a reçues depuis son arrivée dans l'Inde, devraient être mieux instruites qu'il ne parait qu'elles ne le sont des intentions de la Compagnie à son égard. Vous vous y êtes cependant conformés, Messieurs, pendant 6 à 7 mois, mais il parait que vous avez oublié depuis ce que ces lettres et ces instructions contiennent, nous allons vous rafraichir la mémoire.

dination, et Messieurs de Chandernagor ayant persisté dans un système de supériorité opposé aux ordres mêmes de la Compagnie, nous avons été obligés de les réprimer de leurs écrits. Nous croyons n'avoir jamais mêlé de l'humeur dans nos lettres au Conseil de Chandernagor depuis l'arrivée du d'*Argenson*, elles nous ont été dictées par celles même que nous avons reçues de la Compagnie par ce batiment, et elle en décidera par la lecture de nos correspondances.

S'il y a eu quelque changement dans le style, Messieurs de Chandernagor devraient être persuadés que nous y étions autorisés par les ordres de la Compagnie. Ce reproche d'ailleurs ne peut tomber sur nos lettres actuelles, puisque depuis le commencement jusqu'à ce jour le Conseil Supérieur de Pondichéry a toujours ainsi timbré avec droit ses délibérations ; Ordonnances et arrêts.

<table>
<tr><td style="text-align:center">3.</td><td style="text-align:center">3.</td></tr>
</table>

La Compagnie décidera pareillement si le Conseil supérieur n'a jamais traversé M. Law dans aucune occasion, et si nos lettres, nommément celle du 25 Mai qui parait avoir le plus piqué M. Law, peuvent avoir troublé le bon ordre et la paix.

Pour prouver ce fait, il suffit de rapporter les ordres et les instructions donnés au sieur Beylié par M. Boyelleau, le refus de reconnaitre M. Law comme commissaire du roi et de lui obéir sous quelque titre qu'il put avoir, d'où le discrédit total tant vis-à-vis des anglais qu'auprès du Nabab, le refus fait à M. Law de lui envoyer des copies exactes des lettres de la Compagnie, dont il avait besoin, ne pouvant se décider sur des extraits fautifs tant sur les emprunts que sur des sujets encore plus graves, puisqu'il s'agissait de la justice, le refus de lui donner connaissance de ce qui se passait soit à Pondichéry, soit dans les autres comptoirs.

4.

Pour nous entendre désormais clairement, et ne point disputer sur des mots, nous vous déclarons ici, Messieurs, que lorsque nous avons dit dans nos précédentes "le Conseil de Chandernagor," en parlant de nous, nous avons entendu simplement les Conseils qui se trouvent aujourd'hui établis dans l'un et l'autre endroit, et non le vrai Conseil de Pondichéry ou de Chandernagor. Il n'y a point à proprement parler de Conseil de Chandernagor, le seul Conseil de Pondichéry subsiste, dont le président et les principaux membres ont été transportés avec M. Law au Bengale, et dont une partie a été laissée à Pondichéry. Ne pouvant nous imagiuer qu'il vous vint jamais l'idée de contester notre supériorité, établie sur les preuves les plus évidentes, nous étions dans la bonne foi, nous nous sommes donc servis de l'expression usitée de tout temps dans les correspondances, ne croyant pas qu'elle put tirer à conséquence.

Aujourd'hui que vous parlez en maitres, il faut bien mettre les points sur les i, pour ne point flatter cette disposition que vous avez à tourner tout à votre avantage.

Nous sommes donc, Messieurs, le Conseil supérieur, fondé snr l'édit de création, établi par M. Law à Karikal, passé de là à Pondichéry avec M. Law, et de là transporté avec M. Law au Bengale pour le rétablissement de l'administration générale. En voici les preuves.

4.

On ne peut pas donner d'exemples plus clairs d'une véritable dispute de mots, que les ingénieuses défiinitions do Messieurs de Chandernagor, il est fâcheux que la Compagnie n'ait pas connu une idée aussi nouvelle, et qu'elle ait adressé ses lettres au

4.

La Compagnie pouvant adresser ses lettres au Conseil supérieur à Pondichéry, quoiqu'il fut ambulant puisque toutes ses lettres pour M. Law, qu'elle savait devoir être absent pour quelque temps, sont adressées à Pondichéry.

Conseil supérieur à Pondichéry, tandis qu'il est encore en ambulance à la suite de M. Law.

5.

Parler en maitres et parler de la part de ses maitres, sont deux choses bien différentes, quoique permises toutes deux au Conseil supérieur à Pondichéry par la Compagnie. Nous n'avons employé la première façon de parler que lorsqu'il a fallu pour le bien des affaires, mais nous sommes obligés de porter les ordres de nos supérieurs sans considération des lieux et des personnes.

6

On doit aussi observer cette expression connue en ces termes : le seul Conseil de Pondichéry subsiste, dont le président et les principaux membres ont été transportés avec M.

6

M. Law est commissionné par le roi, président du Conseil supérieur, il emmenait avec lui M. de Surville, qui, selon les ordres de la Compagnie, était son second dans l'Inde, siége-

La Compagnie, par ses instructions en donnant l'autorité principale au Conseil supérieur que M. Law doit consulter en toutes occasions tant soit peu importantes, déclare positivement que le Conseil qu'il aura établi à Pondichéry, sera chargé d'exécuter les instructions qu'il pourra lui donner à son départ pour le Bengale, dans lesquelles M. Law était maître d'insérer tout ce qu'il aurait jugé à propos pour le bien du service.

Law au Bengale ; afin que la Compagnie ne croie pas qu'en effet M. Law ait amené avec lui les principaux membres du Conseil de Pondichéry à Chandernagor, il n'avait avec lui sur le *Praslin* que les sieurs Roulant et Sainfray, ce dernier a reçu des provisions de Conseiller à son départ de Paris en Mars 1764, et le premier les a reçues de M. Law en février 1765, voilà ce qu'on appelle les principaux membres du Conseil supérieur qui passe au Bengale.

ant immédiatement après lui dans tous les Conseils, qui de plus avait des commissions du roi, non seulement de commissaire, mais aussi de commandant général et de président du Conseil supérieur en l'absence de M. Law, (et cette absence de l'Inde, et non pas simplement de Pondichéry.) Il emmenait avec lui M. M. Rouland et Sainfray, et voulant tous deux commissionnés, le dernier à la vérité n'avait jamais fait partie de l'ancien Conseil, parcequ'on lui avait fait des passe-droits, comme la Compagnie l'a reconnu, puisquelle a bien voulu lui donner le rang sur M. Rouland qui était Conseiller avant la perte de Pondichéry, comme il est prouvé par le tableau de 1759. M. Law ne laissait à Pondichéry que M. Nicolas seul, ancien Conseiller, avec M. M. Dulaurens et Petitval, qu'il venait de faire recevoir. Ainsi, très certainement, M. Law emmenait avec lui la tête et les principaux membres du Conseil supérieur.

7.

Donner des instructions ou des ordres, suivre les instructions que M. Law laissera au Conseil supérieur de Pondichéry, et être subordonné à M. Law, dépendre de sa présence pour les affaires, sont en-

Avec de pareilles explications, on peut tout éluder. Ce que M. Law a reçu du Roi et de la Compagnie, en partant d'Europe, n'a pour titre qu'instructions. Que penserait-on de lui, s'il s'avisait de

Par les lettres de Messieurs de la nouvelle administration, il est dit positivement que M. Law étant au
Bengale, donnera au Conseiller commandant à Pondichéry, des ordres relatifs à ce qu'il voudra faire
exécuter.

Dans une lettre de la nouvelle administration, venue
par *l'Adour*, adressée à M. Law, et dont vous devez
avoir copie, vous y lirez ses paroles qui méritent, votre
attention: « Nous n'avons rien à changer à la conduite
que vous avez à tenir dans le cours du votre mission,
les instructions du Roi et celles de la Compagnie que
vous avez reçues à votre départ, ne vous laissent rien
à désirer, elles ont prévu tous les cas qui pouvaient
être à la connaissance de la Compagnie, elles vous
laissent maitre de vos opérations, parcequ'on est convaincu de vos talents et de votre probité ; nous ne pouvons qu'approuver leur contenu.»

core différents. Les premiers sont une conciliation nécessaire au bien des affaires, et nous pourrions dire que la sécheresse des instructions laissées par M. Law à son départ, dont cy-joint copie, ne répondent pas à l'importance des objets. Le second serait contraire aux ordres subséquents, aux instructions que M. Law prétend avoir, qui subordonnent le gouverneur même au Conseil.

raisonner à ce sujet, comme M. Boyelleau et son Conseil?

8.

Il s'agit peut être dans l'article de cette lettre de la nouvelle administration, de la reprise de possession qui est l'objet unique de la commission de M. Law, ou cette lettre est peut être venue par le d'*Argenson*, supposant le Conseil de Pondichéry en fonctions, remettant toute l'autorité de l'administration entre ses mains.

8.

M. Boyelleau et son Conseil se sont décidés sur un peut-être, ils savent que M. Law a reçu des instructions du Roi, dont ils ignorent le contenu : ils savent qu'il a reçu aussi des instructions de la Compagnie, dont la plupart d'entre eux n'ont point connaissance, puisqu'ils n'étaient point au Conseil, lorsqu'elles ont été reçues Comment pourraient-ils être assez hardis pour décider? La commission de commissaire du Roi n'est en quelque façon que pour le titre, les pouvoirs du commissaire et les objets de sa mission sont expliqués dans les instructions du Roi, qui ne lui ont été donnés qu'en conséquence du commissariat dont il est chargé, puisque le Roi ne lui donne d'autres titres dans ses instructions que celui de commissaire. Comment ces Messieurs, dans l'ignorance où ils étaient, pouvaient-ils soutenir que le commissariat de M. Law, n'était que pour la simple reprise de possession, et

cela pendant qu'ils voyaient dans la lettre de la Compagnie du 9 Mars 1765, venue par le *d'Argenson*, qu'il était question de religion et d'autres objets que les instructions du roi donnaient à M. Law. Ces Messieurs sentent ici que la Compagnie, dans ces lettres venues par le *d'Argenson*, ne faisait que supposer que le Conseil était en fonctions à Pondichéry. Cela n'était pas, donc ils ont tort.

<table>
<tr><td>9.</td><td>9.</td></tr>
</table>

Cette lettre et les ordres du roi et de la Compagnie prouvent encore qu'il s'agit de la reprise de possession dans cette lettre de la nouvelle administration.

En supposant même que M. Law, selon les instructions du Roi et de la Compagnie, n'était maitre de ses opérations que pour les reprises de possession, nous avons lieu de conclure que M. Law partant pour le Bengale, avait du moins le pouvoir de prendre avec lui le Conseil supérieur, avec lequel il ne lui était pas possible de prendre des arrangements, fixé à Pondichéry, qu'il était par conséquent obligé de le consulter sur les lieux mèmes, pour savoir à quoi se déterminer vis-a-vis des Anglais ou des Maures, en supposant qu'il trouvàt quelques difficultés à la suite des reprises de possession, pour savoir ceux des petits comptoirs qu'il convenait d'établir, ceux qu'on pouvait abandonner, pour mille détails enfin. C'est ce qu'en effet M. Law a fait, comme M. de Surville et les autres Messieurs qui étaient avec lui peuvent le certifier. Mais la mission de M. Law n'avait pas uniquement pour but les simples reprises de possession. Les instructions du Roi et de la Compagnie ne roulent-elles pas sur divers objets qu'il devait remplir? Comment donc M. Boyelleau et son Conseil peuvent-ils dire que la Compagnie n'a eu en vue dans cet article que les re-

Par les instructions du roi il est dit, plus les conditions du traité rendent les opérations du commissaire délicates au Bengale, pour ce qui regarde la reprise de possession, le commerce et l'acquittement des dettes, plus on a jugé convenable qu'il y fît un séjour long et suivi, afin que par sa présence, il puisse venir à bout de concilier les esprits, de gagner ceux qui se seraient aliénés, de les entretenir dans les bonnes dispositions où il les aura mis, pour ne pas exiger promptement le payement des anciennes dettes, pour se contenter des arrangements qu'il leur proposera, et enfin, pour recommencer avec la Compagnie des opérations de commerce.

prises de possession? La Compagnie par une confiance qu'elle veut bien avoir en M. Law, dit en général qu'il est maitre de ses opérations, parcequ'elle est persuadée qu'il n'abusera pas de cette liberté, et qu'il fait trop bien son devoir pour ne pas consulter le Conseil sur les points importants qui peuvent avoir rapport à ses intérêts.

<table>
<tr><td align="center">10.</td><td align="center">10.</td></tr>
</table>

Par les lettres venues par le d'*Argenson*, la Compagnie nous ordonne de ne plus recevoir ni suivre d'autres ordres que les siens. Par le *Condé*, elle nous écrit qu'elle compte que M. Law aura pris avec nous les mesures les plus convenables pour la rentrée au Bengale.

M. Boyelleau et son Conseil se trompent; la lettre par laquelle la Compagnie ordonne de ne suivre que ses ordres, est une lettre du 4 Octobre 1764, timbrée M. Law, par la *Gracieuse*, et le duplicata par l'*Adour*, mais cette défense ne regarde que les ordres qui pourraient venir d'Europe. Loin de défendre

qu'on obéisse à M. Law, c'est dans cette même lettre qu'elle autorise M. Law à donner des ordres au commandant qu'il aura laissé à Pondichéry, du reste M. Law savait bien que tout devait ressortir de Pondichéry, lorsqu'il y serait de retour. C'est l'intention de la Compagnie, à laquelle nous cherchons toujours à nous conformer.

<table>
<tr><td align="center">11.</td><td align="center">11.</td></tr>
</table>

C'est par un Comité spécialement établi par la Compagnie, dont les membres sont désignés par elle, que les dettes doivent être discutées et rapportées au Con-

Ces nouveaux ordres n'annulent en rien ceux du Roi et de la Compagnie, que M. Law a reçus en partant d'Europe, surtout pour le Bengale, auxquels il s'est

Il ne parait pas que la Compagnie ait rien changé de ses dispositions à l'égard de M. Law, par sa lettre du 7 Septembre 1765, et encore moins par sa dernière, venue par l'*Ajax*, dans laquelle, approuvant tout ce que M. Law a fait à la côte jusqu'au 25 Mars 1765, elle l'encourage à poursuivre avec ardeur les opérations dont il a été chargé.

Après cela, que deviennent, Messieurs, les raisons sur lesquelles sont fondées vos prétentions, si vous devez exécuter les ordres et les instructions que M. Law peut vous donner pendant son séjour au Bengale? Si, d'un autre coté. M. Law, comme il parait par toutes ses lettres, doit consulter le Conseil supérieur dans tout ce qui regarde le service de la Compagnie, où est ce Conseil supérieur, si ce n'est ici? Vous vous appuyez sur l'Edit de création du Conseil supérieur de Pondichéry, c'est un appui dont les tettres et instructions de la Compagnie nous mettent en possession avant vous, et si cette pièce, ainsi que les sceaux sont entre vos mains, ce n'est qu'un dépôt qui a été confié au Conseiller commandant en l'absence de M. Law, que M. Law n'a pas crû devoir emporter avec lui, pour ne le point exposer aux risques d'un voyage. Ce sont des pièces dont vous n'auriez dû vous servir qu'au retour de M. Law. Le Conseil supérieur de Poudichéry peut-il subsister hors de Pondichéry? M. Law n'a-t-il pas

seil supérieur de Pondichéry, auquel la Compagnie
prescrit la marche qu'il doit tenir pour la liquidation et
l'acquittement.

12.

Jamais le Conseil supé-
rieur de Pondichéry n'a
prétendu blâmer les opé-
rations de M. Law dans sa
commission pour la repri-
se de possession, il en a
eu trop peu de connais-
sance, et d'ailleurs elle est étrangère à l'administration.

13.

Ce paragraphe et les
suivants sont de purs so-
phismes fondés (1º) sur
un principe faux qui est
que la commission de M.
Law pour la reprise de
possession, est sans bor-
nes, et lui donne une
supériorité sur tous les
Conseils dans les affaires
de l'administration, pen-
dant que cette commission
n'a pour objet unique que
la reprise de possession,
et n'enjoint à personne de
le reconnaitre et de lui
obéir, parcequ'elle ne pouvait regarder que les an-
glais vis-à-vis desquels il

conformé exactement.

12.

Cet article est une suite
de l'acharnement qu'ont
ces Messieurs de vouloir
limiter les pouvoirs de M.
Law à la simple reprise de
possession.

13.

La réponse ci-contre et
les articles qui suivent, ne
méritent aucune réplique,
après ce que nous venons
de dire ; tout roule sur le
raisonnement le plus faux,
la Compagnie ne pourra
sans doute être qu'indignée
de la témérité avec laquelle
M. Boyelleau et son Con-
seil osent donner des bornes à la commission de
M. Law, et faire entendre
qu'ils n'étaient pas obligés
de leur obéir, même en ce
qui pouvait avoir rapport
à sa commission de com-
missaire du roi. Peut-on
pousser l'extravagance plus

commencé à l'établir à Karikal? M. Law partant de
Pondichéry, n'a-t-il pas emmené la tête et les premiers
membres du Conseil supérieur? N'a-t-il pas trouvé ici
d'autres membres plus anciens que ceux qu'il a laissés
à Pondichéry? M. Law n'a donc pas quitté le Conseil
supérieur, ils ont toujours été ensemble, et il le fallait
nécessairement, puisque pour le plus grand bien des
affaires de la Compagnie, c'était le Conseil supérieur
qui devait tout faire.

Après tout ce que nous venons de dire, et dont vous
avez connaissance, puisque enfin les instructions et les
lettres de la Compagnie ont été exposées en plein Con-

s'agissait de traiter.

(2°) sur les époques différentes des différents ordres que Messieurs de Chandernagor confondent pour les accommoder à leur système. *

(3°) sur ce que le Conseil de Pondichéry ne tient sa supériorité que de la présence du commandant général, comme si le parlement de Paris, de Bretagne ou autres, n'étaient parlements qu'autant qu'ils ont le premier président à leur tête.

loin? It est bon de remarquer ici que M. Boyellean et son Conseil ne répondent rien aux deux plus forts articles de notre lettre du 1er Août, concernant la commission de M. Law, et les pouvoirs qu'il a de la nouvelle administration. Il est sage de se taire, lorsqu'on a rien de bon à dire. ils pouvaient mieux faire cependant, c'était de se rétracter.

14.

Messieurs de Chandernagor confondent toujours cette qualité de commissaire pour la reprise de possession, appliquant mal ce que nous avons dit de la nécessité de nouveaux ordres et pouvoirs de la part de la nouvelle administration. Tout ce que M. Law a fait pour la reprise de possession, est étranger à l'administration dans laquelle nous soutenons qu'il n'a aucun caractère éminent, ni droit, ni prééminence sur les Conseils, à moins forte raison sur le Conseil supérieur fixé à Pondichéry par la Compagnie, pour des raisons de local qui ne seraient point favorables au système de Messieurs du Bengale.

15.

Nous ne craignons point que la Compagnie qui est rendue à elle-même aujourd'hui, qui nous défend d'exé-

seil à Pondichéry, nous trouvons bien imprudent à vous, Messieurs, de donner des bornes aux pouvoirs et à l'étendue des commissions, dont le Roi et la Compagnie ont chargé M. Law.

M. Law est par ses commissions et par les instructions de la Compagnie, Gouverneur du chef-lieu des établissements sur la côte de Coromandel, Commandant général de tous les établissements français dans la presqu'île de l'Inde et dans le Bengale, président de tous les Conseils. Vous n'êtes par les lettres et les instructions de la Compagnie, qu'un Conseil établi à Pondichéry par M. Law, pour gérer les affaires en son absence, et auquel préside un Conseiller qui n'a pas même le titre de Gouverneur, et qui n'est qualifié que de Commandant à Pondichéry.

M. Law est par une commission particulière Commissaire du Roi pour la reprise des établissements français dans l'Inde. Vous dites que cette commission a cessé ; quelle témérité à vous, Messieurs, de parler ainsi dans l'ignorance où vous êtes de ce qui se passe de votre Conseil ou du Conseil supérieur que nous représentons, et qui est avec ce même Commissaire du roi, et a droit de juger de la durée de cette commission ?

En parlant de cette commission, vous dites que l'administration a été changée depuis le départ de M. Law de France, qu'il lui fallait de nouveaux ordres et pouvoirs de la part de la nouvelle administration, et que vous êtes assurés qu'il n'en a point, y pensez-vous, Messieurs, quelles conséquences les étrangers mêmes ne pourraient-ils pas tirer de votre raisonnement ? C'est-à-dire donc, que tout ce qu'a pu faire M. Law depuis son arrivée dans l'Inde, qui est de beaucoup postérieure au changement de l'administration, devient nul parceque il ne vous plait pas de reconnaître ses pouvoirs ! Heureu-

cuter aucun ordre de qui que ce soit, et nous ordonne
de ne suivre que les siens, traite de chicane notre
fermeté dans nos devoirs, et qu'elle nous appliqua
aucune épithète fàcheuse.

16.

En disant que l'Edit de
création et les sceaux sont
des piéces dont nous n'aurions dù nous servir qu'au
retour de M. Law, etc., cela prouve la complaisance de
Messieurs de Chandernagor de ne faire résider l'autorité
supérieure que dans la personne de M. Law, alors qu'il
est dit par l'Edit de création que ces pièces resteront
entre les mains du premier Conseiller et successivement
jusqu'au dernier, en cas d'absence du président.

sement les étrangers n'en doutent pas, ils savent très
bien qu'une commission du Roi pour la reprise de
possession et certains arrangements qui en dépendent,
n'est point assujetie aux changements qui sont arrivés
dans la Compagnie. D'ailleurs que signifient les lettres
de la nouvelle administration à M. Law, en date des 6
Juillet, 4 Octobre et 17 Décembre 1764, où M. Law est
chargé de l'exécution des ordres et instructions du Roi
et de la Compagnie, à lui remis à son départ de France?
Ces lettres ne sont-elles pas des pouvoirs donnés par la
nouvelle administration? Vous les avez lues, Messieurs,
en plein Conseil à Pondichéry, vous devez même avoir
copie des deux dernières; ci-joint est celle de la première que M. Law a apportée ici avec lui, où vous
remarquerez qu'il est qualifié de commissaire du Roi, et
où il n'est pas même question du Conseil, mais quand
même il aurait été spécifié qu'elle serait commune à
M. Law et au Conseil, comme en effet toutes les lettres
de la Compagnie doivent naturellement l'être, cela dimi-
nue-t-il les pouvoirs qu'il tire de sa commission de
commissaire du Roi? Que penseront le Ministre et la
Compagnie sur une pareille chicane de votre part?
Nous craignons beaucoup qu'on ne soit tenté de lui
donner certaine épithète que nous voudrions lui épargner.

17.

La Compagnie, (dites-vous, parlant toujours de la
commission de commissaire du Roi), prouve clairement
qu'il fallait à M. Law de nouveaux ordres et pouvoirs
de sa part, puisqu'elle nous dit formellement dès sa
première lettre de n'exécuter aucuns ordres de qui que
ce soit qui ne seront d'elle.

Vous entendez par là, qu'aussitôt l'arrivée de cette
lettre, vous étiez en droit de ne plus reconnaitre M. Law
pour commissaire du Roi, et par conséquent de refuser

17.

Messieurs de Chanderna-
gor confondent l'étendue
de la commission de M. Law qui n'a qu'un seul objet,
avec celle d'un commissaire qui aurait droit de traiter
des affaires de la Compagnie en cette même qualité;
nous avons heureusement cette commission dans nos
régistres, et les ordres de la Compagnie, subséquents à
cette commission, sont formellement contraires à cette
extension forcée, chaque paragraphe est terminé par

de lui obéir en cette qualité, du moins c'est le seul sens que nous pouvons y trouver. Or, comme cette lettre a été reçue par la *Gracieuse* du temps que M. Law était à la côte, il n'était plus commissaire selon vous, et n'avait pas par conséquent les pouvoirs nécessaires pour les reprises de possession au Bengale. Sentez-vous, Messieurs, la force de votre raisonnement? Notez que cette lettre dont vous parlez, est adressée à M. Law, et qu'il y est dit seulement qu'elle lui sera commune avec le Conseil, s'il est établi. C'est-à-dire que selon vous, la Compagnie aurait fait jouer à M. Law deux personnages contradictoires, elle lui aurait défendu de suivre les ordres qu'il aurait pu se donner à lui-même en qualité de commissaire du Roi. Croyez-vous que cette idée que vous prêtez à la Compagnie, lui fasse plaisir?

Notez encore que c'est cette même lettre qui, supposant M. Law au Bengale, dit positivement à l'occasion d'un bot qu'il pourrait avoir à expédier, qu'il donnera des ordres au Conseiller commandant à Pondichéry.

Peut-on prouver mieux même par ce que vous avancez, que la supériorité n'est point à Pondichéry pendant l'absence de M. Law, que par conséquent il n'a point d'ordres à recevoir de vous, qu'au contraire vous en devez recevoir de lui, et comme d'un autre coté il est dit que M. Law ne doit rien faire sans le Conseil, vous prouvez évidemment que celui qui est au Bengale avec M. Law, est le supérieur. Mais, Messieurs, nous n'avons pas besoin que vous ajoutiez à la force de nos preuves par un faux raisonnement.

Réfléchissez y! cette défense que nous fait la Compagnie regarde seulement les ordres qui peuvent venir d'Europe. La Compagnie n'a pas besoin de nous apprendre que le Conseil supérieur à la tête duquel est M. Law, soit à Pondichéry, soit au Bengale, ne doit

des conclusions aussi faussement déduites que les principes, ou l'interprétaion de Messieurs du Conseil de Chandernagor malicieusement ou faussement posés.

18.

Ce fait et la proposition sont vrais, mais ils touchent la reprise de possession, et non point l'administration des affaires. Les ordres que peut donner M. Law regardent cette mission particulière qui est la reprise de possession. Encore la Compagnie nous marque-t-elle par le *Condé*, qu'il aura pris avec nous les dispositions nécessaires pour la reprise de possession de nos établissements au Bengale.

18.

La force de la vérité l'emporte enfin; M. Boyelleau et son Conseil, malgré tout ce qu'ils ont déja dit, conviennent ici qu'il ﹕ étaient obligés d'obéir à M. Law en sa qualité de commissaire du Roi.

Les reprises de possession n'étaient point encore terminées tout-à-fait, il y avait le terrain de Porto-Novo à restituer à la côte, il y avait au Bengale un petit terrain du coté de Patna à la Compagnie, un du coté de Dacca, un au-

tre du coté de Chatigon, qui, quoique n'ayant appartenu qu'à des particuliers français passaient pour être à la

recevoir aucun ordre des personnes qui sont dans l'Inde, nous le savons bien ; il parait aussi par l'ardeur avec laquelle vous soutenez ses privilèges, que vous n'aurez pas besoin d'encouragement lorsque vous aurez la supériorité, mais en attendant, comme elle nous appartient, vous voudrez bien recevoir nos remerciements de la peine que vous prenez, puisqu'elle est toute en notre faveur.

Pour revenir à la commission du commissaire du Roi qu'a M. Law, nous vous soutenons Messieurs, qu'elle a encore toute sa valeur ; cette commission ne peut cesser avant que M. Law ait reçu des réponses et des ordres sur tout ce qui s'est passé, il y a eu des protestations, des écrits de part et d'autre, soutiendrez-vous qu'ils ne méritent aucune considération? D'ailleurs, nous savons qu'il est encore question de quelques terrains dont nous n'avons pu jusqu'à présent nous mettre en possession. Bien plus, M. Law vient de recevoir par l'*Ajax* de nouveaux ordres de Sa Majesté concernant les restitutions. Qu'avez-vous à dire après cela? Ne deviez-vous pas trembler de vous être exposés si inconsidérément?

nation, puisque le pavillon y avait été arboré. M. Law voulait faire des démarches pour les ravoir, et comme cette affaire était délicate, il devait mesurer ses démarches sur les idées qu'auraient pu lui faire naitre les lettres de la Compagnie, il en a demandé des copies exactes en qualité de commissaire du Roi, pourquoi les lui a-t-en toujours refusées? C'est sans doute, prétend M. Boyelleau, que les deux pouvoirs se choquaient. M. Law avait bien droit de donner des ordres comme commissaire du Roi, mais lui, M. Boyelleau, soi-disant, président du Conseil supérieur, avait droit de lui désobéir, et de lui ordonner de se taire.

<table>
<tr><td>19.</td><td>19.</td></tr>
</table>

Sans aucune partialité cette proposition nous parait forcée, erronée, et dictée par l'amour-propre d'un homme qui cherche et veut s'arroger une durée et une extension d'autorité au delà de ce que porte sa commission. Car, il n'est pas douteux que de tous les sujets et matières que M. Law a pu avoir de protester contre les anglais dans la reprise de possession des établissements, terrains, qu'ils lui ont remis, il en a remis la décision au ministre qui les trouvera fondés ou non

Beau raisonnement que fait M. Boyelleau! il a sans doute prescrit au ministre la conduite qu'il devrait tenir, dans le cas où il recevrait des protestations de l'Inde, il ne lui est pas même permis de s'en écarter, il pourrait être dans le cas de désirer de nouveaux éclaircissements du commissaire, lui renvoyer même cette affaire à terminer sur des décisions qui auraient été prises entre les deux nations en Europe. Non, M. Boyelleau ne le veut pas.

fondés, qui dans ce dernier cas les laissera tomber, et dans le premier on fera des reproches, portera des plaintes, et en poursuivra la réparation auprès du mi-

nistre anglais, ce qui ne se peut pas certainement dans ce pays-ci, puisque M. Law et les anglais vis-à-vis desquels il a traité, et contre lesquels il a protesté, font en quelque façon partie l'un et l'autre, et ne peuvent par conséquent être jugés.

20.

Quant aux terrains à reprendre qui nous reviennent encore, c'est un terrain à Porto-Novo, où nous n'avions qu'une simple loge, peut-être dans le même goût au Bengale, dans les aldées de Dacca, etc; nous disons peut-être, car nous ne savons rien du tout dans aucun genre dans cette partie, mais quand même il serait vrai. C'est ainsi que le terrain de Porto-Novo, de la dépendance du gouvernement du pays, regarde par conséquent, ressort directement de l'administration immédiate de la Compagnie, ce sont ses droits et privilèges : aussi la commission de commissaire du roi, en faveur de M. Law, n'en fait-elle aucune mention, n'est et ne porte que sur les restitutions que la Grande Bretagne aura à nous faire;

20.

Les instructions du roi prescrivent à M. Law la conduite qu'il a à tenir vis-à-vis des gens du pays. Pour ce qui regarde les restitutions, M. Boyelleau qui n'en est point instruit, décide que cela ne le regarde point, parcequ'il n'en est point fait mention dans la commission de commissaire. Il ne considère pas qu'à l'égard des terrains que les gens du pays peuvent nous avoir enlevés, nous devons avoir recours aux anglais pour les ravoir, puisque nous ne les avons perdus qu'à l'occasion de la guerre qui était entre eux et nous, et parcequ'ils sont d'ailleurs les maitres dans le pays. M. Boyelleau veut encore décider sur un peut-être pour ce qui regarde le Bengale, en effet il ne pouvait savoir que, de terrain de Begonseraye

Vous dites que la Compagnie était assurée que M. Law serait absent de Pondichéry à l'arrivée du d'*Argenson*. Où en est la preuve? C'est, dites-vous, parceque la lettre venue par le d'*Argenson*, n'est adressée qu'au Conseil supérieur de Pondichéry, et non à M. Law conjointement avec le Conseil, comme ci-devant. Ce raisonnement est faux, mais le prenons pour bon un instant, vous en concluez que le Conseil, aujourd'hui à Pondichéry, est en droit de s'approprier tout le contenu de cette lettre, sans en rendre compte à M. Law et au Conseil qui est avec lui. La conclusion ne vaut rien, il fallait d'abord prouver que ce Conseil, aujourd'hui existant à Pondichéry, soit nécessairement le même Conseil supérieur à qui la lettre est adressée. La Compagnie a écrit au Conseil supérieur de Pondichéry dans la supposition que ce Conseil était dans cette ville, mais il n'y est pas aujourd'hui, cela est prouvé par les instructions et les lettres de la Compagnie.

Si de ce que la Compagnie adresse ses lettres seulement au Conseil, sans faire mention de M. Law, vous concluez que la Compagnie est assurée que ce commandant n'est pas à Pondichéry, donc toutes les fois que

ainsi, celles à prétendre des gens du pays, seront traitées par la Compagnie même et par ses Conseils, la représentant dans ces pays ci, comme il parait que c'est actuellement son

du coté de Patna, était occupé par les anglais, et qu'ils sont encore possesseurs de ceux que nous avions à Goualpura et à Chatigan.

système et l'esprit des ordres qu'elle a donnés jusqu'à présent aux Indes.

21.

La Compagnie était assurée que M. Law serait au Bengale à l'arrivée à Pondichéry du d'*Aryenson*, que le Conseil supérieur de Pondichéry serait en activité, et c'est pour cela qu'elle adresse ses ordres au Conseil supérieur à Pondichéry, dans la volonté où

21.

Vous avez tort, M. Boyelleau, et pourquoi? c'est que vous avez tort. Voilà la meilleure réponse à cet article, où comme preuves, on ne fait que répéter en d'autres termes ce qu'on avait déja avancé dans la lettre du 1er Juillet 1766.

elle est de traiter toutes ses affaires avec ce Conseil directement; elle comptait aussi que M. Law serait de retour à l'arrivée du *Penthièvre*, et elle ne lui a plus adressé ses lettres que par le d'*Aryenson*, parcequ'elle avait pris sa résolution, mais tout cela ne veut pas dire qu'il n'ait pas droit, comme président du Conseil supérieur, de lire ces lettres, ce serait un raisonnement inconséquent et dénué de sens.

22.

Si nous avions aussi mal entendu que Messieurs de Chandernagor l'adresse des lettres de la Compagnie au

22.

M. Boyelleau et son Conseil devraient s'en tenir aux instructions données par M. Law à M. Nicolas. Qu'on

la Compagnie adressera ainsi ses lettres, elle sera certaine que M. Law est absent, donc il ne sera pas nénessaire qu'il prenne communication de ces lettres, quand bien même il serait à Pondichéry. Mais à vous en croire, la lettre de la Compagnie venue par le *Penthièvre*, est aussi adressée au Conseil seul, par conséquent M. Law, selon vous, ne doit point en avoir connaissance, et cependant par la lettre particulière de la Compagnie à M. Law, venue par le *Penthièvre*, elle le renvoie pour savoir les opérations à faire cette année, à ses lettres au Conseil, dont il doit, dit-elle, prendre communication conjointement avec lui ; elle le croyait donc à Pondichéry, quoique la lettre au Conseil ne lui soit point adressée. Comment cela s'accorde-t-il avec votre raisonnement ?

Vous donnez à la Compagnie une façon de penser qu'elle n'a jamais eue. Voici la vraie : la Compagnie dans la crainte qu'un gouverneur ne voulut tirer quelque conséquence en faveur de son autorité particulière, de ce que les lettres lui seraient adressées ainsi qu'au Conseil, a crû qu'il ne conviendrait de ne les adresser qu'au Conseil seul, pour faire voir que toute l'autorité réside dans le Conseil. Mais, M. Law est président de ce Conseil, il en fait partie, les lettres lui sont donc adressées, ainsi qu'aux Conseillers ; d'ailleurs, comment la Compagnie pouvait-elle être assurée que M. Law ne serait pas à Pondichéry, ou que le Conseil supérieur y serait établi ? elle n'avait aucune nouvelle de l'arrivée de M. Law dans l'Inde au départ du d'*Argenson*, nous avons même lieu de croire qu'on craignait que l'expédition ne manquât. La Compagnie pouvait donc, il est vrai, supposer que M. Law ne serait pas à Pondichéry, mais elle aurait supposé en même temps que le Conseil supérieur n'y serait pas, parceque par ses instructions et ses lettres, il est prouvé que M. Law et le Conseil supérieur doivent être inséparables.

Conseil supérieur de Pon-
dichéry, il aurait donc fallu que nous les eussions
fait passer à M. Law et à
son Conseil, prétendu su-
périeur au Bengale, et attendre leurs ordres pour
la destination des vaisseaux,
même le débarquement des
fonds etc. Quelle bévue
pour les intérèts de la Compagnie, et quels reproches
n'aurait-elle pas à nous
faire !

les lise? Dans quel endroit
de ces instructions M. Law
oblige-t-il de suspendre les
opérations de commerce, et
d'attendre ses ordres? il
avait toujours laissé à Messieurs de Pondichéry la
plus grande liberté à ce
sujet, s'était contenté de
demander de simples copies
exactement collationnées
des lettres de la Compagnie.
En quoi cela gènait-il Messieurs de Pondichéry?

Si la Compagnie était assurée que M. Law ne serait point à Pondichéry à l'arrivée du d'*Argenson*, où il fallait donc que M. Boyelleau, porteur des paquets, et chargé de faire tant de changement sans consulter M. Law, fut instruit de ce qu'il avait à faire. Où sont ces instructions particulières? Il n'a pas eu même connaissance des instructions que M. Law a eues en partant, et des lettres qui lui ont été écrites. Cela tombe-t-il sous le bon sens? quoi! la Compagnie, sachant que M. Boyelleau devait à son arrivée à Pondichéry se trouver président d'un Conseil supérieur, répandre des ordres généralement partout l'Inde, l'a laissé partir sans l'instruire. Elle supposait M. Law au Bengale, elle pouvait bien supposer aussi qu'il avait emporté avec lui les papiers les plus importants, puisqu'elle l'avait chargé de faire lui-même des instructions particulières pour le Conseil qu'il devait laisser en son absence à Pondichéry; elle devait donc remettre à M. Boyelleau copie de ces papiers importants. Demandez lui, Messieurs, ce qu'il en a fait? Elle devait aussi déclarer positivement qu'elle détruisait les pouvoirs que M. Law a de donner des ordres à Pondichéry.

Voici, Messieurs, la conclusion que nous tirons de l'adresse dont vous parlez, elle est plus juste que la vôtre. C'est qu'étant au Conseil, la lettre est véritablement pour nous, et non pour vous, parcequ'il est très prouvé par les ordres de la Compagnie que nous devons avoir la supériorité. Nous sommes honteux d'appuyer si longtemps sur les preuves d'un titre, que la moindre réflexion devrait vous faire apercevoir, mais, comme nous croyons qu'il y a plusieurs personnes parmi vous qui sont dans la bonne foi, qui peut-être n'ont pas eu

23.

Les instructions de M. Boyelleau sont les lettres même de la Compagnie qui aurait été en contradiction avec elle-même, si elle en eut donné de particuliers, et M. Boyelleau aurait démenti sa façon de penser sur l'autorité immédiate du Conseil supérieur, en demandant des

23.

M. Boyelleau avec son Conseil est admirable à réfuter les objections qu'on leur fait, il semble que ce ne soit qu'un jeu pour eux, notre réplique à leur réponse demanderait trop de peine, nous aimons mieux la laisser.

particularités. Il n'a cessé de nous témoigner sa sensibilité à la confiance dont la Compagnie l'a honoré en France, elle ne l'a pas laissé partir sans l'instruire. La Compagnie est trop éloignée du systeme de Messieurs de Chandernagor, pour présumer que M. Law aurait emporté avec lui les papiers les plus importants, d'ailleurs tous les changements que nous avons faits depuis l'arrivée de M. Boyelleau, sont pris des lettres de la Compagnie, et conséquents à ses ordres, et ne tombent point sur les opérations de M. Law.

24.

La Compagnie a en tort d'adresser aussi positivement ses ordres au Conseil supérieur à Pondichéry, il fallait mettre, suivant les prétentions de Messieurs de Bengale, à Messieurs du Conseil supérieur à la suite de M. Law. Les personnes qui ont signé la

24.

La Compagnie a fait ce qu'elle devait faire, elle a adressé ses lettres pour M. Law à Pondichéry, quoiqu'elle sût très bien qu'il devait aller au Bengale, elle devait donc adresser ses lettres à Pondichéry pour le Conseil supérieur, dans l'incertitude du

le temps de bien réfléchir sur les ordres de la Compagnie, qui par conséquent, n'auront signé la réponse en apostilles, que parcequ'elles l'auront vue déjà signée par des membres du Conseil supposés parfaitement instruits, nous avons pensé qu'il était de notre devoir de nous étendre autant qu'il serait possible, et de produire tous les moyens de rappeler à leur devoir des personnes qui s'en sont écarté, nous le croyons, très innocemment. Y a-t-il rien de plus mal fondé que les reproches que vous faites à M. Law, où il est question de pouvoirs arbitraires dans sa lettre. M. Law, d'ailleurs commissaire de roi, ne peut sans être taxé de pouvoir arbitraire, nous donner des ordres, et cela, quoiqu'il y soit autorisé par sa commission, par les instructions de la Compagnie, et par les lettres de Messieurs de la nouvelle administration. Cette idée qui vous est venue nous parait singulière.

Quand M. Law vous a marqué qu'il savait aussi bien que vous les intentions de la Compagnie, il ne se trompait certainement pas, nous en sommes aussi très instruits, tant par les ordres et les instructions qu'il a reçus en partant d'Europe, que par les lettres de Messieurs de la nouvelle administration, qui ne contiennent rien de plus fort que ce que les instructions portent. Pour ce qui regarde l'autorité du Conseil supérieur, M. Law qui est à sa tête, sait très bien que c'est le Conseil qui commande, il ne fait rien sans le consulter, tout se passe par délibérations, et s'il donne des ordres, personne n'ignore que c'est au nom du Conseil. Nous ne sommes point aperçus d'ailleurs qu'il ait abusé moindrement de l'autorité que lui donne sa qualité de commissaire du roi. Ce que nous vous disons n'est point une flatterie, nous sommes incapables de flatter qui que ce soit, mais notre devoir est de rendre témoignage à la vérité contre une accusation aussi téméraire que la vôtre, et contre des prétentions aussi peu raisonnables.

lettre dont se plaint le Conseil de Chandernagor, sont dans la bonne foi, et en même temps dans la persuasion de ce qu'elles ont signé. C'est leur prêter bien peu de jugement que de les faire vaquer et suivre le torrent, leur supposer une paresse et un oubli impardonnable de leurs devoirs, que d'imaginer qu'elles n'aient pas eu le temps pendant six mois, de lire et d'entendre les lettres de la Compagnie, et de se rendre familiers ses ordres.

parti qu'aurait pu prendre M. Law, Ces Messieurs prétendent ici qu'ils ont en tout le temps de réflèchir sur les lettres de la Compagnie, et qu'ils n'ont pas suivi le torrent, par conséquent qu'ils n'ont point été genés dans leurs opinions. Rien de mieux prouvé que cela. Nous nous en rapportons aux déclarations de M. M. Nicolas, Dulaurens, et d'Hervilliers.

M. Law ne pouvant se persuader que vous voulussiez soutenir que le lieu même où est un Conseil, lui donne de toute nécessité la supériorité, était fort éloigné d'attacher les termes absurdes et comiques à votre façon de penser. Nous comptons que vous aurez soin d'éviter d'en mériter l'application, par les réflexions suivantes:

Le Conseil que M. Law avait établi à Karikal, était réellement le Conseil supérieur de Pondichéry, ne pouvant être fondé que sur l'édit de création, et si par évènement M. Law avait toujours fait sa résidence à Karikal, le Conseil supérieur y aurait été fixé, du moins jusqu'à de nouveaux ordres d'Europe. L'édit de création y aurait ressorti son plein et entier effet, quoique portant le nom de Pondichéry, et quand même M. Law aurait détaché des membres du Conseil supérieur pour former un Conseil à Pondichéry; par conséquent, ce n'est pas le lieu même qui ôte ou fixe nécessairement la supériorité d'un Conseil, il y a des cas où l'on est forcé de passer par dessus la règle, et celui où nous nous trouvons est du nombre.

La Compagnie, par l'édit du roi, est maitresse de prendre pour le bien de son service telles dispositions qu'elle jugera à propos; elle autorise M. Law à vous donner des ordres, ce qu'elle n'aurait pu faire si elle vous avait regardés comme cour souveraine pendant le séjour de M. Law hors de Pondichéry, donc elle ne pense pas que cette cour souveraine soit tellement fixée à Pondichéry, qu'elle ne puisse être transportée ailleurs.

25.

Le Conseil supérieur de
Pondichéry n'a pu penser
autrement que le prince lui-même s'est expliqué, en
établissant un Conseil supérieur à Pondichéry, et en
ordonnant que de ce Conseil supérieur établi à Pondichéry, ressortiraient tous les Conseils provinciaux qui
seraient formés dans les autres établissements français
dans l'Inde, ajoutant qu'en cas d'absence du gouverneur, le plus ancien Conseiller aurait la garde des
sceaux et la présidence. Or, les termes d'absurdes et
comiques s'appliquent à quiconque voudrait soutenir
cette prétention, frappent donc nécessairement sur la
façon de penser du Conseil supérieur de Pondichéry.
On peut dire avec fondement que l'excuse est pire
que l'offense.

26.

Nous ne connaissons pas
de cas où il soit permis de
passer par dessus la règle
en fait de droits de la
souveraineté, en laquelle
seule réside le pouvoir de
changer le siège de ses
cours.

26.

Si par quelque accident
le Conseil de Pondichéry
se trouvait forcé de sortir
de cette ville, et d'aller
s'établir par exemple, soit
à Karikal, soit à Yanaon,
que deviendrait la supé-
riorité?

Il parait que vous êtes bien ingénieux à tirer parti de ce qu'on vous écrit. Ne semblerait-il pas à vous entendre, que M. Law, par sa lettre, aurait mandi vos suffrages pour sa conduite, pendant le temps qu'il a été à la côte? Nous ne voyons cependant rien dans ses expressions, qu'une franchise trés convenable dans un chef qui cherche le bien, et qui, comme M. Law le déclare positivement, est prêt à répondre aux reproches qu'on peut lui faire. Il vous remercie du conseil que vous lui donnez, et compte le suivre, non, comme vous dites, en méprisant les lettres qu'on lui écrit, et leurs auteurs, mais bien les propos indécents qu'on peut faire sur sa conduite que, nous le croyons, très en état de justifier auprès de ses supérieurs.

Vos réflexions sur la manière dont M. Law et nous terminons nos lettres, ne sont pas minutieuses, mais déplacées. Le Conseil qui sera fixé au Bengale au départ de M. Law, suivra l'ancien usage. Ce commandant vous écrit comme commissaire du roi, comme étant à la tête d'un Conseil supérieur, et comme étant autorisé par la Compagnie à vous donner des ordres. Ainsi, tout est en règle de notre coté et du sien, il n'en est pas de même du vôtre; nous ne pouvons donc mieux faire que de vous appliquer votre péroraison: rentrez en vous-mêmes, Messieurs, revenez à l'usage que vous avez établi au départ de M. Law de Pondichéry, et dont vous vous êtes écartés sans raison. Mais, en vérité, Messieurs, vous avez bonne grâce à vous plaindre lorsque M. Law ne dit rien d'un conseiller, simple commandant par intérim à Pondichéry, qui a l'honneur d'être très parfaitement serviteur d'un commissaire du roi, Gouverneur de Pondichéry, Commandant Général de la nation d'ans l'Inde. Cela vous parait-il dans l'ordre?

27.

Nous n'aurions jamais pensé à taxer de despotisme M. Law, s'il ne nous avait prévenus sur cette imputation. Aujourd'hui qu'il se sert dans cette même lettre de termes plus que despotes, et que le Conseil de Chandernagor y donne son approbation, c'est développer le système dont il nous a paru qu'il

27.

M. Law dans cet article n'est plus que despote ; aujourd'hui, selon les lettres de M. Boyelleau, M. Law est un galant homme, mais qui se laisse tout faire au Conseil ; on en est fâché, parcequ'on comptait beaucoup sur sa bonté d'âme pour l'oubli de tout ce qui s'était passé.

demandait des certificats du contraire.

28.

Jamais un Conseiller du Conseil supérieur n'a été dans le cas de se dire avec respect au bas de ses lettres au Commandant Général, président du Conseil supérieur. encore moins un Conseiller commandant immédiat après M. Law. et président du Conseil supérieur à Pondichéry.

28.

Le raisonnement de M. Boyelleau et de son Conseil est fondé sur le fanatisme, et tend à l'anarchie. L'anti-gouverneur est nécessairement un philanarque. M. Law, Commandant Général, doit le respect au Conseil supérieur dont il est président, et en qui réside la principale autorité aux termes de la Compagnie, mais

certainement chaque conseiller doit le respect au Commandadt Général, qui représente seul le Conseil supérieur, puisqu'il est chargé de faire exécuter ses délibérations, autrement que deviendrait la subordination? il faut être respecté pour être obéi, tout homme qui est dans le cas d'obéir, doit nécessairement le respect à celui qui a droit de lui donner des ordres. Or, M. Law est très souvent dans le cas de donner des ordres,

Vous nous menacez de ne nous plus répondre, si nous vous écrivons du même style que nos précédentes. Vous n'y avez pas pensé, Messieurs, vous n'exécuterez certainement pas vos menaces ; pour nous, nous vous assurons que nous vous répondrons exactement, de quelque façon que vous nous écriviez, non à la vérité à vos prétentions mal fondées, car nous sommes résolus de nous taire désormais sur cet article, laissant à nos supérieurs à juger qui de nous a tort, mais à tout ce qui regardera le service, ne voulant pas qu'il souffre de nos disputes. Ce n'est certainement point par entêtement que nous soutenons notre cause, elle a été bonne pendant sept mois, puisque vous l'aviez reconnue telle par votre conduite. Pourquoi ne le serait-elle pas aujourd'hni ? M. Nicolas que M. Law a laissé commandant à Pondichéry, ne se croyait pas président du Conseil supérieur, il n'a pas fait la moindre objection aux instructions qui lui furent remises ; le Conseil qui sans doute en a pris lecture, s'y est soumis sans faire la moindre représen-

même à un conseiller, quand ce ne serait que pour
l'exécution des décisions du Conseil, il a même droit
(dit la Compagnie) d'ordonner provisoirement. Autrement, comment pourrait-il répondre à Sa Majesté et à
la Compagnie des devoirs dont il est chargé par ses
csmmissions? Le système de M. Boyelleau et de son
Conseil fait frémir en l'approfondissant, dans quels
désordres ne tomberions-nous pas à 6.000 lieues de la
partie, s'il était suivi, car enfin dans le service, il faut
obéir ou commander? Si un conseiller ne doit pas de
respect au Commandant Général, dès lors il n'est point
soumis à ses ordres, et par conséquent il peut en donner lui-même de contraires à ceux du Commandant
Général. La conséquence de tout cela est faute à lever.

29.

Il serait indécent à un
Conseil supérieur de per-
dre inutilement un temps précieux à répondre à de
vaines prétentions, il a donné l'exemple de la modération en soumettant la décision de ses droits à ses supérieurs communs, il n'a rien laissé ignorer au Conseil
de Chandernagor de ce qui pourrait contribuer à dissi-
per son erreur, et en même temps il a traité les affaires de la Compagnie avec une cordialité, une étendue
et une attention qui convaincront la Compagnie de notre zèle par l'entier oubli que nous faisons pour ainsi
dire de nous mêmes, quand il s'agit du bien de son
service.

Le soi-disant Conseil supérieur de Pondichéry à Chandernagor exige plus que la Compagnie n'ordonne elle-
même au Conseil supérieur de Pondichéry, en demandant des copies exactes, entières sans doute, des lettres
de la Compagnie, car la Compagnie dans sa lettre du
9 Mars 1769, timbrée " bureau des livres ", ordonne

tation qui soit à notre connaissance. Avouez, Messieurs, qu'avec un peu de patience vous nous auriez épargné ainsi qu'à vous, beaucoup de désagréments. Vous parlez comme si l'administration dans l'Inde devait être déjà à sa perfection, c'est un ouvrage qui n'est point achevé, c'est une voûte dont M. Law a jeté les fondements, qu'il vous a chargés de continuer à élever d'un coté, pendant que le Conseil qui est avec lui, l'élève de l'autre ; il faut que nous agissions de concert, mais la clef de cette voûte ne peut être posée qu'au retour de M. Law à Pondichéry. Vous voulez être le Conseil supérieur, mais est-il possible que M. Law, par sa commission de parcourir divers établissements, chargé par la Compagnie de travailler conjointement avec le Conseil au rétablissement de l'administration générale, ayant des traités à faire, des jugements à rendre, divers engagements à prendre, des comptes épineux à liquider, lesquels objets demandent la plus prompte exécution, est-il possible, disons-nous, que M. Law et son Conseil puissent parvenir à remplir les vues de la Compagnie, s'ils sont assujetis à des ordres qu'il faudra recevoir de 4 à 500 lieues ? Il faut donc nécessairement que le Conseil qui est avec M. Law, ait plein pouvoir, donc, vous n'avez point d'ordres à nous donnner. M. Law est commissaire du roi ; il est prouvé d'ailleurs par les instructions de l'ancienne administration, confirmées par la nouvelle, il est prouvé encore par les lettres de Messieurs de la nouvelle administration, que M. Law, qui ne doit rien faire sans le Conseil, est autorisé à vous donner des ordres et instructions ; donc la supériorité est de notre coté, donc vous devez nous rendre compte de vos opérations. Aussi, Messieurs, nous vous ordonnons en conséquence de vous conformer à ce que nous vous avons prercrit par la lettre de M. Law du 25 Avril dernier, que nous nous approprions ; nous avons absolument besoin de copies exactes, non pas

positivement au Conseil supérieur à Pondichéry, de communiquer aux comptoirs subalternes la partie de cette lettre qui touche la forme des liquidations. Communiquer une partie d'une lettre, est-ce être dans le cas d'en envoyer copie exacte?

figurées, car il n'est pas nécessaire qu'elles soient
ligne pour ligne ou page par page, des lettres de la
Compagnie, venues par le d'*Argenson* et par le *Penthièvre*, aussi de celles que vous avez reçues de la Compagnie par quelque voie que ce soit, depuis le commencement de cette année, et de celles que vous recevrez
jusqu'au retour de M. Law à Pondichéry. Nous sommes fort éloignés de taxer votre fidélité, mais de simples extraits ne nous disent pas assez, et leur application dépend souvent de ce qui les précède ou de ce qui
les suit, il peut y avoir des fautes très innocentes de
copiste. D'ailleurs, dans vos lettres vous nous dites
bien des choses que vous présentez comme des ordres
de la Compagnie, qui ne sont point dans les extraits,
nous pouvons très bien supposer que vous vous êtes
servis d'expressions que vous avez crû avoir le même
sens que celles de la Compagnie, et qui cependant peuvent en avoir un fort différent. Vous ne prétendez pas
sans doute à l'infaillibité ; par exemple dans votre lettre
du 25 Mars, vous nous dites :

> *Le précis que nous vous avons fait par notre lettre
> du 6 Janvier, au sujet des gens qui pourraient se trou-
> ver cachés à bord de ses vaisseaux, gens et personnes
> qui viendraient d'Europe, mais il s'étend sur tout vais-
> seau et personnes de l'Inde qui se trouveront à bord
> des dits vaisseaux sans permission du Conseil, où il n'y
> en aura qu'un des comptoirs et établissements d'où se-
> ront partis les vaisseaux.*

Cela n'est pas fort intelligible, nous ne croyons pas
que la Compagnie se soit exprimée ainsi.

30

30

Si Messieurs de Chandernagor n'ont pas d'autres exemples à nous citer pour apprécier l'indécente supposition dont ils s'applaudissent, que la phrase qu'ils citent, nous les confondrons avec eux-mêmes, car s'il y a un défaut dans cette phrase, c'est d'être trop détaillée.

Nous nous étions contentés d'apporter un exemple du verbiage de M. Boyelleau et de son Conseil, mais aujourd'hui que nous avons pris connaissance des pièces que la Compagnie a envoyées, nous sommes très en droit de taxer la fidélité de ces Messieurs dans leurs extraits. La Compagnie dans sa lettre du

9 Mars, venue par le d'*Argenson*, Chapitre Colonie, ar-

M. Law comptant partir d'ici en Août ou Septembre,
se flattait d'arriver à la côte avant le départ du premier
vaisseau d'Europe, et être par conséquent en état d'écrire
à la Compagnie par cette occasion sur bien des affaires
qui se sont passées à Pondichéry en son absence, qu'il
aurait examinées conjointement avec le Conseil. Aujour-
d'hui nous voyons qu'il est impossible à M. Law de
partir avant Décembre ou Janvier, attendu plusieurs
arrangements qui restent encore à prendre ici, il s'est
concerté avec nous, et en conséquence, lui en qualité
de commissaire du roi, et nous conjointement avec lui,
comme Conseil supérieur, nous vous ordonnons, pour
tout ce qui regarde l'affaire des officiers, celle de M. du
Petitval, Conseiller, de laisser les choses telles qu'elles
seront à l'arrivée de la présente, vous défendons expressément de forcer qui que ce soit à partir pour

ticle IV, nous ordonne de lui envoyer copie des régistres, des règlements et ordonnances de police. M. Boyellau et son Conseil, dans les extraits qu'ils nous ont envoyés des ordres de la Compagnie, Chapitre Colonie, disent: *les Conssils auront attention d'envoyer annuellement et successivement copie des arrêts, réglements et ordonnances de justice, police, etc. qu'ils seront dans le cas de rendre pour ou contre les sujets du roi établis aux Indes.* Est-ce une simple faute de copiste? non, certainement. Nous pouvons même accuser M. Boyelleau et son Conseil de la malignité la plus noire, car il ne s'agissait de rien moins que de nous compromettre vis-à-vis du chef de la Compagnie, qui nous aurait certainement blâmés d'avoir exécuté ce qui cependant nous était présenté comme ordres de la Compagnie. Heureusement nous avons évité le piège, comme elle peut le voir dans nos délibérations passées au Bengale.

31.

31.

Nous sommes très fâchés d'être privés de la présence de M. Law, qui trouvera toujours en nous la plus parfaite conciliation pour coopérer et concourir tous ensemble au plus grand bien de la Compagnie, et la fidélité avec laquelle nous avons rendu à Messieurs de Chandernagor les articles que nous devions leur communiquer, il trouvera en nous des

La lettre de M. d'Hervilliers et celle de M. Joannis, écrites à M. Law pendant son séjour à Chandernagor, répondent à ce grand article, ainsi que les lettres de M. M. Dulaurens et d'Hervilliers écrites depuis qu'ils ont reconnu la faute dans laquelle ils sont tombés; copies de ces lettres sont envoyées à la Compagnie.

conseillers tels que la Compagnie le demande, actifs, vigilents, attachés à ses intérêts, et surtout ponctuels

l'Europe, vous déclarant néanmoins que nous ne prétendons point par là approuver le moindrement la conduite de ces Messieurs, que M. Law doit examiner conjointement avec le Conseil, à son retour à Pondichéry.

Pour ne point vous laisser, Messieurs, le moindre doute sur l'authenticité des preuves insérées dans cette lettre au soutien de la qualité de commissaire du roi qu'a M. Law, et du titre de Conseil supérieur que nous prenons, nous vous certifions et déclarons que tout ce que nous avons dit être tiré des ordres et instructions, soit du roi, soit de la Compagnie, ainsi que des lettres de Messieurs de la nouvelle administration, a été vérifié sur les originaux mêmes, signé et trouvé entièrement conforme, et que dans toutes ces pièces dont nous avons pris lecture plusieurs fois, il n'y a rien qui soit contradictoire à ce que nous avons avancé.

observateurs de ses ordres, mais il ne trouvera point
des hommes assez faibles pour mettre l'autorité en
contradiction avec elle-même, et soutenir l'insubordination. Il est de principe, et nous sommes étonnés qu'un
Conseil qui fonde en partie ses prétentions sur l'ancienneté de ses membres, ait pu l'ignorer; il est de principe,
et c'est un axiome élémentaire de tout gouvernement
policé, de ne jamais appuyer ouvertement les plaintes
portées contre les chefs et les personnes ayant autorité,
quelque justes qu'elles soient. Ici, un Conseil subalterne, et même admettons-le pour un instant supérieur,
se déclare protecteur des sujets condamnés par un autre
Conseil; que deviennent donc les ordres de la Compagnie, qui prescrivent au Conseil supérieur de Pondichéry, et aux Conseils provinciaux, de destituer, renvoyer en France tous officiers et employés qui manqueront même anx simples égards dûs aux conseillers dans
la société? Ici, des officiers refusent d'obéir aux ordres
de la Compagnie, disputent au Conseil le droit de les
commander, tiennent des propos séditieux devant les
troupes, menacent et appellent en duel leur major.
Et un Conseil à 400 lieues prétend huit mois après suspendre le remède qu'on appliquait au mal, c'est ce que
nous aurions peine à croire; notre douleur augmente à
la vue d'un pareil écart, en voyant le nom sacré de Sa
Majesté employé en vain, et compromis par des personnes incompétentes, nous qui avons eu toute la précaution imaginable à le mettre en usage dans une affaire
où on méconnaissait son autorité confiée en nos mains.
Messieurs de Chandernagor n'y pensent pas assurément
en appelant innovation l'exécution littérale des ordres de
la Compagnie, le maintien de la discipline militaire, et
tous les autres changements, réglements et réfomes
que nous avons crû devoir faire pour le bien des affaires
et les intéréts de la Compagnie, et M. Law qui a signé
une pareille lettre, a bientôt oublié ce qu'il nous recom-

Ci-joint est une déclaration de M. Nicolas, par laquelle le vous verrez qu'il reconnait l'erreur où il a été. En conséquence d'une délibération prise par nous, nous

mandait avec tant d'instance dans sa première sur l'arrivée de M. Boyelleau, de profiter de sa présence pour réformer les abus aperçus dès avant son départ pour le Bengale.

Nous pourrions avec bien plus de raison appliquer ce mot à l'ordre insolite *" de par le roi"*, dans lequel le prétendu Conseil supérieur de Chandernagor a crû que sa signature et son scel prendraient plus de force et d'authenticité que le scel particulier du commissaire du roi, qui en cette qualité, est tout-à-fait étranger dans cette affaire qui est de pure administration, et où il n'est plus question de reprise de possession. C'est peut-être la première fois que la Compagnie recevra pareille pièce, au moins sera-ce une preuve à jamais, d'un coté, du despotisme, et de l'autre, de la faiblesse d'un Conseil qui a méconnu ses droits, et de la contradiction de ses faits avec ses prétentions. Le personnel que l'ordre *de par le roi*, affecte d'attacher à la conduite du sieur Boyelleau, en répétant presqu'à chaque ligne M. Boyelleau et le Conseil, est déplacé, M. Boyelleau n'est ni le maitre ni le guide des sentiments du Conseil; tout ce que le Conseil a décidé même sur les exposés et les propositions de son président. il l'a ordonné avec connaissance de cause, après une mûre discussion, et parcequ'il l'a crû juste, nécessaire ou convenable aux circonstances. Cette affectation retombe donc sur ses propres auteurs, qui auraient dû, ce nous semble. se respecter d'avantage eux-mèmes en la personne du Conseil. et l'homme de confiance de la Compagnie dans celle de M. Boyelleau.

<table>
<tr><td align="center">32.</td><td align="center">32.</td></tr>
</table>

Nous voudrions par l'estime que nous portons tous à M. Nicolas, qu'il n'eut	Toute la correspondance de M. Nicolas pendant sa gestion jusqu'à l'arrivée du

vous envoyons encore ci-joint l'ordre *de par le roi* et la Compagnie, concernant les employés, officiers et autres habitants de Pondichéry, auquel vous aurez soin de vous conformer. Le vaisseau l'*Ajax* est en rivière, nous allons répondre par une autre voie à vos lettres des 15 Juin, 3 et 12 Juillet. Nous vous le répétons, votre entêtement à ne point nous envoyer des des copies des lettres de la Compagnie, nous cause ici incertitudes très préjudiciables au service, l'occasion manquée souvent ne revient plus.

jamais signé une pareille pièce ; en rendant hommage à sa probité, nous sommes forcés de condamner sa faiblesse, un homme qui, après avoir tenu le timon du gouvernement pendant près d'un an, avoir lû et relû les lettres de la Compagnie, tant anciennes que nouvelles, agi en conséquence dans toutes ses démarches, après avoir signé trois lettres, dont celle du 1er Juillet n'est qu'une suite, rétracte toutes ses actions et signatures antécédentes, sous prétexte qu'il n'a pas bien réfléchi sur la dernière qui est la conséquence de toutes les autres, la crainte d'une sommation peut-être menaçante a fait errer l'homme, il a crû qu'un désaveu et une rétractation ainsi mendiés, le mettraient à l'abri de tout reproche, mais il est fâcheux pour M. Nicolas de ne s'être pas souvenu que le Conseil lui a proposé de ne point signer la lettre du 1er Juillet, qu'il a dit hautement en plein Conseil qu'il pensait la même chose que ce

d'*Argenson*, celle du Conseil qui était avec lui, leurs délibérations prouvent qu'ils se regardaient comme subordonnés à M. Law, et au Conseil qui était à Chandernagor, le seul bon sens les retenait dans le devoir. M. Boyelleau est venu combattre le bon sens par de fausses interprétations, il a réussi, c'est comme un prestige dû à la hardiesse avec laquelle il a soutenu qu'il était l'homme de confiance de la Compagnie, à son caractère dur, opiniâtre, vindicatif, qui n'a jamais pu souffrir d'être contredit, qui ôtait à un chacun la liberté de son sentiment. M. Nicolas occupé de mille affaires inséparables d'un départ, se laissant conduire par l'homme soi-disant de confiance de la Compagnie, a signé bien des choses par inadvertance, qu'il n'aurait jamais signées, s'il avait été à lui-même. D'ailleurs, il peut instruire la Compagnie par une lettre particulière, de bien des choses qui se sont passées à l'occasion des dernières

Nous avons l'honneur d'être très parfaitement, signé :
Law de Lauriston, Renault, F. Nicolas, de la Bretêche,
Sainfray, Rouland, Chevalier, Ferrière.

qu'elle renfermait, qu'il serait bien fâché de ne point signer des prétentions aussi justes. Cette lettre a été discutée et mise au net, M. Nicolas a été encore prévenu que le Conseil ne prétendait point le gêner dans sa signature, il a persisté dans son premier sentiment. Comment peut-il dire aujourd'hui signatures qu'il a faites sous M. Boyelleau, et qui jetaient de très forts soupçons sur la bonne foi de ceux qui étaient pour lors au Conseil. Nous renvoyons encore pour cet article aux lettres de M. d'Hervilliers, dont une que nous venons de recevoir du 6 Mars.

qu'ii a peu fait de réflexions au sujet de cette affaire, qu'il avait la tête embarrassée, que c'était la seule idée qui l'occupait, que le moment de son départ de Pondichéry était dans son imagination le principe d'un bonheur marqué? Nous sommes fâchés que les circonstances et l'envie que nous avions de profiter tous de la présence de M. Nicolas, aient retardé si longtemps ce bonheur. Encore si parmi les pièces que M. Nicolas a eu soin de vérifier au Bengale, où la possession de son bonheur lui avait sans doute rendu le calme, il ne citait point les lettres de la Conpagnie sur lesquelles nous formons en partie notre supériorité, nous serions tentés de croire qu'il existe effectivement des pièces entre les mains de M. Law absolument opposées, et dans ce cas notre cause n'en serait pas pour cela moins innocente, mais il nous rassure en citant les lettres de la Compagnie, et se confondant ee les interprétant à Chandernagor d'une façon différente qu'il ne l'a fait à Pondichéry dans les lettres du 16 Janvier, 29 Mars et 4 Avril 1766.

Pour ce qui regarde l'admiuistration civile, signé :
Fromaget.

Après la lecture de cette lettre, il faut vous faire remarquer, Messieurs, que le jugement sur l'affaire du
vaisseau le *Mery* ou *Fezsalam*, ne peut-être rendu, définitivement expédié et publié qu'au retour de la supériorité du Conseil à Pondichéry. Je vous avais écrit de
ne point m'attendre pour juger de cette affaire, si le cas
pressait, vous avez agi en conséquence, mais vous aurez soin de tenir ce jugement secret, selon ce que je
vous ai aussi marqué en août de l'année dernière, le
seul Conseil supérieur ayant droit de faire apposer les
sceaux. Signé : Law de Lauriston.

33.

C'est sans doute sur la
remarque que nous avons
faite par notre lettre du 1er Juillet, de l'admission du
sieur Fromaget dans le Conseil, qu'il a mis la restriction
ci-contre qui est contraire aux principes de la Compagnie qui ne distingue point le Conseiller administrateur
du Conseiller juge.

34.

M. Law se fait tort par
cette appostille, elle vient
trop tard après la remise
qu'il a faite, avant son départ de Pondichéry pour le
Bengale, de lettres patentes de Sa Majesté, qui attribuaient au Conseil supérieur à Pondichéry la révision du jugement rendu à
l'Ile de France sur la prise
du *Méry*. Il reconnaissait
donc alors que la supériorité résidait essentiellement, indépendamment de
sa présence ou de son ab-
sence, dans ce Conseil supérieur à Pondichéry, on
ne se serait jamais douté,
et nous croyons que c'est
la première fois qu'un président ait dit à sa cour de
juger une affaire provisoi-

34.

M. Law ne s'est fait au-
cun tort par la réflexion
qu'il ajoute à notre lettre
du 1er aoùt. Il y avait
longtemps que le Conseil
supérieur transporté à Chandernagor, avait ordonné à
Messieurs de Pondichéry
de travailler mais le plus
secrètement possible, à l'instruction de l'affaire du *Méry*, de l'examen de laquelle
il les avait chargés, comme
commissaire en partant au
Bengale, étant de toute nécessité que le Conseil supérieur de Pondichéry s'ab-
sentàt pour les affaires d'administration, et les actes
de souveraineté en fait de
justice, devant pour plus
grande régularité être expédié à Pondichéry même,

rement seulement et d'attendre sa présence pour lui donner toute l'autorité, la publicité, en un mot la rendre exécutoire. Sa Majesté, en adressant ses volontés au Conseil supérieur de Pondichéry, n'a point d'instruction de la présence ou de l'absence du Commandant général, parce qu'il est de fait et évident que la supériorité est attachée à cette cour par essence et le local, et indépendemment de la présence ou de l'absence de son président, qui est ordinairement ce commandant général, mais qui à défaut, ou en cas d'absence, est remplacé par le plus ancien Conseiller, suivant son édit de création. Nous avons tenu le jugement secret pour des motifs qui touchaient les intérêts de la Compagnie, et non point pour attendre la ratification de M. Law, parcequ'en temporisant avec les propriétaires, nous espérons les amener à un accommodement moins onéreux, au lieu que s'ils savaient l'affaire décidée en leur faveur,

puisque c'était notre chef-lieu déterminé. M. Law, en attendant son retour, croyait que cette affaire importante du *Méry*, qui regardait tout le Conseil souverain de l'Inde, pouvait être soumise à la décision des commissaires du dit Conseil, au cas qu'on fut obligé de la juger pendant son absence de Pondichéry, que par conséquent ces Messieurs, restant à Pondichéry plus à la portée d'avoir les pièces nécessaires pour l'instruction, pouvaient porter un jugement provisoire qui aurait été envoyé au Bengale avec les pièces à l'appui, pour être confirmé, ou qui au retour de M. Law et du Conseil supérieur, aurait été visé et expédié à Pondichéry, pour recevoir la force d'un arrêt définitif de la cour souveraine. Nous ne voyons rien dans ce procédé de contraire aux ordonnances, surtout vu le cas forcé où nous nous trouvions, c'était même le seul parti à prendre pour obvier aux moyens de nullité qu'auraient pu employer

ils insisteraient sur son exécution littérale.

Fait en la Chambre du Conseil à Pondichéry, le 6 Octobre 1766. Signé : A. Boyelleau, Lagrenée, Trémisot, Abeille, Dulaurens l'aîné, d'Hervilliers, Yzact.

les partis, qui certainement ne regarderont jamais le jugement de M. Boyelleau et de son Conseil, comme un arrêt d'une cour souveraine, sachant que M. Law, président, et les principaux Conseillers du Conseil souverain de l'Inde, étaient nécessairement absents, quand il a été rendu.

COPIE D'UNE LETTRE DE M. LAW, EN RÉPONSE PAR EXTRAITS EN APOSTILLES A UNE DE M. LAGRENÉE, A CHANDERNAGOR, LE 31 OCTOBRE 1766.

J'ai reçu, Monsieur par le vaisseau le *Marquis de Castries*, la lettre que vous m'avez fait l'honneur de m'écrire le 20 Septembre, pour plus d'exactitude, je vais répondre en apostille.

Premier extrait de la lettre de M. Lagrenée du 20 Septembre.

A mon arrivée ici j'y ai trouvé M. Boyelleau qui y commandait conséquemment à sa réception, à la tête des troupes, en qualité de commandant immédiat après vous, et conformément à la lettre de la Compagnie du 9 Mars 1765, venue par le d'Argenson, et comme plus ancien Conseiller, il préside au Conseil supérieur,

Réponse de M. Law.

Il est vrai, M. Boyelleau devait commander, en mon
absence à Pondichéry, en conséquence des ordres de la
Compagnie adressés au Conseil supérieur qui est avec
moi, quoique la lettre soit timbrée Pondichéry, parce
que la Compagnie ayant fixé le Conseil supérieur à
Pondichéry, ne sachant pas d'ailleurs où il pouvait être
pendant le temps des reprises de possession, a dù
naturellement adresser ses lettres au lieu fixé pour sa
résidence, et parceque d'ailleurs elle a pu supposer qui
j'y étais retourné avec le Conseil supérieur; Mais par
des circonstances forcées ce Conseil supérieur se trouve
encore au Bengale. M. Nicolas n'a fait recevoir, et n'a
pu faire recevoir M. Boyelleau que sur les ordres que je
lui ai laissés en partant, et qu'il était chargé par la
Compagnie même d'exécuter; il eut été blàmable autrement, parcequ'il n'appartient qu'au commandant général et au Conseil supérieur de faire exécuter les ordres
que la Compagnie envoie dans l'Inde.

Comme plus ancien Conseiller, M. Boyelleau doit
commander en mon absence, par conséquent à Pondichéry, et aux petits comptoirs qui en dépendent directement, même à Mahé. Pour la facilité des opérations,
j'ai crù devoir faire cet arrangement, en conséquence
des pouvoirs que j'avais et que j'ai encore, mais tant
que je suis dans l'Inde, je suis dans mon Gouvernement, et ayant emmené le Conseil supérieur avec moi
de Pondichéry par des dispositions prises avec ce même
Conseil, puisque tout cela a été réglé à Pondichéry,
moi à la tète de ce Conseil supérieur, sans qu'il y eut
la moindre représentation contraire à ce sujet (ce qui
est assez prouvé par la conduite de Messieurs de
Pondichéry pendant sept mois). M. Boyelleau arrivant à
Pondichéry, ne peut certainement s'y trouver à la tète
d'un Conseil supérieur qui n'y est pas.

2ᵉ Extrait.

*Mes premiers soins ont été de prendre connaissance
de toutes les lettres de la Compagnie à ce même Conseil,
et j'ai vu que les anciennes étaient timbrées à M. Law
et à Messieurs du Conseil supérieur à Pondichéry, et
les dernières depuis par le d'Argenson à Messieurs du
Conseil supérieur à Pondichéry.*

Réponse de M. Law

Quelle conclusion voulez-vous tirer de là ? voulez-vous
prétendre que la Compagnie, en ne me nommant point
dans le timbre de ses lettres, me supposait absent de
Pondichéry ? J'ai prouvé la fausseté de cette prétention
dans notre lettre du Conseil du 1ᵉʳ Août, et mes preuves
se trouvent fortifiées de jour en jour par les lettres que
l'on reçoit d'Europe, puisque selon vous, ces lettres
continuent d'être adressées au Conseil supérieur seul,
car, assurément la Compagnie me croyait de retour à
Pondichéry au départ du *Marquis de Castries* ou du
Condé. D'ailleurs, une preuve que la Compagnie m'a
toujours supposé à Pondichéry, quoiqu'elle savait très
bien que je devais aller au Bengale, c'est que toutes
ses lettres particulières me sont adressées comme si
j'étais à Pondichéry. Je défie qu'on me montre une
seule lettre de la Compagnie qui me soit adressée au
Bengale. Ainsi, la Compagnie m'écrivant comme à
Pondichéry, il fallait bien qu'elle y supposât le Conseil
supérieur, puisque d'ailleurs c'est le lieu fixé pour sa
résidence, ainsi que pour la mienne. Voulez-vous prétendre de ce timbre où le seul Conseil supérieur est
nommé, que c'est à ce seul Conseil à décider des opérations qui concernent la Compagnie ? Eh, mon Dieu !
qui vous le dispute ?

3ᶜ Extrait.

Je les ai lues avec beaucoup d'attention, et toutes contiennent des ordres directs qu'elle adresse au Conseil supérieur, avec ordre à plusieurs reprises d'enjoindre ses volontés aux Conseils de Mahé et de Chandernagor, pour les parties qui les regardent seulement, tout en recommandant au Conseil supérieur à Pondichéry de lui rendre compte des opérations des autres comptoirs, de réformer les abus qui pourraient s'y trouver, d'en régler les dépenses avec la plus grande économie, en un mot, elle le charge généralement de toutes les parties de son administration quelconque, et le rend responsable en son propre et privé nom de l'exécution de ses ordres.

Réponse de M. Law.

Aprés ce qui est dit ci-dessus, tout cet article ne prouve rien pour nous. La Compagnie adresse ses ordres au Conseil supérieur qu'elle suppose de retour à Pondichéry, et en conséquence, les opérations des reprises de possession étant terminées au Bengale, elle y suppose un Conseil de Chandernagor, tout cela est très naturel. La Compagnie qui ne pouvait savoir ce qui me retenait ici, parle comme si l'administration dans l'Inde avait pris le cours fixe qu'elle doit avoir, mais elle ne l'aura que lorsque je serai à Pondichéry, lorsque j'aurai, comme dit la Compagnie, fini mon cours de Mission. Le Conseil de Chandernagor n'existe point encore, c'est le Conseil supérieur de l'Inde qui est ici avec moi, j'en suis le président, et comme tel, dit Sa Majesté, je dois rendre la justice à ses sujets, conformément à l'édit d'établissement du Conseil de Pondichéry, cela me parait sans réplique.

4ᵉ Extrait.

*La dernière enfin par le Condé du 23 Décembre
1766, par laquelle elle marque au Conseil supérieur
de Pondichéry la réception des trois lettres que vous
lui avez écrites au commencement de 1763, dit positivement de lui faire part des arrangements que vous
aurez pris ensemble conjointement pour le rétablissement
de la nation au Bengale.*

RÉPONSE DE M. LAW.

Qu'est-ce que cela dit contre moi? La Compagnie
en me supposant ainsi que le Conseil supérieur de retour à Pondichéry, il est bien naturel qu'elle demande
le détail des arrangements que nous avons pris ensemble pour le rétablissement de la nation au Bengale.
Si vous dites que, moi au Bengale, je devais prendre
des arrangements avec le Conseil supérieur à Pondichéry pour les affaires du Bengale, je vous dirai que
cela ne se peut, selon vous-mêmes, puisque vous prétendez ci-après que la Compagnie ne veut pas que le
Conseil supérieur traite particulièrement avec le gouvernement général, c'est bien la preuve que l'intention
de la Compagnie était que le Conseil supérieur fut avec
moi au Bengale, je ne pouvais bien prendre des arrangements que sur les lieux. Si vous dites qu'elle me
suppose encore au Bengale (ce qui n'est pas), je soutiens que dans ce cas, elle y suppose aussi le Conseil
supérieur. De ce que les lettres adressées au Conseil
supérieur sont timbrées Pondichéry, il ne s'ensuit pas
que le Conseil supérieur y soit nécessairement, autrement il faudrait dire que de ce que les lettres particulières qui me son tadressées par la Compagnie, sont timbrées Pondichéry, il s'ensuit nécessairement que j'y
suis, tandis qu'effectivement je me trouve au Bengale,

vous n'avez pas envie de faire de moi un double personnage.

5e Extrait.

Mais ce qui est frappant, Monsieur, c'est la défense que la Compagnie fait au Couseil supérieur à Pondichéry de traiter de ses affaires particulièrement avec les Gouverneurs, commandants en chef des comptoirs, elle s'explique formellement et dit qu'elle veut que toutes les correspondances désormais soient avec les Conseils, et non autrement.

RÉPONSE DE M. LAW.

Ou vous avez mal lu les ordres de la Compagnie, ou l'extrait que Messieurs de Pondichéry nous ont envoyé est faux et ne dit pas assez. Voici ce qui est dit, Article XII : *"toutes les affaires de commerce et d'administration doivent être traitées de Conseil à Conseil, afin qu'on puisse y suppléer par des lettres particulières"*. Vous aurez la bonté de remarquer qu'il y a une faute dans cet extrait, ainsi que dans tout ce que Messieurs de Pondichéry nous ont envoyé, il faut le mot *sans*, au lieu de *afin*.

Vous voyez que dans cet extrait, il n'est pas question du gouverneur, il n'y en a qu'un dans l'Inde, et je le suis. La Compagnie me supposant avec le Conseil supérieur à Pondichéry, et parlant à ce seul Conseil dont je fais partie, ne pouvait lui défendre de traiter particulièrement de ses affaires avec le gouverneur, mais au surplus, si le mot gouverneur est stipulé, ce que je ne puis savoir, puisqu'on ne m'a pas envoyé les lettres, je soutiens 1° que c'est une défense non pas faite particulièrement au Conseil supérieur de Pondichéry, mais une défense générale à tous les Conseils, et en ce cas, la

Compagnie peut très bien avoir mis le mot gouverneur, voulant dire par là que les directeurs, commandants, chefs, ne doivent point traiter avec le gouverneur particulièrement.

2º Que la Compagnie pouvait bien avoir mis par erreur le mot de gouverneur, au lieu de celui de directeur, comme je l'ai remarqué dans d'anciens réglements, elle peut très bien sans s'attacher scrupuleusement aux titres qui conviennent à chacun dans le cours d'une lettre, avoir donné celui de gouverneur aux directeurs soit de Bengale, soit de Mahé. Loin de chercher à tirer de fausses conséquences de ses expressions, notre devoir est de les prendre dans le sens le plus naturel et le moins contraire à ce qu'elle peut déja avoir ordonné, afin de ne point la mettre en contradiction avec elle-même. J'espère qu'avec un peu de réflexion, vous trouverez que ma réplique fait évanouir ce que vous croyez voir de si frappant contre moi dans les ordres de la Compagnie. Encore une fois, ces ordres, ces arrangements sont fondés sur la supposition que l'administration dans l'Inde a pris un cours fixe, ce qui n'est pas et ne peut être qu'à mon retour à Pondichéry.

La Compagnie dit positivement que pendant le cours de ma mission, le Conseil qui est à Pondichéry, doit suivre mes instructions et mes ordres, cela est clair, il n'y a point d'équivoque. A-t-elle dit quelque part dans ses règlements et ses nouveaux ordres qu'il ne faut point s'en tenir aux premiers qu'elle m'a donnés?

A.- Il le fallait cependant et de la manière la plus claire, pour autoriser M. Boyelleau à se croire président du Conseil supérieur, sans cela il est coupable de désobéissance et d'une rebellion de la plus grande conséquence. S'il ne tient qu'à un particulier de donner tel sens qu'il jugera à propos aux lettres qu'il reçoit, sans consulter celui qui est son supérieur dans l'Inde, s'il peut par là bouleverser tout un gouvernement, à quelles catastrophes ne doit-on pas s'attendre à être exposé par la suite dans un pays aussi éloigné?

Au surplus avec les pouvoirs que j'ai tant du Roi que de la Compagnie, quelque chose qu'il y ait dans les nouveaux ordres qu'on dit qu'on a reçus à Pondichéry, je suis en droit de les nier tous, et je serais même coupable si je les acceptais sur de simples extraits, signés par des personnes en qui je ne devais reconnaitre aucun pouvoir. Vous n'auriez donc qu'à me marquer dans une lettre signée de tout votre Conseil que le Roi et la Compagnie m'ordonnent de repasser en Europe, faudrait-il que je vous obéisse? A quoi ne m'exposerai-je pas? Ce n'est pas ainsi, mon cher Monsieur, que les affaires vont. M. Boyelleau, à son arrivée dans l'Inde, persuadé que les ordres de la Compagnie le rendaient président du Conseil supérieur, devait aussitôt faire tirer des copies authentiques de ces ordres, et envoyer un Conseiller ici avec les originaux même qu'on aurait lus en plein Conseil. C'était une marche toute naturelle, on eut discuté les points en question, et si j'avais aperçu qu'il y eut dans les lettres de la Compagnie quelque chose de contraire aux arrangements que j'ai pris pour ses affaires pendant le temps que doivent durer les reprises de possession, je me serais certainement soumis sans la moindre difficulté. Mais il est aisé de voir que les éclaircissements ne convenaient point à M. Boyelleau, il voulait être président du Conseil supérieur coûte que coûte, et faire tout à sa guise. L'envoi d'un Conseiller avec ces pièces à l'appui, aurait détruit entièrement son projet, le Conseiller chargé de le soutenir, convaincu par les preuves les plus évidentes, se serait rendu lui-même à la raison, camme a fait M. Nicolas. M. Boyelleau ne me connait pas, il se fonde sur certaine facilité, que peut-être lui a-t-on dit, que j'avais. Je suis en effet le plus porté du monde à suivre un conseil de quelque part qu'il me vienne, lorsque je le crois sensé, je donne volontiers ma confiance à telle personne en qui j'ai crû reconnaitre de la probité et des talents, et je laisse à cet égard crier qui voudra, parceque je sais qu'il ne m'est pas possible de contenter tout le monde. Mais M. Boyelleau verra que je ne suis pas aussi facile qu'il le pense, je ne serai peut-être pas le maitre d'empècher que cette affaire n'aille au pied du trône, et pour lors Dieu sait ce qui en arrivera. Tout ce que je sais, c'est que si je m'étais laissé aller aux idées de M. Boyelleau, **B.** le ministre et la Compagnie étaient en droit de me casser et me déshonorer à jamais comme un homme incapable de commander, il en serait de moi comme d'un commandant qui aurait livré sa place à l'ennemi sans y être forcé, et sans un ordre positif de son maitre.

6. Extrait.

L'établissement du Comité à Pondichéry est une nouvelle preuve démonstrative que la Compagnie n'a pu, ni n'a jamais entendu que le chef-lieu, et conséquemment le Conseil supérieur fut ailleurs qu'ici. Voilà donc l'autorité du Conseil supérieur bien établie par nos supérieurs communs. Permettez, Monsieur, que je passe à ce qui fait le fondement de tout dans la diversité d'opinions où nous sommes.

Réponse de M. Law.

Mais, Monsieur, qui est-ce qui prétend révoquer en doute que le Conseil supérieur doit être fixé à Pondichéry? Je suis le premier à en convenir, tout doit y ressortir, tous les comptes doivent y être portés, et cela ne tardera pas. Mais encore faut-il donner le temps aux opérations de se faire. La résidence de ce Conseil supérieur sera fixé à Pondichéry, et l'est même déja;

ce n'est ici qu'une absence qui disparaîtra, lorsque mon cours de mission sera achevé, pendant lequel la Compagnie dit positivement que je suis maître de mes opérations, m'autorisant ainsi que Sa Majesté, à donner des ordres partout. Elle marque dans ses dernières lettres que j'ai dû consulter le Conseil supérieur pour le rétablissement de la nation au Bengale. Cela ne pouvait être autrement, il faut bien que pour ce qui regarde les comptoirs qui lui appartiennent, je consulte le Conseil supérieur pour savoir ceux qu'on doit entretenir, ceux qu'on doit abandonner, pour mille détails enfin. Je n'ai rien fait sur tout cela sans consulter le Conseil supérieur de Pondichéry, j'ai pris des arrangements avec lui, j'ai fait plus, pour mieux remplir les vues de la Compagnie, j'ai emmené ce Conseil supérieur avec moi, prenant Messieurs de Surville, Sainfray et Rouland, tous Conseillers reçus au Conseil supérieur, de sorte que ce Conseil supérieur au Bengale devait se trouver composé du commissaire du Roi, commandant général et président de tous les Conseils dans l'Inde, de M. M. de Surville, second de l'Inde, Renault, ancien directeur, de la Bretèche, ancien Conseiller, Sainfray, ancien Conseiller, Roulant, ancien Conseiller, Chevallier, nouveau Conseiller, fait à Pondichéry.

Celui que je laissais à Pondichéry, était composé de : M. M. Nicolas, ancien Conseiller,

      Dulaurens, nouveau do.

      Du Petitval, do. do.

d'Hervilliers   (sous marchands,

Abeille   { adjoints au Conseil

Yzact   (au cas qu'on en eut besoin.

Sur ce simple exposé, qu'on juge lequel devait être le supérieur. Tout homme sensé pouvait-il s'imaginer que j'eusse voulu prendre avec moi toute la tête du Conseil de l'Inde, et cela pour le bien du service, pour le soumettre, ainsi que mon autorité en qualité de commissaire du roi et de président de tous les Conseils, à cette seconde division dans laquelle il ne se trouve qu'un ancien Conseiller.

Il ne m'était pas même possible, vu le nombre et la variété des transactions, à passer soit avec les anglais, soit avec les gens du pays, toutes des plus importantes dans les commencements d'un établissement, et qui toutes demandaient la plus grande célérité, il ne m'était pas même possible de bien remplir ma commission, sans emmener ici le Conseil supérieur, autrement en le laissant à Pondichéry, à combien de longueurs ne me serais-je pas vu exposé? Auriez-vous voulu qu'à chaque affaire importante, à chaque article d'une même affaire, car le tout ne vient que successivement, j'eusse été obligé d'écrire à Pondichéry? Il m'aurait fallu expédier vingt patemars tous les jours, et les affaires n'auraient pas été terminées en 10 ans, surtout si M. Nicolas eut été du caractère de M. Boyelleau. Vous auriez peut-être voulu que comptant pour rien les pouvoirs que j'avais et du Roi et de la Compagnie, j'eusse supplié M. M. Nicolas, Dulaurens, Du Petitval, de vouloir bien m'accorder des pleins pouvoirs. C'eut été donc pour amuser le public à mes dépens? Mais d'ailleurs, c'eut été aller directement contre les ordres de la Compagnie qui m'enjoint de donner des ordres et des instructions en partant de Pondichéry au Conseil que je devais y laisser, et qui veut que pendant mon séjour au Bengale, je lui fassé passer des ordres pour l'exécution de ce que j'ai à faire faire de ce côté. Ainsi, comme vous voyez, ce que la Compagnie demande, est une preuve qu'elle voulait que je prisse le Conseil supérieur avec moi au Bengale, je l'ai fait, et crois avoir bien fait. Le Conseil supérieur retournera à Pondichéry qui est et doit être le lieu de sa résidence, il n'est ici que pour le temps nécessaire aux opérations.

7me Extrait.

L'édit du Roi donné à Versailles en 1701, crée un Conseil souverain à Pondichéry, il y est positivement expliqué qu'en cas d'absence du président, le plus ancien y présidera, et qu'à défaut de Conseillers pour composer le nombre de 3 en matière civile, et de cinq en matière criminelle, on y appellera même des marchands, (sous-marchands) ou négociants français. Cet édit qui ne veut pas que le Conseil de Pondichéry cesse d'être Conseil supérieur, prévoit tous les cas afin qu'il soit toujours ce qu'il a plû à Sa Majesté de l'établir, en conséquence elle l'honore de ses sceaux, et lui accorde les prérogatives, les honneurs dont jouissent les cours souveraines du royaume, et rend tous les autres Conseils des cours souveraines de l'Inde, dépendant de celui de Pondichéry. Je trouve cet édit et les susdits sceaux dans les archives du Conseil supérieur à Pondichéry; il est donc ce qu'il a toujours été, car pour qu'il y déroge, il faudrait qu'il y ait un nouvel édit du Roi, qui annulât son établissement, ou qui transportât le lieu de son siège ailleurs qu'à Pondichéry. Existe-t-il ce nouvel édit qui détruit le Conseil supérieur de Pondichéry, ou qui établisse son siège dans un autre lieu? Voilà la question, Monsieur. Sans ce nouvel édit toutes les prétentions du monde sont nulles, cet édit qui crée le Conseil de Pondichéry seul souverain dans l'Inde, n'a jamais entendu qu'il perdit cette belle prérogative par l'absence de son président, puisqu'il nomme au contraire le plus ancien Conseiller pour y présider, et ainsi jusqu'au dernier. Ceci mérite les plus sérieuses considérations de votre part.

Réponse de M. Law.

En convenant de presque tout ce que vous dites dans cet article, rien de plus aisé que de réfuter les conséquences que vous voulez en tirer.

Il ne s'agit pas entre le Conseil de Pondichéry et moi de savoir où le Conseil supérieur doit être fixé, il doit l'être à Pondichéry, cela est décidé, la question est de savoir si j'ai pu le transporter avec moi au Bengale.

Le Conseil supérieur que j'ai établi dans l'Inde par ordre du Roi, est un nouveau Conseil établi sur l'ancien édit de création, tous les anciens Conseilles ont été réformés.

D. Il a été même décidé que pour les nouveaux, quelqu'ils fussent, il fallait de nouvelles commissions.

E. Lorsque je suis parti d'Europe, on ne savait point dans quel endroit de l'Inde ce nouveau Conseil serait établi, il pouvait être fixé à Karikal, ou dans tout autre endroit que Pondichéry, et cela nonobstant les ordres de la Compagnie, même par lesquels elle fixe le Conseil supérieur à Pondichéry, parceque ses ordres n'étaient qu'en conséquence des suppositions qu'elle faisait, ignorant d'ailleurs les difficultés que j'aurais pu rencontrer pour le rétablissement de Pondichéry. Pour lors, sans doute, il aurait fallu par la suite un autre édit, non point de création, mais seulement de transposition de Pondichéry à cet autre endroit qu'on aurait choisi. Mais en attendant les réponses d'Europe, je n'en avais pas besoin, et cela est prouvé par ma commission du roi, qui en me qualifiant de président du Conseil supérieur, ne dit pas de Pondichéry, pour prévenir les objections qu'on pourrait faire à mes pouvoirs, parcequ'en effet on ne savait pas si on pourrait établir le Conseil supérieur à Pondichéry, mais qui dit que comme président du Conseil supérieur, (et cela veut bien dire partout où il sera), je dois rendre aux sujets de Sa Majesté la justice tant civile que criminelle, conformément à l'édit d'établissement du Conseil de Pondichéry, du mois de Février 1704, ajoutant que je suis autorisé à faire généralement tout ce que je jugerais à propos pour le rétablissement des comptoirs, du commerce, et pour la gloire du nom de Sa Majesté. Cela est-il clair? Ainsi, comme vous voyez, le nouveau Conseil supérieur, fondé sur l'ancien édit de création, qu'on peut en ce cas nommer le Conseil de Pondichéry, pouvait être fixé ailleurs qu'à Pondichéry même. Cet édit de création, en attendant l'autre, aurait ressorti son plein et entier effet, quoique portant le nom de Pondichéry, et je n'avais pas besoin d'un nouvel édit, encore moins en ai-je besoin à présent pour avoir ce Conseil avec moi au Bengale, où il ne s'agit pas de le fixer, où il n'est venu que pour le temps nécessaire aux opérations, et par un cas forcé; cela est hors de doute, puisque Sa Majesté a bien voulu m'autoriser à faire tout ce que je jugerais à propos, etc. Vous dites que tous les cas sont prévus dans cet édit de création, je vous soutiens que non. Où est-il question du cas où je me trouve? En l'absence du gouverneur général, c'est le second qui préside au Conseil supérieur, à la bonne heure. Mais ici, c'est le Conseil supérieur de l'Inde lui-même qui se trouve absent de Pondichéry seulement, c'est le gouverneur général, le commandant immédiat après lui, et deux des premiers membres du Conseil supérieur qui partent ensemble pour les opérations à exécuter au Bengale. Où est-il dit dans l'édit de création que le Conseil supérieur, et surtout un nouveau, ne pourra se transporter pour un temps dans un autre endroit que Pondichéry? Il y a des cas où cela peut arriver nécessairement pour le bien des affaires.

F. La peste n'a qu'à survenir à Pondichéry lorsque le Conseil supérieur y sera de retour, ce Conseil sera-t-il obligé d'y rester? Et s'il se trouve à Karikal par exemple, ou à Yanaon, en sera-t-il moins le Conseil supérieur de Pondichéry, parcequ'il se trouvera hors de cette place? Non, Monsieur, il doit être toujours censé le Conseil supérieur partout où il sera, pourvu qu'il ne sorte point de son district, et ce district s'étend par toute l'Inde.

Voyez encore un cas où l'édit de création ne dit rien, parce qu'il n'est guère possible dans ces sortes de pièces, d'entrer dans tous les détails.

L'édit de création ordonne que dans le cas d'absence du commandant général, ce sera le second qui sera le président, etc. L'édit doit entendre par là toutes sortes d'absences, car vous m'avouerez qu'il y a sur ce sujet des distinctions à faire : le second sera donc président, mais il peut l'être de différentes façons, analogues à l'espèce d'absence, dont il sera question, il peut être président absolu (j'ai idée qu'on pourrait trouver quelque épithète plus convenable, mais elle ne me vient pas) au reste, j'entends par là président représentatif. Si, par exemple, je venais à mourir, ou à sortir de mon gouvernement, c'est-à-dire de l'Inde, le second se trouverait sans doute président absolu du Conseil supérieur, mais, Dieu merci, j'existe encore, je suis même dans mon gouvernement, et pour lors il ne peut être que président représentatif, du moins en matière d'administration, c'est-à-dire qu'il représente moi, mon individu, qui suis véritablement le président absolu, qui, forcé de m'absenter du siège principal, du lieu fixé pour ma résidence, et cela pour les affaires même de mon gouvernement, suis censé avoir déposé une partie de mes pouvoirs entre ses mains, pour agir comme j'agirais moi-même. En ce cas, ce président représentatif ne peut et ne doit rien faire d'intéressant en matière d'administration sans me prévenir, à moins que par les instructions que je lui aurai laissées, il n'y soit autorisé, mais toujours doit-il me rendre un compte exact de tout ce qu'il fait, autrement dans quelle confusion ne tomberions-nous pas? Ce serait une véritable anarchie. Ce n'est pas la distance du lieu qui décide, dès que ce lieu n'est pas hors du gouvernement. Si un second peut se dire président absolu parceque le commandant général se trouvera à 200 lieues des limites de Pondichéry, il

a droit de se le croire, quand même le commandant
général ne serait qu'à 4 lieues, et même à deux portées
de fusil. C'est donc à dire que moi, commandant général de la nation dans l'Inde, véritable président du
Conseil supérieur, je n'aurais qu'à vouloir passer 2 ou
3 jours pour ma santé à la *taupe* des tamariniers, M.
le second pourrait, sans me prévenir, assembler le Conseil, défaire tout ce que j'aurais fait précédemment, et
se moquer de moi par dessus le marché, vous conviendrez que ce n'est plus là un gouvernement.

Tant que je suis dans l'Inde, je ne suis point à proprement parler absent, mais au reste, ce que je viens
de dire n'est que dans la supposition où je serais parti
de Pondichéry, y laissant le Conseil supérieur, ce qui
n'est pas.

G. C'est le Conseil supérieur lui-même qui s'est
transporté au Bengale avec moi.

Il faut certainement uu édit pour détruire le Conseil
supérieur, ou pour fixer son siège dans un autre endroit que Pondichéry, mais il ne s'agit point de cela.
On convient que le Conseil supérieur n'a pas même à
présent d'autre lieu fixe pour sa résidence que la place
de Pondichéry, mais jusqu'à ce que le cours, **H.** de
ma mission, ou plutôt de la sienne, soit fini, il est nécessairement ambulant, que sais-je? si le cas le requiert,
je me transporterai avec lui à Mahé, ce sera bien une
autre histoire.

Vous avez trouvé dans les archives l'édit et les sceaux
du roi, cela est vrai, et je vous en ai dit la raison dans
notre lettre du 1er Août, je ne crois pas en avoir besoin
ici, et devant retourner le plus tôt possible avec le Conseil supérieur à Pondichéry, il m'était inutile de faire
courir les risques d'un voyage à ces papiers, mais si
j'avais pu prévoir les idées singulières qu'a fait naître
M. Boyelleau, je vous réponds bien que je les aurais
emportés.

82

I. Vous m'avouerez que je le pouvais très facilement, il n'y aurait pas eu même la moindre représentation, et au reste en cas de représentation, cela eut été fait par une délibératiun du Conseil supérieur auquel je présidais.

K. Il eut été même à souhaiter pour M. Boyelleau que je les eusse emportés, cela lui eut épargné les désagréments que ne peut manquer de lui occasionner par la suite cette pièce honteuse, monument de son ignorance et de son dépit, qu'il a lâchée indignement contre le Conseil qui est ici, et qu'il a fait signer, je ne sais trop comment, de tout son Conseil. Il faut que cet homme ait le ton bien persuasif; je tremble qu'à mon retour à Pondichéry, il ne me tourne contre moi-même.

L. Vous nommez le Conseil qui est ici le Conseil de Chandernagor, ne le prenant dans le sens qu'on donnait autrefois à cette dénomination. Vous vous trompez, Monsieur, il n'y a point encore de Conseil proprement dit de Chandernagor, on en établira un lorsque je partirai d'ici; il me paratt que vous vous attachez trop scrupuleusement aux anciens termes, qui ne peuvent convenir que lorsque l'administration de l'Inde aura pris ie cours qu'elle doit avoir. S'il n'y avait jamais eu de Conseil de Chandernagor, vous auriez eu moins de peine à reconnaitre celui-ci pour supérieur, comme on a reconnu sans hésiter la supériorité de celui qui était à Karikal avec moi, où il n'y en avait point eu auparavant. Quoi! direz-vous, parcequ'il n'y a jamais eu qu'un Conseil subalterne à Chandernagor, le Conseil supérieur n'a pu s'y transporter? Après la reprise de possession de Pondichéry, j'étais encore à Karikal avec le Conseil, ayant laissé un Conseiller, et même deux je crois, à Pondichéry, avec plusieurs employés; **M.** Ce Conseiller pouvait donc selon vous, se dire président du Conseil supérieur, il n'avait pour cela que faire des Conseillers, comme a fait M. Boyelleau, et les faire opiner eux-mêmes pour leur propre élection. Etant à Pondichéry, puisque c'est le seul endroit où peut être le Conseil supérieur, il pouvait me donner des ordres à Karikal, et me renvoyer en Europe. Par ma foi j'aurais été bien attrapé; il pouvait même, suivant la lettre du 1er Juillet ne me pas reconnaitre comme commissaire du roi, cela aurait fait une petite comédie assez amusante. Il ne s'agit pas entre le Conseil qui est aujourd'hui à Pondichéry et moi, de ce qui j'ai dû faire, mais de ce j'ai pu faire.

N. Avais-je le droit de transporter le Conseil supérieur pour un temps hors de Pondichéry? Je crois l'avoir prouvé évidemment par tout ce que j'ai dit ci-dessus. Je dis plus, je ne pouvais faire autrement; les ordres du Roi et de la Compagnie sont positifs là-dessus. M. Boyelleau n'est certainement pas plus autorisé que M. de Surville, qui était, ainsi que lui, nommé par conséquent commandant immédiat après moi, siégeant immédiatement après moi dans tous les Conseils, et qui de plus avait une commission de commissaire du roi pour agir en mon absence. Je pouvais, si je l'avais crù nécessaire, laisser M. de Surville commandant pari ntérim à Pondichéry, comme je l'ai laissé à Karikal pendant mon séjour à Sadras, et certainement il n'aurait rien exécuté sans mes ordres, ou plutôt sans ceux du Conseil qui est avec moi, en voici la preuve. Dans mes ordres du roi qui roulent tant sur ce qui regarde les reprises de possession que sur ce qui concerne l'administration des affaires, il est dit que dans quelque partie de l'Inde que je sois, (ce qui prouve que pour n'être pas à Pondichéry, je ne dois pas être censé absent de mon gouvernement) M. de Surville sera tenu d'exécuter ce que je lui prescrirai pour le bien du service. Pouvais-je, en partant de Pondichéry, donner à M. Nicolas, des pouvoirs que M. de Surville, qui devait siéger avant lui, ne devait pas avoir? Par conséquent, M. Nicolas,

restant forcément sous mes ordres, ne pouvait être président du Conseil supérieur, par conséquent le Conseil
supérieur ne pouvait être que celui qui était avec moi.
Il le savait bien, aussi a-t-il toujours reconnu notre supériorité jusqu'à l'arrivée de M. Boyelleau. Comment
M. Boyelleau, qui a succédé à M. Nicolas, et qui très
certainement, **O.** aurait siégé dans un Conseil après
M. de Surville, malgré sa qualité de commandant immédiat, pendant le peu de temps que de M. Surville
devait rester dans l'Inde, pouvait-il prétendre à d'autres
pouvoirs qu'à ceux qu'avait M. Nicolas?

Le roi m'autorise à donner des ordres partout, et de
quelque partie de l'Inde que je sois, il est ordonné à
mon second de m'obéir partout où il sera. Que veut de
plus M. Boyelleau? A-t-il des pouvoirs qui détruisent
les miens? Oui, je l'entends, certaines combinaisons
d'ordres et d'arrangements envoyés par la Compagnie,
qui concernent l'administration de ses affaires, qu'il
explique à sa façon, dont il ne me fait savoir. **P.** que
ce qu'il juge à propos, et dont il veut voir l'effet sur le
champ, sans attendre que la machine soit disposée pour
recevoir le mouvement. Voilà sur quoi sont fondés ses
pouvoirs, mais, en vérité, mon cher Monsieur, cela
peut-il tenir contre des ordres clairs et précis du roi,
auxquels cette même Compagnie m'ordonne de me
conformer exactement.

Je crois avoir pouvé qu'il ne m'était pas possible de
laisser le Conseil supérieur à Pondichéry, selon les
ordres que j'ai reçus du roi, je ne le pouvais pas non
plus selon les ordres de la Compagnie. Cette Compagnie
dit que je dois laisser en partant de Pondichéry, des
ordres et des instructions au Conseil que j'y aurai laissé,
et qu'il est chargé d'exécuter. que pendant mon séjour
au Bengale je ferai passer des ordres à Pondichéry
pour ce que je voudrai y faire exécuter, que je dois me
conformer aux ordres donnés par Sa Majesté, par les-

quels il est prouvé très clairement que je ne pouvais donner la superiorité sur moi à M. Nicolas, qui, selon votre système, aurait dù l'avoir. Après cela, comment pouvais-je laisser le Conseil supérieur à Pondichéry? Il m'aurait donc été subordonné, c'est ce que vous ne voulez pas. Mais d'ailleurs la Compagnie s'explique: elle veut que je n'exécute rien de ce qui la concerne en matières importantes, sans me faire autoriser par des délibérations prises conjointement avec le Conseil supérieur, où chacun débattra son avis, où tout ira à la pluralité des voix, cela est dit dans les papiers que j'ai emportés avec moi. Il faut donc que je sois toujours avec ce Conseil supérieur, ce ne peut être certainement avec celui que j'ai laissé à Pondichéry, qui d'ailleurs doit suivre mes ordres et mes instructions, il faut donc nécessairement que ce soit avec celui que j'ai emmené avec moi au Bengale.

COPIE DES OBSERVATIONS DU CONSEIL, A PONDICHÉRY, SUR LA LETTRE CI-DESSUS.

RÉPONSES AUX OBSERVATIONS CI-CONTRE par M. LAW ET LE CONSEIL SUPÉRIEUR.

1.

A. Ce n'est pas pour vouloir l'être, comme dit M. Law, coûte que coûte, que M. Boyelleau est et se trouve président du Conseil supérieur, et nous pouvons

1.

M. Boyelleau et son Conseil auraient pu s'épargner la moitié de la fatigue qu'a dù leur causer l'article ci-contre de leurs observations. En effet qui doute

bien assurer qu'il n'a pas même été question de la moindre chose entre nous, de la plus petite démarche ni prétention particulière de sa part à ce sujet; il est et se trouve en vertu de l'édit de création de 1701, et par la suite un ordre naturel dans toutes les affaires, que le premier, le plus ancien, ne fut-ce que d'une assemblée, en est le président. Aussi nous ne croyons pas que ce soit de ce titre dont M. Law et son Conseil veuillent lui faire un crime et un reproche, mais bien de celui de croire et de penser, ainsi que nous, que la supériorité dans l'Inde réside dans le Conseil à Pondichéry, et non dans celui de Chandernagor, ou toute autre part ailleurs, par rapport à la seule présence de M. Law, comme il l'a d'abord prétendu, et ce ne serait jamais un crime de rébellion de la plus grande conséquence comme nous en taxent en toute occasion M. Law et son Conseil. Ce serait au plus erreur de sentiment ou d'opinion, dont que si le Conseil supérieur s'était trouvé à Pondichéry, M. Boyelleau en aurait été président? L'édit de création est clair là-dessus, mais il n'est pas moins certain qu'il n'aurait été que président représentant la personne de M. Law; ce commandant étant dans l'Inde, et par conséquent dans son gouvernement, M. Boyelleau, en fait d'administration, aurait toujours été tenu de lui rendre compte de ce qui se passait, de lui communiquer les lettres de la Compagnie, et de le consulter dans tout. Nous croyons que telle a toujours été l'intention de la Compagnie, quelque confiance que M. Boyelleau prétende qu'elle ait en lui, ce que nous ignorons d'ailleurs, puisque nous ne voyons rien de bien extraordinaire au sujet de M. Boyelleau dans les lettres qui sont parvenues; de toutes celles que M. Law a reçues, il n'y a rien qui fasse mention de M. Boyelleau.

Pour usurper la supériorité, traverser un commissaire du roi dans ses opé-

nous nous flattons qu'à tout évènement la Compagnie se félicitera par la conduite que nous avons tenue. Au surplus, la Compagnie décidera si dans le cas où elle donnerait des ordres contre le Gouverneur, la marche qu'indique M. Law, serait celle à tenir pour les exécuter.

rations, le discréditer, mettre des bornes à ses pouvoirs, tant pour les objets que pour le temps, sans le moindre égard pour les instructions dont il est chargé, se dire président d'un Conseil supérieur, quoique n'ayant point de commission même d'un Conseiller pour, à l'abri d'nn nom si respectable, assouvir sa jalousie,

sa haine, sa vengeance, ôter la liberté des suffrages aux Conseillers, pour bouleverser tout un gouvernement, établir un système fanatique qui tend à l'anarchie la plus décidée, et sous le voile du bien public opprimer les sujets du roi, tout cela ne sera désormais qu'une erreur de sentiment et d'opinion. C'est dommage que M. Boyelleau ne soit pas né du temps de Cromwell, il aurait figuré aussi bien parmi les indépendants. Mais que veut dire la fin de cet article? C'est donc contre M. Law que l'antigouverneur a été envoyé? Gardez votre secret, M. Boyelleau, ou montrez vos ordres, mais vous ne voulez faire ni l'un ni l'autre, ou plutòt, vous ne le pouvez.

2.

B. M. Boyelleau, non plus que nous, n'avons jamais communiqué aucune idée, rien exigé de M. Law nommément, ni en particulier. Nous avons écrit, traité, et parlé au Conseil de Chandernagor en con-

2

On peut conclure de l'article ci-contre à quoi M. Boyelleau et son Conseil réduisaient M. Law pendant son séjour au Bengale; malgré les instructions du Roi et de la Compagnie, confirmées par la nouvelle

séquence, et appuyé des ordres de la Compagnie. Si M. Law y trouvait du désavantage à ses intérèts par rapport au changement des circonstances, des lieux et des temps, il pouvait au plus, seul et de son autorité privée, si la Compagnie lui en a donné le droit, en suspendre l'exécution, et lui en rendre compte, en s'appuyant d'une délibération du Conseil de Chandernagor, ce que ce Conseil a droit de lui-même, sans même la présence ni l'autorisation du Gouverneur et du Commandant général. Mais nous ne croyons pas qu'il y ait rien, ni aucun article dans notre lettre du 24 Mars, qui y puisse donner lieu.

administration, toute son autorité se réduisait aux simples fonctions de directeur de Chandernagor, ses commissions étaient donc absolument nulles, et cela, parceque son devoir, le bien de la nation, les ordres du Roi et de la Compagnie, l'avaient obligé de transporter au Bengale. Ils n'ont rien exigé de M. Law, disent-ils; il faut donc compter pour rien la soumission à leurs ordres, et le dépouillement de toute autorité à leur égard. M. Law, selon cet article, n'aurait pas même le pouvoir d'un directeur de Chandernagor, il paraitrait ici qu'on ne le regarderait pas comme président de ce Conseil, que tout commandant général qu'était M. Law, moyennant une délibération, on aurait pu se soustraire à ses ordres.

3.

C. Nous ne voyons sur notre régistre de délibérations, ni sur celui des arrêts, aucune délibération dans le premier pour le rétablissement non seule-

C. M. Law, partant d'Europe commissaire du roi, chargé de suivre les instructions tant du roi que de la Compagnie par lesquelles on avait bien voulu

ment au Bengale, mais même pour aucun des comptoirs, dont cependant M. Law convient lui-même de la nécessité, et qu'elle lui était recommandée par la Compagnie. Donc, M. Law a crû agir, et a agi toujours seul, car comment peut-il constater sa conciliation, sa consultation avec le Conseil supérieur, autrement que par une délibération? Nous souhaitons qu'il se soit mieux comporté à cet égard au Bengale qu'il ne l'a fait ici. Sur le régistre des arrêts, nous ne voyons rien pour cette transmigration du Conseil supérieur. Est-il temps, après plus d'un an, de vouloir l'établir et de droit, et cela encore par lettre? Et ce plan imaginé aujourd'hui par M. Law, n'est pas même bien trouvé. Car quand la Compagnie lui dit de prendre des arrangements avec le Conseil supérieur, il est tout et bien naturel que toutes les suppositions de M. Law et de son Conseil de croire que la Compagnie a toujours cru et pensé que c'était

83

en quelque façon le laisser maitre de ses opérations, n'était nullement obligé de passer des délibérations pour les reprises de possession, cela n'est dit dans aucune de ses instructions. En effet il fallait que la reprise de possession d'une place précédât la formation du Conseil, de plus, quoiqu'au désir de la Compagnie M. Law devait former le Conseil supérieur le plus tôt possible, il était très en droit de suspendre cette formation, s'il s'était aperçu qu'elle ait pu préjudicier à ses opérations. Il n'est dit encore dans aucun endroit des instructions, soit du Roi, soit de la Compagnie, que M. Law sera obligé de consulter le Conseil supérieur pour les reprises de possession du Bengale. En effet quelle nécessité y avait-il pour lui de demander au Conseil s'il prendrait possession de tel ou tel endroit? Ses ordres étaient formels là dessus, il devait reprendre tout ce qui nous avait appartenu, il n'y avait point à délibérer là dessus. La

avec le Conseil de Pondi-
chéry, parceque les arrangements pour la rentrée
dans les établissements,
tels que le demande la
Compagnie, pouvaient pour
ainsi dire se faire et se
prendre de Paris même, à
plus forte raison à Pondichéry, sauf toutefois de tel
endroit que ces disposi-
tions eussent été prises et
faites, les changements, ou
même l'inexécution totale,
auxquels des circonstances
imprévues du temps au-
ront pu obliger et exiger.

Compagnie dit bien dans
des lettres venues l'année
dernière, et dont nous
n'avons pris lecture que
depuis notre retour à
Pondichéry, qu'elle compte
que M. Law a pris des
arrangements avec le Con-
seil pour le rétablissement
de la nation au Bengale,
elle veut dire par là les
arrangements, en consé-
quence des reprises de
possession, parcequ'en effet
dans tout ce qui pourrait
avoir un rapport direct à
la Compagnie, il était tout
naturel que le Conseil fut

consulté, mais encore cela ne lui était pas ordonné,
malgré cela M. Law, dans tout ce qui en méritait la
peine, n'a pas manqué de consulter le Conseil supérieur,
il l'avait emmené avec lui pour cela. Cela n'est pas,
dira M. Boyelleau, le Conseil laissé à Pondichéry
n'a point été consulté, il n'y a point eu de délibération. Mais, de bonne foi, quelle déliberation y
avait-il à passer? M. Law pouvait-il savoir comment il serait reçu au Bengale? Il laissait à Pondichéry M.M. Nicolas, Dulaurens, du Petitval, dont
les deux derniers n'avaient la moindre connaissance
des affaires du Bengale. Etaient-ce ces Messieurs qui devaient régler la conduite de M. Law? Il a consulté et
très souvent le Conseil supérieur qu'il emmenait avec
lui, et qui pouvait diriger sa conduite sur les lieux
mêmes, nous croyons que c'est tout ce qu'il pouvait
faire de mieux. On trouve mauvais qu'il n'y ait point
de délibération à ce sujet, mais encore une fois ses

instructions ne l'obligeaient point à en passer pour les
simples reprises de possession. D'ailleurs croit-on que
dans un chaos d'affaires, dans une confusion qu'il n'est
pas possible d'éviter dans un début de rétablissement,
il soit aussi aisé d'être exact sur tous les points, comme
M. Boyelleau parait l'exiger? Ne veut-on rien donner
aux circonstances, en ce cas M. Law est bien malheureux, il est peut-être le seul avec lequel on ait jamais
agi aussi rigoureusement; il fait beau voir M. Boyelleau
vanter ses opérations, ses réformes d'abus, il est venu
à Pondichéry où il a trouvé tous disposés à le recevoir,
la tranquillité parfaitement établie, nulle crainte du
coté des gens du pays, beaucoup d'employés, un pays
sain. Quels obstacles, quelles difficultés a-t-il trouvés,
sinon ceux que sa conduite lui a attirés? Et à quoi
encore ont abouti ses opérations? Il a pris pour ses
propres dépenses, en sus des forts appointements que
le Conseil avait alloués à M. Nicolas, fort au délà de ce
qu'il a pu sauver à la Compagnie par quelques épargnes,
à plusieurs desquelles on peut ajouter l'épithète de sor-
dides par la misère où elles ont précipité quantité de
pauvres gens, pendant que d'un autre coté, par entêtement ou défaut de jugement, il a occasionné à la Compagnie une perte réelle de près de 100.000 Rs. en
gardant auprès de lui pendant 6 à 7 mois, les fonds qui
étaient destinés pour ces endroits. Il y aurait encore
bien des choses à relever sur ce qui s'est passé à Pondichéry, par exemple le contrat des toiles bleues passé
à 36 pagodes. Voilà à quoi se réduisent les belles
opérations de M. Boyelleau, il est vrai, nous l'avouons,
il y a de l'ordre dans les écritures, les employés travaillent,
et comment ne travailleraient-ils pas? Il faut 50 signatures pour un sac de charbon, on peut juger du reste.

Il n'y a point eu, dit M. Boyelleau, de délibération
passée pour le transport du Conseil supérieur de Pondichéry au Bengale, donc il n'y a point passé par le

même raisonnement; nous pouvons dire qu'il n'était point passé à Pondichéry, car il n'y a point eu de délibération lorsqu'il est parti de Karikal, il n'y a point eu de délibération pour la prise de possession de Karikal, de Pondichéry, de Mahé, de Yanaon, de Mazulipatam, des comptoirs du Bengale, donc ces reprises de possession n'ont point été faites. Voilà où tend le raisonnement de M. Boyelleau. Supposons que M. Law, accablé de mille affaires, et persuadé que sa propre nation aurait toujours cherché à l'aider plutôt que de le traverser, n'ait pas mis dans tout son procédé la régularité, que les circonstances ne lui permettaient sans doute pas et qu'ils devaient avoir, M. Boyelleau et son Conseil, en sont-ils plus autorisés à désobéir aux ordres du Roi et de la Compagnie? M. Law serait en faute. Qu'ils fassent là-dessus des réflexions aussi étendues qu'ils jugeront à propos, qu'ils en écrivent à la Compagnie, c'est elle qui doit juger M. Law, c'est à elle à prononcer. M. Boyelleau a été envoyé contre M. Law, diront ces Messieurs, par conséquent il pouvait agir contre lui, en effet par l'article précédent, il paraitrait que M. Boyelleau le lui a fait entendre, mais M. Boyelleau doit-il en être crû sur sa simple parole, ou sont les ordres qu'il a apportés? Il déclare n'en avoir point d'autres que ceux contenus dans les lettres de la Compagnie, or, nous les avons toutes lues, il n'y a pas une de ces lettres qui, bien loin d'être contre M. Law, ne soit confirmative des pouvoirs et instructions qu'il a reçus en partant.

4.

La commission de M. de Surville n'était que pour remplacer M. Law dans les opérations même les plus subséquentes des reprises

4.

M. Boyelleau et son Conseil se trompent dans la supposition où les reprises de possession auraient pu être terminées dès le pre-

da possession, et expirait l'instant d'après; l'effet en est sorti en son entier, puisqu'il est parti immédiatement après la reprise de possession des établissements du Bengale. M.M. Sainfray et Rouland ne sont pas plus anciens Conseillers que M.M. Dulaurens et du Petitval, ils le sont tous quatre de même date, et M. Law n'a emmené avec lui M.M. Sainfray et Rouland que pour des raisons de convenance, tant pour eux que pour le service. Le premier y avait maison et toute sa famille, et le deuxième, parceque c'était son comptoir d'habitude, et auquel il avait été attaché ci-devant par la Compagnie, même par rapport à ses connaissances particulières des mousselines. Au surplus, nous ne cessons de le répéter, où est la délibération, l'arrêt, pour cette transmigration du Conseil?

mier mois de notre arrivée. M. de Surville pendant son séjour dans l'Inde, devait continuer d'être second de M. Law, siégeant immédiatement après lui dans tous les Conseils, il avait même une commission de commandant général aussi ample que celle de M. Law, pour gouverneur en son absence; de plus, les reprises de possession n'étaient point terminées entièrement au départ de M. de Surville, elles ne le sont point encore.

M. Boyelleau et son Conseil s'écrient toujours où est la délibération pour la transmigration du Conseil, à quoi nous répondrons, où sont les délibérations, les arrêts pour sa transmigration de Karikal à Pondichéry pour les reprises de possession des comptoirs?

5.

M. Law équivoque à l'égard de M.M. Abeille, d'Hervilliers, Yzact, sur le

5.

M. Boyelleau et son Conseil ne veulent jamais prendre l'esprit d'un ordre, d'u-

terme d'adjoint, qui n'a jamais été admis par la Compagnie qu'elle a au contraire rejeté, refusé d'accepter de la création de M. Dupleix, et qui d'ailleurs, et dans le vrai ne se dit que lorsqu'on admet pour le moment au jugement d'une affaire, une ou plusieurs personnes, pour compléter le nombre de juges nécessaires et prescrits par l'ordonnance, mais jamais pour des personnes qui doivent siéger à perpétuité, comme étaient destinés M. M. Abeille, d'Hervilliers et Yzact, et non pas au besoin, comme dit M. Law. La Compagnie peut s'en faire représenter la délibération du 29 Mai 1765. Pourquoi d'ailleurs, dans le tableau de la composition des deux Conseils que présente M. Law, ne met-il pas dans celui de Pondichéry M. M. Boyelleau, Lagrenée, Denis, Duplan, Lenoir, Trémisot, Tobin, qu'il attendait et qu'il cite lui-même dans ses instructions à M. Nicolas, en lui disant de les faire recevoir à sa place, et dont les deux ne délibération, c'est la lettre qui les conduit toujours. Parceque la Compagnie a fait entendre qu'elle ne voulait point de ses Conseillers adjoints faits par M. Dupleix, qui étaient véritablement Conseillers en pied, touchant les appointements de Conseillers et à qui par cónséquent l'épithète d'adjoints ne convenait pas, désormais on ne pourra se servir de ce mot, il faudra le retrancher du dictionnaire. M. M. Abeille, d'Hervilliers et Yzact sont des sous-marchands, que la délibération du 29 Mai 1765 admet au Conseil avec voie délibérative. On a ajouté l'épithète adjoint que pour faire comprendre qu'ils n'étaient point Conseillers en pied, qu'ils devaient conserver sur le tableau leur rang de sous-marchands, et ne toucher que les appointements de sous-marchands. M. M Abeille, d'Hervilliers et Yzact savaient très bien que c'était le sens de la délibération, ainsi que Messieurs les Conseillers en pied. Cela parait assez par

premiers étaient à Pondichéry, lors du commencement de cette cause et discussion, et auxquels aucun de ceux du Conseil de Chandernagor ne dispute ni l'ancienneté, ni les connaissances, ni les talents. Pour abréger, nous vous laissons, Messieurs, à en développer les motifs les avis de ces Messieurs, alors que M. Boyelleau a jugé à propos de faire recevoir les trois adjoints à la tête des troupes ; cela parait encore plus par les appointements de sous-marchands, qu'on a continué de payer à ces Messieurs à la fin de mois, et qui auraient été continués de même sans les représentations du sieur Abeille, auxquelles M. Nicolas a crû à propos de céder, en accordant les appointements de Conseilliers. M. Nicolas a convenu lui-même qu'il avait eu tort de passer outre sur ce point, sans en avoir consulté M. Law. D'ailleurs, si M. Law, autorisé par la Compagnie à nommer des Conseillers, avait crû à propos de recevoir Conseillers en pied M. M. Abeille, d'Hervilliers et Yzact, qui l'empôchait à leur délivrer des commissions, il lui en restait plusieurs entre les mains. Ces Messieurs se regardaient comme sous-marchands admis au Conseil par nécessité, voilà tout, ce que l'épithète d'adjoint signifiait véritablement, et non Conseillers en pied, comme du temps de M. Dupleix. A l'arrivée de M. Boyelleau, le Conseil se trouvant composé de 5 membres, M. Boyelleau ne devait plus les admettre au Conseil, le nombre de cinq suffisait pour passer les délibérations sur quelque sujet que ce put être. M. Law était bien éloigné de penser que M. M. Abeille, d'Hervilliers et Yzact, dussent siéger à perpétuité, et au reste, dans un cas de doute sur l'esprit de la délibération du 29 Mai 1766, pourquoi ne pas consulter M. Law sur cette affaire qui le regardait personnellement, puisqu'il avait présidé le Conseil où la délibération avait été passée. M. Law, dans sa lettre à M. Lagrenée, fait le tableau des deux Conseils qui existaient dans l'Inde à son départ pour le Bengale, l'on vient lui demander pourquoi il n'a pas nommé M. M. Boyelleau, Lagrenée, Denis, Duplan. Voilà qui est singulier. M. Boyelleau, transporté en Europe, prétendrait-il qu'il fallait le comparer à un astre dont l'influence devait se faire sentir sur les Conseils de l,Inde? En ce cas, nous eussions été bien malheureux. M. Law attendait ces Messieurs, mais il ne pouvait être sûr qu'ils viendraient et au reste, ce n'est point la question.

Par la comparaison des deux tableaux que fait M. Law, on y voit clairement où devait être la supériorité. Cette supériorité une fois transportée au Bengale, M. Boyelleau, par sa seule présence, pouvait-il la ramener à Pondichéry, et cela nonobstant les ordres du Roi et de la Compagnie, qui voulaient que ce commandant et le Conseil existant à Pondichéry pendant l'absence de M. Law, fussent soumis à ses ordres et instructions?

M. Boyelleau se fait donner de temps en temps des petits coups d'encensoir par son Conseil, et voudrait en avoir de tous les Conseillers dans l'Inde. Nous connaissons mieux que lui leur façon de penser, et nous pouvons assurer qu'ils ne reconnaissent d'autres talents à M. Boyelleau qui puissent être utile à la Compagnie, que celui de présider à l'ouvrage de la monaye, mais qu'ils lui en connaissent beaucoup plus, la ruine de la Compagnie et de la nation dans l'Inde par son manque de jugement, par son opiniatreté invincible, et par la violence de ses passions dont il est absolument esclave.

<table>
<tr><td>6.</td><td>6.</td></tr>
</table>

Ne pouvions-nous pas dire sur toutes les préten-	Quelque chose que les instructions de M. Law à

tions de M. Law par rapport à son droit de nous donner les ordres, et de l'obéissance aveugle que nous y devions, que M. M. Lenoir et Duplan eussent dû être reçus et faits commandants, s'ils fussent arrivés seuls et les premiers, quoique cependant la Compagnie ne veuille pas au moins jusqu'à présent les remettre à son service. A t-on jamais vu en outre aucun président d'une cour souveraine, quel qu'il soit, prétendre que le siège de l'autorité de sa cour serait où il serait lui-même, parcequ'il y avait auprès de lui des anciens ou vieux Conseillers en plus grand nombre que dans le lieu ordinaire du siège? Nous ne croyons pas que l'idée en soit jamais venue à personne en France, il faut être à 6 000 lieues pour le penser, ou vouloir paraitre le penser.

M. Nicolas continssent eu aveu de M. Lenoir et de M. Duplan, M. Nicolas n'aurait certainement jamais pris sur lui de leur remettre le gouvernement, puisqu'il voyait par les lettres de la Compagnie qu'ils n'étaient point au service et qu'il savait très bien que ce que M. Law lui avait prescrit au sujet de ceux qui pouvaient venir d'Europe, n'était pas dans le cas où la Compagnie les aurait regardés comme employés. M. Nicolas eut fait passer au Bengale copie des lettres de la Compagnie à M. Law, qui, conjointement avec le Conseil, aurait décidé du sort de M. M Lenoir et Duplan, selon ce qui aurait été jugé convenable au bien du service, et pour se concilier avec les ordres de la Compagnie qui ne disent pas que ces Messieurs sont exclus. Ce n'est pas M. Law qui soutient par lui-même que la

supériorité le suit partout, ce sont les ordres du Roi et de la Compagnie qui le disent positivement, il est obligé ainsi que nous de s'y conformer. La Compagnie décidera si M. Boyelleau et son Conseil étaient en droit de s'y soustraire.

7.

Nous ne croyons pas au surplus qu'il vous échappera, Messieurs, que M. Law, pour s'arroger plus d'autorité, et son Conseil pour lui en déférer davantage, confondent en tout et partout sa commission pour la reprise de possession de la main des anglais, et les pouvoirs qu'elle peut donner à cet égard, avec sa commission, ses provisions de gouverneur et de commandant général, et les pouvoirs qui y sont attachés.

7.

Nous avons vu et lu non seulement les commissions de M. Law, mais aussi les instructions qu'il a reçues en partant d'Europe. Ainsi, nous étions très en état non seulement de régler nos démarches au sujet du commissaire du roi, mais de régler celles de M. Boyelleau et de son Conseil. Du reste, nous ne comprenons rien à ce qui est dit ici sur la date et la surcription des lettres de la Compagnie.

Soit ignorance, soit affectation de leur part, nous ne croyons pas l'un plus excusable que l'autre dans les uns comme dans les autres, et dans tout un Conseil qui veut porter aussi loin ses prétentions. Et de là, ne serions-nous pas plus en droit de dire à ce Conseil, qu'il n'a pas vu cette commisson de M. Law pour la reprise de possession, qu'il ne l'a été de nous dire que nous n'avons vu ni la date ni la suscription des lettres de la Compagnie, que nous lui avons citées? Car si le Conseil de Chandernagor eut vu cette commission pour la reprise de possession de la main des anglais, il y eut vu qu'elle ne donne de pouvoir à M. Law, que pour cet instant, et qu'elle n'enjoint à qui que ce soit de le reconnaitre, de lui obéir en la dite qualité, donc qu'elle ne lui donne aucun pouvoir, cet acte une fois fini.

8.

D. Si cette décision est

8.

Belle conclusion que ti-

vraie, M. Law en ayant eu connaissance, puisqu'il la cite, il a donc eu grand tort d'admettre M. M. Boyelleau, Renault, de la Brétèche, Nicolas, Lagrenée, etc, et il n'y aurait donc eu de Conseillers que de sa façon et création, comme il le dit quelque part.

rent M. Boyelleau et son Conseil. Tous les anciens Conseillers avaient été réformés à cause de la reprise de Pondichéry, mais était-il défendu à M. Law d'admettre ces anciens Conseillers dans le nouveau Conseil qu'il formait? Non sans doute. Il est ordonné seulement qu'il leur faudra de nouvelles commissions.

9.

E. Il n'y a pas de loi contre les cas forcés, mais tous ceux possibles contre la reprise de possession, le rétablissement de Pondichéry vaincu, Pondichéry rétabli, il n'y a point d'axiome, point de supposition, qui puissent ôter les droits de la supériorité du siège, ni supposer une transmigration possible sans un nouvel édit du roi.

9.

C'est peine perdue que de chercher le sens du commencement de l'article ci - contre, apparemment que la volonté du roi ne peut se manifester que par un édit. En ce cas M. Law a eu bien tort de se flatter que les instructions du Roi et de la Compagnie étaient suffisantes pour le rendre maitre de ses opérations, et l'autoriser à prendre avec lui au Bengale le Conseil supérieur, dont il ne pouvait se passer pour la sureté de ses opérations.

10.

F. Nous ne croyons pas la peste un cas suffisant

10.

Nous ne nous attendions pas, à dire vrai, à des seu-

pour autoriser nne cour de justice à transporter ailleurs son siège. Ce sont au contraire de ces occasions où les magistrats doivent l'exemple, et par leur fermeté soutenir le courage abattu des habitants. Au surplus, nous ne croyons guère possible de lire sans rire de pitié toutes les hypothèses, les suppositions tirées d'autres suppositions répandues dans cet article, par conséquent impossibilité d'y répondre, comme à celle de président absolu ou de président représentatif. Nous ne croyons pas qu'aucun président, même premier, eut prétendu l'absolu ; il serait inutile qu'il eut de Conseillers avec lui et sous lui.

timents aussi généreux de la part de M. Boyelleau et de son Conseil, mais au reste ce n'est que sur le papier, ils en auront l'honneur pour bien du temps, car il n'y a aucune apparence qu'ils soient mis à l'épreuve.

Le rire de pitié est ici bien placé, c'est toujours la réponse de ceux qui n'en peuvent donner de bonnes, et nous pensons que M. Boyelleau aurait dû rire ainsi dans chaque article de ses observations.

M. Law est bien malheureux de n'avoir pas pu trouver un autre terme pour expliquer sa pensée, il nous prévint dans le temps que le mot absolu serait mal interprêté, M. Boyelleau qui n'a que le despotisme

en tête, soit pour en accuser M. Law, soit pour l'exercer lui-même, a crû que le mot absolu ne pouvait signifier que cela.

11.

G. Encore une fois où est l'arrêt de transmigration, ou au moins la délibération ?

Mais encore une fois il fallait selon vous-même, M. Boyelleau, des délibérations pour les reprises de possession, un arrêt ou une délibération pour le transport du Conseil Supérieur de Karikal à Pondichéry. Où sont ces arrêts, ces délibérations? Il n'y en a point. C'est notre faute, M. Boyelleau, mais de grâce, renvoyez notre punition à la Compagnie. Malgré le défaut d'arrêt et de délibération, il n'est pas moins vrai que Pondichéry, Chandernagor sont entre nos mains, que le Conseil Supérieur a été transporté de Karikal à Pondichéry et au Bengale. Si c'est la délibération qui y décide absolument, nous allons vous prouver par délibération que le Conseil Supérieur était ... ... —. car il y en a une en Décembre qui fait mention de son retour à Pondichéry. Pourquoi ne nous est-il pas venu à l'idée que vous nous feriez de pareilles chicanes, nous nous serions certainement précautionnés? Nous pensons au reste que la Compagnie trouvera que nous nous sommes mis assez bien en règle, et que nous avons passé sur les objets du service vingt fois plus de délibérations qu'on en passait avant la perte de Pondichéry; ce qu'il y a de certain, c'est que si les vôtres l'emportent pour le nombre, les nôtres sont plus intéressantes et plus utiles à la Compagnie.

12.

H. La mission de la reprise de possession n'a rien de commun, aucun rapport avec les droits de justice, pas même ceux d'administration, et nous n'avons jamais rien dit, rien disputé à M. Law pour les droits de sa commission pour la reprise de possession.

12.

Les instructions du roi ne roulent pas seulement sur la simple reprise de possession, elles ont pour objet le commerce, l'acquittement des dettes, les affaires de religion, lesquels objets ont trait à la justice. Mais au reste nous ne connaissons dans l'Inde qu'un Conseil Supérieur, chargé

des affaires d'administra-
tion et de justice, dont M. Law est le président, et dont
tous ceux qui étaient avec lui au Bengale, sont membres. Il est prouvé par les instructions du Roi, par
celles de la Compagnie et ses lettres, qu'il fallait de
toute nécessité pour le bien des affaires, que le Conseil
Supérieur fut au Bengale avec M. Law. Tous ses titres, toutes ses prérogatives, tous ses pouvoirs, ont dû
nécessairement le suivre, puisque tout était lié ensemble sous le nom du Conseil Supérieur, pouvait-on séparer ce que Sa Majesté avait jugé à propos de réunir.

13.

I. Cela est vrai (tout
étant facile, et rien n'étant
à proprement parler, impossible à un gouverneur despote dans ces pays-ci), nous n'en avons fait, et les affaires, qu'une trop triste expérience. C'est à la Compagnie, par ses réglements, et encore plus par sa fermeté
et sa sévérité, à tenir la main à leur exécution envers
et contre tous, à aller au devant, prévenir toutes ces
facilités pour l'autorité despotique, et enfin à décider,
puisque la question en est agitée, si le transport des
sceaux, la transmigration du siège de l'autorité supérieure, sont permis, et à la volonté du Commandant
général, etc.
Nous croyons que la Compagnie doit toute son attention à cette phrase : *vous m'avouerez que je le pouvais
très facilement, il n'y aurait pas eu même la moindre
représentation, et au reste, en cas de représentation,
cela eut été fait par une délibération du Conseil Supérieur auquel je présidais.*

14.   14.

M. Boyelleau sans le ton   Depuis le temps que M

ni les talents rien moins que le vrai, ne proposant rien que de juste et de convenable, et pour le plus grand bien des intérêts de la Compagnie, ne rougissait point de revenir sur lui-même, sur ses pas, quand il s'est trompé. Tant qu'il n'emploiera que de pareils moyens, il persuadera toujours, à moins que quelque intérêt personnel ne s'y oppose, et nous pensons que M. Law n'a rien de mieux que d'adhérer, déférer de modération au conseil, que M. Boyelleau se propose de lui donner à son arrivée, pour ne pas pousser les choses à l'extrème, comme l'autorité de sa place ne lui en donne que trop de facilités, et enfin, pour qu'il n'occasionne

Boyelleau est au service de la Compagnie, voilà peut-être la seule chose qui eut été jamais écrite au soutien de la modération de M. Boyelleau, et de son retour sur lui-même; malheureusement pour lui, cela se trouve encore démenti par les lettres de M. Nicolas et de M. M. Joannis, Dulaurens et d'Hervilliers. Nous convenons que M. Law n'a pas fait grand mal en soutenant ses droits et ceux du Conseil Supérieur, mais nous pouvons assurer la Compagnie que le procédé de M. Boyelleau lui coûte bien de l'argent au Bengale, et que l'honneur et le crédit de la nation en ont beaucoup souffert à la côte.

pas de plus grands maux que ceux qu'il a faits jusqu'à présent, qui ne sont rien, puisqu'ils n'intéressent que nos personnes, dons nous ferons volontiers le sacrifice pour le plus grand bien des affaires, et la douceur de la tranquillité.

15.

M. Law n'aurait pas dû avoir déja oublié qu'il n'y a jamais eu à Pondichéry que le sieur Roulant seul.

15.

Et bien soit, M. Roulant, transformé en M. Boyelleau, aurait bien vite trouvé les moyens de se former un Conseil.

16.

M. M. Boyelleau n'a fait aucun Conseiller, nous l'étions tous avant son arrivée, nos expéditions du mois d'Octobre 1763 doivent vous en convaincre.

la faute qu'il a faite de leur conseillers sans les ordres Supérieur.

17.

N. Nous disons que non, et nous ne croyons pas nous tromper, c'est cependant tout et notre seul crime.

18.

O. Nous pensons que M. Law décide encore là contre les intentions de la Compagnie, et qu'elle voulait que M. Boyelleau eut la préséance sur qui que ce soit après M. Law.

16.

M. M. Abeille, Yzact et d'Hervilliers, étaient sous-marchands, Conseillers adjoints, ne devant toucher que les appointements de sous-marchands. M. Nicolas convient lui-même de payer les appointements de M. Law et du Conseil

18.

Nous croyons que M. Boyelleau et son Conseil se trompent. M. de Surville, avant une commission du roi de commandant général en l'absence de M. Law, ne pouvait certainement céder sa place

à M. Boyelleau qui n'a aucune commission; il était hors des pouvoirs du Conseil de donner le pas à M. Boyelleau. Nous sommes persuadés que notre façon de penser est conforme aux intentions de la Compagnie, qui savait que M. de Surville ne pouvait rester dans l'Inde que très peu de temps après l'arrivée du *d'Argenson*.

19. · 19.

P. Nous devons à M. Boyelleau le témoignage qu'il n'a fait que nous proposer, nous demander l'exécution des ordres de la Compagnie, et pour réformer les abus, comme le disait M. Law par sa première lettre, et lorsqu'il sut M. Boyelleau fait semblant de ne point entendre ce que M. Law écrit à M. Lagrenée, pour avoir le plaisir de faire faire par son Conseil l'apologie de sa conduite.

M. Boyelleau arrivé, qu'il n'a rien fait, machiné pour son avantage particulier et personnel, ni pour les siens, ni pour aucun de ceux qui lui paraissent attachés, aussi nous ne voyons pas et ne pouvons comprendre sur quoi tombe cette phrase, " et dont il veut voir l'effet sur le champ ".